La batalla de Gibraltar

Cómo se ganó, cómo se perdió

La batalla de Gibraltar

Cómo se ganó, cómo se perdió

José María Carrascal

ACTAS
EDITORIAL
2012

Dirección editorial:
Luis Valiente

Primera edición, noviembre 2012
San Sebastián de los Reyes, Madrid

© Editorial ACTAS, s.l.
Isla Alegranza, 3
Polígono Industrial Norte
28709 San Sebastián de los Reyes. Madrid
Tel.: 91 654 67 92
www.actashistoria.com

ISBN: 978-84-9739-131-3
EAN: 9788497391313
Dep. Legal: M-35912-2012

Composición e impresión:
STAR IBÉRICA, S.A.
Madrid

Índice

Vísperas de la gran batalla

(Nueva York, julio de 1967)

Sin mudarme siquiera, dejé a mi mujer deshaciendo las maletas y me encaminé a Naciones Unidas. Habíamos tenido que adelantar el regreso de vacaciones en España debido a uno de esos golpes de audacia en que son especialistas los ingleses. Pese a haber sido ellos quienes incluyeran Gibraltar en la lista de «Territorios No Autónomos» a descolonizar y haber establecido diversas resoluciones de la ONU que la descolonización de la Roca debía de hacerse a través de conversaciones hispano-británicas, Londres acababa de anunciar por su cuenta un Referéndum sobre una «Constitución» gibraltareña el 10 de septiembre. Conversaciones hispano-británicas había habido abundantes. Resultados hasta la fecha, ninguno. Apoyarse en los gibraltareños para circunvalar tanto las resoluciones de la ONU como el Tratado de Utrecht, que obliga a Inglaterra a ofrecer a España la primera opción en caso de decidir deshacerse de Gibraltar, era la esencia del plan británico. Una jugada maestra, al usarse la descolonización para mantener una colonia.

Pero algo no les estaba yendo bien, como suele ocurrir en los planes perfectos, donde siempre se olvida algún detalle. En este caso, el ambiente. El mundo hervía de nuevos países surgidos del desmoronamiento de los imperios coloniales, tal como habían acordado en Yalta los Estados Unidos y la Unión Soviética, las nuevas grandes potencias. En el Comité encargado de la descolonización, formado en un principio por 17 miembros, luego por 24 —de ahí el nombre oficioso con que se le conocía, que nosotros seguiremos usando aquí—, abundaban estos países, familiarizados con las mañas de la potencias coloniales. Ello y que Madrid hubiera estado muy atento al tema, hizo que el plan británico, tan simple, tan astuto, tan contundente —¿quién iba a oponerse a la autodeterminación de un pueblo colonial?—, no estuviese dando los resultados apetecidos. En ese sentido, el reproche hecho a Castiella, «ministro de Asunto Exterior» llegó a llamársele constriñéndole a Gibraltar, fue decisivo, al permitir concentrar todo el interés de la diplomacia española en ese tema, mientras el Foreign Office tenía que atender a docenas de ellos, al ser muchas sus colonias. Por lo pronto, España había conseguido que las resoluciones sobre Gibraltar emanadas hasta la fecha del Comité de los 24, refrendadas luego por la Cuarta Comisión y por la propia Asamblea General de Naciones Unidas, la incluyesen como parte del contencioso. Lo que obligaba a Londres a contar con Madrid en cuantos pasos diera en la Roca. Una vez metido el pie en el vano de esa puerta, nuestros negociadores ya no lo sacaron. Al revés, trataban por todos los medios de ensanchar la abertura. El vals diplomático había sido durante aquellos años una mezcla de zancadillas y pisotones, con la mejor de las sonrisas por ambas partes. Al darse cuenta los ingleses de que lo estaban perdiendo —en aquellos tiempos las expotencias coloniales siempre perdían en los foros internacionales e incluso fuera de ellos, recuérdese Suez—, se olvidaron de su plan y decidieron actuar al viejo estilo, esto es, sin tener otra cosa en cuenta que sus intereses. Fue cuando anunciaron la celebración del Referéndum en Gibraltar, ignorando el mandato de la ONU de negociar con España. ¿Quién iba a oponerse? ¿Naciones Unidas, que sólo tenía resoluciones? ¿España, todavía lastrada por la rémora del franquismo, amigo de Hitler, sin democracia y con una flota que podía ser destruida por la británica con más facilidad incluso que en Trafalgar? ¡Quite usted para allá! Esto se resuelve como siempre, y las protestas, al maestro armero.

Con estas premisas, lo que los ingleses llaman el *showdown,* el momento decisivo de la batalla diplomática por Gibraltar se presentaba tan apasionante como desigual. En un rincón, el Reino Unido, vencedor de las dos grandes guerras mundiales y de innumerables pequeñas, con viejos títulos sobre Gibraltar, que trataba de poner al día con la audacia que le caracteriza. En el otro, España, que no había ganado ninguna batalla en los últimos siglos excepto contra sí misma, bajo una dictadura, que intentaba no ser víctima de un nuevo expolio. Como árbitro, Naciones Unidas, con más poder ficticio que real y tantas opiniones como voces.

El Nueva York que me esperaba era el del último bofetón del verano: temperaturas de 40 grados y cien por cien de humedad, al no ser posible los 110. No hice más que cambiarme, dejé a mi mujer, como dije, deshaciendo las maletas y puse rumbo a la ONU. En su Secretaría General, esa enorme ficha de cristal frente al East River, en cuyo tercer piso los periodistas tenemos nuestra guarida, me esperaba otra sorpresa, si cabe mayor.

—Aznar se va —me dice Guy Bueno, corresponsal de Pyresa, el más veterano de los españoles allí, con una larga experiencia en París y Londres. Se refería a Manuel Aznar, representante permanente de España ante la Organización, que es como llaman allí a los embajadores.

—¿Cómo que se va? ¿Adónde? —pregunté harto de cosas con las que no contaba.

—A España. A petición propia —añade Guy, para dejar claras las cosas.

Para mí, sin embargo, estaban menos claras que nunca.

—¿Cómo va a marcharse, cuando el verdadero jaleo sobre Gibraltar empieza precisamente ahora? —sigo preguntando como a mí mismo.

—Eso es lo que nos preguntamos todos —responde Guy, con el deje irónico que acompañaba siempre a sus palabras—. Pero ésa es la única explicación que dan. Que está muy cansado y que a su edad no está para los trotes que se avecinan.

—¿Está enfermo?

—No, no. Sólo cansado.

—¿Desde cuándo los embajadores se van por cansancio?

—Desde que ellos lo dicen. Además, recuerda que Aznar no es un diplomático de carrera. Es un embajador político.

Estábamos hablando, naturalmente, del abuelo del que tres décadas más tarde sería presidente del Gobierno español, ya en la democracia.

—¿Quién viene a sustituirle?

—De momento, nadie. Piniés se queda al frente de la delegación.

En realidad Piniés, diplomático de carrera, representante adjunto de la Misión de España ante Naciones Unidas, venía ya haciéndose cargo de los debates, especialmente el de Gibraltar, mientras Aznar se limitaba a los discursos ante la Asamblea General y, sobre todo, a mantener la línea abierta con el gobierno, que era tanto o más delicada que la mantenida con la comunidad internacional. Conviene advertir que Gibraltar, junto a lo que se llamó sucesivamente «Marruecos y colonias», «Plazas de soberanía» y «Provincias» españolas en África, con «procuradores» en las Cortes y todo, dependían de la Subsecretaría de la Presidencia, con Carrero Blanco al frente, un hombre con una enorme desconfianza hacia el exterior, redoblada en este caso por el hecho de que Gibraltar pudiera arrastrar a nuestras posesiones en África. Franco, un «africanista» por carrera, participaba de tales recelos, aunque de forma mucho más cautelosa, como era su carácter. Esto obligaba al ministro de Asuntos Exteriores español a caminar como un equilibrista por el alambre en los temas de descolonización. ¿Se había quitado de en medio Manuel Aznar al darse cuenta, con su natural astucia acrecentada por los años, de que pronto empezarían a silbar las balas de frente y por la espalda?

Así se lo dije a Guy. Éste puso cara de veterano periodista.

—Todo es posible, pero nadie dice nada.

Llamo desde mi despacho a la Misión española —entonces no existían los móviles—, donde me dicen que Piniés está en la comisión que prepara los temas a debatir por el Comité de los 24. Éste se ha reunido en una de las salas que hay en los sótanos de la Asamblea General. Me voy allí, con la suerte de que la sesión acababa en aquellos momentos, y veo a Piniés salir entre un grupo de delegados, con quienes sigue debatiendo. Les dejo acabar, aunque a suficiente distancia para enterarme de lo que dicen. Hablan de fechas. Y de que Gibraltar será el primer tema a tratar. Al verme, Jaime, un aragonés de pies a cabeza pese a haber nacido en Madrid, se viene hacia mí mientras mete papeles en una gran cartera. Su tono es jovial.

—José María, ¿ya has vuelto?

—Como ves. Me habéis acortado unos días las vacaciones —mi primer impulso era preguntarle sobre Aznar, pero decido ir derecho a lo importante—. ¿Cómo van las cosas en Gibraltar? Los ingleses parece que se han decidido a dejar caer el segundo zapato.

Jaime alza la cabeza, hincha el pecho y me da unos golpecitos cariñosos en la espalda.

—Estupendo. No podrían ir mejor.

Insisto.

—Parece que van a por todas.

—¡Que vayan! Ya verás qué Asamblea vamos a tener.

Eso no lo dudo. De lo que ya no estoy tan seguro es de que las cosas vayan tan bien. Antes de que pueda hacer otra pregunta, un miembro de la delegación española se le acerca para darle un papel. Piniés lo lee con detenimiento y no hace el menor comentario. Al levantar los ojos se encuentra con los míos.

—Como te digo, no podían ir mejor.

Y se va con sus colaboradores. Vuelvo al despacho, escribo una crónica a matacaballo —¡las malditas seis horas de diferencia con España que le hacen a uno ir siempre con la lengua fuera!—, y me voy a casa.

Al llegar, encuentro a mi mujer dejando a un lado lo que hay que meter en la lavadora y poniendo el resto en su sitio.

—¡El revolcón que nos van a dar! —le digo—. Aznar ha dimitido y Piniés me dice que todo va de maravillas.

Siete años casada con un corresponsal la han enseñado que cuando los diplomáticos dicen que algo va muy bien es que va fatal, mientras cuando va bien, no sueltan prenda, por si acaso.

Embajada de España

Londres, 2 de mayo 1973.

Sr. Don José María Carrascal.
125-10 Queens Boulevard.
Apt. 2211.
Kew. Gardens.
NEW YORK, N.Y. 11415.

Querido José María:

Mil gracias por el ejemplar de tu novela "Groovy". La leeré y estoy seguro de que me habrá de gustar.

En cuanto a lo de Gibraltar, lo recuerdo todo perfectamente; es más, lo tengo escrito y algún día verá la luz. Mientras estuve ahí fuí escribiendo capítulos, de forma que he ido recogiendo todo lo de la descolonización que nos afectó. Creo que tengo unos 120 capítulos, pero por ahora deberán seguir en la caja fuerte donde los guardo.

Desde luego, debo decirte que cuando se constituyó el Comité de Descolonización sabíamos que era cuestión de poco tiempo el que se iniciara el estudio de nuestros territorios que desde 1961 habíamos declarado como no autónomos, es decir, Fernando Poo, Río Muni, Sahara español e Ifni. Como los ingleses habían declarado unilateralmente el territorio de Gibraltar como no autónomo y, por lo tanto, lo habían inscrito en la lista de territorios no autónomos, era también cuestión de poco tiempo el que se examinaran. El Comité de Descolonización, si mal no recuerdo, empezó a funcionar en 1962. Primero fué de 17 miembros y luego de 24. Cuando insistieron en que debían examinarse nuestros territorios, parecía lógico que también se examinara la cuestión de Gibraltar. Por una curiosa coincidencia la Secretaría de Naciones Unidas hizo una lista de "territorios africanos y adyacentes,"

Carta de Jaime Piniés, siendo ya embajador en Londres, al autor de este libro, en la que le explica algunos detalles del inicio del debate sobre Gibraltar en la ONU y se reserva otros «para sus Memorias».

Embajada de España

- 2 -

en la que incluyó Gibraltar. Reclamé cuando se elaboró esa lista, pero no insistí en mi reclamación porque pensé que quizás pudiéramos sacarle alguna ventaja. Efectivamente, cuando en 1963 el "Comité de los 24" decidió agotar el estudio de los territorios que figuraban incluídos en la lista de territorios africanos y adyacentes, apareció Gibraltar y los que nosotros administrábamos. La inclusión de Gibraltar en ese Orden del Día fué llevado a cabo por Cambodia y Bulgaria. No te puedo ser más explícito sobre las razones que existieron en aquel momento para que fueran precísamente esos dos países los que lo solicitaron, pues la persona que hizo esa gestión podría resentirse. Yo lo tengo escrito porque fueron muy curiosas las circunstancias que rodearon esta cuestión. Otra persona que también participó mucho y con quien estuve en contacto desde 1961, ya desapareció, pero tampoco creo que podamos revelarlo. Paciencia, pues, y a esperar un poquito.

Consúltame lo que quieras y con mucho gusto te ayudaré.

Un fuerte abrazo de tu buen amigo

Jaime

Jaime de Piniés.

Ocupación e historia

Ésta es una historia triste que, como no podía ser menos, comenzó en uno de los momentos más tristes de la Historia de España. Finalizaba el siglo XVII, y Carlos II había muerto sin descendencia, una de las mayores desgracias que podía ocurrir a un país en aquellos tiempos, en los que no había otros mecanismos para la transmisión del poder que la cuna o la espada. Como los vientos de un huracán, todas las fuerzas internas y externas se abalanzaron hacia ese vacío con ánimo de ocuparlo. España ya no era la primera potencia mundial, cuyos Tercios ganaban batallas y sus naves descubrían nuevos mundos, sino que había sufrido derrotas señaladas y perdido territorios importantes en Europa. Aún así, era una presa codiciada en el tablero internacional debido a sus posesiones ultramarinas, cuya plata estaba financiando el despliegue industrial y económico europeo. Pero estaba en juego algo aún más importante que eso: el equilibrio de poderes en el continente podía cambiar, con España convertida en balancín. Si continuaba un Habsburgo en su trono, el viejo doble imperio de los Austrias, apoyado en Madrid y Viena, se mantendría. Si pasaba a ocuparlo un Borbón, Francia se convertiría en la nueva gran potencia europea. Ambas partes presentaban pretendientes con sobrados méritos para el trono español, debido a la intrincada política matrimonial que llevaban por aquel entonces las casas reales: el archiduque Carlos de Austria, biznieto del emperador

Fernando III y de una infanta española, y Felipe de Anjou, nieto de Luis XIV y de otra infanta española. El botín era apetitoso y nada tenía de extraño que ambas partes echaran toda la carne al asador, así como que tanto Inglaterra como Holanda, recién independizada, intervinieran a favor del austríaco, por razón de ser el más débil, ya que la política inglesa desde siempre ha sido equilibrar el poder de los «continentales», para que la dejaran a ella manos libres en esos mundos de Dios o del diablo. Holanda, en cierto modo una invención suya a través de Guillermo de Orange, era su peón continental en esa brega, Fue como estalló la llamada «Guerra de Sucesión Española», aunque España fuese, por primera vez en aquellos siglos, más objeto que sujeto de ella, si bien había españoles en ambos bandos. Pero no fueron quienes tuvieron la última palabra en esta lucha.

Los distintos testamentos de Carlos II, en los que intervino la Corte, la familia, los embajadores extranjeros e incluso los confesores reales, había traído una confusión más que regular, acentuada por el hecho de que ambos aspirantes pudieran presentar títulos suficientes. La última voluntad del «Hechizado», como el pueblo español conocía a su monarca, había recaído en Felipe de Borbón, pero el archiduque Carlos alegaba derechos más antiguos. Si Europa se había dividido entre uno y otro, también lo había hecho España. Castilla apoyaba a Felipe, pensando posiblemente que traería la cohesión nacional que mostraba Francia y se echaba de menos en España. Aragón y Cataluña, por el contrario, apoyaban al archiduque austríaco, temerosas de perder la autonomía con que venían actuando bajo los Habsburgos. Aunque también es verdad que la nobleza estaba dividida y el pueblo llano, desinteresado en su conjunto. Si intervino en la contienda fue forzado por las levas y recompensas —se prometió la hidalguía a quienes sirvieran como oficiales— y por los graves castigos para los desertores. Pero los verdaderos contendientes —como queda dicho— fueron los extranjeros. Y los que sacaron mayor provecho. Gibraltar fue uno de los botines más preciosos y duraderos.

Les cuento su conquista siguiendo la pauta de don José Uxó Palasí, uno de los mejores especialistas del tema, con cuñas de Arturo Vinuesa en su atractiva historia *Gibraltar desde dentro*. En su estudio *El éxodo gibraltareño,* publicado en la revista *Razón Española,* Uxó nos cuenta cómo ganada Portugal para la alianza austríaca por Inglaterra, Lisboa se convierte en el principal trampolín de su causa en la Península Ibérica. Allí se reunió una importante flota anglo-holandesa mandada por el almirante Rooke, y allí se firmó, el verano de 1704, un acuerdo por el que el archiduque Carlos de Austria «tomará posesión de toda España, tal como perteneció al rey Carlos II». Es importante tenerlo en cuenta para saber con qué poderes y objetivos navegaba esa flota. A mayor abundamiento, en uno de los navíos británicos, el *Adventure,* iba el príncipe Jorge de Hesse, representante personal del archiduque Carlos de Austria, portador de una carta firmada por «Carlos III» y dirigida a «mi ciudad de Gibraltar», en la que informaba a sus habitantes de que la escuadra tomaría posesión de la plaza «por los justos y debidos títulos que me pertenecen, después de la muerte del Rey, Don Carlos II, mi tío y señor, que santa gloria haya», asegurándoles y empeñando su palabra real de «que os serán guardadas vuestras exempciones *(sic)*, inmunidades y privilegios..., tratándoos a vos y a todos mis amados españoles con el amor y benevolencia que habéis experimentado de la clemencia y benignidad de los señores Reyes, mis predecesores».

La escuadra se hizo a la mar con Barcelona como primer objetivo, donde el príncipe de Hesse había sido virrey durante el reinado de Carlos II y había un claro sentimiento, como en toda Cataluña, a favor de la causa austríaca. Pero el virrey del ya reinante Felipe V, Francisco de Velasco, había dispuesto una hábil defensa y el desembarco que hizo el príncipe de Hesse al frente de sus tropas en las inmediaciones de la ciudad condal, con el propósito de provocar un alzamiento en ésta, fue rechazado, sin que se produjera el alzamiento barcelonés, lo que obligó a los expedicionarios a reembarcar.

La flota puso entonces rumbo al estrecho de Gibraltar y, el 17 de julio, se celebró un consejo de guerra a bordo del buque insignia, en el que Rooke expuso su plan para atacar la Roca. Consistía en una pinza por mar y por tierra, con el desembarco de unos dos mil hombres mandados por el príncipe de Hesse en el istmo, para cortar todo auxilio por tierra a través de él a los defensores, y disponer en orden de combate los navíos frente a la costa occidental del Peñón, para atacarle con artillería e impedir todo auxilio por mar.

Finalizado el despliegue, el príncipe de Hesse envió, junto a la citada carta del pretendiente austríaco, un mensaje al gobernador de Gibraltar, don Diego Salinas, conminándole a rendir la Plaza con carácter inmediato al rey Carlos III, ya que en otro caso los navíos aliados abrirían fuego contra ella. El 1 de septiembre de 1704 el Ayuntamiento de Gibraltar, «pese a contar con sólo 89 hombres hábiles para la defensa frente a 70 buques enemigos», escribe Ernie Bradford en su *The History of a Fortress,* contestaba con una negativa a romper el juramento de fidelidad que había prestado el rey Felipe V, «a quien Gibraltar tiene por Rey y Señor natural». En *Gibraltar and its sieges,* una documentada historia del Peñón y los sitios a que fue sometido, se añade un detalle importante: a la fortaleza no le faltaba artillería, le faltaban servidores, con sólo dos hombres por pieza, insuficientes para el disparo y recarga. Tras un nuevo requerimiento de rendición no atendido, en la noche del 3 al 4 de agosto se inició un furioso bombardeo naval contra Gibraltar, sobre el que cayeron 15.000 balas de cañón. Al alba del 4, el gobernador Salinas envió un mensaje al príncipe de Hesse en el que le decía que, dadas las graves circunstancias en que se encontraba la ciudad, estaba dispuesta a rendirla bajo condiciones que se establecerían por escrito y estarían firmadas en nombre del pretendiente Carlos de Austria. «El príncipe de Hesse —escribe el general Uxó— entró en la ciudad y se firmaron las cláusulas de rendición. Merece la pena analizarlas con algún detalle. En virtud de las mismas se permitía salir de la ciudad, en el plazo de tres días, a los restos de la guarnición con banderas desplegadas, armas, munición y bagajes provisionales para seis días. La población civil quedaba en libertad de elegir entre marcharse o quedarse: si se marchaban se les permitiría llevar consigo todas las pertenencias personales; si se quedaban disfrutarían de los mismos privilegios que bajo el difunto rey Carlos II, siempre que juraran lealtad a Carlos III».

El acto oficial de la rendición se produjo aquella misma tarde, 4 de agosto de 1704, ante el príncipe de Hesse, representante de Carlos III, sin que estuvieran presentes ningún mando británico u holandés, lo que priva a Inglaterra de todo título legal para pretender que Gibraltar había sido conquistada para su Corona, aunque lo impusiera luego. Se izó en las murallas de la ciudad el pendón imperial austríaco, que los soldados ingleses arriarían más tarde, por orden exclusiva del almirante Rooke, izando el de la reina Ana.

Trascurridos los tres días de plazo dados a los gibraltareños para irse o quedarse, de las 1.200 familias que figuraban en el censo local, todas ellas excepto 22 decidieron marcharse, lo que representaba más de 4.000 personas. Lo hicieron con toda solemnidad, en procesión, custodiando el pendón de la ciudad, la Real Célula del escudo de armas concedido por los Reyes Católicos y otros docu-

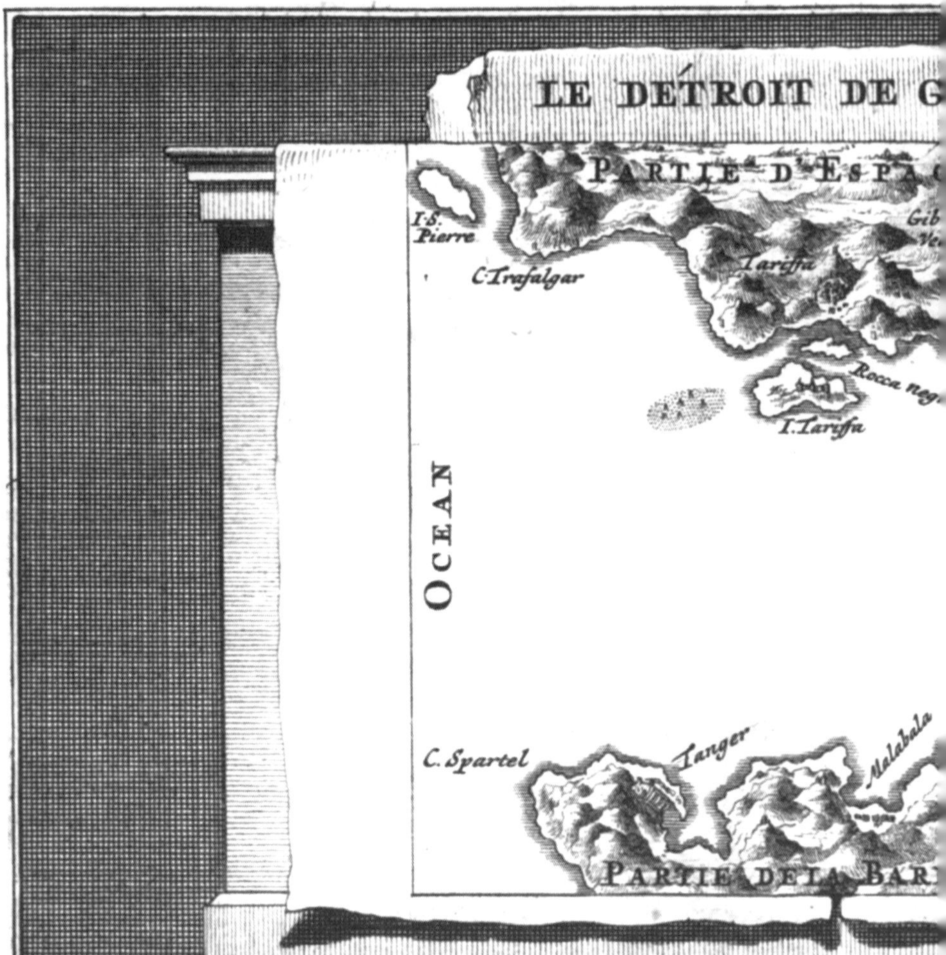

Profil de la Montagne de Gibraltar entre l'Orient & le Nord.

Profil

El «Estrecho de Gibraltar», según un grabado hecho en Leiden (Holanda) en 1707, tres años después de ser ocupado por una flota anglo-holandesa. No se aprecia en él separación alguna en lo que figura como «Parte de España», al norte del Estrecho, apareciendo la Roca sin bandera inglesa, lo que corresponde a la situación en aquel momento, pues la fortaleza había sido tomada en nombre del pretendiente al trono español, Carlos de Austria. Tampoco en el doble perfil del Peñón, que figura en la parte inferior del grabado, hay señales de soberanía británica.

mentos del archivo ciudadano, así como la imagen de la Virgen Coronada, patrona de Gibraltar. Su primer destino fueron las ruinas de Carteia, así como las propiedades agrícolas que muchos tenían en las inmediaciones, para establecerse luego en torno a la ermita de San Roque.

Dos años más tarde, pidieron y obtuvieron permiso para erigir una nueva ciudad en torno a la ermita. En los documentos reales figura como «Mi ciudad de Gibraltar residente en su campo», pero el deseo de los gibraltareños exiliados de volver a su hogar les hizo no repetir el nombre, y le pusieron «Ciudad de San Roque, en la que reside la de Gibraltar», que es todavía el actual. Con ese nombre se presentarán en la ONU, tres siglos más tarde, sus descendientes a reclamar sus derechos. Mientras, en el Peñón, el príncipe de Hesse se convertía en la primera autoridad política —la militar seguía en manos de los británicos— y nombró como primer gobernador al católico irlandés Henry Nugent, que había servido a Carlos II como coronel de regimiento y recibido los títulos de conde de Valdesoto y vizconde de Collambres. Razones políticas, sin embargo, aconsejaron al archiduque de Austria designar para el cargo pocos días después a un español, el marqués de Ahumada, muy relacionado con la nobleza catalana y aragonesa.

El primer intento de recuperar Gibraltar se realizó ya al mes de perderla, o sea, en septiembre de 1704, bajo el mando del marqués de Villadarias, a cuyas tropas españolas se unirían soldados franceses mandados por el general Cabanne, mientras la flota hispano-francesa se emplazaba frente al Peñón, en la bahía de Algeciras. No era fácil el asalto a una fortaleza rocosa bien artillada, pero, según el relato de Mariano Aguilar Olivencia recogido por Arturo Vinuesa, las tropas españolas contaron con la ayuda de un pastor que les indicó un camino por la ladera este de la Roca, la más escarpada, para alcanzar su punto más alto, donde, en una cueva, esperarían el ataque por tierra de las tropas francesas, para coger a los ingleses entre dos fuegos. Pero el general Cabanne, renuente desde el principio a la operación, no dio orden de atacar a sus soldados, con lo que los españoles quedaron aislados en territorio enemigo, que aprovecharon los ingleses para causar una carnicería entre ellos.

La oportunidad volvería a repetirse el 6 de febrero de 1705, cuando las fuerzas españolas del marqués de Villadarias atacaron y consiguieron pasar el foso y abrir brecha en la muralla principal.

Pero, de nuevo, las tropas francesas retrocedieron, dejando sin apoyo a las españolas, que no pudieron mantener el asalto. Nunca volveríamos a estar tan cerca de recobrar la fortaleza.

«Las presiones militares derivadas del primer sitio contra Gibraltar —sigue el relato de don José Uxó— obligaron al príncipe de Hesse a designar un jefe inglés de la guarnición para el cargo de gobernador militar de la plaza. Las instrucciones que el príncipe había recibido con este motivo decían que el nuevo nombramiento debía hacerlo *sólo respecto a los asuntos militares, no pensando ni por un momento la reina de Inglaterra que el poder civil fuera a estar en manos de ningún súbdito de ella*».

El designado fue el brigadier Shripton, que sería comandante de las tropas aliadas en la Plaza, mientras el príncipe de Hesse, como representante del archiduque de Austria y Carlos III de España, seguía siendo, al menos teóricamente, la mayor autoridad de la Plaza.

El 2 de agosto de 1705, cuando se cumplía casi un año de la toma, llegó a Gibraltar, a bordo de uno de los navíos de la escuadra del almirante Rooke, que desde Lisboa se dirigía de nuevo a Cataluña con ánimo de tomarla, el propio archiduque Carlos de Austria. La Plaza le recibió con protocolo real. Era la primera ciudad española que le rendía pleitesía como Carlos III de España, lo que confirmaba que, al menos legalmente, Gibraltar seguía siendo español.

Al cesar el brigadier Shripton como gobernador de Gibraltar en 1707, fue sustituido por un español, el mariscal de campo Ramos, a quien sustituyó dos años más tarde el coronel Roger Elliot, el más veterano de los jefes militares ingleses en la guarnición. Y al ser relevado en 1711, su sucesor, el general Tomas Stanwix, llega ya de Inglaterra, como representante de la reina Ana, y en junio de 1712 declara abiertamente que «el comercio en el Mediterráneo, los intereses británicos y la influencia en esos lugares estarán asegurados por la posesión de Gibraltar y del puerto de Mahón».

Y es que había ocurrido un hecho que cambiaba totalmente el escenario europeo: el emperador austríaco José I había muerto sin descendencia, lo que significaba que su hermano, el citado archiduque Carlos, era el nuevo emperador. Que de convertirse también en Carlos III de España, el viejo imperio de los Austrias volvería a constituirse. Algo que interesaba a Londres aún menos que un eje Madrid-París. Por lo que entabla conversaciones con los franceses, firma la paz con ellos y reconoce a Felipe V de Borbón como rey

Vue de GIBRAI

Esta «Vista de Gibraltar», de la misma imprenta de Leiden y fecha (1707), confinado a su «castillo, puerto, defensas y fortaleza», tal como sería cedido en el Tratado de Utrecht seis años más tarde, tampoco ofrece signos de soberanía británica, por no hablar ya del istmo, que ni siquiera se incluye. Digno de subrayar es que Leiden es una ciudad holandesa, es decir de quienes habían participado en la toma de la Roca.

de España. La suerte de Gibraltar queda así echada, si es que no lo estaba, pues ya en marzo de 1705 el embajador británico en Lisboa, que venía amañando los movimientos navales de la alianza anglo-holandesa, aconsejaba a su gobierno que si los acontecimientos impedían al archiduque Carlos llegar a ser rey de España, Inglaterra no debería ceder nunca Gibraltar, *que representa una garantía para nuestro comercio y nuestros privilegios en España.*

Con lo que no hacía otra cosa que repetir el pensamiento de Cromwell, cuando iniciaba la construcción de la armada más poderosa de los mares, garante de su imperio en todos los continentes. «*Acaso sea posible atacar y rendir la plaza y castillo de Gibraltar* —había escrito en carta al general almirante de la escuadra inglesa Montagne el 28 de abril de 1656—, *los cuales en nuestro poder, serían al mismo tiempo una ventaja para nuestro comercio y una molestia para España*». Confirmándonos que Gibraltar llevaba tiempo en el punto de mira británico. La Guerra de Sucesión española y los cambios en el trono del imperio austríaco le brindaron la ocasión de apropiárselo.

Los historiadores ingleses admiten que la toma de Gibraltar se hizo en nombre del archiduque Carlos pretendiente al trono de España y que la primera bandera que izaron fue el pabellón austríaco. Añadiendo todos ellos sin el menor rebozo que, poco después, el almirante Rooke ordenó izar la bandera inglesa y tomó posesión de la fortaleza en nombre de la reina Ana, como la cosa más natural del mundo. La *Enciclopedia Británica* de 1879, al dar cuenta del episodio, respetaba el *fair play*, sin olvidar el *business is business*: «*Dice poco en honor de Inglaterra tanto el hecho de que en menosprecio de los más elementales principios sancionó y ratificó operación, como el de dejar sin recompensa al general* (Rooke), *a cuyo poco escrupuloso patriotismo se debía la adquisición*», equiparando la injusticia a un país con la hecha a un hombre poco escrupuloso. Para añadir: «*Sin que* (la guarnición inglesa) *tampoco pueda sentirse orgullosa de ser la heredera de aquel 4 de agosto de 1704*». Algún otro historiador duda de tan temprano izar del pabellón británico por parte del almirante Rooke, ya que «eso hubiera sido insultar a su superior político, el príncipe George de Hesse». Pero está también el hecho de que los almirantes ingleses no suelen obedecer a sus superiores extranjeros, más conociendo las viejas ambiciones británicas cerca del Peñón y las recomendaciones hechas por su embajador en Lisboa, Methuen, que era quien daba las últimas órdenes a Rooke. En cualquier caso, la cadena de acontecimientos descrita por el general Uxó es tan detallada como exacta. Añadan el paisaje de fondo de la Guerra de Sucesión en el resto de la Península con suerte varia. Piensen que Felipe V tuvo que abandonar hasta cinco veces Madrid ante el acoso de las tropas de su rival austríaco por el trono de España. Tan igualadas estaban las fuerzas que la lucha se prolongó durante más de un quinquenio y llevaba trazas de continuar bastantes más años de no haberla puesto fin, como queda dicho, no las armas, sino la muerte del emperador José I que coloca en el trono austríaco a su hermano, el aspirante al trono español, reconstruyéndose el «eje» Madrid-Viena. También los Borbones estaban hartos de una guerra que les estaba desgastando física y económicamente. Los esfuerzos de aproximación a Inglaterra estaban en marcha desde hacía tiempo. En carta del 11 de junio de 1711, Felipe V expone al mariscal Vedóme, jefe del cuerpo expedicionario británico en España, que estaría dispuesto a ceder Gibraltar y Menorca —también ocupada por los ingleses— si le reconocían como rey de España. La ascensión al trono austríaco del archiduque Carlos liquida el pleito a escala internacional al quedarse sin apoyos, aunque en Cataluña partidarios suyos seguirán luchando para impedir «un rey francés». Una concesión a Inglaterra para vender anualmente 4.800 esclavos negros en las posesiones ultramarinas españolas, junto a las mercancías británicas que cupiesen en un buque de 500 toneladas, en marzo de 1713, acentúa la aproximación, y el 13 de junio del mismo año se firma en Utrecht el Tratado de Paz y Amistad entre España e Inglaterra, conocido por el nombre de la ciudad holandesa donde se firmó.

En su artículo 10º establece:

> «El Rey Católico, por sí y por sus herederos y sucesores, cede por este Tratado a la Corona de Gran Bretaña la plena y entera propiedad de la ciudad y castillo de Gibraltar, juntamente con su puerto, defensas y fortaleza que le pertenecen, dando la dicha propiedad absolutamente para que la tenga y goce con entero derecho y para siempre, sin excepción ni impedimento alguno.
>
> Pero, para evitar cualesquiera abusos y fraudes en la introducción de mercaderías, quiere el Rey Católico, y supone que así se ha de entender, que la dicha propiedad se cede a la Gran Bretaña sin jurisdicción alguna territorial y sin comunicación alguna abierta con el país circunvecino por parte de tierra. Y como

la comunicación por mar con la costa de España no puede estar abierta y segura en todos los tiempos, y de aquí puede resultar que los soldados de la guarnición de Gibraltar y los vecinos de aquella ciudad se vean reducidos a grandes angustias, siendo en la mente del Rey Católico sólo impedir, como queda dicho más arriba, la introducción fraudulenta de mercaderías por la vía de tierra, se ha acordado que en estos casos se pueda comprar con dinero de contado en tierra de España circunvecina la provisión y demás cosas necesarias para el uso de las tropas de presidio, de los vecinos y de las naves surtas en el puerto.

Pero si se aprehendieran algunas mercaderías introducidas por Gibraltar, ya para permuta de víveres o ya para otro fin, se adjudicarían al fisco. Y presentada queja de esta contravención del presente Tratado, serán castigados severamente los culpables.

Y Su Majestad Británica, a instancia del Rey Católico, consiente y conviene que no se permita por motivo alguno que judíos ni moros habiten ni tengan domicilio en la dicha ciudad de Gibraltar, ni se dé acogida a las naves de guerra moras en el puerto de aquella Ciudad, con lo que se puede cortar la comunicación de España a Ceuta, o ser infestadas las costas españolas por el corso de los moros. Y como hay tratados de amistad, libertad y frecuencia de comercio entre los ingleses y algunas regiones de la costa de África, ha de entenderse siempre que no se puede negar la entrada en el puerto de Gibraltar a los moros y sus naves que sólo vienen a comerciar.

Promete también Su Majestad la Reina de Gran Bretaña que a los habitantes de la Ciudad de Gibraltar se les concederá el uso libre de la Religión Católica Romana.

Si en algún tiempo a la Corona de la Gran Bretaña le pareciese conveniente dar, vender o enajenar de cualquier modo la propiedad de la dicha Ciudad de Gibraltar, se ha convenido y concordado por este Tratado que se dará a la Corona de España la primera opción antes que a otros para redimirla».

El Tratado de Utrecht, redactado para que no quedasen dudas en latín, español e inglés, es muy claro en sus condiciones. Pero desde el mismo momento en que fue firmado, los ingleses han tomado de él lo que les ha convenido, ignorando por completo el resto. No es un reproche. El derecho internacional es muy reciente y todavía hoy está más regido por los intereses que por la moral. Si hay algún reproche en la historia que estamos contando es a los gobernantes españoles que no supieron defender debidamente los intereses nacionales. Aunque también es verdad que no resulta fácil defenderse ante quien tiene la mejor flota del mundo. Siendo de justicia reconocer que fueron muchos los que lo intentaron, prácticamente todos, sin suerte. Lo más triste es que en los escasos momentos en que la suerte nos sonrió, no supimos aprovecharla.

Durante los últimos tres siglos la diplomacia española ha venido apoyando sus esfuerzos en tres puntos concretos del Tratado, a saber: que se cede la «ciudad y el castillo de Gibraltar, juntamente con su puerto, defensas y fortaleza», sin hablar para nada de sus aguas territoriales ni, menos aún, del espacio aéreo, concepto que aún no existía. Que se cede la plaza «sin comunicación alguna abierta por tierra con el país circunvecino». Y, por último, que en caso de que Inglaterra decidiera deshacerse de su colonia, «España tendría la primera opción». Condiciones todas que no se han respetado por parte inglesa, lo que, teóricamente, invalidaría el Tratado a nuestro favor.

Pero hay otra frase del mismo a la que apenas se ha prestado atención, siendo, a mi entender, tan importante o más que ninguna de las tres citadas. Me refiero a la que dice que España cede a Inglaterra Gibraltar «sin jurisdicción territorial alguna», en inglés *without any territorial jurisdiction*. El concepto «jurisdicción» es prácticamente igual en español e inglés, al venir del latín *jurisdictione:* «el poder o autoridad para gobernar y poner en ejecución las leyes». Aplicado a un territorio, significa la capacidad para dictar leyes y hacerlas cumplir. Y si dicho territorio se cede sin jurisdicción, es que no existe tal capacidad. Algo así como si un español adquiriese una mansión o un castillo en Gran Bretaña, con su terreno adjunto, de los que puede disponer libremente, pero sin violar las leyes inglesas. Que vienen a remachar las medidas que se toman en el mismo Tratado contra «los abusos y fraudes en la introducción de mercancías» desde Gibraltar, así como la última cláusula, dando a España la primera opción a recuperar la Roca, en caso de que Gran Bretaña decidiera desprenderse de ella. En otras palabras: desde un punto de vista estrictamente jurídico, el Tratado de Utrecht reconocía a España un derecho subyacente sobre Gibraltar después de cederlo. Pero si los ingleses no respetaron los derechos españoles más evidentes en el Tratado, menos iban a respetar las sutilezas conceptuales y jurídicas del mismo. Lo que no les impide

«GIBRALTAR, en el Estrecho del mismo nombre, situado en el reino de ANDALUCÍA», grabado en cobre de Gabriel Bodenehr, Ausburg, 1717, con la historia de la Roca en sus márgenes y sus distintos poseedores. Resulta curioso que aunque en 1713 se había firmado el Tratado de Utrecht y la transferencia de la soberanía a Inglaterra, se le sigue situando en Andalucía. También la

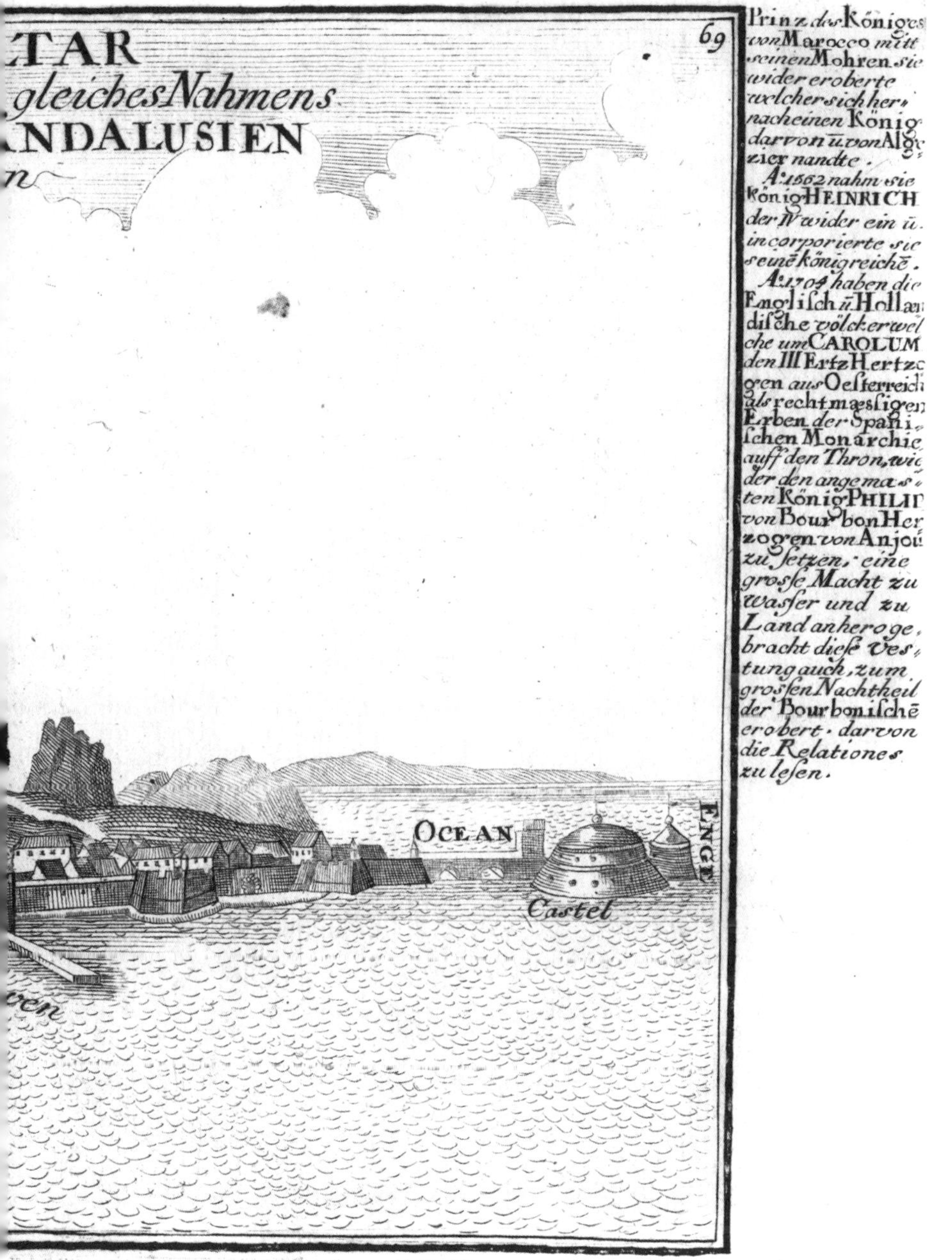

mención que hace Bodenehr de la soberanía es elusiva. Tras señalar que en 1704 ingleses y holandeses decidieron apoyar al archiduque Carlos de Austria como el legítimo Carlos III de España, frente a las pretensiones del duque de Anjou, Felipe de Borbón, el narrador alemán concluye: «una poderosa fuerza naval y terrestre tomó esta fortaleza para perjuicio del Borbón».

«Plano exacto de la ciudad y fortaleza de Gibraltar», grabado en cobre de Gabriel Bodenehr, Ausburg, 1717, con crónica detallada en sus márgenes de sus fortificaciones y de su toma a cargo de la escuadra anglo-holandesa del almirante

Rooke, que termina «para dejarlo en posesión de su legítimo señor Carlos III» (el archiduque Carlos de Austria), obviando la soberanía inglesa. Se muestran también las fortificaciones y baterías (de la «a» a la «K») de la ciudad.

invocar el mismo Tratado, con su cláusula de «cesión a perpetuidad» de la Roca, siempre que intentamos recuperarla. Estamos ante uno de los casos más flagrantes de conculcación de un acuerdo no ya entre dos naciones, sino entre varias, pues en Utrecht se sentó un nuevo orden europeo para la Edad Moderna. Un orden con una clara perdedora: España. Por lo que cabe preguntarse: ¿no es Gibraltar la mejor muestra de que España había perdido el tren de la Europa surgida de la Reforma protestante y de los descubrimientos, pese a haber sido, con Portugal, la protagonista de éstos? Que esa colonia siga en nuestro territorio tres siglos después explica que Gibraltar no sea una reivindicación sentimental, sino la prueba de las carencias de España como Estado-nación, fundado en la voluntad mancomunada de sus ciudadanos. Dicho en pasiva: hasta que no recuperemos Gibraltar no seremos un país realmente moderno.

Volviendo a nuestro relato, los negociadores británicos intentaron en Utrecht obtener el istmo gibraltareño, sin conseguirlo. Confinados a la Roca monda y lironda, sus esfuerzos de expansión se dirigen hacia aquél y una de las primeras cosas que hicieron tras firmarse el Tratado fue ocupar dos pequeños y decrépitos edificios ya fuera de las murallas de la fortaleza: la Torre del Diablo a Levante y El Molino —al haber sido un molino de viento— a Poniente, alegando que «formaban parte de las defensas de la Plaza». Era su primera violación del Tratado y España elevó protesta diplomática, que no mereció otra cosa que un altivo rechazo británico.

Hay un intento de recobrar Gibraltar por vía diplomática en 1721. El secretario de Estado James Stanhope informa a Madrid que su gobierno estaría dispuesto a devolver Gibraltar a España a cambio de «concesiones comerciales que valiesen la pena». A lo que realmente apuntaba era a Florida, que daría a Inglaterra el dominio de toda la costa Este norteamericana. El 6 de junio de ese año, el rey George I escribe personalmente a Felipe V para expresarle su disposición a «satisfacer las demandas españolas para la devolución de Gibraltar», prometiéndole «hacer uso de la primera oportunidad favorable para resolver ese asunto con el consentimiento del Parlamento». Ante lo que Felipe V renueva ciertos privilegios comerciales ingleses en América. Pero George I no logra el *consent* de su Parlamento, donde su carta había levantado gran indignación, obligándosele a retirar su propuesta. A los privilegios comerciales obtenidos, sin embargo, los ingleses no renunciaron.

Vuelve la tensión bélica en 1723, con una nota de Londres, donde se arguye que «una fortaleza no está defendida si no domina el espacio circundante al alcance de sus cañones», por lo que, al ceder una plaza, se cede también, sin decirlo, todo el terreno cubierto por su artillería, ya que, en otro caso, «la cesión no sería de ninguna utilidad». Era la primera reclamación británica de terrenos más allá de los especificados en el Tratado de Utrecht, concretamente los del istmo. Que tratan de hacer efectiva cuanto antes.

Vista la actitud expansionista inglesa, en 1725 comienzan los preparativos del segundo asedio de Gibraltar, esta vez con tropas austríacas al lado de la españolas. Se encargará de las operaciones el conde de la Torre, que no sabemos bien si por incapacidad personal o por intrigas de la Corte no consigue trazar un plan riguroso del asalto, el caso es que los preparativos se eternizan. Hay que tener en cuenta que, a aquellas alturas, Felipe V daba muestras evidentes de inestabilidad mental y quien llevaba los asuntos de Estado era su mujer, Isabel de Farnesio, interesada ante todo de buscar reinos para sus hijos. Es por lo que durante este período los intentos de recuperar Gibraltar por medios diplomáticos y militares se entremezclan, anulándose entre sí. Nada de extraño tiene que el segundo asalto a la Roca no llegase tan lejos como el primero, y que en 1727 se ordenara levantar el sitio.

Sólo entonces contestará Madrid a la nota británica de 1723 en la que se reclamaba todo el espacio cubierto por la artillería del Peñón. En la respuesta se subraya que España no ha cedido más que «la Plaza de Gibraltar hasta sus muros», aunque en aras de las buenas relaciones hispano-británicas, debe de haber una *Zona Neutral* entre los portalones de la Plaza y las posiciones españolas, es decir el istmo, «sin que ello signifique que tal Zona no pertenezca a España».

La respuesta británica llega un año más tarde, y ejemplariza la diplomacia británica. En ella solicitan la «retirada de las tropas españolas que guarnecían el istmo hasta las murallas de Gibraltar». España responde que ese terreno no había sido cedido en Utrecht, o sea, que conservaba la soberanía sobre él. Pero se había metido un gol en la propia meta, al admitir que ese terreno era *neutral,* lo que suponía que ninguna de las dos partes podría construir fortificaciones militares en él. España lo respetaría, pero Inglaterra actuaría en su parte como si fuese suya y, de momento, volvió a apropiarse de la Torre del Diablo y de El Molino.

«Plano de la ciudad y fortificaciones de Gibraltar, tomado exactamente sobre el terreno en 1738», grabado por J. Bafire para la Continuación que mr. Tindals había hecho de la Historia de Inglaterra de mr. Rapin. La soberanía inglesa sobre el Peñón ya es innegable, aunque la fortaleza sigue confinada

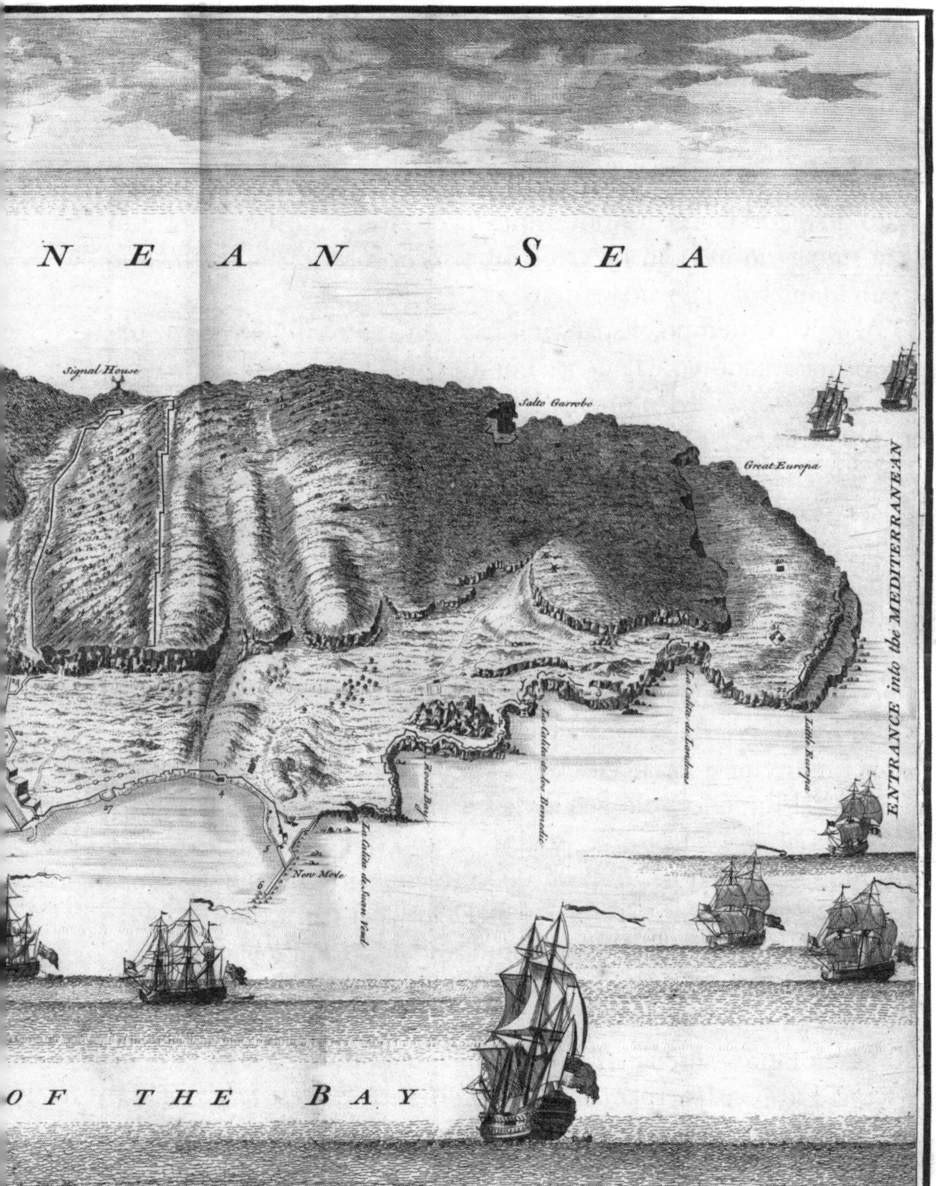

LTAR, exactly taken on the Spot in the Year 1738.

Rapin's History of England.

a sus murallas y muestra hasta dónde avanzaron las posiciones españolas en su último intento de recuperarla (1728). En retaguardia aparece la línea de fortificaciones españolas que marcaría el límite norte de la llamada «zona neutral», pese a no haber sido nunca cedida.

Si lo que decidían eran los cañones, en 1731 España empieza la construcción de las fortificaciones al norte del mismo, que se denominarán *La Línea de Gibraltar*, origen de la actual La Línea de la Concepción. Tendrían el fuerte de San Felipe a Poniente —la bahía de Algeciras— y el de Santa Bárbara a Levante —el Mediterráneo—, ambos con cañones de igual alcance que los de los ingleses. Los mandará el comandante general del Campo de Gibraltar, con puesto de mando en San Roque, que ha crecido en torno a la ermita del mismo nombre, con los habitantes y corporación municipal de Gibraltar antes de la ocupación inglesa.

Al mismo tiempo, España refuerza su frente diplomático, firmando un tratado con Francia. Londres se alarma y, en carta, *«Su Cristiana Majestad* (el monarca británico) *asegura que empleará sin pausa su prestigio para conseguir que se restaure lo antes posible el poder de Su Majestad Católica* (el monarca español) *la ciudad y dependencias de Gibraltar, incluso apelando al uso de la fuerza»*.

Promesas que se quedan, como las anteriores, en eso. En 1740, España e Inglaterra están de nuevo enfrentadas debido a la Guerra de Sucesión austríaca, que se prolongará ocho años. No acaba tan mal como la anterior, pues en 1756 los ingleses pierden Menorca —también ocupada durante la anterior contienda—, que pasa a manos francesas y, luego, españolas. Pero eso no hace más que aumentar para ellos la importancia estratégica de Gibraltar como punto de apoyo en las líneas del Imperio Británico hacia Oriente. Se nombra gobernador de la Plaza al general George Auguste Elliot, que inicia una serie de obras militares que hacen al Peñón poco menos que inexpugnable.

En 1776 comienza la Guerra de la Independencia norteamericana, apoyada por franceses y españoles. Éstos aprovechan la oportunidad para lanzar, el 5 de julio de 1779, el tercer sitio de Gibraltar. Se trata de una operación de gran envergadura, en la que se emplean baterías flotantes diseñadas por el ingeniero francés Jean Claude d'Arçon. Dirigen las operaciones el almirante Barceló y el general Álvarez de Sotomayor. Se intenta ahogar a la Plaza cortándole los suministros que le llegan, especialmente de África. Pero Gibraltar resiste, apoyada en su bien resguardada artillería y por la superioridad de la flota británica en la mar. Ante lo que Londres y Madrid inician negociaciones secretas. Una primera oferta británica propone canjear Gibraltar por Puerto Rico y abandonar la alianza con Francia, cosa difícil por no decir imposible dados los vínculos familiares de

1. Parte mas eminente del monte, su altura 4000 varas de elevacion.
2. Puerta de tierra.
3. Baluarte de la reina Ana.
4. Dos del perejil.
5. Los del pastel.
6. Minas, y contraminas de dichos fuertes.
7. Almacenes de pôlvora, y pertrechos de guerra.
C. *Trincheras y baterias nuevas.*
8. Cuarteles nuevos, capaces para 6000 hombres
9. Muelle viejo.
10. El acho.
11. Bateria de 6 cañones.
12. Comunicacion de los fuertes.
13. Linea de Cárlos V.
14. Hospital para la tropa.
15. Tierra colorada donde entierran los ingleses.
16. Baluarte del Sur.
D *Lanchas bombarderas y cañoneras.*
17. Fuerte donde baten bandera británica.
18. Casa del gobernador.
19. Barranco de San Miguel, donde pueden emboscarse 1000 hombres
20. Castillo antiguo de moros.
21. Fuerte y comunicaciones, que se dirigen à punta de Europa.
22. Muelle nuevo.
23. Bateria de 6 morteros.
24. La ciudad.
25. Aguas muertas.
26. Casa de los ingleses para la contencion de la desercion.
27. Torre del diablo.
28. Rastro de los ataques del año 27.
29. Division de terminos entre españa, y dicha plaza.
30. Mar de levante.
31. Baia, mar de poniente.
32. Puesto, y guardia de la horca donde evita la desercion.
33. Linea hecha por Felipe V.
34. Fuerte de levante.
35. Fuerte de poniente.
36. Fuerte de punta de mala.
37. Fuerte de santa Mariana.
38. Campo de los españoles, situado en la pedrera.
39. Almacenes de petrechos y repuesto de polvora
E. *Baxeles españoles.*
40. Casa de teso donde se alojan los generales.
41. Bocaminas de cuando el ultimo sitio.
42. Ceuta.
43. Entrada del estrecho.
44. Pozos y fuentes.
45. Huertos.
46. Rio guadaranque.
47. Camino de san Roque.
B. Lengua de tierra.
F. *Navios ingleses que pasan al mediterraneo.*

NOTICIA HISTÓRICA DE GIBRALTAR.

Año de 1222, antes de la venida de Cristo fué fundada la ciudad de Gibraltar por Hércules Thebano, por lo que se llamó Herculea, Heraclea. Despues fué llamada Gibel Tarif, ó monte del Tarif. nombre del capitan que acaudillaba los moros que desembarcaron en este sitio el año de 714, tambien la llamaron Gebeltar ó Gibaltar, y ahora Gibraltar generalmente. La poseyeron los moros hasta el año 1309, que el rey D. Fernando IV la ganó, y en el año 1333 fué tomada por los reyes de Granada, porque pertenecia á esto reino En el año de 1350 la sitió el rey D. Alonso XII, despues de la batalla del Salado, donde murió de peste. Despues la restituyó D. Juan Alonso de Guzman, primer duque de Medina-Sidonia, en tiempo de Enrique IV, año 1462, y este rey se tituló rey de Gibraltar, todos sucesivamente. En el año 1540 la sorprendieron 2000 turcos, mandados por Halí Hameth, de órden de Haxen Haja rey de Argel; pero D. Bernardino de Wendoza, los esperò en el Peñon de Belez de Gomera, y los derrotó, viniendo de Sicilia con 14 navios. A 4 de agosto de 1704 se apoderaron de esta ciudad los ingleses por el almirante Rock, y el príncipe Jorge Hesse Darmestad, los que actualmente la poseen; cuyas noticias se han puesto, como se refieren en los comentarios del Marques de S. Felipe.

Grabado en madera, impreso en Barcelona, que muestra el más importante asalto español a Gibraltar (1779), dirigido por el almirante Barceló. En él se muestra hasta dónde habían llegado los atacantes españoles en el asalto de 1728 (28 en el plano), la «casa de los ingleses para la contención de la deserción» (26), y ante ella, la «división de términos entre españa (sic) y dicha plaza» (29). En su cara posterior, el grabado ofrece la «cançó den Barceló», diez estrofas en catalán, dedicadas al almirante y a la batalla del «fort de gibralta» (sic).

sus coronas. Se baraja también Puerto Rico y dos millones de libras por la fortaleza y su artillería. Incluso canjear la Roca por varios puertos en el norte de África. Pero los franceses se enteran y hacen contraofertas: su flota participará en el asedio, y Madrid decide recuperar Gibraltar de forma más honorable.

El gran ataque tiene lugar el 13 de septiembre de 1782, a cargo de una flota conjunta franco-española. Son barcos formidables, pero la artillería de la Roca es más formidable todavía y la mayoría de los buques atacantes resultan destruidos. Gibraltar, *The Rock,* empieza a ser el símbolo de lo inexpugnable en el idioma inglés, y de lo seguro, en el mundo. Todavía hay hoy compañías aseguradoras con ese nombre.

España logra salvar los muebles en la Paz de París, reteniendo Menorca y Florida, pero Gibraltar lo tiene cada vez más lejos. El general Elliott, sintiendo que su resistencia ha sido una victoria, manda ocupar la zona del istmo hasta la Torre del Diablo y El Molino, máximos puntos de avance de los sitiadores españoles. Éstos se retiran de ellos, aunque reiterando que se trata de «territorio neutral militarmente, no cedido por España».

El sitio acaba el 2 de febrero de 1783. Ha durado tres años, seis meses y veintinueve días, el más largo de la historia. «La importancia de Gibraltar —comenta el historiador G.T. Garratt en *Gibraltar and the Mediterranean*— aumenta para Inglaterra con la pérdida de las colonias americanas, así como su tendencia a mirar más al Este que al Oeste».

Pese a los reveses, España no ceja en sus esfuerzos para recuperar la Roca. Nuevas batallas y nuevos fracasos. En 1797, derrota de la escuadra española frente a los ingleses en el cabo de San Vicente. Ocho años más tarde, la más grande y dolorosa de todas, ante el cabo de Trafalgar, donde es destrozada la escuadra conjunta hispano-francesa. Cabría preguntarse si no hubiera sido mejor seguir con la negociación diplomática, para conseguir un trueque, olvidando el apoyo francés, que de tan poco nos sirvió. Aunque hay también que preguntarse si los ingleses cumplirían su parte del canje.

La invasión napoleónica, con la consiguiente Guerra de Independencia española, trae un cambio de alianzas. Ahora son los ingleses quienes luchan con los españoles frente a los franceses, prestándoles sin duda una buena ayuda en generales —Wellington sobre todo— y material, aunque quienes llevan el peso de la lucha son los españoles. Pero los ingleses no serían ingleses si no se llevaran su tajada, y una de las primeras cosas que hace el general Campbell, gobernador de Gibraltar, es aprovechar el desorden reinante en España para ordenar a sus ingenieros volar los fuertes de San Felipe y Santa Bárbara, que marcaban la línea de defensas españolas, con el pretexto de que «podían caer en manos francesas». Eso deja abierto el expansionismo británico hacia el norte del istmo.

El mayor avance tiene lugar en 1815 y nada tiene que ver con lo militar. Una gran epidemia de fiebre amarilla diezma la población de la colonia y su actual gobernador, el general Dou, pide permiso a las autoridades españolas para establecer en la zona neutral un campamento sanitario «por razones humanitarias». El documento que firma conjuntamente con el teniente general José María de Alós, establece explícitamente el «carácter temporal» de dicho campamento, así como que «la autoridad del gobernador (de Gibraltar) no se extiende al mismo». La realidad fue que el campamento no se desmontó, que se convirtió en instalaciones permanentes y que los ingleses retuvieron ese pedazo del istmo no cedido en Utrecht. Con tales aliados, España no necesita enemigos.

En la noche del 6 al 7 de diciembre de 1825, una tempestad arranca de sus fondeaderos los buques *Providence* y *Lovely Cruise*, anclados frente a Gibraltar, y embarrancan en la playa de La Línea. La fragata *Thetis*, de la Marina Real Británica, se hace cargo de ellos y de sus mercancías, sin respetar a los centinelas españoles. Madrid protesta. Londres responde que «las aguas son del puerto de Gibraltar», iniciando así su expansión en la bahía de Algeciras, tampoco cedida en Utrecht.

Un año más tarde, 1826, George Cunning, secretario del Foreign Office, envía una nota al gobierno español en la que le comunica que «en ausencia de toda mención en el Tratado de Utrecht a límites reales o imaginarios del puerto de Gibraltar, se hace indispensable buscar un límite natural. Éste se halla en la curvatura de la costa, que (desde el puerto de Gibraltar) termina en Punta Mala, dentro del alcance de los cañones de la guarnición». Al ser cañones de bastante alcance, aquello vendría a significar que buena parte de la costa española estaba bañada por aguas inglesas. Y, naturalmente, que la bahía de Algeciras era también suya. O por lo menos su mayor parte. Algo que corroboraría el jefe de las fuerzas navales británicas en Gibraltar, almirante Sullivan, al comunicar al comandante general del Campo de Gibraltar, barón de Corondelet, que «el gobierno británico ha decidido y así se lo ha comunicado al gobierno español, que los límites del puerto de Gibraltar se extienden desde su línea hasta Punta Mala».

Como éste va a ser uno de los temas recurrentes a lo largo de los tres siglos que dura el contencioso, vamos a estudiarlo y analizarlo en su conjunto, para no tener que repetirnos cada vez que surja.

La tesis española es que en Utrecht se cedió lo especificado en el Tratado, a saber: «la ciudad y castillo de Gibraltar, con su puerto, defensas y fortaleza que le pertenecen». Ni un milímetro más.

Los ingleses, por el contrario, sostienen que al ceder un territorio se ceden también «sus aguas territoriales», que en aquellos tiempos era «el alcance de sus cañones».

Esta interpretación es refutada por el profesor de Derecho Marítimo Ignacio Aurrecoechea, que hace una distinción entre «puerto», en inglés *port* (instalaciones artificiales para carga y descarga de personas y mercancías), y «abra», en inglés *harbour* (abrigo natural para embarcaciones). El Tratado de Utrecht usa sólo el término «puerto» para el establecimiento de los límites de Gibraltar, añadiendo «sin jurisdicción territorial alguna», por lo que es correcto afirmar que España se reservó las aguas territoriales al no cederlas explícitamente.

Ese «sin jurisdicción territorial alguna» invalida el argumento inglés de que «cuando se cede un territorio, se ceden también sus aguas territoriales, a menos que lo contrario se haya establecido específicamente». Y en Utrecht se especificó, ya que al ceder el territorio se le quitó «toda jurisdicción territorial», incluida la marítima. «Si los ingleses quieren hacer valer sus derechos sobre Gibraltar —sigue el profesor Aurrecoechea— tienen que atenerse a las condiciones en que se les cedió, ya que en otro caso pierden tal derecho».

Tesis que corrobora y completa la catedrática de Derecho Internacional Público de la Universidad de Oviedo Paz Andrés Sáenz de Santamaría, al advertir que tampoco pueden invocar el nuevo derecho marítimo, surgido de la Convención de Naciones Unidas sobre el Derecho del Mar de 1982 (reformada en 1995), que vino a sustituir el «alcance de los cañones». Dicha Convención dispone el derecho «de todo Estado a establecer una anchura de su mar territorial hasta un límite que no exceda las 12 millas». Pero antes de nada hay que advertir que Gibraltar no es un Estado, sino una colonia, como Inglaterra misma admitió al inscribirlo como tal en Naciones Unidas, sin que desde entonces haya renunciado a su soberanía sobre él, por más «Constituciones» que le haya concedido. A mayor abundamiento, esa nueva Convención Marítima establece que en caso de controversia sobre territorios no autónomos, el ejercicio de los derechos que reconoce «están condicionados a las resoluciones adoptadas por Naciones Unidas». Unas resoluciones que, en este caso, primero, consideran a Gibraltar una colonia a descolonizar y, segundo, que debe descolonizarse teniendo en cuenta la «integridad territorial de los países». En este caso, España.

Legalmente, por tanto, los ingleses no tienen los menores derechos sobre las aguas más allá del malecón del puerto gibraltareño, que fue lo cedido, «sin jurisdicción territorial alguna».

Lo que ocurre es que los españoles tenemos los derechos y ellos tienen la fuerza, lo que ha llevado en la práctica a que, sin renunciar a sus derechos, España haya admitido tácitamente la autoridad británica sobre las tres millas al este y sur del Peñón, así como en la mitad de la bahía de Algeciras, mientras se reserva la otra mitad. Pero como los ingleses tampoco renuncian a sus alegados derechos, que se superponen con los españoles, lo que hemos tenido son roces constantes, incidentes continuos, seguidos de notas y contranotas de protesta.

No eran sólo pruritos de grandeza o meros afanes imperialistas. Detrás de ello se han escondido siempre grandes intereses económicos: los ingleses han tratado de proteger el contrabando, convertido en el gran negocio gibraltareño. Cuando abordemos específicamente este tema, mostraremos cómo este tráfico ilegal marchaba paralelo a las apropiaciones ilegales de aguas en torno a su colonia.

La expansión en el istmo, a todo ello, continuaba: en 1845 se montan en él unos «pabellones sanitarios para la recogida de basura» y otra epidemia, en 1854, sirve de pretexto para poner centinelas ante dichos barracones, donde se alojan temporalmente los evacuados. La protesta española es rechazada por los británicos con el argumento de que el campo neutral no se extiende desde las murallas de Gibraltar hasta La Línea de la Concepción, sino desde el campamento que los españoles habían autorizado construir durante la epidemia de 1815 hasta La Línea. De tal modo, los ingleses habían avanzado 800 metros en un terreno no cedido en Utrecht.

Y cuando los españoles montan en 1881 unos parasoles que protejan a sus centinelas al norte del campo neutral, los ingleses se apresuran a hacer lo mismo ante sus barracones, aunque advirtiendo que los parasoles españoles «tienen que desmontarse en invierno, al no haber necesidad de ellos». Los suyos, en cambio, se convierten en construcciones permanentes. Da un poco de vergüenza detallar este expolio continuado y constante. Pero es lo que hubo y todavía hay, como veremos al avanzar en nuestra historia.

Aunque se dieron también destellos de generosidad. Durante la guerra de Crimea, por ejemplo, un grupo de políticos liberales británicos se muestra dispuesto a negociar la devolución de Gibraltar a España, «al darnos cuenta de cómo había sido adquirido», según dice el cabeza del grupo, John Bright. Pero ése no era el ánimo de la Inglaterra victoriana, en la que Gibraltar era uno de los pilares más firmes y populares del imperio, y tanto la Cámara de los Comunes como el clamor popular les obligan a retirar la sugerencia. La mejor muestra de ese ánimo es la réplica de lord Palmerston, de 1851, a las continuas protestas españolas por el contrabando que se venía practicando desde Gibraltar hacia los territorios contiguos. En un tono tan displicente como didáctico, el secretario del Foreign Office dice que dicha práctica no es sino producto de las leyes proteccionistas españolas, «perjudiciales no sólo para los países amigos europeos, sino también para los propios españoles, al hacerles pagar altos precios por sus mercancías e impedir el desarrollo de su industria». Permitiéndose advertir que «entre 80.000 y 100.000 españoles se dedican al contrabando en vez de a la producción». Aunque deja lo mejor para el final: «Lo que tendría que hacer el gobierno español es derogar las leyes fiscales que protegen la industria del País Vasco y Cataluña, y revisar las tarifas arancelarias, a fin de armonizarlas con los deseos y necesidades de la nación española, de acuerdo con el espíritu comercial de la época». No le faltaba parte de razón a lord Palmerston, pero su tono es revelador no ya de la arrogancia imperial británica, sino también del lastimoso estado en que había caído el un día imperio español. Y si éste fuera el momento y el lugar, abordaríamos la incongruencia de unos nacionalistas catalanes y vascos apoyando las reivindicaciones gibraltareñas —en realidad británicas—, cuando desde allí se arremetía contra los aranceles que les permitieron montar su industria. Pero si razonar con los ingleses es duro, pretender hacerlo con los nacionalistas es imposible.

El final del siglo XIX marca una situación estabilizada en tierra por la política de hechos consumados practicada por los ingleses y de forcejeo en la bahía de Algeciras, no cedida en Utrecht, que había conducido a un inestable *modus vivendi*, consistente en dividir dichas aguas por la mitad, pero con jurisdicción de los aduaneros españoles para perseguir a los contrabandistas gibraltareños hasta los malecones del puerto británico, ampliado por cierto hasta tres veces. Pero ni siquiera en eso estaban y están de acuerdo los ingleses, como demuestran los incidentes en dichas aguas, que estudiaremos al tratar del contrabando.

Es por este tiempo cuando los británicos proponen construir un hipódromo en la zona neutral, ofreciendo a los españoles la asistencia y participación en las carreras. Dada la afición que hay en aquella parte de Andalucía a las mismas, fue saludado con satisfacción y el hipódromo se convirtió en uno de los puntos más concurridos de la comarca. Lo malo fue, como veremos, que durante la Guerra Civil española se construyó allí el aeródromo gibraltareño, consagrándose el expolio de la mitad sur del istmo. No sabemos si fue una jugada planeada a largo plazo, o si sencillamente aprovecharon la oportunidad que se les presentaba.

El avance inglés se consolida en 1908 con un nuevo paso, no muy grande en metros, pero enorme en significado. El 5 de agosto de aquel año, una nota verbal del embajador británico en Madrid, «como acto de cortesía», comunica al gobierno español que el suyo «ha decidido construir una verja a lo largo del borde británico del territorio neutral de Gibraltar». Obsérvese la incongruencia: si es «territorio neutral», no puede haber en él «borde británico». Pero esas sutilidades traen sin cuidado a los ingleses, y los 800 metros que habían avanzado en la zona del istmo los consideraban ya suyos.

El gobierno español reitera a través de su embajador en Londres que «no existe otro territorio británico en Gibraltar que el cedido en el Tratado de Utrecht, cuyos límites coinciden con las puertas mismas de la Plaza». Da lo mismo. El 18 de febrero de 1909 comienza la construcción de la famosa Verja, que significa la separación física de Gibraltar y España. Madrid exige la suspensión de la obra «hasta que ambos gobiernos se pongan de acuerdo sobre el asunto». Londres contesta que «no habiendo encontrado razón alguna para suspender los trabajos», ha decidido continuarlos.

La Verja tenía una altura total de 2,75 metros, estando coronada por tres filas de alambre espinoso. Se planeaba abrir tres puertas en ella, una para dar paso a la carretera general que une Gibraltar y La Línea, otra para el paso del ganado y una tercera para los que tenían «pases de playa», es decir, para los gibraltareños que iban a bañarse a las playas españolas, a las que al parecer tenían un acceso que en Utrecht se les negaba. Al final se dejó sólo una puerta, para el paso peatonal y rodado entre la Roca y España. El que les interesaba, como ventilador de Gibraltar, para que sus habitantes no se asfixiaran en sus angostos límites y pudieran darse un garbeo fuera cuando les apeteciera. Aunque aquel despliegue de prepotencia británica terminaría volviéndose contra ellos, como veremos más adelante.

Lo que no impidió que la «Verja de la vergüenza» significase la apropiación *de facto* de la parte sur de un territorio español nunca cedido, alterando la situación de un istmo que ellos mismos habían calificado de neutral, pero en el que venían actuando como si les perteneciese.

Como siempre ocurre, tras una incautación británica —como si necesitaran tiempo para digerirla— sigue un período de inactividad e incluso de «distensión» con España, que en aquellos momentos se ve acentuada por la necesidad inglesa de buscarse aliados en Europa ante un rival emergente más peligroso que Francia: la Alemania del Káiser. Producto de ella fueron los «pactos de Cartagena», por los que España se comprometía a respetar el *statu quo* reinante y los intereses tanto británicos como franceses en el Mediterráneo y Atlántico. Sin obtener a cambio más que sonrisas inglesas y la nieta de la reina Victoria como esposa del joven rey Alfonso XIII. Lo que no impide que en 1921 se cree el *City Council* (Ayuntamiento) de Gibraltar, en el que figuraba algún concejal elegido por la población civil, aunque la autoridad seguía en manos del gobernador. Sería el embrión del «gobierno de Gibraltar» con el que los ingleses intentaron décadas más tarde descolonizar Gibraltar sin que se le fuera de las manos.

Interesante y novedoso es el tanteo diplomático tenido lugar durante la dictadura de Primo de Rivera, aunque no cuaja en negociación firme. España ha logrado afianzar sus posiciones en el norte de África tras el desembarco en Alhucemas, goza de una cierta estabilidad interior e incluso de una relativa prosperidad. Los ingleses se dan cuenta de que, a la larga, ello puede hacer insostenible un Gibraltar como colonia en territorio español y aceptan iniciar contactos sobre un posible canje de la Roca por Ceuta. Si iban en serio o sólo intentaban ganar tiempo para que los españoles no tomásemos medidas perjudiciales a Gibraltar, no lo sabemos. El caso es que, al final, se echan atrás alegando los altos costes que supondrían crear una nueva fortaleza al otro lado del Estrecho. Aunque es muy posible que se dieran cuenta de que la estabilidad y prosperidad españolas eran más aparentes que reales.

La Segunda República toma dos medidas que demuestran cómo también la izquierda española siente «la vergüenza de Gibraltar». Por una parte, ordena el estacionamiento en La Línea de un batallón de infantería, que haría sus ejercicios de instrucción en la mitad española del istmo, aunque legalmente todo él fuera español. Por la otra, prohíbe la venta de propiedades rústicas a extranjeros en el Campo de Gibraltar, pues los gibraltareños habían empezado su expansión más allá de la Verja. La compra de propiedades urbanas, sin embargo, se respeta e incluso incrementa a lo largo de lo que es hoy la Costa del Sol.

Pero los ingleses no serían ingleses si no aprovecharan el siguiente período de debilidad española. Como hemos dicho, en 1938, es decir, en plena Guerra Civil, deciden construir un aeródromo donde estaba el hipódromo, zona del istmo nunca cedida, pero de la que ellos se apropian, «sin que nadie pueda ni siquiera elevar una protesta», explica con amargura don Mariano Granados, magistrado del Tribunal Supremo de la República. Los españoles estábamos demasiado ocupados en aquellos tiempos en matarnos unos a otros. El duque de Alba, que representaba oficiosamente al gobierno de Franco en Londres, protestó ante el británico por la construcción de esa pista. Protesta que, como puede imaginarse, no surtió el menor efecto. Es más, ya iniciada la Segunda Guerra Mundial, los ingleses ampliaron dicha pista a 1.829 metros que tiene en la actualidad, adentrándose en aguas de la bahía de Algeciras tampoco cedidas, pero en las que actuaban y siguen actuando como si fueran suyas.

Conviene, sin embargo, ver también la otra cara de la medalla: tanto los gibraltareños como el gobierno británico mostraron desde el primer momento claras preferencias por los sublevados. Lo demostraron su negativa a suministrar combustible a la flota republicana del Estrecho y los telegramas del gobernador Harrington a su gobierno —«son comunistas y revolucionarios»—, así como el detener a los miembros del destructor *José Luis Díez* que habían intentado comunicar por radio desde Punta Europa. Mientras acogían cordialmente al representante de Franco, general Kindelán, e incluso le permitían usar las comunicaciones telefónicas de la Roca para llamar al extranjero (Berlín, Roma) a fin de coordinar la llegada de los aviones militares e italianos que serían decisivos para que la sublevación tuviera éxito.

¿Influyó esto en la renuencia que Franco mostró a lo largo de todo el contencioso de Gibraltar para que no llegase a mayores («Gibraltar caerá como una fruta madura»)?

No lo sabemos ni posiblemente lo lleguemos a saber nunca, como tantas otras cosas suyas.

Población y evolución

Vamos a aprovechar la pausa política que significó la Segunda Guerra Mundial para ocuparnos de un elemento en el contencioso gibraltareño que a partir de entonces adquirirá cada vez más protagonismo, después de dos siglos sin tener ninguno. Me refiero a la población civil de la Roca, los gibraltareños.

Al caer la Plaza en manos británicas, como quedó dicho, la población original se trasladó a la vecina ermita de San Roque, en torno a la cual surgiría el pueblo del mismo nombre, quedando en la Roca la guarnición ocupante. Ésta, sin embargo, tenía necesidad de servidores, que se reclutaron entre los dispuestos a vivir en las precarias condiciones de una fortaleza rocosa, amenazada de asaltos, como efectivamente ocurrió. Gentes por tanto de aluvión, llegada de las cuatro esquinas del Mediterráneo, aventureros que nada tenían que ver con Gibraltar y algunos soldados españoles y holandeses licenciados, que habían participado en la conquista bajo la bandera del archiduque Carlos de Austria. A los que, con el tiempo, se añadirían esos comerciantes con espíritu de riesgo que nunca han faltado en el Mediterráneo, capaces de meterse en los lugares más peligrosos con tal de vender sus mercancías, conocidos por el nombre genérico de «genoveses», aunque podían ser de cualquier procedencia.

La actividad comercial, sin embargo, era mínima en un principio, dependiendo la economía de la colonia de lo que gastase la guarnición e invirtiese la metrópoli. Se trataba, por tanto, de una población parásita, bajo un estricto régimen militar, que no admitía debates políticos y exigía ciega obediencia.

El gran temor de las autoridades británicas, a cuyo frente estaba el gobernador de la Plaza, era que la población original volviese de San Roque, ocupase sus viejas casas y se produjera una especie de recuperación pacífica de la fortaleza. Algo que se combatió extremando las medidas contra el asentamiento de españoles y promoviendo la venida de súbditos ingleses, a ser posible protestantes, que se encargaran de la actividad comercial de la colonia, con judíos y genoveses como dependientes y otras ocupaciones serviles. Así, en 1720, se dicta una «orden de guarnición» por la que se prohíbe a todo extranjero ser admitido en Gibraltar sin permiso, que en caso de tenerse, tampoco significa el derecho a la residencia.

El intento de Londres de «britanizar» Gibraltar, sin embargo, fracasa por las duras condiciones que exige la vida en la Roca, que ahuyentaron a los pocos ingleses que acudieron, quedando desde entonces el comercio en manos de judíos y genoveses, a los que más tarde se añadirían malteses, pese a la expresa prohibición de los primeros en el Tratado de Utrecht. Según el estudio realizado por José Uxó, la población civil gibraltareña en 1753 era de 1.816 habitantes, distribuidos por el siguiente origen: 434 británicos, 597 genoveses, 575 judíos, 185 españoles y 25 portugueses. Que en 1810 se habían convertido en 3.197, con 403 británicos, 886 genoveses, 489 judíos, 527 españoles, 650 portugueses y 242 de procedencia incierta.

La construcción del arsenal, en 1826, para la reparación de la flota británica en el Mediterráneo y de los buques mercantes que hacían la línea de Oriente, trajo un considerable aumento de la población, que llegó a ser de 17.000 habitantes, aunque no constituía realmente una población gibraltareña, ya que reclutados en su entorno, esos hombres venían únicamente a trabajar, regresando luego a sus casas fuera de la fortaleza. Es como durante más de un siglo Gibraltar ha estado habitada de día por españoles, que desaparecían de noche, debido a que no encontraban trabajo en su lugar de residencia. Hasta hace no mucho, los españoles teníamos prohibido pernoctar en Gibraltar.

E incluso los no españoles que podían hacerlo carecían por completo de derechos civiles hasta que, en 1922, se crea un *Executive Council*, compuesto por miembros nombrados por el general gobernador, encargados de los asuntos meramente municipales, como el alcantarillado y la limpieza, ya que la urbanización de la Plaza seguía en manos estrictamente militares. Que los ingleses no se fiaban demasiado de esta población lo demuestra que durante la Segunda Guerra Mundial fueron evacuados masivamente las mujeres y los hombres de menos de 17 años y más de 45, un total de 16.000 personas, primero a Casablanca, luego, a un suburbio de Londres, con el resto a Jamaica, Madeira y las Azores. Al final de la guerra comenzaron a regresar, aunque algunos tardaron hasta cinco años en poder hacerlo. Ni que decir tiene que el *Executive Council* fue suspendido de funciones durante la contienda. Paradójicamente, el núcleo de la población civil gibraltareña durante aquellos años lo constituyeron los 13.000 obreros españoles que trabajaban en el arsenal.

Gibraltar va a interpretar un papel importante en la contienda, como base de aprovisionamiento y reparación de la Royal Navy en el Mediterráneo y Atlántico oriental, así como puesto de observación y escucha. La estación de intercepción radiogoniométrica de alta frecuencia situada en Gibraltar permitió situar triangularmente al acorazado alemán *Bismarck* gracias al imprudente mensaje que desde el sur de las Islas Británicas envió a Berlín el almirante Lutjens, que llevaría al hundimiento del más moderno navío de la Armada alemana.

Cuando a mediados de 1940 Hitler se da cuenta de que su «Operación Foca» —asalto a Inglaterra— fracasa al no conseguir la Luftwaffe imponerse a la RAF, vuelve sus ojos a esa joya de la corona británica que es Gibraltar, llave del Mediterráneo y trampolín hacia el norte de África. Comienzan febriles negociaciones entre Madrid y Berlín, que incluyen entrevistas de Serrano Suñer, ministro de Asuntos Exteriores español, con su colega alemán Von Ribbentrop, para coordinar el asalto y condiciones del mismo. Se le bautizaría como «Operación Fénix» y consistiría en la toma de Gibraltar por tropas alemanas, apoyadas por las españolas, dado el pésimo estado del ejército español en cuanto a material y desgaste sufrido tras tres años de guerra civil. Otro tanto ocurre al país, y los ingenieros alemanes se quedan asustados ante el deterioro de los ferrocarriles españoles que tendrán que transportar el grueso de la fuerza asaltante germana hasta el lugar del ataque, en la otra esquina de la península. El plan, sin embargo, sigue adelante, y durante mi estancia en Berlín, años más tarde, pude comprar en un anticuario la mitad de un mapa de

España editado por la Wehrmacht, las fuerzas armadas alemanas, y clasificado como *Streng Geheim,* altamente secreto, en el que se señalaba la ruta a seguir por esas tropas desde la frontera francesa hasta Gibraltar, con indicaciones estratégicas de las ciudades que cruzaban.

Faltaban, sin embargo, por conocerse las condiciones políticas de la operación, que resultaron más complejas de lo esperado. Hitler prometía devolver Gibraltar a España, pero no gratis naturalmente. Pedía compensaciones, entre ellas, una de las Islas Canarias, petición que Serrano Suñer dijo ni siquiera haber presentado a Franco por lo ofensiva que resultaba. Sería tanto como ganar un pedazo de tierra española para perder otro. Los alemanes se contentaron entonces con una base militar en aquel archipiélago, lo que también se las traía. Franco, por su parte, exigía a cambio del permiso de paso de las tropas alemanas por España, lo que significaría la entrada de hecho en la guerra, un rearme del ejército español con el material más moderno, trigo, petróleo y otras materias primas de las que España carecía y le venían siendo suministradas por países amigos de Inglaterra, como Estados Unidos y Australia. Pedía, además, el ensanchamiento de las posesiones españolas en el norte de África, sustituyendo allí al dominio francés. Eran palabras mayores, por el desaire que representaría para Francia en un momento en que Alemania necesitaba potenciar al gobierno de Vichy para neutralizar a De Gaulle, símbolo de la resistencia.

Para saldar las diferencias, se programó el encuentro de ambos dictadores en Hendaya, sobre el que han corrido ríos de tinta y aún circulan interpretaciones muy diversas. Desde las que dicen que Franco se plegó a los deseos de Hitler a las que cuentan que éste salió diciendo que prefería que le sacaran dos muelas a tener que volver negociar con aquel hombre. Los hechos sólo indican que se acordó llevar adelante el plan «Fénix», para lo que el almirante Canaris iría a Madrid a fin de concertar los últimos detalles, y que el plan nunca se llevó a cabo. Es posible que, tras el fracaso de la proyectada invasión de Inglaterra, Franco ya no viera tan clara la victoria alemana y, dado el respeto que tenía por la Armada británica, temiera que ésta destruyese los principales puertos españoles. Es también posible que le tentaran las ofertas que le estaba haciendo la diplomacia británica, movilizada para que no entrase en el conflicto, garantizándole los suministros de trigo y petróleo, a más de otros réditos. Pues es entonces cuando Londres empieza a insinuar que si España no se unía a Hitler, podría —repito «podría», en potencial— ver devuelto Gibraltar.

En cualquier caso, la «Operación Fénix» no se lleva a cabo, y Hitler, en otra de sus ventoleras, dedica su entusiasmo a otro de sus sueños: la expansión hacia el Este, la «Operación Barbarroja», la invasión de Rusia, que efectuará la primavera siguiente.

Que Gibraltar interpretó un papel importante en la Segunda Guerra Mundial debido a su situación estratégica es obvio, al ser el ancla de la flota británica en el Mediterráneo. Pero también lo fue como centro de escucha para enterarse de lo que ocurría o podía ocurrir en los distintos escenarios bélicos, Europa, África, el Mediterráneo, el Atlántico, en cuyo centro se encontraba. Nada de extraño que tanto el Peñón como su Campo fueran un auténtico nido de espías, usando los alemanes, naturalmente, a españoles, ya que sus propios agentes resultaban demasiado obvios.

Según la carpeta de documentos KV2/3135 de los Archivos Nacionales británicos, desclasificada en 2010, el principal de ellos era Ignacio Molina Pérez de Vargas, entonces comandante de la Guardia Civil, adjunto al SIM o Servicio Secreto Militar, con destino en Algeciras para obtener toda la información posible en Gibraltar, adonde pasaba diariamente a tomarse unas copas y charlar con los numerosos conocidos, aprovechando las facilidades del cruce de la Verja que existían. Allí fue reclutado para la Abwehr o Servicios Secretos alemanes por el capitán de corbeta Gustav Leissner, que le encargó de recoger información sobre los preparativos militares británicos en Gibraltar durante la crisis de los Sudetes (1938), continuando su actividad a lo largo de la contienda que se desencadenaría al año siguiente. Los ingleses, cuyos servicios de inteligencia superaban con mucho al resto, le conocían de sobra y al aproximarse el Día D, el desembarco en Normandía, pusieron en marcha la «Operación Copperhead», para dispersar las fuerzas alemanas lo más posible y las invasoras encontraran la menor resistencia. En este caso se trataba de utilizar al actor australiano Meyrick Adward Clifton James, de un parecido increíble con el general Bernard Montgomery, para tender una trampa a Molina y a quienes estaban tras él. El actor, que había sido reclutado para la causa aliada por David Niven, fue trasladado en el avión del propio Churchill a Gibraltar en mayo de 1944. Allí fue recibido por el gobernador de la Plaza, sir Ralph Eastwood, sin secreto alguno. «Casualmente», el entonces comandante Molina había sido invitado ese día a la sede del gobierno y a través de una ventana pudo ver al ilustre visitante. Al preguntar a uno de los ayudantes del gobernador por él, éste le explicó que el famoso héroe de la campaña africana estaba haciendo escala en su viaje a Argel.

A Molina le faltó tiempo para regresar a La Línea de la Concepción y hacer una llamada telefónica, que los agentes del contraespionaje británico constataron. «El material llegó a Berlín 20 minutos después», se lee en su informe, que incluye el mensaje remitido desde Madrid a la capital alemana: «General Montgomery llegó a Gibraltar 26/5. Se reunió con gobernador y general francés desconocido».

Molina no pudo resistir contar con uno de sus confidentes, que en realidad era un doble agente británico a quienes éstos conocían con el apodo de «Pantalones», que había estrechado la mano de Montgomery y que le había parecido un hombre «muy simpático» (en castellano en el informe británico).

Hasta qué punto el ardid influyó en la estrategia alemana no lo sabemos con exactitud, pero es indudable que tuvo que hacer pensar a su alto mando que los ingleses preparaban un ataque, aunque fuera de distracción, en el Mediterráneo, lo que les obligaba a ellos a reforzar sus unidades en aquel frente.

Suele unirse también Gibraltar a la que se conoce como «Operación Mincemeat, el mayor engaño en la historia mundial de la guerra», aunque hay un famosísimo precedente en el caballo de Troya. La contó en 1953 el que fuera jefe de dicha operación, *commander* Ewen Montagu, en un libro de enorme éxito, que se convertiría en película de éxito aún mayor: *The man who never was,* «El hombre que nunca existió», con Clifton Webb en el papel de Montagu. El plan consistía en «soltar» cerca de las costas españolas el cadáver de un tal Glyndwr Michael, recién fallecido con uniforme de comandante de los Royal Marines y documentos de identidad falsos a nombre de William Martin, que llevaba sujeta por una cadena a su muñeca, como solían los correos oficiales, una cartera que contenía planes para el próximo desembarco aliado desde África en la costa europea mediterránea. Falsos, naturalmente, pues se indicaba que iba a ser en Grecia y Cerdeña, cuando fue en realidad en Sicilia. El objetivo era también distraer las tropas del Eje del lugar del desembarco, contando con que los servicios de información españoles podrían en conocimiento de los alemanes el contenido de la cartera.

No podemos unir la «Operación Mincemeat» a Gibraltar pues ni se planeó ni se ejecutó desde él, caso de que se ejecutase. El cadáver del falso oficial fue preparado en la *morgue* de Londres y llevado en un submarino ante las costas de Huelva, donde se le dejó flotando. Han surgido también dudas sobre su identidad, pues al parecer Glyndwr Michael falleció bastante antes de que todos estos acontecimientos tuvieran lugar, surgiendo la duda de si fue sustituido por otro o se trató de propaganda postbélica. En cualquier caso, *se non é vero é ben trovato.*

Quienes llevaron acciones militares contra Gibraltar fueron los italianos, que bajo el Duce consideraban el Mediterráneo su área natural de influencia. Según nos cuenta Arturo Vinuesa en su *Gibraltar desde dentro*, la 10ª Flotilla italiana fue la encargada de la misión, cuyas principales acciones adoptarían la forma de torpedos humanos submarinos, que comenzaron a actuar en septiembre de 1940. Los primeros intentos fallaron, siendo detenidos los conductores de dichos torpedos. Pero en junio de 1941 consiguieron hundir los buques *Fiona, Denby Dale* y *Durhan.* Tras establecer una base camuflada cerca de La Línea de la Concepción en 1942, su éxito aumentó a lo largo de aquel año, con una docena de buques hundidos. Y cuando los italianos consiguen introducir en la bahía de Algeciras al buque *Olterra,* que convierten en base secreta, las toneladas hundidas alcanzan las 45.000 toneladas. Muestra de que Franco estaba jugando con dos barajas, según la suerte de las armas se inclinase hacia uno u otro bando.

Y puede resulte interesante aquí, no sólo como anécdota, sino por afectar a la médula del viejo contencioso que intentamos desembrollar, lo que en España ha venido llamándose «promesas inglesas de devolver Gibraltar durante la Segunda Guerra Mundial».

En el verano de 1940, caída Francia, Alemania todavía aliada de la Unión Soviética y los Estados Unidos sin decidirse a intervenir, la diplomacia inglesa, temerosa de que España se uniera a las potencias del Eje, sopesó la posibilidad de ofrecer Gibraltar a España a cambio de su neutralidad. Churchill cuenta en sus memorias que se lo sugirió su ministro de Asuntos Exteriores, Anthony Eden, cosa que él rechazó, dice, por «considerar que un ofrecimiento de esta índole no pudiera influir para nada en la decisión española». Un cable del embajador de España en Londres, duque de Alba, el 4 de julio de 1940, al ministro de Asuntos Exteriores español, don Juan Beigbeder, sin embargo, dice: «Hablé esta mañana con el Subsecretario Parlamentario de Exteriores, que me dijo: "El gobierno inglés espera continuemos en buenas relaciones con él, ya que han aprendido una lección de sus errores pasados en su política para con España y está dispuesto a considerar, más tarde, todos nuestros problemas, incluido el de Gibraltar"».

Un año más tarde, el 2 de octubre de 1941, el propio primer ministro inglés suscita el tema en el almuerzo que les ha ofrecido el embajador español, junto al titular del Foreign Office, Eden, y al embajador inglés en Madrid, sir Samuel Hoare. En un telegrama de la misma fecha, el duque de Alba resume así la conversación: «Hoy almorzaron en nuestra Embajada, Churchill, Eden, Hoare y otros. Primer Ministro me dijo en conversación que su deseo era que España sea cada vez más próspera y fuerte, que si Inglaterra gana la Guerra, lo que para él no ofrece la menor duda, Francia le deberá mucho y ella a Francia, nada, por lo que Inglaterra estará en situación de hacer presión fuerte y definitiva para que Francia satisfaga justa reivindicación de España en el Norte de África. Según él, Italia quedará, como Francia, bastante disminuida, lo que proporcionará a España ocasión de ser la potencia más fuerte del Mediterráneo, en lo cual podrá contar con la ayuda decisiva de Inglaterra. Estamos decididos —añadió— a ayudar a España en todo; sólo pedimos que España no deje pasar por su territorio a los alemanes».

Cuando el 18 de mayo de 1949 Franco leyó este telegrama ante las Cortes españolas, sir Samuel Hoare, a aquellas alturas ya lord Templewood, negó en carta al *Times* haber asistido a tal almuerzo. Algo bien fácil de rebatir para la Oficina de Información Diplomática del Ministerio de Asuntos Exteriores español, al mostrar la noticia del almuerzo publicada en la prensa inglesa del día siguiente, donde se incluía al entonces embajador como uno de los comensales. No debió gustarle mucho a sir Samuel ser pillado en renuncio, porque se convirtió en uno de los mayores flageladores de España en la Cámara de los Lores.

Ya en octubre de 1944, sin embargo, cuando la situación bélica había dado por completo la vuelta, Churchill advirtió en carta a Franco que «España iba a ser apartada de toda colaboración con los vencedores por haber cometido tres pecados capitales: la ocupación de Tánger, el envío de la División Azul para luchar contra uno de los aliados y el tono hostil de los pronunciamientos del Gobierno Español hacia el Reino Unido, cuya juventud está muriendo en defensa de la libertad de todos».

Esto es lo que hay al respecto, al menos lo que nos han dejado los protagonistas, muertos todos, y seguro que dejándose bastante en el tintero, como diplomáticos y políticos que eran. Cada uno de nosotros tenemos que sacar las conclusiones por nuestra cuenta.

Bastante más claro resulta de qué ha vivido y sigue viviendo Gibraltar, algo evidente a simple vista. Sin un *hinterland* que le suministre víveres para alimentarse, la fortaleza estaba condenada a vivir de su guarnición, de los sueldos de sus soldados, oficiales y funcionarios allí destinados o, una vez construido el arsenal, del producto de las labores que se hicieran en él, casi siempre a la Royal Navy. Como el Tratado de Utrecht le prohíbe el comercio generalizado con su entorno geográfico, comenzó muy pronto el comercio ilegal, el contrabando, que se convertiría en su principal actividad mercantil, saliendo de allí productos a toda Andalucía y resto de España. Tan famoso, que fue inmortalizado en una ópera, *Carmen,* la gitana que convence al brigada José para que se una a sus amigos contrabandistas con mercancías del Peñón.

Un contrabando no sólo tolerado, sino también defendido por las autoridades británicas en Gibraltar. El 25 de agosto de 1841, el secretario de Estado de Su Majestad, lord Palmerston, contestaba a la nota de protesta de la embajada española en Londres por las actividades ilegales desde la Roca, que «los mercantes británicos seguirían armados para defenderse de los guardacostas españoles». Era el mismo lord, recordarán, que, diez años más tarde, ante la insistencia de las reclamaciones españolas, se permitió recomendarnos reorganizar nuestra industria y nuestra hacienda como mejor medida para acabar con el contrabando. Ante lo que, en 1852, España decide montar un Servicio Especial de Guardacostas Fiscales en Algeciras, dedicado a combatir el contrabando gibraltareño. Pronto surgen los incidentes. En septiembre de aquel mismo año, Londres protesta por la captura de dos buques «en aguas británicas», dice, advirtiendo que está dispuesto a ordenar el apresamiento de los guardacostas españoles.

Se inicia así una guerra naval latente, en la que no faltaron las cañoneras ni los cañonazos, como los disparados por las baterías de la Roca contra el guardacostas español *Tiburón,* que montaba guardia frente a Gibraltar, sólo pocos días después. No era el despacho de una flota británica por el Río Amarillo, bombardeando ciudades para defender el comercio del opio en China, pero estaba en la misma línea.

En 1874, la protesta británica fue por el apresamiento de dos buques que, contra todas las leyes náuticas, navegaban sin manifiesto de cargo, y por la creación por parte española de una Zona Marítima Fiscal de 7,5 millas en torno a nuestras costas. Madrid propone crear una comisión que delimite las zonas de aguas en la bahía de Algeciras, pero Londres no se muestra interesado, posiblemente por considerar que las tres millas en torno al Peñón, que incluirían la entera bahía, «son aguas jurisdiccionales de Gibraltar», como consta en su respuesta a la protesta española por el apresamiento del guardacostas español *Trueno* y su conducción a puerto gibraltareño a cargo de una cañonera británica. Y es que, en este pleito, los españoles hemos tenido siempre la razón, pero los ingleses han tenido la fuerza.

Dos años más tarde, para evitar incidentes de este tipo —y en evidencia de su inferioridad naval—, el gobierno español, sin aceptar *de jure* pero aceptando *de facto* la interpretación inglesa del Tratado de Utrecht, da órdenes a sus guardacostas de no perseguir a los contrabandistas más allá de las tres millas al sur y este del Peñón y, en la bahía de Algeciras, en la zona limitada por una línea recta desde Punta Mala al norte y Punta Europa al sur. Esto disminuye los incidentes, pero no los elimina, como demuestra la protesta británica en 1885, por el apresamiento de un buque inglés a cargo del guardacostas español *Salamanca.* Ante la documentación española que demuestra la carga ilegal del buque y el lugar donde fue apresado, los ingleses se permiten dar más crédito al patrón del barco contrabandista que a la palabra de los oficiales españoles.

Este juego del ratón y el gato, que no es juego sino la línea vital que permite florecer a la economía gibraltareña, se mantiene hasta bien entrado el siglo XX, introduciéndose en España enormes cantidades de café, tabaco, textiles y todo tipo de mercancías, escasas en un país poco desarrollado como el nuestro. Hay que añadir las que entraban legalmente: los obreros españoles que trabajaban en el arsenal volvían cada noche a sus casas con algunos de esos productos, que representaban un sobresueldo, como hacían los visitantes de la Roca, 144.000 sólo en 1953.

Mientras el contrabando no hacía más que crecer, también lo hacía la rapidez de las lanchas de contrabando para escapar de los guardacostas españoles y ponerse bajo la protección de los navíos de la Armada británica en cuanto alcanzaban las aguas que consideraban suyas pese no haber sido cedidas en Utrecht. Una estadística de las autoridades españolas arroja que 140 de esas lanchas introdujeron en España, sólo en 1961, mercancías por valor de 840 millones de pesetas. Las medidas contra este comercio ilegal fueron puramente defensivas y no del todo eficaces: restricción de visitas a la Roca, reducción de los trabajadores en el arsenal e intensificación de la labor de las patrulleras. Sus consecuencias políticas, sin embargo, fueron grandes, como detallaremos más tarde.

En 1967, en plena ofensiva en Naciones Unidas, el gobierno español fondeó una línea de boyas en la bahía de Algeciras que se extendían desde el final de la Verja inglesa hasta el centro de la bahía, y desde ese centro, de norte a sur, hasta la entrada de la misma. Aunque se trataba de una concesión española, al autodelimitarnos en unas aguas que nunca habíamos cedido, los ingleses protestaron por esas boyas, pero no las han tocado desde entonces, admitiendo tácitamente que aquellas aguas no son suyas. El juego del escondite entre las lanchas contrabandistas gibraltareñas y las patrulleras de la Guardia Civil, con algún que otro navío de guerra británico presentándose como policía que ayuda al ladrón, en cambio, continúa hasta nuestros días.

De todas formas, a medida que España se industrializaba y equiparaba al resto de las naciones de su entorno, el contrabando tradicional gibraltareño fue dejando paso al de la droga, y más recientemente, al blanqueo de dinero, una de las actividades más lucrativas y menos arriesgadas, pues no se necesitan planeadoras, sino que basta una oficina y una conexión electrónica. De ello hablaremos cuando llegue el momento. Lo expuesto basta y sobra para mostrar que Gibraltar no es sólo una colonia británica en la punta sur de España, sino también una sanguijuela de su economía. Ante la impotencia o aquiescencia, según espécimen, de nuestros gobernantes. Pues de todo ha habido.

El problema, si es problema y no simple condición humana, de los gibraltareños es que han vivido durante trescientos años en el mejor de los mundos, es decir, entre otros dos, gozando de las ventajas de ambos. El pabellón británico les garantiza toda la seguridad y las comodidades de una gran potencia, democrática además, y la proximidad de España les ofrece un terreno fácil para toda clase de comercio y actividades financieras, incluidas las ilegales. ¿Tiene algo de extraño que rechacen cambiarlo? El estatuto colonial del territorio donde residen ha venido siendo para ellos una ganga, al ser más colonos que colonizados, condición que recae en los habitantes de los alrededores y, en último término, en España. Para Inglaterra, ha venido siendo también una sinecura, al librarla de la carga que lleva consigo mantener a unos colonos fieles en una base militar. Y es inútil tratar de convencerles a unos y a otros, porque nunca renunciarán por su voluntad a tales ventajas, como ocurriría a cualquiera.

Si hace medio siglo, cuando se lanzó la primera gran ola descolonizadora, esta situación resultaba anacrónica, hoy, en un mundo cada vez más globalizado, resulta inadmisible. Gibraltar no puede seguir viviendo a costa de España, no ya por el anacronismo de su base militar, sino porque los paraísos —comerciales, financieros o fiscales— deben acabar. Los gibraltareños no pueden vivir en sus mansiones de la Costa del Sol para acercarse a sus oficinas en la Roca, manejar desde allí el dinero negro que les llega, y regresar luego a sus mansiones en España. Ni siquiera puede pretender el estatuto de una isla en medio del océano, porque el Peñón no es una isla, es un apéndice de España.

Sin embargo, pese a que Naciones Unidas ha dictado, primero, que Gibraltar debe ser descolonizado y, segundo, que debe reintegrarse al territorio español, sigue sin descolonizar y sin reintegrarse. En realidad, vive mejor que nunca. Lo que significa que la última culpa no es de los gibraltareños ni de los ingleses. Es nuestra.

Dicho esto, sigamos con nuestro relato.

Descolonización *made in England*

El realismo inglés vuelve a quedar de manifiesto tras la segunda gran contienda mundial, no sólo con la sustitución del *premier* que les ha conducido a la victoria por un «hombre de paz», sino también al darse cuenta de que los verdaderos ganadores de la guerra no eran ellos, sino los norteamericanos y rusos, que habían acordado liquidar el imperialismo viejo estilo, para sustituirlo por otro de tipo más bien ideológico —comunismo frente a capitalismo—, aunque los intereses económicos siguieran interpretando un importante papel e incluso terminarían siendo los que decidiesen la pugna entre ellos, la llamada «Guerra Fría», al no poderse librar la «caliente», por mediar armas nucleares que barrerían a ambos. Pero ésta es otra historia de la que estamos contando aquí, y en cierto modo opuesta a ella. Algo así como la excepción de la regla.

Pues lo que ya no tenía vuelta de hoja era el ocaso de los clásicos imperios europeos, con la pérdida de sus colonias en África, Asia, América y Oceanía. Es cómo éstas se van independizando de la Corona británica, aunque manteniendo sus lazos con ella a través de la *Commonwealth,* otra muestra de la habilidad británica. A la que puede añadirse una triste paradoja: que la única de esas colonias británicas que queda a estas alturas sin descolonizar está en Europa, en territorio español.

Desde su irregular adquisición, Gibraltar había sido un caso especial. Si a ello se une que España atravesaba uno de los períodos más bajos de prestigio internacional, hasta el punto de que muchos pensaban que su régimen, muy comprometido con el de Hitler, caería después de que la mayoría de las naciones habían retirado sus embajadores de Madrid, se comprende que el Foreign Office tuviera la idea de aprovechar la oportunidad para descolonizar la Roca sin renunciar a ella. ¿Cómo? Usando a los gibraltareños como tapadera, al pedir para ellos el derecho a la autodeterminación. Sin temer que pidieran independizarse realmente, al no tener el Peñón capacidad de subsistir por sí solo. Es como, el 23 de julio de 1946, el gobierno laborista británico incluye Gibraltar en la «lista de territorios no autónomos que requieren ser descolonizados» que le pide Naciones Unidas. Por esta decisión, la fortaleza cedida por España a Inglaterra como base militar pasa a convertirse en «colonia». Era una forma de circunvalar Utrecht, donde se había establecido que si en algún momento los ingleses cedían la soberanía de la Plaza, España tendría la primera opción. Como colonia, en cambio, tenía que descolonizarse bajo los auspicios de la ONU, en cuyo Consejo de Seguridad —su único órgano resolutivo— el Reino Unido tenía un puesto de miembro permanente, con derecho a voz y a veto. Mientras España ni siquiera formaba parte de la organización. Algo que haría extremadamente fácil dar a los gibraltareños el derecho a autodeterminarse, aunque su autodeterminación consistiese en pedir continuar bajo la tutela británica. En resumen, que los ingleses se quedarían con la Roca, ahora ya con el beneplácito de la legislación internacional, haciendo caso omiso de los derechos de los habitantes originales y del hecho de que los actuales habían sido cómplices de la potencia colonial, es decir, colonos ellos mismos.

Es como se pone en marcha una política británica en la Roca tendente a subrayar el papel de una población civil mantenida hasta aquel momento por completo en la sombra, si bien la autoridad continuará firme en manos del gobernador militar.

En 1950, el gobierno británico crea un Consejo Ejecutivo y un Consejo Legislativo en Gibraltar, embriones de un gobierno y un Parlamento en la colonia, contra todo lo dispuesto en el Tratado de Utrecht. La protesta del gobierno español es devuelta con la arrogante nota de que «se trata de una intromisión de España en los asuntos británicos». Será la tónica de toda la política inglesa para la Roca desde el principio: tomar del Tratado de Utrecht lo que le beneficia, la soberanía sobre el Peñón, e ignorar lo que le perjudica, la obligación de ofrecer a España la primera opción en caso de renunciar a él. Los alemanes inventaron la *real politik*, los ingleses la han adoptado como norma y los gibraltareños se están aprovechando de ella, al sentirse herederos no sólo del Peñón, sino también de todo lo que los ingleses han acumulado en torno a él: la mitad del istmo, buena parte de la bahía de Algeciras y utilización de aquel espacio aéreo. Incluso el talante imperial, manifestado en su forma de moverse por aquella zona, como si fueran sus señores.

La reacción española ante este nuevo avance británico, que corona la visita de la reina en abril de 1954 a la Roca para inaugurar sus Consejos Ejecutivo y Legislativo y darles más relevancia como órganos de gobierno, no se limita esta vez a simples protestas, sino que incluyen medidas concretas, que hacen daño en el bajo vientre de la colonia, es decir, en su economía: se elimina el consulado español en Gibraltar, se establece un *numerus clausus* de trabajadores españoles en el arsenal, que iría descendiendo según se produjeran bajas por jubilación y fallecimiento, y se prohíbe la entrada en Gibraltar a todos los españoles que no tengan un motivo justificado, en otras palabras: a los turistas. Se decidió también instalar una «puerta» española frente a la inglesa, esto es, al otro lado de la Verja. De todas las medidas, ésta, tomada por el general Cuesta Monedero, gobernador del Campo de Gibraltar, era la más importante política y prácticamente, al darnos la llave del acceso a la colonia. Alzar la Verja fue uno de los pocos errores que han cometido los ingleses en el contencioso pues con ella limitaron el crecimiento de su colonia a costa de España, que podía haber continuado indefinidamente aprovechando los muchos y trágicos acontecimientos que asolaron nuestro país en el siglo XX. De no haberla levantado, puede que la entera bahía de Algeciras e incluso la Costa del Sol fueran hoy suyas. Nada de extraño tiene que protestasen airadamente a la puerta del general Monedero. Querían ese paso abierto para ellos y los gibraltareños, pero cerrado a su voluntad para los españoles, a los que sólo admitían como compradores de mercancías en el puerto franco de Gibraltar y como mano de obra barata para su arsenal y otros trabajos serviles, pero sin ningún otro derecho. La razón era bien sencilla: la colonia depende física y en bastantes aspectos económicamente de España. Si se cortara la comunicación con ésta, aunque siguiera el contrabando por mar, iban a pasarlo mal. Sus protestas por estos controles han durado hasta que los gobiernos españoles renunciaron a ellos sin pedir prácticamente nada a cambio.

Pero estábamos en 1954 y, de momento, era la medida que más les dolía, al poner de manifiesto la vulnerabilidad económica y vital del Peñón. Inglaterra podía sin duda retener éste. Pero tenía que pagar por retenerlo, en vez de ser España la que le proporcionase aire y medios para subsistir tan ricamente. Ingleses y gibraltareños, acostumbrados a moverse por el Campo de Gibraltar como Pedro por su casa, pusieron el grito en el cielo. Pero España, algo más afianzada en la escena internacional tras sus Convenios con los Estados Unidos y su nuevo Concordato con la Santa Sede, no cede.

La suerte viene en su ayuda en uno de esos pocos errores garrafales que cometen los ingleses: el ataque a Suez, en 1956, apoyados por franceses e israelíes, tras la nacionalización del Canal decretada por Egipto. Su triunfo inicial se ve inmediatamente neutralizado por la repulsa internacional y, sobre todo, porque los Estados Unidos, por no hablar ya de la Unión Soviética, no apoyan una intervención del más rancio imperialismo. Lo que les obliga a retirarse en condiciones humillantes. Al primer ministro, Eden, le cuesta el cargo y su sucesor, Macmillan, exhibe un talante mucho menos arrogante, incluso hacia nosotros. Por desgracia, sólo era talante, pues la política británica hacia Gibraltar no ha variado un ápice desde el día de su ocupación hasta hoy: retener la Plaza por todos los medios posibles, sin tener en cuenta ningún principio. En eso han coincidido tanto laboristas, como conservadores, como liberales. En lo que puede estar la clave de su éxito y de nuestro fracaso, ya que no hemos hecho otra cosa que dar bandazos, de la diplomacia a la confrontación. Es más, después de haber visto actuar a más de una docena de ministros de Asuntos Exteriores en el contencioso, me atrevo a decir que todos ellos han creído tener la fórmula mágica para recuperar Gibraltar, que empezaba por hacer algo distinto a lo que había hecho su antecesor en el cargo, no importa lo que hiciese. Lo que ha llevado al fracaso de todos ellos, al estrellarse contra la continuidad británica.

Pero sigamos con nuestro relato histórico. En 1957, en busca de normalizar las relaciones con la comunidad internacional y fomentar el turismo, España suprime los visados a los ciudadanos norteamericanos, canadienses y europeos que la visiten. Londres lo acepta, pero con la condición de que se considere la Verja de Gibraltar una frontera más. España lo rechaza, alegando que aquélla ni siquiera es una frontera entre dos países, tal como señala Utrecht, sino una concesión de paso entre una colonia y el país en que está incrustada. Concesión, por cierto, no correspondida.

De todas formas, el clima entre los dos gobiernos mejora, lo que propicia un acuerdo sobre visados el 3 de mayo de 1960. Por él, se suaviza el paso por la Verja a ciudadanos con pasaporte británico, si bien sólo una vez al día, manteniéndose las restricciones a los ciudadanos españoles que desearan visitar Gibraltar, uno de los puntos en que más insistían los ingleses, en busca de clientes para las tiendas de la Roca. No era mucho, pero da pie a la visita que el nuevo ministro de Asuntos Exteriores español, Fernando María Castiella, realiza a Londres en julio de 1960. Por cierto, Madrid había mostrado al respecto que también podía tener mala uva en las relaciones internacionales: Castiella no había recibido el *placet* como embajador en Londres por su pasado en la División Azul y por haber escrito con Areilza un libro sobre las reivindicaciones imperiales españolas en los albores del régimen franquista. Ahora, tenía que recibirle como ministro de Asuntos Exteriores español. ¿O no fue la única casualidad? Pues el embajador español en Londres por aquellas fechas era el marqués de Santa Cruz, descendiente de aquel don Álvaro de Bazán, al que Felipe II encargó la preparación de la Armada Invencible, tarea que su muerte le impidió concluir.

La visita de Castiella a Londres fue considerada por ambas partes como un éxito, y lo fue al menos desde el punto de vista de la retórica —se habló mucho de «limpiar la atmósfera e iniciar un nuevo capítulo en las relaciones entre ambos países»—, aunque hay que advertir que Gibraltar salió sólo una vez a colación: cuando el ministro británico, Selwynn Lloyd, preguntó a Castiella por qué España estaba objetando la puesta en marcha de una televisión gibraltareña. La respuesta de Castiella fue que aquél era un problema técnico que tendrían que resolver los técnicos. En realidad, era un problema político, mejor dicho, era el problema de siempre: después de habernos invadido desde la Roca por tierra y mar, los ingleses intentaban ahora invadirnos por las ondas. La televisión gibraltareña, con una gran antena en lo alto de la Roca, se disponía a transmitir con las mismas líneas que la TV española (625), en vez de las de la TV británica (405). El objetivo era claro: cubrir la audiencia de toda la bahía de Algeciras, parte de la Costa del Sol y norte de África, un enorme negocio publicitario, al presentarse como alternativa a TVE, algo así como una Radio Andorra al otro extremo de España.

Del tema se trató, en efecto, en Madrid, poco después, entre técnicos, aunque avisados, que ofrecieron, a fin de evitar interferencias, que la televisión gibraltareña se incorporase a la red de TVE. Los hombres de negocios que había tras ello lo aceptaron, pero Londres lo vetó, al darse cuenta de que ello significaría dejar en manos españolas, aunque fuera sólo en el aspecto técnico, un instrumento valiosísimo de comunicación en la Roca. Fue como TVG se ha quedado en una televisión local, sin otra proyección e ingresos que los que pueden proporcionarle los habitantes de la colonia, que volvía a mostrar su dependencia de España en todos los ámbitos.

La visita de Castiella a Londres es respondida con otra del nuevo secretario del Foreign Office, sir Alexander Douglas-Home, a Madrid, los días 29, 30 y 31 de mayo de 1961, que incluye un espléndido almuerzo en Toledo, la ciudad imperial dormida en el tiempo. Ya durante el viaje, en coche, por aquellas carreteras de la España pre-desarrollo, interrumpido varias veces por las urgencias de sir Alec de unos servicios, no siempre a la altura del confort británico, ambos ministros abordan el tema Gibraltar, en presencia del embajador inglés en Madrid, sir George Labouchère, y del español en Londres, marqués de Santa Cruz. Se duele lord Home de las dificultades que España seguía poniendo en el cruce de la Verja, y ya que ambos países han decidido iniciar una era de amistad y colaboración, sugiere que las suprima.

Castiella le responde que las medidas españolas en la Verja nada tenían que ver con la amistad o colaboración entre ambos países. Eran contramedidas a las tomadas por Gran Bretaña para alterar el *status* de Gibraltar pactado en Utrecht, que dañaban los derechos e intereses de España, por lo que ésta no había tenido más remedio que defenderlos.

Si no conociésemos a los ingleses, nos sorprendería que tanto su ministro como su embajador en Madrid aseguraran que era la primera vez que oían de tales quejas españolas, y en el mismo coche se acordó que la Embajada británica y el Ministerio de Asuntos Exteriores español iniciaran conversaciones reservadas para que ambos gobiernos pudiesen conocer a fondo los puntos de vista del otro sobre el asunto Gibraltar, y resolverlo en el clima de amistad que habían proclamado. Con lo que el principal objetivo de la visita estaba alcanzado y el almuerzo en el Hospital del Cardenal Tavera pudo celebrarse en la atmósfera festiva de las grandes ocasiones.

Las conversaciones, tres en total, fueron encomendadas al que poco después sería designado director de Asuntos Europeos, Fernando Olivié, y al ministro consejero de la Embajada británica en Madrid, mr. Samuel. Olivié nos las ha contado con detalle, y seguimos su relato. La primera de ellas tuvo lugar el 1 de diciembre de 1961, presentando mr. Samuel un «Memorando» en el que se repetía la petición de lord Home: en vista de que las relaciones hispano-británicas habían mejorado e iban a mejorar en el futuro, España debería levantar las restricciones impuestas en 1954 al tráfico tanto de personas como de mercancías entre Gibraltar y el territorio español contiguo. Olivié le contestó, también en la línea de Castiella, que no se trataba sólo de contrabando, sino, sobre todo, de las violaciones cometidas por los ingleses del Tratado de Utrecht, en especial, la creación de un Consejo Legislativo y otro Ejecutivo, que introducían en el contencioso un tercer elemento: la población surgida al amparo de la base militar británica, no prevista en el Tratado.

La respuesta del diplomático británico fue que aquello aclaraba la postura española, pero le aseguraba que España no debía de preocuparse lo más mínimo de dichos Consejos, que no tenían el menor alcance político, sino simplemente administrativo, no cabiendo pensar en «un Gibraltar independiente». Algo que no había pasado por la cabeza de los negociadores españoles, cuyo temor era precisamente lo contrario: que Gibraltar siguiera bajo control británico amparado por una falsa descolonización, Pero antes de que Olivié pudiera hacer estas u otras objeciones, mr. Samuel le estaba asegurando que su gobierno no pensaba «alterar lo establecido en Utrecht», por lo que él y su interlocutor español «debían de concentrarse en los aspectos prácticos del asunto, como el contrabando y el paso por la frontera».

Era la primera indicación de que los ingleses no estaban interesados en entrar a fondo en el tema Gibraltar, sino que se limitaban a aspectos periféricos, especialmente los que les convenían, como las restricciones en el paso de La Línea. Algo que confirmó el propio Samuel cuando Olivié le recordó que eso no era lo acordado y que había sido el propio lord Home quien había sugerido celebrar conservaciones generales sobre el contencioso, a fin de resolverlo definitivamente. Respuesta de Samuel: «estoy aquí sólo para discutir las cuestiones del paso en la frontera y el contrabando gibraltareño», ya que «mi gobierno está muy satisfecho con el actual estatuto de

Gibraltar y no piensa alterarlo, cederlo a nadie ni, menos aún, retrotraerlo a España». Iban a seguir en la Roca por razones de prestigio, «porque no podían abandonar a la población gibraltareña y porque Occidente necesitaba a Gibraltar para su defensa». Se refería posiblemente a que desde Gibraltar se vigilaba el paso de navíos de guerra y submarinos soviéticos por el Estrecho. La conversación terminó en una atmósfera muy distinta a la de Toledo. El diplomático español advirtió que «España no tenía prisa y que continuarían en efecto las contramedidas tomadas en 1954 en el paso de La Línea». Pero como no deseaba romper el hilo de diálogo con Gran Bretaña, se entregaría a ésta un estudio del contrabando gibraltareño que iba a encargarse al Ministerio de Hacienda español.

El estudio se entregó al mismo diplomático británico el 24 de enero de 1962. En él se mostraba la artificialidad de la economía gibraltareña, que poco o nada tenía que ver con la de los demás países. Dependiente de la base militar, del contrabando y del puerto franco, que no estaba, como en general todos los puertos francos, al servicio de su *hinterland*, sino al revés, contra los intereses de éste. Por lo que se pedía su cierre.

La respuesta británica llegó el 3 de mayo de 1962, en otro encuentro de los mismos interlocutores. En el transcurso del mismo, el diplomático británico permitió al español leer y tomar notas de los comunicados enviados a su Embajada por el fiscal general de Gibraltar y por el secretario de Colonias, según los que, contrariamente a lo asegurado en la reunión anterior, en la que garantizó la escasa capacidad de los órganos locales de la Plaza, «la legislación actual gibraltareña impedía a las autoridades británicas eliminar el contrabando. Lo único que podían hacer era reducirlo, pero para eso se necesitaba la colaboración de las autoridades españolas. Algo que no era posible, debido el clima de desconfianza entre españoles e ingleses en torno a la Roca, a que las autoridades gibraltareñas no estarían dispuestas a prestar ayuda sincera a las españolas y a que éstas tampoco cooperarían, habida cuenta de que en el negocio del contrabando gibraltareño hay también inversiones de capital español».

Como guinda, mr. Samuel mostró otro comunicado del gobernador militar de la base, en el que amenazaba con «defender con todos los medios a su alcance las aguas juridiscionales de Gibraltar frente al Servicio Fiscal Marítimo español que se atreva a violarlas».

No sólo significaba el rechazo a discutir sobre el tema Gibraltar en todos sus aspectos, como había quedado convenido, sino que se invocaban sus violaciones del Tratado de Utrecht para exigir a España que retirase sus contramedidas. ¿El colmo del cinismo? No. Había más: tras jurar y perjurar que las instituciones locales gibraltareñas no tenían los menores poderes, los ingleses las ponían ahora como excusa para no cumplir las demandas españolas. Ante lo que el mismo 3 de mayo, Olivié comunicó a su interlocutor que las contramedidas en la Verja se mantendrían. Visto el callejón sin salida al que habían llegado y a fin de «no dañar la amistad y buen clima entre nuestros dos países», Samuel sugirió meter el tema Gibraltar en una *box apart*, en el congelador, cosa que se hizo sólo en parte. Tres meses más tarde, los ingleses vuelven a la carga, aunque en tono mucho más meloso. Su embajador en España, sir George Labouchère, invita a comer a Olivié el 31 de julio de 1963. Durante la misma, le informa que su gobierno está dispuesto a «facilitar a las autoridades españolas información detallada y secreta sobre las actividades contrabandísticas desde Gibraltar, para que su Servicio Fiscal de Aduanas pueda reprimirlas». A cambio de ello pide que «España levante las restricciones fronterizas de 1954». O sea que, haciendo como que traicionaban a los gibraltareños, proponía sustituir su contrabando ilegal por otro: el legal del paso libre por la Verja. Respuesta de Olivié: No, gracias. «Como les hemos dicho varias veces, el contrabando es sólo un aspecto del problema, y ni siquiera el más importante». Además, llegaba tarde. Aquella misma mañana, el Ministerio de Asuntos Exteriores español había recibido un cable de su delegación ante Naciones Unidas, informándole que el Comité de los 24 había decidido examinar el proceso de descolonización de Gibraltar como Territorio No Autónomo. A lo que añade que España se disponía a pedir participar en el debate, como parte afectada en el mismo. En tales circunstancias, los gobiernos británico y español no deberían de hacer nada, unilateral o conjuntamente, relacionado con Gibraltar hasta que Naciones Unidas no se pronunciase sobre el futuro del mismo.

La batalla de Gibraltar se trasladaba a la ONU.

Gibraltar en la ONU

Una vez incluido Gibraltar en la lista de Territorios No Autónomos, ya no va a ser posible sacarlo de allí, al quedar entrillado en la lenta y poco eficaz, pero implacable, maquinaria de Naciones Unidas, como parece haber tentado más de una vez a los ingleses, al comprobar que sus planes no iban por el camino previsto.

Pero antes de seguir adelante debo referirme a algo ya apuntado anteriormente: tampoco en el campo español despertaba demasiado entusiasmo «onunizar» la vieja reivindicación. Lejos quedaban los tiempos de las manifestaciones ante la Embajada británica en Madrid al grito de «¡Gibraltar español!» y de las llamadas del embajador, Samuel Hoare, al ministro de la Gobernación pidiendo que le enviase, no más policías, sino menos manifestantes, según sus memorias, desmentido por las de Serrano Suñer, aunque, de nuevo, *se non é vero é ben trovato*. Las causas eran más profundas y a fin de ofrecer un panorama completo de lo que ha sido la batalla diplomática por Gibraltar, resulta conveniente dejar en sus exactos términos la postura española, más compleja de lo que esas manifestaciones y gritos dan a entender.

La política para los territorios españoles en África dependía desde 1925 directamente de la Presidencia del Gobierno, habiéndose creado para ellos una Dirección General de Marruecos y Colonias, y aunque Gibraltar no era una colonia española en África, sino una colonia inglesa en nuestro territorio, estaba estrechamente relacionado con los mismos. Que el almirante Carrero ocupara la Subsecretaría de la Presidencia y el general Díaz de Villegas la Dirección General de Plazas y Provincias Africanas no facilitaba las cosas. Cortados ambos según el patrón más tradicional del régimen, sentían un instintivo recelo hacia todo lo exterior y desde el principio procuraron mantenerse lo más alejados posible de la ONU en temas de descolonización, a fin de que ésta no interfiriese en los planes españoles. Que ello conllevaba olvidarse un tanto de Gibraltar era un riesgo asumido.

Ésa fue la situación con que se encontró Fernando María Castiella cuando llegó al Ministerio de Asuntos Exteriores en 1957, es decir, sin auténticos poderes en los temas Gibraltar, Ifni, el Sahara y Guinea Ecuatorial. Con dos agravantes. El primero, que la marea anticolonialista en la ONU y en el mundo era imparable y sólo había dos opciones ante ella: negarse a descolonizar, como habían hecho Portugal y Sudáfrica, lo que nos enfrentaría a una Organización en la que nos había costado Dios y ayuda ingresar, o ver de conseguir un compromiso con ella, tratando de perder lo menos posible y de ganar lo más alcanzable. Ésa fue la segunda batalla, silenciosa, a espaldas de la opinión pública española, que Castiella libró en aquellos años dentro del gobierno, uno de cuyos miembros llegó a acusarle en un consejo de ministros de propiciar con su política gibraltareña «que la flota británica pudiera bombardear Santurce». ¿Por qué Santurce, y no Cádiz o Coruña, como ya había hecho alguna vez? No me lo pregunten, tal vez por veranear allí el acusador. En cualquier caso, era una buena muestra de la precaria situación interna del ministro, mientras se batía en los escenarios internacionales con ingleses, marroquíes, saharahuis, guineanos y un Comité de los 24, dispuesto a que no quedara una sola colonia en el mundo.

De la cautela con que se movía Castiella, «como pisando huevos» me dijo uno de sus colaboradores, ilustra la carta que envió a Carrero el 10 de febrero de 1965, cuando la tesis española iba abriéndose paso en Naciones Unidas, poniéndose la venda antes de recibir la pedrada. «Hay que procurar en estos momentos —dice al almirante en ella— no atizar demasiado el fuego de la polémica, lo que no quiere decir que no se apliquen las medidas que se anunciaron en Naciones Unidas..., pero debe hacerse esto de forma escalonada y sin prisas... Espero que coincidas conmigo en que ésta es la línea de conducta más aconsejable. No debemos de perder (de vista) nuestro objetivo principal, que consiste en recuperar Gibraltar por la vía pacífica». O sea, actuar cautelosamente en el tema Gibraltar, como pedía Carrero, pero sin dejar de seguir presionando, y si surgía algún conflicto con Gran Bretaña, como aquél temía, se debería, no a las presiones españolas, sino al incumplimiento británico de las directrices de la ONU.

El segundo agravante de que hablábamos era que, quisiéramos o no, el tema Gibraltar estaba ya en Naciones Unidas, inscrito por los ingleses, por lo que iba a tratarse de él. Si no actuábamos, nos encontraríamos con una «descolonización a la inglesa», es decir con una descolonización falsa, que nos dejaría sin el único título que teníamos sobre el Peñón, el artículo X del Tratado de Utrecht, y con la colonia británica instalada en nuestro territorio ya con toda la legalidad del nuevo orden internacional. Fue el argumento esgrimido por Castiella para imponer su tesis, aparte de advertir que nuestro caso era completamente distinto al de Portugal, que vivía de sus colonias africanas, y al de Sudáfrica, un país asentado en el *apartheid*. Tales argumentos, como, digo prevalecieron, no sin la desconfianza de los «africanistas», Franco uno de ellos, aunque más flexible que los demás. Sin haber sentido ninguna simpatía por la ONU, su sentido realista le hacía ver que tocaba jugar en ella. Su tesis era que «Gibraltar caería como un fruta madura». Claro que si la fruta madura no se recoge, la cogen otros, y parecía haber llegado su hora a las colonias. Aunque los reparos del grupo Carrero y las suspicacias del propio Franco nunca desaparecerían. «Tenga usted siempre en cuenta —dijo a Fernando Olivié cuando le hizo la visita de rigor tras ser nombrado director general de Asuntos Europeos, Gibraltar incluido— que Inglaterra sigue siendo una gran potencia».

Con este telón de fondo y unas Naciones Unidas hirviendo de fiebre descolonizadora empiezan los debates sobre la descolonización en 1959. En su resolución 1467(XIV), la Asamblea General recomienda la creación de un Comité Especial encargado de codificar los Territorios No Autónomos y disponer los trámites de su descolonización. El Comité tendría al principio 17 miembros (las cinco grandes potencias con puesto permanente y el resto por turno rotativo entre los grupos regionales), luego 24, que será el nombre inoficial con el que se le conocería, y el que usaremos aquí. Llevando en él la voz cantante los países recién accedidos a la independencia, con el apoyo explícito de los del bloque soviético. Occidente está allí, por tanto, a la defensiva, en franca minoría además, como se notará ya desde las primeras sesiones. Algo a tener muy en cuenta, pues aunque las decisiones del Comité no tienen de por sí mayor fuerza, son trasladadas automáticamente a la instancia superior, Cuarta Comisión de la Asamblea General, que a su vez las enviaría a dicha Asamblea para su fallo definitivo. Si bien, en la inmensa mayoría de los casos, la ratificación era casi automática en ambas instancias.

Es así como la siguiente Asamblea, la de 1960, aprueba la Resolución 1541(XV) en la que se señalan las condiciones para que los Territorios No Autónomos dejen de ser colonias, a saber:

— Si se convertían en Estados soberanos e independientes,
— Si se asociaban libremente a un Estado independiente o
— Si se integraban en un Estado independiente.

Ya que los tres principios resultaban demasiado genéricos, se aprueba la Resolución 1514(XV), que concreta en su punto 5 la vía para poner fin al colonialismo: *Trasladando todos los poderes a los pueblos de esos territorios sin condiciones ni reservas, de conformidad con su voluntad y su deseo libremente expresado, sin distinción de raza, credo ni color.* Era en lo que se basaba el plan inglés: apoyarse en la «autodeterminación» de los gibraltareños para seguir controlando la Plaza, una vez «descolonizada». Pero como los redactores de la Resolución conocían de primera mano las mañas de las potencias coloniales, al haberlas sufrido en sus propias carnes, advierten en el punto 6 de la misma: *Todo intento de quebrantar total o parcialmente la unidad nacional y la integridad territorial de un país es incompatible con los propósitos y principios de la Carta de Naciones Unidas.* Con esta cláusula los redactores, africanos e hispanoamericanos principalmente, intentaban evitar que las viejas metrópolis se quedasen con los enclaves más ricos de sus colonias, usando caudillos locales o dando privilegios a su población, como había ocurrido en Katanga. La maniobra inglesa de descolonizar Gibraltar sin descolonizarlo realmente y liquidar al mismo tiempo el Tratado de Utrecht quedaba así desarticulada por ese punto 6 de una Resolución que ha pasado a la historia como «Carta Magna de la Descolonización». Otra cosa fue que Londres la acatase.

Gibraltar empezará a debatirse en el Comité de los 24 el 11 de septiembre de 1963. Viene incluido en un «paquete» de «territorios no autónomos africanos y adyacentes», junto a Fernando Poo, Río Muni, el Sahara español, Ifni y el resto de las colonias europeas que quedaban en aquel continente. La inclusión en el bloque de Gibraltar la hizo sin duda algún funcionario de Naciones Unidas por razón de proximidad y por no descolgarla del resto de las colonias españolas en África, aunque fuese colonia inglesa y estuviera en Europa. De entrada, sorprendió un tanto a los españoles, pero tras sopesar pros y contras, cuenta Piniés en sus Memorias, decidieron dejarlo pasar, ya que podría convenirles «por cuestión de prioridades». Consistían éstas en que el debate empezase precisamente por el Peñón, conscientes de que «el que da primero da dos veces». Como en efecto ocurrió. Lo que no he logrado saber es por qué fueron Camboya y Bulgaria, dos países que poco o nada tenían que ver con Gibraltar, los que auspiciaran esta prioridad. Le pregunté a Piniés varias veces las causas y siempre me dio largas al respecto. Siendo ya embajador en Londres, en carta que conservo, me decía: «No te puedo ser más explícito sobre las razones que existieron en aquel momento para que fueran precisamente esos dos países los que lo solicitaran, pues la persona que hizo esa gestión podría resentirse. Yo lo tengo escrito porque fueron muy curiosas las circunstancias». Pero en sus Memorias, el diplomático no dice nada de ello. Posiblemente se trató de una de las maniobras de pasillos de Naciones Unidas, «yo te rasco tu espalda, y tú me rascas la mía», o sea, un favor por otro, que se hacían las delegaciones de tapadillo, aunque difíciles de adivinar en este caso. Camboya era un país del llamado Bloque No Alineado, mientras Bulgaria pertenecía al soviético, ninguno de los dos, por tanto, próximo a Gran Bretaña. Tal vez los ingleses, tras tantear el terreno en el Comité y ver que no les iba a ser fácil una falsa descolonización, planeaban ya otra jugada: la víspera del debate, 10 de septiembre de 1963, el ministro consejero de su Embajada en Madrid, Ian Samuel, el mismo que se había entrevistado tres veces con Olivié sin resultado alguno, visita al director general de Política Exterior española, Manuel Sedó, para pedirle que España renuncie a intervenir en el debate. La respuesta fue: si Gran Bretaña está dispuesta a tratar directamente con España el tema Gibraltar, se le comunicaría al Comité de los 24, que posiblemente se avendría a aplazar el debate hasta que los dos países llegaran a un acuerdo. Que éste no era el propósito británico lo demuestra la contestación de su representante: «El Reino Unido no puede dialogar con España sobre

Gibraltar». Ante lo que la delegación española hizo acto de presencia al día siguiente en el Comité de los 24. Su representante, Jaime Piniés, pide participar en el debate, y se le concede.

Inicia éste el representante inglés, mr. King, con una breve alocución, en la que sostiene que la soberanía británica sobre Gibraltar no ofrece dudas, al estar garantizada por el Tratado de Utrecht. Añade que sus habitantes están satisfechos con la situación actual, que desean seguir viviendo en ella, teniendo gran libertad para administrar sus asuntos internos, si bien el gobierno británico la ampliaría en caso de que se lo pidieran, ya que «está siempre dispuesto a considerar cualquier propuesta de cambio que le sometan los habitantes de Gibraltar o sus representantes elegidos». Observen que esta declaración del diplomático británico en la ONU contradice frontalmente lo que sus colegas en Madrid venían diciendo al gobierno español: que el Reino Unido nunca concedería la soberanía a los gibraltareños y que éstos no tenían otra autoridad que la puramente local.

Tomó la palabra a continuación Piniés, que hizo una exhaustiva exposición de la historia, las circunstancias y la economía de Gibraltar, desde que fue ocupada hasta el presente, haciendo hincapié en cómo se había convertido la primitiva fortaleza en «territorio no autónomo», con vistas a una falsa descolonización, pese a que «humana y económicamente no se puede concebir un Gibraltar separado de España». Como consecuencia, la descolonización debía de realizarse aplicando la Resolución 1514(XV), en especial su párrafo 6, que prohíbe el desgarro total o parcial de un país en dicho proceso. Por lo que España propone negociaciones directas con Gran Bretaña para proceder a dicha descolonización, teniendo en cuenta los legítimos intereses del pueblo de Gibraltar.

Intervino a continuación mr. King para decir que su gobierno no tenía ninguna duda respecto a su soberanía sobre Gibraltar, estimando, además, que el Comité de los 24 no era competente para tratar el tema. Una declaración por lo menos chocante, si tenemos en cuenta que había sido su propio gobierno quien había llevado el asunto a la ONU. Y que, como puede suponerse, no sentó nada bien en un Comité muy consciente de sus funciones, deberes y derechos.

Al día siguiente, 12 de septiembre, se reanudó el debate, con la intervención de representante de Uruguay, embajador don Carlos

María Velázquez, con pruebas fehacientes de que Gibraltar caía de lleno en las competencias del Comité de los 24, puntualizando que el punto 6 de la Resolución 1514(XV) de la Asamblea General, contrario a la existencia de enclaves extranjeros en el territorio nacional de otro país, era el que mejor se adaptaba a este caso, como ya había acordado la X Conferencia Interamericana, a propósito de Belice en Guatemala.

El debate se reanudó el día 16 de septiembre, con una breve intervención de la representante de Irak, sta. Kamal, en la que pidió que se aplicase la Resolución 1514(XV), mediante conversaciones hispano-británicas.

Mucho más extenso y explícito fue el representante de Túnez, sr. Bouzayen, quien tras asombrarse de que el representante británico negara al Comité de Descolonización competencias sobre el tema Gibraltar después de haber sido su gobierno quien convirtiera la Plaza en colonia, abordó el fondo del asunto y subrayó que «España reclama ahora la restauración de su unidad, petición con la que Túnez está de acuerdo, por lo que apoya cualquier recomendación que exija a los gobiernos británico y español el inicio sin demora de conversaciones para lograr de nuevo la integridad territorial de España».

Cerró el debate en esa jornada el representante de Venezuela, sr. Díaz González, quien después de subrayar la importancia del Tratado de Utrecht en la historia del colonialismo, puso de manifiesto «lo paradójico que sería terminar un proceso de descolonización sin que afectara al mismísimo símbolo del colonialismo que es Gibraltar». Añadiendo que la fórmula más viable de hacerlo era aplicar el párrafo 6 de la Resolución 1514(XV), sobre la integridad territorial de los países.

Al iniciarse el debate al día siguiente, el representante de Siria, sr. Jabri, se adhirió a la tesis de que el Comité era competente sobre el asunto, subrayando que Gibraltar venía constituyendo un caso típicamente colonial desde su conquista por las armas. Desde entonces —dijo— los británicos han alterado el carácter de la ocupación, por lo que el problema resulta complejo. Es por lo que, de momento, no puede ofrecer una opinión tajante. Aunque espera encontrársele una salida que satisfaga al pueblo de Gibraltar, a España y al Reino Unido.

Le sigue en el uso de la palabra el representante de Dinamarca, sr. Mortensen. «Mi delegación —dice— tiene ciertas dudas sobre la competencia de este Comité para tratar este asunto. En todo caso, es difícil para mi delegación estar de acuerdo con aquellos oradores que defienden la tesis de que Gibraltar constituye un fenómeno típicamente colonial. Parece que la mayoría de ellos se ha fijado en la situación geográfica y ha concedido particular importancia al párrafo 6 de la Resolución 1514(XV). Para mi delegación, es mucho más importante el párrafo 5 *(En los territorios que aún no han logrado su independencia, deberán tomarse medidas inmediatas para traspasar todos los poderes a los pueblos de dichos territorios),* al que se ha prestado poca atención hasta la fecha».

Era el comienzo del contraataque británico, con el intermedio de la intervención del representante de Camboya, sr. Sonn, el día 18 de septiembre, que trata de encontrar un término medio entre ambas posiciones. «El asunto Gibraltar —dijo— tiene dos aspectos distintos. En primer lugar, es un territorio no autónomo, y por consiguiente, bajo la competencia de este Comité. En segundo, se trata de una disputa sobre la soberanía de ese territorio. Eso debe resolverse en negociaciones entre España y el Reino Unido. Es lo que debe de hacerse primero. Luego, se pasará a la descolonización, que deberá basarse en la Resolución 1514(XV), con la concesión de la autodeterminación e independencia».

La sesión del 19 de septiembre se dedicaría a los «peticionarios» —nombre que se da en la ONU a quienes vienen a exponer sus derechos o reclamaciones— gibraltareños. El primero en tomar la palabra es sir Joshua Hassan, alcalde y presidente del Consejo Legislativo de Gibraltar, que acusa a España de intentar se le devuelva la Plaza «bajo el disfraz de una apasionada aversión al colonialismo». «¿Qué es colonialismo?», se pregunta. Para responderse: «La explotación de los recursos de sus colonias, la subyugación de sus pueblos, la opresión, la negación de sus derechos. Nada de eso es aplicable en Gibraltar. Nada más alejado de la verdad que afirmar que la población de Gibraltar vive subyugada o explotada por una potencia extranjera. Se trata de una comunidad unida, donde no hay discriminación, donde el inglés no es el amo, donde conviven perfectamente el católico, el judío, el protestante, el hindú, el agnóstico. Su sistema jurídico se basa en el británico, todo el mundo puede acudir a los tribunales. En el aspecto político, todavía no ha alcanzado un autogobierno propio total, pero ése es el objetivo de los políticos de Gibraltar. Tiene ya un gobierno municipal, un Consejo Legislativo, un Consejo Ejecutivo y un Consejo de Ministros, destinado a estudiar los temas que le somete el Consejo Ejecutivo. Aunque aún es formalmente una "colonia de la Corona", nada puede estar más lejos de la interpretación generalmente aceptada del "colonialismo" que la actual situación de Gibraltar». De ahí que sir Hassan pida al Comité que aplique a Gibraltar la Resolución 1541(XV), donde se establece que la descolonización de un territorio no autónomo se realiza, primero, cuando pasa a ser un Estado independiente o soberano. Segundo, cuando establece una libre asociación con un Estado independiente. O, tercero, cuando se integra en un Estado independiente. «Si no fuera sincero —continúa— diría aquí que queremos una completa independencia, seguida de un tratado con Inglaterra sobre defensa y relaciones exteriores. Sin embargo, Gibraltar no es ni será nunca una nación completamente independiente, capaz de bastarse por sí misma y de contar con recursos propios para su economía, su defensa y sus relaciones con otros Estados. No puede, por tanto, proclamarse Estado soberano e independiente. Por eso elegimos la segunda opción: la asociación con Inglaterra. No queremos estar bajo Inglaterra, pero queremos estar con Inglaterra. Y queremos ser verdaderos amigos de nuestros vecinos (españoles), tal como lo hemos sido durante más de 200 años, así como vivir en paz y amistad con ellos».

Dos palabras sobre el personaje, ya que se lo merece. Joshua Hassan, originalmente Salvador Hassan, abogado local, es la muestra más típica del gibraltareño: inteligente, despierto, buen orador, mezcla racial, religiosa y política, casado en primeras nupcias con la hija de un brigada de la Guardia Civil, y en segundas, con la hija del canciller del Consulado de España en Larache, creó y encabezó la «Asociación para la defensa de los derechos civiles de los gibraltareños» ante los traslados masivos y forzosos durante la Segunda Guerra Mundial, lo que le convertiría en un personaje local. Tras la contienda, cuando Londres empezó a trazar sus planes para el futuro de Gibraltar en un mundo sin colonias, fue en el primero que se fijaron los ingleses como cabeza de los mismos. Nuestro hombre aceptó encantado y pasó a ocupar los primeros puestos en el embrión de la administración local que la reina inauguró en 1954, lo que le valió el título de sir, que él ostentaba orgullosamente. Sería clave en aquella etapa para Londres, ocupando dos veces el cargo de ministro principal (1964-1969 y 1972-1987), lo que no le impedía tener, y gozar, de una magnífica mansión en la Costa del Sol. Incluso en eso era un gibraltareño cien por cien.

Le siguió en el uso de la palabra su segundo en las instituciones municipales gibraltareñas y una especie de líder de la oposición, sr. Isola, quien insistió en que Gibraltar pertenecía jurídicamente a Gran Bretaña, pero que pertenecía realmente a los gibraltareños. Pasando al contraataque en uno de los frentes que se había abierto a la colonia. «Se nos ha acusado —dijo— de ser un cáncer de la economía española. Al revés, hacemos una importante contribución a ella. Los gibraltareños viajamos mucho a España, donde dejamos mucho dinero. Hay dos mil españoles trabajando en nuestro arsenal y gracias a nuestro aeropuerto, atraemos una importante corriente turística hacia el sur de España». «Por ello —concluyó— pido a este Comité que estudie el asunto a la luz de la Carta de Naciones Unidas, teniendo en cuenta especialmente el principio de autodeterminación. Sabemos que no admitirá que se sustituya una forma de imperialismo, llamémosle así, por otro».

Eran dos intervenciones sólidas, bien expuestas, con argumentos de peso. Pero debo advertir de una circunstancia importantísima en este caso: la atmósfera del Comité de los 24. Tanto por su mandato —acabar con el colonialismo en el mundo— como por su composición, mayoritariamente de excolonias, como por su sensibilidad, haber sufrido en su carne el colonialismo, no era nada favorable a las potencias coloniales, de las que Inglaterra era el máximo exponente. Era verdad que formaban también parte del Comité los cinco grandes. Pero dos de ellos, Estados Unidos y la Unión Soviética, preferían mantenerse al margen de los debates, pese a haber sido los principales promotores de la descolonización. Francia —con las heridas de Argelia aún abiertas— procuraba también pasar lo más inadvertida posible. Y China, representada aún por Taiwan, apenas intervenía. Sólo el Reino Unido participaba activamente en los debates, forzado por el hecho de que la mayoría de los territorios aún por descolonizar eran suyos y por su política realista de conservar lo más posible en ellos. Contaba también con el apoyo de sus aliados europeos y con los miembros de la *Commonwealth,* donde habían prevalecido los colonos. Pero de los primeros, sólo había uno en aquellos momentos en el Comité, Dinamarca, y de los segundos, otro, Australia, lo que les dejaba en franca inferioridad numérica.

En esta atmósfera, cualquier peticionario que se presentase ante el Comité a defender a la «potencia administradora», que era como se denominaba allí a las metrópolis coloniales, y a pedir que se quedase de una forma u otra en su territorio resultaba sospechoso. Y no digamos ya si tenía el título de sir, otorgado por Su Graciosa Majestad británica, como le ocurría al alcalde-presidente de Gibraltar, sr. Hassan. Algo parecido, aunque en tono menor, le ocurría al señor Isola. De ahí que sus bien armadas intervenciones hicieran más mal que bien a su causa, corroborando entre la mayoría del Comité la sospecha de que lo que se planeaba en la Roca era, no como había dicho el segundo de ellos, la sustitución del imperialismo británico por el imperialismo español, sino la perpetuación del imperialismo británico, al socaire de la ONU.

El día 20 de septiembre continuó el debate, con la intervención del representante de Australia, mr. McCarthy, quien se manifestó totalmente de acuerdo con los puntos de vista expuestos por los sres. Hassan e Isola, y opuesto a los expresados por los representantes de Venezuela y otras delegaciones. El Comité, dijo, no tenía competencias para discutir cuestiones de soberanía —que en este caso pertenecía sin duda alguna al Reino Unido— y era evidente que en Gibraltar no existía colonialismo. Aunque las consideraciones históricas no venían al caso, añadió, convenía no olvidar que Gibraltar había interpretado un importante papel en la «eliminación de uno de los mayores malvados, dispuesto a imponer su dictadura al mundo (Hitler)». De ahí que considerase que su descolonización debía de hacerse a través del párrafo más importante de la Resolución 1514(XV), el quinto, que señala la autodeterminación como instrumento de la misma. «La voz del pueblo de Gibraltar —terminó mr. McCarthy— es la que han expresado los señores Hassan e Isola. Y es la que tiene que escuchar este Comité. La independencia puede asumir múltiples formas y los problemas que plantea su cesión a grupos pequeños de población puede ser muy diferente de la que se deriva del acceso a la independencia de grandes grupos de habitantes».

Le contestó en la misma sesión Piniés, recordándole: Primero, que el Comité tenía plena competencia sobre el asunto Gibraltar. Segundo, que de las declaraciones de los sres. Hassan e Isola se deducía que puede desgajarse un trozo del territorio español en virtud del derecho de conquista. Tercero, que existía una contradicción en la actitud del Reino Unido, que invocaba por una parte el Tratado de Utrecht para mantener sus derechos sobre Gibraltar, y la de los gibraltareños, que consideran ese Tratado letra muerta. Cuarto, que los peticionarios habían expuesto sin lugar a dudas su deseo de que la situación colonial de Gibraltar continuase de una manera u otra. Y quinto, que los descendientes de los verdaderos habitantes de Gibraltar se encontraban actualmente en la ciudad de San Roque.

Tras estas intervenciones, el presidente del Comité decidió interrumpir los debates hasta el año siguiente, a fin de que los delegados pudieran asistir a la XVIII Asamblea General que estaba a punto de comenzar. Ante ella, Castiella expuso con detalle el caso Gibraltar, añadiendo: «Sólo nos hemos cerrado a nosotros mismos un camino: el de la violencia».

Que las cosas no estaban saliendo a los ingleses como habían previsto lo demuestra que el 12 de noviembre del mismo año, 1963, el ministro consejero de la Embajada británica en Madrid, Ian Samuel, telefoneó al director de Asuntos Políticos de Europa, Fernando Olivié, solicitando una entrevista con él. El encuentro se celebra el día 15, y el diplomático inglés dice a su interlocutor español que, «a fin de evitar los incidentes ocurridos durante las deliberaciones sobre Gibraltar en el Comité de los 24, el Foreign Office desearía saber hasta qué punto el gobierno español estaría dispuesto a colaborar para que dicho Comité dejase de tratar dicho asunto». Recordarán que era lo mismo que mr. Samuel había sugerido al subsecretario de Asuntos Exteriores español, sr. Sedó, el 10 de septiembre, justo antes de que comenzará el debate en Naciones Unidas. Pero añadiendo esta vez el aliciente de que si Madrid comunicara al Comité de los 24 que iba a negociar el caso Gibraltar bilateralmente con Londres, «su gobierno estaría interesado en que Gibraltar no fuera un centro de contrabando hacia el territorio vecino». Para ello, deseaba saber qué idea tenía España del puerto franco de Gibraltar.

Olivié le contestó que España estaba interesada no sólo en el contrabando gibraltareño sino también en el *status* de Gibraltar. Y aun reconociendo que ese *status* era un anacronismo que impedía el desarrollo lógico y normal de Gibraltar y su Campo, advirtió que sólo podría actualizársele en un diálogo hispano-británico en el que, eso sí, quedasen protegidos los intereses del Peñón.

Samuel respondió que tal revisión significaría, ni más ni menos, la devolución de Gibraltar a España, algo sobre lo que no estaba autorizado a discutir. «Es indiscutible —dijo— que la Roca no puede ser nunca un Estado independiente. Pero en Gibraltar habrá que tener siempre en cuenta tres elementos: el Reino Unido, los gibraltareños y España. El Reino Unido respeta el Tratado de Utrecht y no es su intención modificarlo en modo alguno, ni ceder a nadie, incluidos sus propios habitantes, la soberanía sobre Gibraltar que la reina de Inglaterra había adquirido del rey de España por dicho Tratado». Añadiendo, para suavizar la cosa, que todos los órganos creados en Gibraltar, Consejos Legislativo y Ejecutivo, Ayuntamiento, etc., etc., tenían un carácter meramente administrativo, sirviendo sólo para ayudar al gobernador a regir la colonia. «La reina es la soberana, a quien el gobernador representa. Sólo éste puede hablar en nombre de Gibraltar», terminó, contradiciendo las declaraciones de los sres. Hassan e Isola ante el Comité de los 24, donde se habían proclamado dueños de hecho de la colonia.

En su respuesta Olivié recordó, de entrada, que el Tratado de Utrecht sólo cedía a Gran Bretaña el Peñón y fijaba su estatuto jurídico. Luego, que en 1950 se crearon unos Consejos Ejecutivo y Legislativo, que la soberana había presidido durante su visita en 1954, algo muy grave desde el punto de vista del gobierno español, que había querido tratar el asunto con el británico, pero éste lo rechazó. Por último, que España había tomado medidas para restablecer el equilibrio y defender sus intereses. Mr. Samuel se hizo de nuevas: «No sabía nada de eso», dice, y pregunta del modo más casual: «¿Por qué no consideramos ahora la posibilidad de reanudar el diálogo bilateral? ¿Qué pensaría España si el gobierno británico asegurase de alguna forma que no habrá cambios en Gibraltar que dañen los intereses españoles?».

A lo que Olivié responde con otras dos preguntas: ¿Está dispuesta Gran Bretaña a deshacer todo lo que ha hecho en Gibraltar desde 1950, esto es, a disolver los Consejos Ejecutivo y Legislativo, devolviendo la colonia a la situación en que estaba antes? Y ¿está dispuesto el gobierno británico a condicionar con el español un futuro para Gibraltar que proteja los intereses españoles y que los gibraltareños acepten?

A la primera pregunta, mr. Samuel puede contestar ya negativamente. A la segunda, tendría que consultar a Londres.

La respuesta de Londres no llega hasta el 4 de marzo del siguiente año, 1964, y la entrega el mismo diplomático, mr. Samuel, al mismo alto funcionario español, sr. Olivié. En ella se constata que, por Utrecht, España cedió Gibraltar a Inglaterra a perpetuidad, «por lo que ésta tiene allí plena libertad de acción». Ahora bien, reconoce que «si bien España no tiene derechos sobre Gibraltar, tiene intereses, que Inglaterra no quiso ni quiere dañar». Y aunque las medidas de 1950 no tenían en cuenta esos intereses, «Gran Bretaña no puede ya retrotraer la entera situación de Gibraltar a la anterior». Pero promete que no se repetirán tales hechos y que, en adelante, «Londres tendrá en cuenta que España tiene unos intereses en Gibraltar que hay que respetar». Como prueba de ello, tenían instrucciones de exponerle los próximos cambios institucionales en la colonia. Se trata, dice, de una «reorganización de su estructura política interna». En primer lugar, fusión del Ayuntamiento con el Consejo Legislativo o Parlamento, que aumentará el número de consejeros elegidos por el pueblo de Gibraltar, superior ya al de los elegidos directamente por el gobernador. Luego, el Consejo Ejecutivo se organizará como gobierno, y sus miembros, elegidos entre los del Consejo Legislativo, llevarán el nombre de «ministros». «Esto —añadió— no tiene otro objeto que aumentar la eficacia de las instituciones internas de Gibraltar, pero no sus poderes, y España no debe interpretarlo como una continuación de la política iniciada por Gran Bretaña en la Roca en 1950».

Nos imaginamos la sorpresa del sr. Olivié —si es que no la había agotado su capacidad de asombro en su trato con los ingleses— al escuchar la pulida, pero peregrina, alocución del diplomático británico. Tras haber prometido consultar con España los cambios administrativos en Gibraltar, le presenta una retahíla de ellos como hechos consumados. En vez de tener en cuenta los intereses de España, como había asegurado, sólo tiene en cuenta los intereses gibraltareños y los suyos propios. En vez de, por lo menos, congelar la política iniciada en 1950 para la colonia, la eleva al cuadrado al convertir su concejo municipal en Parlamento y sus órganos ejecutivos en ministerios. Por último, en vez de seguir las resoluciones de la ONU que le han pedido descolonice Gibraltar en conversaciones con España, se dispone a realizar cambios estructurales en la colonia totalmente al margen de la organización internacional y de España. En una palabra: si España no quería una taza de «descolonización a la inglesa» en Gibraltar, le da dos. Y a mr. Samuel le queda aún flema para preguntar «cuáles eran los temores que España podía tener ante el desarrollo y evolución de Gibraltar, para que el gobierno de Su Majestad pudiera tenerlos en cuenta en las consultas informales y reservadas que Gran Bretaña estaba dispuesta a mantener en el futuro con España sobre Gibraltar». La primera de estas consultas podía considerarse la comunicación que estaba haciendo al gobierno español de los cambios en Gibraltar antes de que el marqués de Lansdower —ministro para las Relaciones con la *Commonwealt and Colonies*— fuera a la Roca para elaborar con sus dirigentes dicha reorganización de las estructuras política internas de la misma. Pocas veces las palabras y los hechos de un gobierno habrán divergido de forma tan espectacular y descarada.

La respuesta del gobierno español es del 6 de abril de 1964 y en ella se constata que si había considerado la decisión británica de 1950 de dotar a Gibraltar de unas instituciones que no tenían cabida en el Tratado de Utrecht como un importante paso para sustituir el *status* jurídico establecido en dicho Tratado por otro que desconocía totalmente los derechos de España, las reformas que ahora se disponían a hacer constituían un paso más en esa línea. En consecuencia, el gobierno español no podía estar conforme con la reforma proyectada, que en vez de aproximar posiciones entre ambos países —tal como había recomendado la ONU— las alejaba. El gobierno español, además, estimaba que en aquellos momentos en que el tema Gibraltar se estaba debatiendo en Naciones Unidas, el gobierno británico debería abstenerse de introducir modificaciones administrativas en su colonia, destinadas a interferir en las decisiones que en su día la ONU tuviera a bien adoptar sobre el tema.

Del caso que se hace a la nota española ilustra el hecho de que, cuatro días después, el 10 de abril, el secretario de Estado británico para las Colonias hace público, en Gibraltar para más escarnio, un comunicado donde se detallan «los cambios en la Constitución de la Plaza, tras las consultas efectuadas con los órganos legislativos de la misma, a fin de que su pueblo tenga un mayor control de sus asuntos internos». Si bien quiere dejarse claro que los gibraltareños «no buscan la independencia ni el control de la política exterior».

Los cambios son:

— El número de consejeros del Legislativo en el Ejecutivo, que pasará a llamarse Consejo de Gibraltar, aumentará de 4 a 5.

— El consejero principal pasará a denominarse ministro principal. Será aquel que el gobernador considere cuenta con el mayor apoyo dentro del Consejo.

— El gobernador, tras consultar con el ministro principal, distribuirá las responsabilidades fundamentales entre los demás miembros.

— Al ministro principal se le confiará la dirección de los asuntos de gobierno y cesará de ser miembro del Consejo Legislativo.

— El Consejo Legislativo —elegido por consulta popular— aumentará de 7 a 11 miembros y ninguno será nombrado oficialmente.

— El actual Consejo de Miembros pasará a ser Consejo de Ministros. Qué asuntos corresponden a cada Ministerio será decidido por dicho Consejo, cuyas decisiones serán ratificadas por el gobernador.

Era un claro y en algunos aspectos cómico —Gibraltar, una colonia, tiene Constitución, llamar ministro principal al alcalde-presidente, separar el Legislativo del Ejecutivo en aquella administración liliputiense— intento de crear un embrión de Estado en Gibraltar, con su gobierno y su Parlamento como si fueran los dueños de sus asuntos, pero bajo la supervisión del gobernador. Y, al final, la perla: el anuncio de «unas próximas elecciones, a celebrar este año, en Gibraltar, para elegir a los nuevos consejeros», es decir, ministros.

No contentos con ello, el 1 de junio, el gobierno británico contesta a la nota de protesta del gobierno español del 6 de abril, en la que se duele que «no haya interpretado correctamente la naturaleza de los cambios introducidos por el gobierno de Su Majestad en Gibraltar, quien cree que ni estos cambios ni el probable desarrollo futuro de Gibraltar pueden dañar en modo alguno los intereses de España».

No sólo nos refregaban por las narices la faena que nos hacían, sino que se permitían añadir que nos beneficiaba. Wodehouse puro, pero *live.*

El 30 de junio de 1964, el representante permanente de España en Naciones Unidas, Manuel Aznar, comunica por escrito al presidente del Comité de los 24, sr. Coulibaly, que «Gran Bretaña, sin esperar la reanudación del examen del tema Gibraltar en Naciones Unidas, está llevando a cabo unilateralmente una serie de actos políticos en el territorio, encaminados a crear una situación jurídico-política incompatible con la doctrina contenida en la Resolución 1514(XV) aprobada por la Asamblea General». Se intenta así, añade, ignorar la autoridad del Comité de los 24 e interferir en sus posteriores decisiones.

El 10 de septiembre se reanuda el estudio del tema Gibraltar en el Comité de los 24. Ahora es España quien lleva «peticionarios»: los descendientes de los habitantes expulsados por los ingleses al apoderarse de la Plaza, los auténticos gibraltareños, los verdaderos colonizados. Les representa el alcalde de San Roque, don Pedro Hidalgo, y el teniente de alcalde, don Francisco Cano Villalta. Van acompañados por el catedrático de Derecho Internacional don Camilo Barcia Trelles, que ha dedicado su jubilación al estudio del caso Gibraltar.

Los dos primeros intervienen en la sesión del 22 de septiembre. El alcalde se presenta de la siguiente forma: «Me llamo Pedro Hidalgo y soy alcalde de la ciudad de San Roque, en donde reside la muy noble y leal ciudad de Gibraltar». Algún lector de buena memoria recordará que ése fue el nombre que los vecinos de Gibraltar, con su gobernador al frente, don Diego Salinas, había elegido para el poblado en torno a la ermita cercana, hasta que pudieran volver a su ciudad auténtica. No es que ellos vivieran en San Roque, era Gibraltar quien vivía en San Roque. Tras ello, don Pedro expone la situación de Gibraltar antes de ser ocupado, con una jurisdicción extendida sobre el Campo adjunto, del que eran propietarios los habitantes de la Plaza. «Mientras hoy son los *braceros* de los colonos gibraltareños, corrobora el sr. Cano Villalta, ya que la casi totalidad de la fuerza laboral de Gibraltar está compuesta por trabajadores españoles residentes en nuestro municipio». Ambos subrayan que una autodeterminación como la que propugnan los ingleses y los gibraltareños «supondría una separación aún más tajante entre la Plaza y el Campo que la ocasionada por la ocupación militar británica de la Roca». Aparte de que sería ratificar su situación colonial.

El profesor Barcia Trelles intervino al día siguiente para hacer un recorrido minucioso de lo acontecido en Gibraltar durante los últimos 250 años, para demostrar que su población actual había sido creada artificialmente por el gobierno británico a fin de proteger mejor sus intereses. No era, por tanto, una población natural, autóctona, dueña de su territorio, con derecho a la autodeterminación.

Le contestó el sr. Hassan, ya «ministro principal del gobierno de Gibraltar», quien explicó los cambios políticos en la Plaza realizados el pasado abril, señalando que, con ellos, los deseos de los gibraltareños «habían sido plenamente conseguidos». Criticó la presencia ante el Comité de los peticionarios del Campo, «que no representaban a nadie por no haber sido elegidos», e invitó a los miembros del Comité a visitar Gibraltar. A continuación, el sr. Isola acusó a la prensa española de «enemiga de los gibraltareños» e insistió en que el párrafo 6 de la Resolución 1514(XV) (que rechaza desgajar la unidad territorial de los países) no debe aplicarse en la descolonización de Gibraltar.

En una breve intervención, el representante británico, mr. King, advirtió a continuación que su gobierno «atenderá los deseos de los gibraltareños respecto al futuro *status* de Gibraltar».

Los debates continuaron el 20 de septiembre, con la intervención del representante español, Jaime Piniés, quien calificó la maniobra británica de «falsa descolonización», amparándose en los deseos de una población importada. «De prosperar esta maniobra —dijo—, se habría coronado todo un proceso histórico genuinamente colonialista, en el que una base militar se convertía, primero, en colonia, luego, en territorio no autónomo y, por último, en territorio asociado con Gran Bretaña». Para terminar subrayando que «lo expuesto por los descendientes de los pobladores expulsados de Gibraltar no podía ser ignorado».

El día 28 intervinieron los representantes de Australia —que insistió en que el Comité debía atender primordialmente a los deseos de la población gibraltareña— y de Venezuela, que, contrariamente, apoyó una solución del problema de Gibraltar a través del párrafo 6 de la Resolución 1514(XV), es decir, la reconstrucción de la unidad territorial de España.

Los dos representantes que intervinieron a continuación, el de Costa de Marfil y el de Sierra Leona, no tomaron posiciones claras en el conflicto, insistiendo en la negociación hispano-británica.

Mientras el representante de Uruguay, embajador Velázquez, en su intervención el día 30 del mismo mes, tras analizar la doctrina descolonizadora que ha ido creando Naciones Unidas, llega a la conclusión de que es el párrafo 6 de la Resolución 1514(XV) —que prioriza la integridad territorial de los países— el que debe aplicarse al caso Gibraltar.

Le sale al paso el representante británico, mr. King, para advertirle que deje España a un lado en cuanto a Gibraltar se refiere, por haberlo cedido con carácter absoluto. En cuanto a la política de su gobierno respecto a Gibraltar, asegura que está de acuerdo con la Carta de Naciones Unidas, añadiendo algo que suena como advertencia: su país «está dispuesto a defender al pueblo de Gibraltar en la forma que sea necesaria ante cualquier amenaza».

Le contesta Piniés el 2 de octubre, al reanudarse los debates: «Las amenazas en Gibraltar —dice— siempre han partido de Gran Bretaña, cuando España no se pliega a sus decisiones».

Pidió la palabra el representante de Venezuela, sr. Díaz González, para puntualizar: *a)* que Gibraltar era un territorio colonizado, no una población colonizada; *b)* que la fórmula británica para descolonizar Gibraltar ni siquiera respetaba el párrafo 5 de la Resolución 1514(XV), pues los ingleses seguían manteniendo la soberanía, la defensa, los asuntos exteriores y la economía del territorio; *c)* que el sr. Hassan había pedido que se perpetuara una situación colonial, caso único en la historia del Comité de Descolonización, y *d)* que la solución no podía ser otra que aplicar el párrafo 6 de la Resolución 1514(XV), que pide se respete la integridad territorial de los países.

Tras declarar la delegada de Mali, sra. Rousseau, que «250 años de dominación no crean un derecho de propiedad», el delegado soviético, mr. Shakhov, silencioso durante todo el debate, como el norteamericano, advirtió que el problema se centraba lisa y simplemente en la base militar que los círculos colonialistas británicos querían mantener a través de sus agentes gibraltareños, y «de la que tratan de apoderarse los colonialistas españoles». Por lo cual, el debate le parecía académico. Lo importante era proceder al desmantelamiento de la base militar en el Peñón. Será la postura soviética durante todo el debate. En la más pura estrategia de la guerra fría, su objetivo se centraba en privar a la OTAN de la base de Gibraltar, no importándoles mucho si pertenecía a España o al Reino Unido, para tener mayor libertad de movimientos en el Mediterráneo.

Para el representante de Costa de Marfil, sr. Anona, que le siguió en el uso de la palabra, por el contrario, el asunto estaba muy confuso, por lo que pedía a España y a Gran Bretaña facilitar su solución, teniendo en cuenta los intereses de la población gibraltareña.

Los debates se reanudaron el 5 de octubre, con la intervención del representante de Túnez, sr. Bouzayen, quien recordó que ya un año antes había expuesto que, para su país, la de Gibraltar era un pseudopoblación creada por los ingleses, sin derecho por tanto a la autodeterminación. De ahí que pidiera aplicar el párrafo 6 de la Resolución 1514(XV) y negociaciones hispano-británicas en ese sentido.

Al día siguiente, el representante de Chile, sr. Martínez-Sotomayor, abogó por negociaciones directas entre España e Inglaterra, debiéndose abstener el Comité de toda decisión que afectase a la soberanía del territorio. Con esta postura, más favorable a la tesis británica que a la española, Chile se desmarcaba del resto de los países hispanoamericanos. Posiblemente, la latente rivalidad de su país con Argentina, que reclamaba con idénticos argumentos las islas Malvinas, era la razón de fondo, junto a sus buenas relaciones tradicionales con Gran Bretaña.

Para el representante de Irak, sr. Alisa, el caso tenía que solucionarse a través de conversaciones hispano-británicas, teniendo en cuenta los *intereses* de los actuales habitantes de Gibraltar.

El representante de Australia, mr. McCarthy, habló a continuación para advertir que el Comité debía atender primariamente a los *deseos* de la población gibraltareña. No eran pruritos lingüísticos o una cuestión banal, sino la última clave del contencioso: de que se atendiera a los *intereses* o a los *deseos* de los gibraltareños dependería que se impusiera la tesis española o la inglesa. Dicho en términos legales, que se descolonizase Gibraltar conforme al punto 6 de la Resolución 1514(XV) —que reclamaba respetar la integridad territorial del país donde se hallaba la colonia— o al punto 5 —que abogaba por la autodeterminación de sus habitantes—. Este forcejeo se mantendrá hasta el fallo definitivo del pleito en la ONU, y sus ecos perduran hoy, aunque ya sin sustancia, al haber impuesto Londres su tesis al margen de dicho fallo, con un Madrid resignado a ello.

El debate finalizó el 6 de octubre, con la intervención del representante de Siria, sr. Asha, para quien ni el oportunismo ni un trasnochado equilibrio de poderes europeos podía justificar la retención de Gibraltar como base militar, naval y aérea del Reino Unido. Siendo el proceso descolonizador en la Roca un pretexto británico para mantenerla. Apoyando la posición española de mantener negociaciones hispano-británicas para solucionar el caso.

Finalizado el debate, el presidente del Comité, embajador Coulibaly, mantuvo conversaciones con los miembros del mismo, producto de las cuales fue un Consenso, cuyo párrafo fundamental establecía: «El Comité Especial invita al Reino Unido y a España a iniciar sin demora conversaciones para encontrar, conforme a los principios de la Carta de Naciones Unidas, una solución negociada del asunto Gibraltar, de acuerdo con las disposiciones de la Resolución 1514(XV), teniendo en cuenta debidamente las opiniones expresadas por los miembros del Comité, así como los intereses de los habitantes del territorio».

Leído el texto ante el pleno, fue aprobado por unanimidad el 5 de noviembre. Pero que los ingleses no estaban satisfechos con aquel Consenso, pese a haberle dado su aprobación, lo demuestra que, nada más votarse, su representante, mr. King, pidiera la palabra para advertir que el Comité no tenía facultades para ocuparse del estatuto jurídico de Gibraltar, por lo que su gobierno no se consideraba obligado por ninguna recomendación del mismo en lo que se refiriera a cuestiones de soberanía o reivindicaciones territoriales. Sobre el futuro de Gibraltar, su política seguiría ajustándose al principio de la libre determinación de sus habitantes.

¿Qué era lo que escocía a los ingleses de un Consenso que acababan de aprobar y rechazar al mismo tiempo? Dos cosas: que se diera en él voz a España sobre el futuro de la colonia y que hablara de respetar los *intereses* (materiales), no los *deseos* (voluntad) de los gibraltareños al decidir dicho futuro. Lo que significaba que la maniobra británica para mantener los derechos adquiridos en Utrecht sobre la Roca, al tiempo que circunvalaba las condiciones desfavorables del Tratado a través de la autodeterminación de los gibraltareños, no estaba dando el resultado apetecido.

Era natural que estos reveses despertaran inquietud en la Roca, corriendo incluso rumores de que los contrabandistas, temiendo nuevas medidas españolas, estaban liquidando sus mercancías, llevándolas a España en los maleteros de sus coches. Lo que obligó a las autoridades españolas a reforzar los controles, con registros a fondo de todos los vehículos que salían de la colonia. Ello dio lugar a largas colas y esperas, ya que se hizo cumplir al pie de la letra la disposición de que ningún visitante de Gibraltar o residente en él pudiese sacar mercancías allí compradas sin pagar aranceles.

Los ingleses, acostumbrados a que sus medidas unilaterales no obtuvieran por parte española otra réplica que una nota de protesta, reaccionaron airadamente. A lo que España les respondió que se lo tomaran con calma, al tratarse de una medida lógica a la luz de las circunstancias, que desaparecería cuando éstas cambiasen. En cuanto a los gibraltareños, acostumbrados a considerar la Roca su *City,* o lugar de negocios durante el día, para irse luego a sus mansiones en la Costa del Sol, el tener que esperar una hora o más para cruzar la Verja —que como recordarán había sido erigida por los ingleses— resultaba tan incómodo como ultrajante. De ahí sus presiones sobre Londres y la de éste sobre Madrid, que se limitó a enviarle, el 18 de noviembre, el texto del Consenso del Comité de los 24, junto a la comunicación de que el gobierno español estaba dispuesto a iniciar con el británico las conversaciones previstas en el mismo cuando quisiese.

La respuesta inglesa no tuvo esta vez la flema acostumbrada, sino que no podía disimular su enfado. El 24 de noviembre, el embajador británico comunica verbalmente al ministro de Asuntos Exteriores español que su país no hablaría con el español sobre el tema mientras prosiguieran los registros aduaneros en La Línea. Actitud confirmada y reforzada oficialmente el 14 de diciembre por el ministro de Estado para Negocios Extranjeros, mr. Padley, ante la Cámara de los Comunes, al declarar que la buena marcha de las relaciones con España dependía de la existencia de tales medidas. Nunca unos registros aduaneros alcanzaron tal altura diplomática, ni la «puerta española» establecida por el general Monedero en 1954 resultó tan eficaz. Lo que debería de enseñarnos a los españoles dónde le duele a los ingleses en Gibraltar.

Todo ello quedó ratificado en la nota de protesta del gobierno británico al español del 11 de enero de 1965, que venía a confirmar: Primero, que Gran Bretaña consideraba como derechos propios y adquiridos las concesiones gratuitas que España había venido haciendo en Gibraltar y su entorno a lo largo de los siglos (no se olvide que el Tratado de Utrecht, en el que basaban sus derechos de soberanía sobre la Roca, cedía únicamente ésta, sin permitir la comunicación por tierra con su campo). Segundo, que Londres no permitía a España tomar las medidas fronterizas que todo país soberano considere necesarias en sus puestos aduaneros para defender sus intereses económicos. Tercero, que estaba aprovechando esas medidas españolas para no iniciar las conversaciones con España que, «sin demora», Naciones Unidas había ordenado para la descolonización de Gibraltar.

Tras reiterar cuatro días después el gobierno británico su rechazo de tales conversaciones y señalar «lo estéril que en aquellos momentos sería enzarzarse en cuestiones secundarias», el representante permanente de España ante Naciones Unidas, embajador Aznar, daba cuenta a la Asamblea General de la situación en que había devenido el contencioso, comunicación paralela a otra del representante británico al secretario general de la Organización, sr. U Thant, en la que, junto a la exigencia de que se levantasen los registros aduaneros en La Línea, se incluía la afirmación de que su gobierno «rechazaba totalmente que Gibraltar sea una base militar en España». Lo que faltaba por oír. ¡*The Rock* no era una base militar!

Aunque estábamos ante algo más grave que la negación de una evidencia (los navíos de la Royal Navy formaban parte de la estampa cotidiana de Gibraltar): era el intento de invalidar la parte esencial del Tratado de Utrecht —la «cesión de la fortaleza sin acceso terrestre»—, en que se basaba todo el derecho británico sobre Gibraltar. El primer ministro, mr. Wilson, vendría a confirmarlo el 1 de junio, al declarar ante la Cámara de los Comunes que «las comunicaciones y el acceso a España desde Gibraltar no dependen del Tratado de Utrecht, sino de las prácticas internacionales».

En un último esfuerzo para evitar que el contencioso se encauzase por el camino de la confrontación abierta, el 29 de enero, el director para Asuntos Políticos de Europa, sr. Olivié, había preguntado verbal y confidencialmente al ministro consejero de la Embajada británica en Madrid si su gobierno estaría dispuesto a decir públicamente que negociaría sobre Gibraltar con España sin condiciones previas. En ese caso, el gobierno español reconsideraría los registros en La Línea. La respuesta, negativa, también verbal, llegó por la misma vía, y a fin de dejar las cosas claras desde el principio, el Ministerio de Asuntos Exteriores español envió una larga nota escrita al británico a través de su Embajada en Madrid, donde se puntualizaba:

1. Que entendía que el gobierno inglés sólo aceptaba negociar con el español, tal como había dispuesto el Comité de los 24, si en el puesto aduanero de La Línea se volvía a la situación anterior.

2. Que el gobierno español ya había advertido al británico que si no interrumpía su política unilateral de conceder la autodeterminación a los habitantes de Gibraltar, a España no le quedaría otro camino para defender sus derechos que verse obligada, muy a su pesar, a adoptar contramedidas defensivas. «Estas medidas —se advertía— aún no han sido adoptadas, en espera de que el gobierno británico comprenda las razones españolas y decida cambiar su política gibraltareña, así como negociar con nuestro país».

3. A fin de hallar un "modus operandi" al conflicto, el gobierno español proponía que el británico procediese a retrotraer la situación constitucional de Gibraltar al estado en que se encontraba antes de establecerse un Consejo Legislativo y un Consejo Ejecutivo, de la forma que creyese oportuno y con la gradualidad que las circunstancias aconsejasen. A cambio de ello, el gobierno español «daría facilidades para que no se produjeran graves perturbaciones en la vida y en la economía de Gibraltar hasta el comienzo de las negociaciones y durante el desarrollo de las mismas».

Con una coda: el gobierno español advertía que las contramedidas defensivas españolas a la política unilateral británica en Gibraltar «todavía no se habían implantado». O sea, que el registro de los coches era sólo el aperitivo de lo que podía venir más tarde.

La respuesta británica llegó el 22 de febrero, en nota de su Embajada en Madrid al Ministerio de Asuntos Exteriores español. En ella se rechazaba, una por una, todas las alegaciones hechas por España y se reiteraba que sólo si el gobierno español restablecía la situación fronteriza anterior al 17 del pasado octubre, el gobierno de Su Majestad estaría dispuesto a considerar cualquier propuesta que el gobierno español tuviera a bien hacer para celebrar conversaciones.

España comenzó entonces a aplicar las «contramedidas» anunciadas, que abarcaban muy distintos ámbitos, todos ellos relacionados con la vida en el Peñón. Había venido viviendo y creciendo éste a costa de su entorno, el Campo de Gibraltar, del que importaba desde los alimentos a los materiales de construcción con que se levantaba su casco urbano, aparte del *Lebensraum*, el espacio vital, que proporcionaba a sus habitantes, que podían escapar de la claustrofobia de la Roca y muchos de los cuales residían realmente en España. Todo ello por concesión española, ya que, como hemos repetido hasta la saciedad, en el Tratado de Utrecht la comunicación por tierra no estaba prevista, sino al revés, prohibida.

Ello obligó a Gibraltar a buscarse espacio vital en lugares más alejados —Marruecos era el más próximo— y a sus habitantes a pagar derechos arancelarios a todo producto por pequeño que fuese que pasase por el puesto de La Línea.

Aunque la medida que más repercusión tendría sería la que afectaba a los permisos de residencia. A los gibraltareños con casa en España se les «invitó» a vivir permanentemente en la Roca o a no pasar a territorio español todos los días. Fue cuando se descubrió que uno de ellos era nada menos que un «ministro del gobierno de Gibraltar», que viajaba diariamente de su mansión en España a su «Ministerio» en el coche oficial, con banderín y todo, recibiendo de los policías y aduaneros españoles y británicos los saludos de rigor. A tal grado de colonización había llegado el Campo de Gibraltar.

Comenzaron a aparecer por aquel entonces unos pasaportes británicos expedidos por el «gobierno de Gibraltar» que dieron lugar a un furioso cruce de notas entre Madrid y Londres. Se trataba de otra maniobra británica en el juego del ratón y el gato que ambos países sostenían en torno a la Verja, alternándose los papeles. Con tales pasaportes se pretendía, primero, devolver a los gibraltareños la libertad de movimientos para ir y venir de España cuando les diera la gana, como si fueran ingleses. Segundo, dar rango internacional a sus autoridades locales, al poder expedir pasaportes. El gobierno español respondería ordenando a su policía de fronteras no reconocer tales documentos como válidos, impidiendo el paso de quienes los presentasen. Medida que le valió por parte del británico la acusación de «inmiscuirse en sus asuntos internos, al no reconocer los pasaportes que tuviera a bien expedir». A lo que respondió el gobierno español acusando al británico de violar su derecho de decidir qué pasaportes cumplían sus normas para entrar en su territorio. Se impuso, naturalmente, la tesis española, ya que cualquier otra cosa sería tanto como negar a un país la soberanía sobre sus fronteras. Con ello se desbarataba la maniobra inglesa de neutralizar las medidas españolas en la Verja, con un pasaporte pseudobritánico, al tener acordada la supresión de visados entre ambos países, como con la mayoría de los europeos occidentales.

No sería el último rifirrafe. Ya que nuestro clima es mucho más favorable para todo tipo de vuelos, los aparatos militares británicos venían utilizando el cielo español para sus entrenamientos con la excusa de ir a Gibraltar. Y no sólo ellos, sino que habían invitado a hacerlo a todos los demás miembros de la OTAN con la excusa de ir al Peñón. Incluso seis de esos aparatos se habían estrellado sobre territorio español en el curso de tales maniobras. Fue lo que apercibió a las autoridades españolas, que prohibieron el uso de nuestro espacio aéreo para tales vuelos, obligando a los aviones de la RAF a circunvalar España cuando se dirigían a Gibraltar. Incluso se estableció una zona prohibida al vuelo en la bahía de Algeciras, para contrarrestar otra zona prohibida creada por los ingleses en la misma área. Cuando Madrid protestó por el hecho insólito de que aviones españoles no pudieran utilizar su propio espacio aéreo, nunca cedido en Utrecht, Londres contestó que «al construir el aeródromo de Gibraltar se había adquirido en exclusividad una especie de servidumbre de paso hacia él». Era el mismo argumento que habían invocado para reclamar aguas españolas en torno a Gibraltar, aplicado ahora al espacio aéreo. Algo que no podía consentirse, de ahí las restricciones impuestas a los vuelos en aquella área. Las protestas británicas por las restricciones españolas fueron altas y enérgicas. Incluso nos llevaron ante la Organización de Aviación Civil Internacional por ello. La OACI terminaría dándonos la razón, como veremos en su momento.

Siguió otro cruce de acusaciones y contraacusaciones, de protestas y contraprotestas, de notas y contranotas, cada vez más airadas por parte británica, que llegaron a la Cámara de los Comunes y a la prensa inglesa, que, con dolor imperial herido, lo tomó como un nuevo asalto español a la simbólica fortaleza. Se presentó a los españoles tan desalmados que «prohibían la venta de botellas de oxígeno para los hospitales de Gibraltar», afirmación totalmente falsa, que el gobierno inglés no se atrevió a desmentir cuando se le presentaron pruebas del infundio, en medio de las críticas que estaba recibiendo en el Parlamento, por «no ser suficientemente enérgico». Sir G. Nicholson, el 1 de marzo: «¿Tomará el gobierno medidas para dejar bien sentado que no estamos dispuestos a tolerar más insensateces?». Mr. Colin Jackson, el 15 de abril: «El pueblo de Gibraltar está sufriendo el decimoquinto asedio de su larga historia». Mr. Julian Amery, en la misma sesión: «Tenemos un deber moral con la población de Gibraltar. Tenemos también un deber nacional». Sir Cyril Black, el 15 de junio: «Tenemos que dejar bien sentado a España y a su actual gobierno, sin que quede la más ligera posibilidad de equívoco, que estos actos de mala voluntad hacia Gibraltar no pueden ser tolerados por el pueblo de este país». Mr. Sandys, el 5 de julio: «¿Va a anunciar nuestro gobierno alguna clase de represalia para presionar al español?». Mr. Torpe en la misma sesión: «¿Se encargará el gobierno británico de que a los españoles no les quepa la menor duda de que está empezando a agotársenos la paciencia?». Mr. Jeguer: «En vista de que el gobierno español viene ignorando las protestas del británico por el trato que inflige a Gibraltar y a sus ciudadanos, ¿van a adoptarse medidas para rebajar la Embajada británica en Madrid a la categoría de Consulado?».

La posición inglesa sobre Gibraltar fue resumida en un Libro Blanco, presentado conjuntamente por el Foreign Office y el Ministerio de Colonias a su Parlamento el 5 de abril. Se exponía en él la «situación constitucional de los habitantes civiles de la Plaza» para pasarse a describir «las dificultades que España les estaba poniendo para su acceso al Campo de Gibraltar». Cuando este Libro Blanco fue presentado a Naciones Unidas, el representante adjunto de España, Jaime Piniés, envió una carta al secretario general de la Organización, U Thant, en la que se advertía de la inexactitud de la afirmación británica de que España no deseara iniciar con Gran Bretaña negociaciones sobre Gibraltar. Era el gobierno británico quien se negaba, como demostraban las numerosas ofertas hechas por el gobierno español para hacerlo, en el marco señalado por el Consenso del Comité de los 24, una vez confirmado que «actuar fuera del mismo no conduciría a ningún resultado positivo».

A estas alturas de nuestro relato, no extrañará a ningún lector la contradicción en que incurría el Libro Blanco británico al afirmar, por una parte, que el «gobierno de Su Majestad no se sentía obligado por cualquier recomendación del Comité (de los 24) respecto a cuestiones de soberanía» y, por la otra, hubiese enviado a dicho Comité el asunto Gibraltar para su descolonización. Contradicción aparente, pues lo que buscaban era retener la soberanía sobre su colonia obtenida en Utrecht, con la bendición del Comité de Descolonización.

La controversia se alargó con cartas de los representantes permanentes del Reino Unido y España, lord Caradon y Manuel Aznar, al secretario general de la ONU, U Thant, exponiendo las posiciones de sus respectivos gobiernos, hasta la próxima Asamblea General, cuya Cuarta Comisión examina, los días 9, 10, 15, 17 y 19 de noviembre de 1965, el informe que el Comité de los 24 le ha enviado sobre Gibraltar.

Los primeros en intervenir fueron los representantes de Mali, mr. Sangho: «Mi gobierno apoya el Consenso propuesto en 1964 por el presidente del Comité, apoyado por España y el Reino Unido»; de Mauritania, sr. Miske: «El principio de la integridad territorial es decisivo para una cabal comprensión del principio de la libre determinación. Por tanto, Mauritania aprueba las negociaciones entre España y el Reino Unido referentes al procedimiento para que Gibraltar vuelva a la soberanía española»; de Siria, sr. Mariache: «Las bases militares deben ser suprimidas, ya que retrasan la independencia. La soberanía de España debe indudablemente ejercerse sobre Gibraltar». En este momento pide la palabra el representante británico, mr. Brown, para advertir que su país «nunca aceptará que se ponga en tela de juicio su soberanía sobre Gibraltar». Y recuerda que su gobierno estaba dispuesto a entablar conversaciones con España, pero «no podía hacerlo mientras continuase la situación anormal en aquella frontera». Ante lo que el representante de España, Piniés, solicita también intervenir y, tras agradecer al representante de Siria su declaración, anuncia que se dispone a explicar próximamente la postura de su gobierno sobre Gibraltar.

Lo hizo el 15 de noviembre, recapitulando las medidas inglesas en su colonia y las contramedidas españolas para defender sus intereses económicos y sus derechos como nación y como Estado soberano. Recordando, primero, que España estaba dispuesta a levantar tales medidas en el momento que el Reino Unido anulase los cambios constitucionales que había introducido en Gibraltar y, segundo, que en cualquier caso, «el gobierno español estaba dispuesto a negociar con el británico la solución del contencioso, tal como recomienda Naciones Unidas». Hay un detalle en este toma y daca hispano-británico que seguramente pasa desapercibido en el lenguaje corriente, pero que tiene una enorme importancia en el diplomático: los ingleses hablan siempre de «conversaciones», los españoles, de «negociaciones». Conversar no conlleva obligación alguna. Negociar, en cambio, significa comprometerse con lo que se está diciendo. Los ingleses prefieren lo primero, los españoles lo segundo.

El debate se reanudó el día 16, con la intervención del representante de Túnez, sr. Kededy: «Mi delegación está convencida de que mediante negociaciones pacíficas podrá llegarse a un acuerdo en virtud del cual estos territorios se reintegren a sus propietarios originales y los países beneficiados paguen una compensación adecuada»; de Filipinas, sr. De Castro: «Considero que Gibraltar forma parte integrante del territorio de España y que ese factor debe tenerse en cuenta al buscar una solución del problema»; de la República Árabe Unida, sr. Abdel-Wahab: «El Comité de los 24 ha invitado a los gobiernos del Reino Unido y España a entablar conversaciones con el fin de hallar una solución negociada al problema de Gibraltar. Mi delegación lo apoya plenamente».

Respondió a este avance de las tesis españolas el representante británico, mr. Brown, con una larga exposición, que arrancaba con el hecho de que de los 23 territorios de que se ocupaba el Comité de Descolonización, 20 estaban administrados por su país. Pasó revista a todos ellos, y al llegar a Gibraltar, denunció las medidas tomadas por España, «que suponen un auténtico bloqueo de Gibraltar», aparte de mostrar «su mala voluntad de negociar». Insistiendo en que el Reino Unido no podrá hacerlo «mientras no se normalice la situación», y advirtiendo que su gobierno «ha aceptado su obligación de proteger los intereses de la población gibraltareña, que constituye la única comunidad auténtica y permanente que habita la región (*sic*) y que tiene los mismos derechos a autodeterminarse que cualquier otro pueblo colonial».

Antes de pasar a la réplica de Piniés, dos apuntes interesantes: el representante británico habló de *intereses* de los gibraltareños, no de *deseos*, como venía siendo la tesis de su gobierno en el contencioso. Posiblemente fue un *lapsus* que él mismo se encargaría de corregir en posteriores intervenciones. En cuanto a hablar de «región» al referirse a Gibraltar, resulta exagerado, a no ser que considerase que el Campo de Gibraltar y los territorios adjuntos les pertenecían. Lo que tampoco hay que descartar visto como han actuado ingleses y gibraltareños en aquella «región» durante 300 años.

Piniés contestó al día siguiente, 17 de noviembre, centrándose en que era el Reino Unido quien obstaculizaba las negociaciones recomendadas por el Comité de los 24 al exigir que se reconociese el principio de autodeterminación a los inmigrantes que habitaban en Gibraltar y que no se incluyese la soberanía de la Roca en las negociaciones, al pertenecer a Gran Bretaña. «En tales condiciones —terminó—, España no puede, aunque quisiera, cumplimentar el Consenso. Pues está claro que quien no quiere cumplimentarlo tal como lo ha establecido el Comité de los 24 es Gran Bretaña».

Finalizados los debates en el Comité de los 24 y en la Cuarta Comisión, la XX Asamblea General de Naciones Unidas aprobó, en diciembre de 1965, la Resolución 2070(XX) en la que se ratificaba el Consenso del Comité de los 24 de 1964 e insistía en la necesidad de negociaciones entre el Reino Unido y España para la descolonización de Gibraltar.

Lo que tuvimos en los próximos meses fueron tensiones y conversaciones. En el proceso de ir recuperando las posiciones que los británicos habían ido adquiriendo sin tener derecho durante más de dos siglos, el 20 de enero de 1966, el gobierno español envió una nota a todos los países de la OTAN por la que se rechazaba el uso que sus aviones venían haciendo de Gibraltar, violando el espacio aéreo español. La reacción de los implicados no puede decirse que fuera muy pro británica. Estados Unidos, sin ir más lejos, suspendió los vuelos de sus aparatos desde las bases en Europa a Gibraltar, y ya sabemos que los Estados Unidos marcaban en aquellos momentos la pauta en la OTAN. Curiosamente, la reacción más airada fue la de Italia, cuyo gobierno advirtió al español que «si atacaba Gibraltar, Italia se vería obligada a defender al Reino Unido, según el Tratado del Atlántico Norte».

Pero el resto de los miembros de la alianza apenas reaccionaron. Algo que debió influir en el gobierno inglés, laborista desde 1964, para buscar la reaproximación a España. Aunque sin duda el factor determinante tuvo que ser comprobar la falta de apoyo en Naciones Unidas y que, de seguir las cosas como iban, su falsa descolonización de Gibraltar iba a quedar desautorizada. De ahí que se aviniera a iniciar las negociaciones a las que se venía oponiendo rotundamente. Aunque pronto se comprobaría que los propósitos de Londres respecto a Gibraltar no habían cambiado lo más mínimo. Sólo la táctica. Ahora, lo que le urgía era sacar el tema Gibraltar de la ONU, después de haberlo metido en ella.

La primera ronda de negociaciones tuvo lugar en Londres el 18 de mayo de 1966, con los dos ministros de Asuntos Exteriores, Michael Stewart y Fernando María Castiella, al frente de las respectivas delegaciones. Tomó primero la palabra Castiella, con un detallado alegato en el que se resumía la historia de Gibraltar, los problemas que había creado y seguía creando en España y las vicisitudes diplomáticas para llegar a un acuerdo, no alcanzado. Para alcanzarlo, el ministro español proponía:

— Cancelar el artículo X del Tratado de Utrecht, devolviéndose a España la soberanía sobre el Peñón.

— España aceptaría una base británica en un Gibraltar español. Su estructura, situación legal y coordinación con el esquema defensivo español y con el del mundo libre sería objeto de un Convenio especial.

— España y el Reino Unido crearían un Régimen especial para los habitantes de Gibraltar, a especificar en un Convenio anejo.

— Este acuerdo hispano-británico entraría en vigor cuando sus dos Convenios anejos hubiesen sido firmados por España y Gran Bretaña, y hubiesen sido registrados en Naciones Unidas.

En su primera respuesta, los ingleses no rechazaron de plano la propuesta española, limitándose a negar algunas afirmaciones de Castiella y a decir que el alegato español sería estudiado con todo cuidado por su gobierno.

«Hay que recordar —escribe uno de los arquitectos de la propuesta española, Fernando Olivié, por aquel entonces director general de Política Europea— que en aquellos momentos de anticolonialismo desaforado los colonizados pedían, pura y simplemente, a los colonizadores que abandonaran sus colonias cuanto antes. El que España ofreciera cambiar una situación colonial y humillante para ella por un acuerdo de cooperación hispano-británico centrado en Gibraltar era toda una novedad». Posiblemente influyó también en la diplomacia española la presión silenciosa que le llegaba desde lo alto de su propio gobierno de no tensar demasiado la cuerda con Gran Bretaña.

Los ingleses, por su parte, habían pedido a Castiella que dejara en Londres una delegación española para ampliar consultas y detalles de su propuesta. Así se hizo, y la primera entrevista se realizó el 20 de mayo, resultando extremadamente cordial, hasta el punto de que los representantes españoles llegaron a pensar que se aproximaba el esperado momento en que Gibraltar dejara de ser un obstáculo tan grande como la Roca en las relaciones hispano-británicas y que ambas naciones, grandes imperios un día, dejaban atrás su política imperialista y se adaptaban al mundo de nuestros días, con Europa como patria común de todos los europeos. Por desgracia, fue todo un espejismo. En el próximo encuentro de ambas delegaciones, el 12 de julio, el Reino Unido hizo la siguiente contraoferta:

— Si España admitía que el puesto de policía y control de La Línea de la Concepción era una frontera internacional normal, Gran Bretaña derribaría la Verja que levantó en 1906.

— España podría nombrar un alto comisario en Gibraltar, cuyas funciones, privilegios e inmunidades serían las de un cónsul.

— Gran Bretaña reduciría el aparato político que había montado en el Peñón a nivel municipal.

— Gran Bretaña estudiaría con España la forma de reducir el contrabando procedente del Peñón.

— España podría utilizar el aeródromo de Gibraltar, contra pago naturalmente, aunque seguiría bajo control británico.

Al tiempo que se aprovechaba la oportunidad para proclamar la soberanía británica sobre la parte del istmo entre la Verja y las viejas murallas de la ciudad, aun reconociendo que no había sido cedido en Utrecht, con el argumento de que «llevaban mucho tiempo ocupándolo». Algo que no tiene cabida en el derecho internacional, en el que no hay prescripción a este tipo de abusos, sobre todo cuando las protestas contra ellos habían sido continuas, como era el caso de España respecto al istmo gibraltareño.

Basta una ojeada a las contrapropuestas británicas para darse cuenta de que se trataba de una argucia más para seguir controlando Gibraltar e impedir que la ONU dictara una doctrina para su descolonización contraria a sus planes. Con el añadido de legalizar la usurpación de la parte sur del istmo y el sarcasmo de ofrecer a España el uso del aeródromo construido en un territorio que nunca había cedido, obligándole encima a pagar por dicho uso.

¿A qué se debió el cambio radical de la actitud británica entre el 20 de junio y el 12 de julio? Fuentes españolas lo atribuyen a un importante personaje de la diplomacia inglesa, cuyo desprecio por nuestro país, donde había estado destinado, era evidente. Se trataba de sir Nicholas Henderson, «El Mandarín» como se denomina a sí mismo en sus Memorias, aunque no se hace en ellas responsable de este descarrilamiento. Tampoco tuvo que ser ajeno a ello el informe «personal y secreto» enviado por el embajador británico en Madrid, George Labouchère, del 15 de diciembre de 1965, en el que tras subrayar el tono anglófobo de la mayor parte de los miembros del gobierno español, cuya actitud «se había endurecido desde que el contencioso había saltado a Naciones Unidas, donde creen tener más posibilidades de resolverlo a su favor, así como creando tensiones en Gibraltar, hasta el punto de que las potencias occidentales, sobre todo Estados Unidos, llegaran a alarmarse y pidieran al Reino Unido que hiciese concesiones a España». Es por lo que el embajador recomendaba a su gobierno «mantener la negativa a sostener conversaciones sobre Gibraltar mientras no se normalice la irregular situación que España mantiene en la frontera». Advirtiendo, además, al gobierno español de que «el cierre de la frontera sería considerado como un acto de hostilidad, que podía llevar a la ruptura de las relaciones diplomáticas entre las dos países». Era la línea seguida por Londres en Gibraltar desde que se apoderó de Gibraltar: retenerlo contra todos los intentos militares o diplomáticos que hiciera España por recobrarlo, sin el menor reparo en apelar a cualquier tipo de medios, promesas y mentiras. Convencidos de que se lo permitiría la debilidad de España por un lado y la poca constancia de los españoles por el otro, por mucho que cambiasen las circunstancias, El tiempo ha venido a darles la razón.

Fiel a esa filosofía, el gobierno británico hace público el 21 de julio unos «Comentarios al alegato español del 18 de mayo», en los que se arguye que en 1896 España y Gran Bretaña habían convenido en reconocer que «la línea de centinelas ingleses situada al norte del Campo Neutral, sobre la que se construyó la Verja aún existente, era una frontera internacional entre dos Estados distintos y colindantes». Se basaba en que España había instalado una aduana al lado de dicha línea.

Esta declaración implicaba reafirmar la soberanía británica sobre el Campo Neutral, hecha ya el 12 del mismo mes, y no podía quedar sin respuesta contundente, pero escalonada, pues España se hallaba en plena refriega diplomática sobre Gibraltar, con el viento soplando a su favor, por lo que no le convenía abandonar las negociaciones recomendadas por la ONU —algo que estaban deseando los ingleses—, sin por ello debilitar su postura. Así que el 6 de septiembre contestó a las contrapropuestas británicas con otras por su parte, donde se decía:

— Que España aceptaba la idea de nombrar un alto comisario español en Gibraltar, pero que no sería un simple cónsul con otro nombre, sino el interlocutor único del gobernador británico en la Plaza, con la misión de velar por la aplicación, flexible pero justa, del *status* pactado en Utrecht para Gibraltar.

— Que España aceptaba igualmente la propuesta hecha por Gran Bretaña para la supresión del contrabando gibraltareño.

— Que no aceptaba, en cambio, la oferta británica de una utilización conjunta del aeropuerto, ya que tal aceptación significaría el reconocimiento *de facto* de que Inglaterra había adquirido la soberanía sobre el territorio en que estaba construido.

— Por último, se retiraba la oferta de firmar un convenio hispano-británico para una base militar inglesa o de utilización conjunta en la Roca.

Pero el segundo zapato lo dejó caer el 5 de octubre, con el anuncio del cierre de la aduana al lado de la Verja y el corte del tráfico de mercancías entre Gibraltar y su Campo. Con ello se dejaba meridianamente claro que aquel paso no era una frontera internacional y que España sólo admitía la soberanía británica hasta las viejas murallas de la fortaleza

Al hacer estas contra-contra-propuestas, los negociadores españoles sabían que no iban a ser aceptadas, como prácticamente todas las anteriores suyas. Los ingleses, sencillamente, no estaban interesados en negociar con España sobre Gibraltar. Lo único que buscaban era que España aceptase el destino que dieran a la colonia que tienen en su territorio, sin importar las condiciones en que fue cedida ni la legislación internacional pasada, presente o futura sobre ella.

Todavía, sin embargo, hubo otra reunión entre ambas delegaciones. Se celebró el 10 de octubre y no se habló para nada de ofertas y contraofertas tanto británicas como españolas. Esta vez, los ingleses se olvidaron de todo lo anterior, para proponer a España que el Tribunal Internacional de La Haya decidiese quién era soberano sobre Gibraltar y el trozo del istmo que se extendía entre las murallas de la Plaza y la Verja que habían construido en 1908. Era una nueva versión de su vieja maniobra para sacar el asunto de Naciones Unidas, cuya XXII Asamblea General ya había empezado e iba sin duda a ocuparse de él. Apoyándose en el citado argumento de que España había reconocido como frontera internacional la línea de centinelas al norte del Campo Neutral sobre la que se alzó la Verja, al instalar una aduana al lado.

Poniéndose la venda antes de recibir la pedrada, España había decidido el 5 de octubre, como hemos apuntado, suprimir dicho puesto aduanero y cortar el tráfico de mercancías entre Gibraltar y su Campo. Era la forma más clara de mostrar que aquélla no era una frontera normal entre dos Estados colindantes, además de responder a los ingleses con su lenguaje, el de los hechos, ya que estaba visto que no hacían el menor caso a las palabras, suyas o de los demás. En cuanto a llevar el caso al Tribunal de La Haya, ¿para qué, si dicho Tribunal forma parte de Naciones Unidas, donde ya se estaba viendo? Éstas le dieron la razón también por la vía de los hechos: Gibraltar seguiría en el Comité de los 24, en la Cuarta Comisión y en la Asamblea General, donde todavía le quedaba un largo y apasionante recorrido. El «cierre» —que no lo era del todo, sólo de vehículos, permitiéndose el paso de peatones— de la «aduana» —que tampoco lo era propiamente, sino un puesto habilitado dependiente de la aduana de La Línea— tuvo lugar a las doce de la noche del 24 al 25 de octubre, siendo el último en cruzarla un autobús de la Compañía Internacional de Autobuses, con matrículas de Cádiz Ca5080 y de Gibraltar 4451. Iba completamente vacío. Dos centenares de gibraltareños, jóvenes la mayoría, se habían congregado en los alrededores de la Verja para protestar contra la medida y dar gritos contra España. Horas antes, el gobernador de la colonia, sir Gerald Lathbury, se había dirigido por radio a los gibraltareños para instarles a que «reestructurasen la economía de su existencia, orientándola fundamentalmente hacia el turismo, para contrarrestar los perjuicios que podían causar las restricciones españolas». Con la advertencia adjunta de que «la base militar de Gibraltar no fue ocupada por los ingleses para favorecer la economía local», y de que «incluso su forma y tamaño no tienen necesariamente que permanecer constantes». Tan mal lo veían los ingleses en aquel momento. Pero es precisamente este realismo, junto a su perseverancia, lo que les permitió ganar esta batalla, como otras muchas.

El debate sobre Gibraltar de ese año, 1966, comenzó, en el Comité de los 24 como siempre, con un recargo añadido al viejo contencioso, muy en consonancia con un tema de máxima actualidad: el debate en marcha en la Asamblea General sobre la utilización de los territorios coloniales como bases militares. Uso al que se oponían rotundamente los países del llamado Bloque No Alineado, que por su número dominaba en la ONU. Era un filón a aprovechar, y desde comienzos del verano, el gobierno español venía presentando al inglés notas de protesta por violaciones de su espacio aéreo a cargo de aviones militares británicos que aterrizaban o despegaban del aeródromo de Gibraltar, por lo que le pedía suspendiese dichos vuelos. O sea, que a la ilegal anexión de tierras y aguas españolas se unía la del aire. Iba a ser el núcleo de la intervención de Piniés cuando se inicia el debate el 11 de noviembre. «Al margen del problema escueto de

Gibraltar —dice el representante español—, el gobierno británico informó el pasado 12 de julio al gobierno español, por primera vez en la historia, de que es soberano de un trozo de territorio español contiguo a Gibraltar, donde se halla el aeródromo, que en el pasado estaba considerado por España zona neutral y desmilitarizada. Este hecho constituye un gravísimo acto de agresión británica a España, al que se añade que las Fuerzas Aéreas británicas violan constantemente el espacio aéreo español. Por todo ello, y dada su gravedad, mi gobierno ha pedido al británico que reconsidere sus declaraciones sobre la soberanía del territorio en disputa y se abstenga de utilizarlo militarmente mientras continúan las negociaciones, para no verse obligado, en caso de no ver atendida su petición, a adoptar nuevas medidas frente a la agresión de que es objeto».

El representante británico quiso llevar al pleito al terreno meramente legal, «por lo que mi gobierno ha propuesto ir a La Haya, para que aquel Tribunal decida sobre la soberanía de la zona en disputa», cuya propiedad reclamó invocando la simple apropiación, sin atenerse si fue debida o indebida. «No es un hecho menor —dijo—, ya que el Reino Unido viene ejerciéndola desde hace 250 años. En 1838 puso centinelas para fijar el límite de su jurisdicción y más tarde levantó la Verja aún existente. Hace 30 años construyó en aquella zona un aeródromo, que fue utilizado durante la Segunda Guerra Mundial sin protestas españolas, pese a su neutralidad bélica».

En cuanto a las «pretendidas violaciones del espacio aéreo español a cargo de aviones británicos —dijo—, puedo asegurarles que han sido cuidadosamente estudiadas por técnicos ingleses, con el resultado de que de los doce casos presentados nueve no tenían fundamento, dos no están claros y sólo uno correspondía a una auténtica violación, por la que hemos presentado excusas».

Para finalizar con una muestra no sabemos si de humor o de cinismo británico, al expresar su asombro y pesadumbre por el término «agresión» usado por el representante español.

Piniés, al contestarle, también tiró de humor a la española, es decir, sal gruesa, que no encontraba mejor término para definir las continuas violaciones inglesas, recordándole que el Tratado de Utrecht, «mantenido con hormonas juveniles desde Londres, contiene un artículo donde se fija que la entrega de la Roca a Inglaterra se hace *sin jurisdicción sobre el istmo y sin comunicación alguna con tie-*

rra». Tampoco podía olvidarse que los ingleses se habían apropiado de la mitad sur del istmo aprovechando la generosidad española, que les permitió instalar allí campamentos sanitarios durante sendas epidemias en la Roca, «con lo que el gobierno británico pretende convertir lo que hasta ahora ha sido una ocupación sin título jurídico en una usurpación con carácter definitivo, respaldada únicamente por la fuerza y en contra de la integridad territorial española», fueron sus palabras. En cuanto a los vuelos militares, «sólo el gobierno británico es responsable de haber construido en su actual emplazamiento el aeródromo de Gibraltar, cuya utilización hace inevitable la violación del espacio aéreo español. Violaciones que pueden comprobarse con la simple observación de una aeronave en la vertical del observador, y que no han acabado con las doce señaladas sino que se han visto aumentadas en otras quince desde entonces». «El gobierno británico afirma que sus aviones militares tienen instrucciones de utilizar círculos de aproximación bien establecidos que, según su opinión, no suponen una infracción de los derechos españoles. Pero se niega a aclararnos cuáles son esos círculos de aproximación», remachó Piniés, mientras los miembros de su delegación repartían entre los componentes del Comité de los 24 copias de todos los documentos citados, así como mapas del Peñón e istmo y gráficos de cada una de las violaciones británicas del espacio aéreo español.

Ante una ofensiva tan amplia como profunda, el representante inglés optó por quitar importancia a la cosa. «Puedo presentarles —dijo dirigiéndose a los miembros del Comité— un documento por cada uno de esos documentos; una prueba por cada una de esas pruebas; una versión por cada una de esas versiones. Puedo hacerlo, pero no deseo cansarles ni aburrirles. Respecto a las violaciones aéreas (ya no hablaba de «alegadas» ni de una sola) debo advertir que hemos adquirido nuevos equipos de radar para reducir al mínimo las posibilidades de que se repitan, ya que los aviones británicos pueden entrar y salir de Gibraltar sin violar el espacio aéreo español».

Que la respuesta inglesa no convenció lo demostraron las cuatro intervenciones, todas ellas a cargo de delegados de países «neutrales», que se oyeron a continuación. El de Siria exhortó al Reino Unido a no poner más obstáculos a la descolonización de Gibraltar: «De pronto —dijo—, quiere ir a La Haya. De pronto, aviones británicos sobrevuelan territorio español. De pronto, reclama su soberanía sobre un aeródromo, sin que ninguna de las razones que alega puedan avalar tal derecho. Alude a la Segunda Guerra Mundial como si lo que se hizo entonces fuera un título jurídico. *España no reclamó entonces el istmo,* nos dice. ¿Qué significa esto? ¿Que quiere recompensarse a España su neutralidad quitándole otra parte de su territorio?».

Más amable en su retórica, pero no menos tajante en sus conclusiones, estuvo el delegado de Uruguay, quien, tras alabar la labor descolonizadora inglesa en Asia y África, preguntó: «¿Por qué no también en Europa? Basta mirar un mapa para darse cuenta de que Gibraltar es español. En Utrecht, que es el pecado original de este conflicto, se quitó a España el Peñón, pero no el istmo. Sobre éste, como sobre las aguas y cielo circundantes, Inglaterra no puede presentar título alguno que legalice el derecho internacional. Se trata de una usurpación jurídica de un territorio que ha creado otros problemas tan graves que ya no pertenecen a este Comité sino al Consejo de Seguridad», dijo aludiendo al organismo de Naciones Unidas competente para tratar los temas de conflictos armados en curso o potenciales.

El delegado de Túnez precisó que la cuestión se estaba enrareciendo, por lo que urgía resolverla: «Al margen de lo que consideramos un Tratado viejo e inválido, están surgiendo graves problemas que pueden empeorar. A nuestro juicio, Gibraltar debiera volver pronto a España. Es tiempo de que Gran Bretaña reconozca la soberanía española de ese territorio y haga justicia a sus derechos. Mientras esto llega, rogamos a su gobierno que tome precauciones para que no se repitan las violaciones del espacio aéreo español».

Por último, el delegado de Tanzania abordó la última maniobra inglesa, llevar el pleito a La Haya, con dureza no exenta de sarcasmo: «Sabemos que aquellos jueces no tienen en estos momentos nada qué hacer. Puede suponerse que si les entregamos este asunto se pasarán seis o siete años discutiéndolo. No somos partidarios de llevar éste ni ningún otro asunto al Tribunal de La Haya. Si Londres y Madrid se ponen de acuerdo y aceptan, allá ellos. Nosotros ni lo recomendamos ni apoyamos su veredicto. Éste es un típico caso de descolonización, y si las dos partes no se ponen de acuerdo, deberían introducirse en las negociaciones observadores neutrales a fin de acelerarlas».

Ante lo mal que se les estaba poniendo el panorama, el representante británico tomó de nuevo la palabra y trocando el tono deportivo por el patético, dio lectura a la última nota de su gobierno, donde olvidándose de derechos más o menos históricos y menos o más adquiridos, señaló que en Gibraltar «el problema crucial es el humano, según nos orienta la Carta de Naciones Unidas. Somos responsables de velar por los intereses de 20.000 gibraltareños, a los que España considera un simple obstáculo en la negociación».

Significativamente, ninguno de los oradores, entre ellos hombres que se habían batido como leones por los derechos humanos de minorías perseguidas, había calificado como tal a la gibraltareña. De hecho, ni siquiera la habían citado, como si supieran perfectamente que el contrabando y la fidelidad a la potencia colonial no son la mejor forma de ganarse ese título. Aunque más significativo incluso era que la apelación al Tribunal de La Haya hubiese encontrado la más rotunda de las negativas. Gibraltar era sin duda un viejo pleito entre dos viejas potencias europeas, y en ese sentido, no despertaba demasiado interés entre los países que acababan de acceder a la independencia. El mismo Tratado de Utrecht sonaba a rancio en el Comité de Descolonización. Pero casi tan rancio sonaba el Tribunal de La Haya, al que de ninguna manera la ONU quería ceder asuntos que estaba tratando, y todo intento en este sentido no podía generar otra cosa que suspicacias y repulsa. De ahí que surgiera la paradoja de que países como Tanzania y Túnez se mostraran mucho más contundentes en este rechazo que la propia España.

Fue la tesis que se impuso en los debates abiertos y a puerta cerrada que sostuvo el Comité durante los próximos días, mientras iba perfilándose un proyecto de resolución que su padre, padrino mejor, el representante de Túnez, caracterizó como «un texto breve, animado de espíritu constructivo, que, tras lamentar ciertas violaciones aéreas del territorio español, invita a los dos gobiernos a llegar a un acuerdo cuanto antes, advirtiéndoles de que la ONU no está satisfecha de su lentitud actual, y les fija un plazo, hasta la Asamblea General, en el otoño de 1967, para alcanzar algo concreto sobre la descolonización de Gibraltar».

El texto de dicho proyecto decía:

El Comité Especial
Habiendo examinado la cuestión de Gibraltar;

Habiendo escuchado las declaraciones de la potencia administradora y de los representantes de España;

Recordando las resoluciones y consensos de este Comité sobre el caso, así como la resolución 1514(XV) de la Asamblea General sobre descolonización.

Tomando en consideración el deseo de la potencia administradora y del Gobierno de España de continuar las presentes negociaciones;

Lamentando que hayan ocurrido ciertos actos que perjudican el desarrollo armónico de dichas negociaciones:

1. Invita a ambas partes a que se abstengan de cometer actos que puedan obstruir el resultado de sus negociaciones.

2. Lamenta la demora en el proceso de descolonización y en la aplicación de la resolución 1514(XV) en este territorio.

3. Invita a ambas partes a que continúen sus negociaciones en forma constructiva y a que informen al Comité Especial tan pronto como sea posible y en cualquier caso, antes del XXII período de sesiones de la Asamblea General.

4. Pide al Secretario General que asista a la aplicación de esta resolución.

Tanto o más importante de lo que este texto contenía era lo que no contenía. A saber: ni la menor mención del intento británico de llevar el asunto al Tribunal de La Haya, ni cualquier alusión a los pretendidos derechos de la población gibraltareña, que Londres pretendía jugar como carta suprema. Mientras respaldaba la tesis española de que el tema Gibraltar era un asunto colonial que debía por tanto resolverse en el marco de la «Carta Magna de la Descolonización», la resolución 1514/XV de la Asamblea General, por negociaciones entre los gobiernos de España y el Reino Unido, tal como había dispuesto el Comité de los 24, incluyendo un reproche velado a los vuelos de aviones de la RAF sobre el territorio español (al hablar de «incidentes») y una crítica ya no tan velada a las dilaciones que estaba poniendo en práctica Londres, fijando un tope a dichas negociaciones: el otoño de 1967, cuando se celebraría la próxima Asamblea General de Naciones Unidas.

Los ingleses hicieron lo posible y lo imposible para que este texto no prosperara, pero tras comprobar la fortaleza y los apoyos que había conseguido reunir tras él, procuraron bajarlo de categoría. Así que cuando el 18 de noviembre el Comité de los 24 se reunió para debatir por última vez en ese período de sesiones el tema Gibraltar y votar sobre él, se encontró ante una cuestión inesperada: ¿se pronunciaba sobre Gibraltar con un simple consenso o con una resolución en toda la regla? Con apariencia de pregunta meramente legalista, tenía mucha miga en su fondo. Se trataba de una sutil maniobra británica para minimizar todo lo posible una derrota que ya daban por descontado. Mientras una resolución es algo concreto y tiene la máxima fuerza que puede esperarse de un organismo de la ONU, un consenso es algo mucho más vago, más blando, que, además, no viene avalado por un voto final, al aprobarse por la simple aquiescencia de los reunidos. Los miembros del Comité próximos a Londres pidieron la palabra para decir que, dadas las posiciones distantes de España y el Reino Unido, expresar todas las opiniones emitidas a través de un consenso sería lo más oportuno. A lo que el representante de Venezuela replicó tajante que «era necesario reflejar y condensar en una resolución el debate sostenido». En cuanto a los derechos de los gibraltareños invocados por Inglaterra, «no puede desnaturalizarse el principio de la autodeterminación hasta el punto de cometer actos encaminados a quebrantar la unidad nacional de un país, como no puede pasarse por alto que se ha estado violando el espacio aéreo español». Ante el peligro de que el debate se reiniciase con una polémica interminable, el delegado sirio propuso interrumpir la sesión durante quince minutos, para que los delegados consultasen entre sí, buscando la mejor forma de seguir adelante. Fue mano de santo. Quince minutos de nerviosas consultas en los pasillos y en la misma sala, de tanteos, de tiras y aflojas, pusieron de manifiesto que el texto que venía circulando contaba con el respaldo de la mayoría del Comité, dispuesto además a aprobarlo como resolución. Un desesperado esfuerzo británico para aplazar la votación también fracasó por razones técnicas: el Comité tenía encima un enorme trabajo y había que aligerarlo. Para no hacer aún más evidente su derrota, el representante permanente del Reino Unido, lord Caradon, que se había dignado a bajar de la Asamblea General al sótano bajo ella donde debatía del Comité, tras lanzar unos cuantos piropos a los redactores del proyecto y sin perder la sonrisa, prefirió abstenerse en vez de apoyarlo. Con él lo hicieron sólo otros 5 de los 24 miembros del Comité: Australia, Estados Unidos, Unión Soviética, Polonia y Bulgaria. El representante norteamericano justificó su abstención por «no haber recibido instrucciones de su gobierno», y el soviético porque «Gibraltar es una base de la

OTAN, que trae graves peligros para los habitantes de aquella zona y de todo el Mediterráneo, por lo que debe de ser desmilitarizada, algo a lo que no se alude en la resolución». Búlgaros y polacos, como era previsible, repitieron los mismos argumentos. Piniés les respondió que Gibraltar «puede ser una base de la OTAN, pero lo es también base de aprovisionamiento de los *pesqueros* soviéticos», dando a esta palabra el tono especial que se usa para dar a entender que no se trataba de buques de pesca propiamente dichos, sino de embarcaciones dedicadas a espiar los movimientos de buques en el Estrecho, como todo el mundo sabía. Mientras el delegado uruguayo advirtió al representante soviético que el tema de las bases militares se estaba debatiendo en la Primera Comisión, mientras en el Comité de los 24 se debatían los temas de descolonización.

El debate se animó con la intervención del delegado de Tanzania, que expuso sus reservas al texto aprobado, pero no por estar en desacuerdo con él, sino por encontrarlo demasiado tímido. «La negociación entre España y el Reino Unido no avanza —dijo—, y no podemos contentarnos en adelante con medidas teóricas. Hago un llamamiento a que Madrid y Londres redoblen sus esfuerzos, ya que, en otro caso, nos veremos obligados a pedir en la próxima Asamblea la intervención de la ONU en ese diálogo bilateral, para zanjar diferencias y activarlo».

Volvió a tomar la palabra el delegado de Uruguay, uno de los hombres que con más firmeza venía defendiendo la causa del anticolonialismo, para apuntar que «la devolución de Gibraltar a España constituiría un honor para Gran Bretaña, además de cerrar una herida en la honra española y de reparar una injusticia internacional».

Que Londres no estaba dispuesto a cruzar ese puente de plata que se le tendía lo demostró el delegado de Australia, uno de sus peones en el Comité, que expresó «serias objeciones» a la resolución por no haber aludido a los gibraltareños, «nuestra principal preocupación, a los que no podemos abandonar».

Lord Caradon, como queda dicho, prefirió tomar la actitud superior, y en el más típico *fair play* británico, dio las gracias al delegado tunecino por haber llevado a buen puerto la resolución, si bien advirtiendo que no estaba de acuerdo con algunos de sus puntos, «sobre los que en aquel momento no iba a insistir».

Los españoles salimos de la sala diciéndonos asombrados que no sólo Inglaterra había sido la derrotada, sino las dos superpotencias que en aquellos momentos controlaban el mundo, unidas esta vez para apoyar a una ex gran potencia.

Que no se trataba de una casualidad ni de un error se comprobó un mes más tarde, cuando el asunto pasó a la siguiente instancia de Naciones Unidas, la Cuarta Comisión, aprovechado para redactar un proyecto de resolución que seguía el aprobado por el Comité de los 24, pero acentuando sus líneas maestras: se deploraba que hubieran ocurrido actos perjudiciales a la buena marcha de las negociaciones; se lamentaba la demora en el proceso de descolonización de Gibraltar; se invitaba a Londres y a Madrid a continuar las negociaciones, pero poniéndolas ya el límite de la próxima Asamblea General; se urgía a Gran Bretaña a acelerar la descolonización de Gibraltar en consulta con España y sin poner obstáculo alguno. Patrocinado por 21 países: Arabia Saudí, Argelia, Argentina, Colombia, Costa Rica, Chile, Chipre, Ecuador, El Salvador, Dahomey, Guatemala, Haití, Honduras, Mali, Mauritania, República Dominicana, Siria, Tanzania, Uruguay, Venezuela y Yemen, el bloque hispanoamericano-árabe y africano volvía a mostrar su músculo. «Se trata de un proyecto claro, corto, que elude la polémica y busca la efectividad. Su último objetivo es eliminar un viejo contencioso entre dos viejos países», declaró el delegado de Ecuador al presentarlo, el 17 de diciembre. El delegado sirio, otro de los coautores, fue más contundente: «Estamos ante un problema colonial y no jurídico. Creemos que el proyecto conduce constructiva, sincera e inequívocamente a la preconizada descolonización de Gibraltar».

Los timbres de alarma habían sonado en Londres, que movilizó todos sus recursos para impedir que este proyecto de resolución siguiera adelante. El representante de Australia, su peón de brega, fue el encargado de abrir el fuego contra él en la Comisión. «Descolonizar quiere decir dar la libertad, consultar al pueblo autóctono. Pero aquí no veo eso expresado con suficiente claridad. ¿Quieren decirme los autores del proyecto si se han tenido suficientemente en cuenta los deseos y derechos de los 27.000 gibraltareños?», preguntó.

Era la última baza británica, a la que se agarraba con aparente displicencia, pero con evidente determinación, ya que los ingleses no consideran perdida una batalla hasta que ha terminado. Se había llamado a sir Joshua Hassan, «presidente de la Cámara» de Gibraltar, para que tomase el primer avión a Nueva York, y defendiese ante la Cuarta Comisión, como lo había hecho dos años atrás ante el

Comité de los 24, su tesis pro inglesa de «la libertad de los pueblos». Llegó a la sala con un séquito, nervioso, agitado, con un bloque de cuartillas bien asidas en la mano, dispuesto a intervenir inmediatamente. Pero ya de entrada recibió un jarro de agua fría. Contra la norma de escuchar a todos los peticionarios en asuntos coloniales, los delegados empezaron a discutir si se le oía o no. El más tajante fue el soviético: «Ya hemos oído a estos peticionarios y a otros que se nos anuncian. Unos llegan enviados por el Reino Unido, y otros, por España. Poco tendrán que añadir a lo de la otra vez, y, en cambio, el tiempo nos apremia. Obviémosles». Vimos de nuevo saltar al ruedo al delegado australiano a partirse el pecho para que se les oyese, mientras Hassan se volvía inquieto hacia sus acompañantes. En la Cuarta Comisión habían cambiado mucho las cosas. Ésta no era la que él había conocido. Por principio, allí se acogía con paciencia y simpatía a los peticionarios procedentes de territorios aún bajo administración colonial. Se le animaba y alentaba. Nada de ello aparecía en la sala, fría como un congelador. Y era que entre los delegados, muchos de ellos hasta hacía poco sometidos a la servidumbre colonial, se había desarrollado un olfato muy fino para diferenciar, ya a primera vista, el «colono explotado» que lucha para sacudirse el yugo de la potencia colonial, y el que se ha aliado a dicha potencia para sacar provecho de su colonialismo. Y sir Joshua estaba ya catalogado como uno de éstos. Nada lo demuestra mejor que no se le invitó a hablar el primer día (16 de diciembre). Lo sería en los siguientes. Pero la mejor arma, el mejor argumento británico en el debate quedaba inutilizada. Lo que, como puede figurarse, no hizo más que poner a la diplomacia inglesa a cien por los pasillos de Naciones Unidas y, era de suponer, en las capitales de todo el mundo, para cerrar el paso a esa resolución, pues los embajadores votan lo que les ordenan sus gobiernos. En el aire, sin embargo, flotaba la impresión de que las posiciones estaban decididas, por lo que la resolución saldría.

Y salió. Eran las 8,55 de la noche del 18 de diciembre de 1966, un sábado, cuando la voz del presidente de la Cuarta Comisión sonó como un suspiro: «La resolución sobre Gibraltar queda aprobada por 78 votos a favor, ninguno en contra y 12 abstenciones». Detrás quedaba una de las batallas diplomáticas más encarnizadas que se recordaban en las salas y pasillos de la ONU. Una batalla tensa, indecisa, que electrizó tanto a participantes como a espectadores, atándoles a sus asientos, haciéndoles olvidar incluso la sagrada pausa de la cena. Pero había valido la pena, al menos para los españoles. La resolución, siguiendo las líneas de la ya aprobada por el Comité de los 24:

— Deploraba que hubiesen ocurrido actos que perjudicaban la buena marcha de las negociaciones hispano-británicas e instaban a continuar éstas, pidiendo al Reino Unido que no pusiera el menor obstáculo a las mismas.

— Lamentaba la demora en el proceso descolonizador de Gibraltar y pedía al Reino Unido que presentase un informe sobre el caso antes de septiembre de 1967.

— Pedía igualmente a Gran Bretaña que acelerase la descolonización de Gibraltar en consulta con España y teniendo en cuenta los intereses de su población.

Este último punto era crucial. No sólo porque por primera vez en una resolución de la ONU aparece España como parte imprescindible en la descolonización de Gibraltar, sino también porque descarta que los «deseos» de los gibraltareños deban ser respetados, aceptándose tan sólo que se respeten sus «intereses». Auténtico caballo de batalla de todo el contencioso.

Había precedido una noche de nervios y de insomnios. Pocos de los contendientes durmieron, tratando de afianzar o mejorar sus posiciones, y las seis horas de diferencia entre el Nuevo y el Viejo Continente hicieron el resto. Que el proyecto de resolución era más lesivo a los intereses británicos de lo que incluso imaginábamos lo demostraba la alarma entre ellos. La llamada a última hora de sir Joshua Hassan había tenido algo de SOS y que la diplomacia británica se lanzara en tromba a combatir el proyecto lo confirmaba. Pero que Inglaterra ya no era la que había sido se vio pronto. El proyecto resistía. Podía alterarse, pero no hacerle caer. Una gestión británica cerca de Washington para que se movilizase contra él fue neutralizada desde Madrid con una llamada a su embajador. Sin duda, los norteamericanos seguían sintiéndose mucho más cerca de sus «primos» ingleses, pero tenían que tener en cuenta los tiempos que corrían y las circunstancias reinantes. Gibraltar era una base importante de la OTAN, pero las bases españolas lo eran tanto o más. Y más importante: el Tercer Mundo, ese balancín entre las dos superpotencias, apoyaba en pleno el proyecto, así que no convenía ponerse contra él.

Los ingleses, gente realista, lo comprendieron, y cambiaron de estrategia. Visto que era imposible tumbar el proyecto de resolución, procuraron limarlo, quitarle los puntos que más molestaban e introducir otros que lo neutralizase. Entre los primeros, eliminar la alusión a los «obstáculos» (léase vuelos militares británicos sobre territorio español), y entre los segundos, dar voz a los gibraltareños en el pleito. Era ésta su carta más fuerte. En todo proceso descolonizador, la ONU había respetado siempre por principio la voluntad de los habitantes del territorio. ¿Quién podía negarse esta vez a que se les aludiera? Lo fundamental era cómo. Los ingleses querían hacerlo a través de la frase *«teniendo en cuenta las aspiraciones de los habitantes»,* con lo que conseguían sus objetivos, pues las aspiraciones de los gibraltareños eran no unirse a España.

La contrapropuesta de los ponentes de la resolución fue dejarlo en *«teniendo en cuenta los intereses de los habitantes»,* que variaba completamente el enfoque, pues los intereses, algo material, no son los deseos, algo volitivo. Aparte de que España ya había dicho que estaba dispuesta a respetar los intereses de los gibraltareños. Lo había dicho al iniciarse las conversaciones en Londres y lo había repetido Piniés en su última intervención en la ONU: «Estamos dispuestos a concederles un estatuto donde se fijen los máximos derechos de que puede gozar una agrupación humana, excepto el de apropiarse de un trozo de tierra española. Y estamos dispuestos a registrar ese estatuto en las Naciones Unidas, para plena seguridad de todos». Ninguna objeción, pues, por parte de España a una enmienda donde se recordasen los intereses de los gibraltareños.

La batalla de pasillos comenzó muy de mañana, cuando los delegados que no lo han hecho en casa desayunan en el majestuoso bar frente al East River. Vimos a un representante británico llevarse a la delegada etíope para charlar con ella durante casi una hora. Vimos a otro llevarse a una de las salitas contiguas al ceilandés. Pero quien debió responderles mejor fue el de Sierra Leona, un joven recién llegado a la ONU, pues fue quien, en los momentos críticos previos a la votación, presentó las debidas enmiendas como veremos al llegar a ello.

Antes había que oír, aunque fuera sólo por cortesía, a más de por principio, a los «peticionarios». Comenzó con una declaración de sir Joshua Hassan, *premier* gibraltareño, a la que seguiría otra de mr. Isola, líder de la oposición: «Somos los representantes del pueblo de Gibraltar que continúa su progreso hacia el propio gobierno interno. Quiero exponerles nuestra situación y nuestros deseos. Nuestro sistema político es constitucional, celebramos elecciones libres, nuestra Cámara legisla en todos los casos de administración interna, disponemos de partidos políticos, de libertad religiosa, de libertad de prensa, de *habeas corpus* judicial. Gozamos, en fin, de todos los requisitos de una comunidad democrática. Respecto a la situación interna del Peñón, creemos que el Tratado de Utrecht es la base legítima en que debemos apoyarnos. Aplaudimos la decisión de la ONU de invitar a un diálogo hispano-inglés sobre Gibraltar y esperábamos que de él saliera una decisión justa. Pero España ha cerrado la frontera. Por eso rogamos encarecidamente a esta sala que no dé ningún paso que pueda considerarse parcialidad a favor de España. Eso la animaría a aumentar su presión sobre nosotros. Habíamos depositado nuestra esperanza en la ONU, pero si ésta no tuviera en cuenta los intereses de los habitantes del territorio, nos sentiremos traicionados».

Mr. Isola, más sereno, pero no menos preocupado, observó: «La resolución del Comité de los 24 nos pareció imparcial. Pero ciertos cambios introducidos en ella nos parecerían parcialidad a favor de España. Representamos al pueblo de Gibraltar, que considera contrario a sus intereses cualquier arreglo que nos ponga en manos de España. Advertimos que desde que la ONU intervino en el asunto, sufrimos por la guerra que España nos ha declarado. Si se aprueba cualquier resolución que no respete nuestro punto de vista, yo diría respetuosamente en este foro que no habría cumplido con la Carta de Naciones Unidas».

La sala escuchó con educada atención las dos bien tramadas alocuciones, pero no hacía falta ser español para apreciar que faltaba ese calor especial, ese cariño instintivo que los miembros de la Cuarta Comisión solían mostrar hacia los peticionarios de cualquier colonia, a veces mal vestidos, sin saber expresarse bien, aunque saliéndoles del alma su petición de ayuda para liberar su patria. Tanto sir Hassan como mr. Isola, con su inglés con acento andaluz, pero con las tablas de los buenos abogados, «no eran de los suyos». Bastaron cinco preguntas directas al blanco, con la fuerza de un obús, para hundir aquel andamiaje de libertades democráticas, invocación de principios sagrados y reproches velados. Las formuló el representante sirio, mr. Rafic Jouejati, exembajador de su país en Madrid, quien, seguro, preciso, contundente, puso en evidencia ante los reunidos quiénes eran los personajes que tenían delante: no dos representantes de un pueblo colonial que pedían la libertad de su patria, sino dos aliados de la potencia colonial, preocupados sólo por sus intereses y olvidando, con un egoísmo entre escandaloso y suicida, todo lo que ocurriese más allá de los angostos límites del Peñón.

—¿Se refirió usted al Tratado de Utrecht, verdad? —fue la primera pregunta—. ¿Quiere explicarnos su artículo X enteramente? ¿Quiere decirnos si acepta enteramente el Tratado?

Sir Hassan no explicó naturalmente el artículo X, donde se especifica que ni él ni sus antepasados judíos podían estar en la Roca. Tampoco dijo que aceptaba enteramente el Tratado, prefiriendo salirse por la tangente al decir que el asunto debía de llevarse al Tribunal de La Haya, algo que ni siquiera habían propuesto los ingleses, que se limitaban a llevar allí el tema específico del istmo.

—Gibraltar ha sido el trampolín de expediciones agresivas británicas —fue la segunda pregunta—, como la enviada a aplastar el último levantamiento de Guinea. Usted es primer ministro de ese territorio, ¿qué opina sobre ello?

Los nervios del interrogado, tal vez por no esperar preguntas como ésta, le hicieron el peor de los favores al empujarle a contestar sinceramente.

—Gibraltar —dijo— es una base militar. Lo que sale de allí, mientras no nos moleste, no nos preocupa.

Una vez que le había llevado a ese rincón, el delegado sirio ya no le permitió salir.

—¿De modo —preguntó— que usted no va a protestar contra los actos de agresión que desde allí se realicen?

—¿Qué es agresión? —respondió sir Hassan como si estuviese en un debate académico—. Ése es un asunto muy complejo. Yo no soy juez y no me meto en ello.

—¿Puede entonces decirnos qué significa para usted el nombramiento como gobernadores de Gibraltar de dos conocidos criminales de pueblos coloniales (aquí el nombre de dos lores británicos) —continúa mr. Jouejati, convertido ya en fiscal.

—Nuestro único interés es que los gobernadores ingleses no se metan en nuestros asuntos —contesta sir Hassan, olvidando tal vez que hablaba ante un órgano de Naciones Unidas dedicado a erradicar el colonialismo—. Con esos dos caballeros yo me he entendido perfectamente.

—Es una lástima que nunca se acuerde usted de los intereses de los demás —fue el comentario de su entrevistador—. Y una última pregunta: ¿Por qué no dejan ustedes dormir en Gibraltar a los obreros españoles?

—Los pobres obreros españoles —fue la respuesta, aún más pobre— deben venir a pie, porque nuestros salarios son más altos.

Del pernoctar, ni palabra.

—Debo señalar —termina el delegado sirio— que no estoy en absoluto satisfecho de sus respuestas.

Sigue el interrogatorio a cargo del delegado de Chile:

—¿Tuvo usted algún poder sobre la entrevistas Wilson-Ian Smith?

La entrevista entre el *premier* británico y el entonces líder de una Rhodesia empeñada en mantener el dominio de los blancos contra viento y marea acababa de celebrarse en Gibraltar, ningún reclamo para la Roca, sobre todo en la ONU. Posiblemente, el delegado chileno quería brindar a sir Hassan la oportunidad de negar haber tenido nada que ver con el encuentro, cosa que hizo.

—No, no, en absoluto— se apresuró a contestar.

Pero mencionar el tema, que había levantado enorme polvareda, era como citar la soga en casa del ahorcado, al dejar en evidencia el papel clave que Gibraltar tenía en el sistema colonial británico, que la Comisión intentaba desmontar.

—¿A qué aspiran ustedes, a la independencia? —fue la siguiente pregunta, efectuada por el delegado del Congo.

—Tal vez a una forma de libre asociación con Inglaterra —respondió Isola, mucho más precavido que su «primer ministro».

Pero ahí le esperaba el representante de Honduras:

—¿Cómo puede un peticionario que quiere ser descolonizado pedir la asociación con la potencia colonial?

Isola se escabulle como puede:

—Queremos ser descolonizados a nuestra manera.

Visto como se ha puesto la cosa, el delegado de Australia les echa un salvavidas:

—Deseo que me expliquen ustedes los progresos constitucionales en Gibraltar.

Sir Hassan vuelve a recitar de memoria los adelantos democráticos del Peñón, sus Consejos, tribunales y administraciones.

Pero poco efecto debe causar cuando, desde el otro extremo del hemiciclo, le llega el ataque más violento de toda la jornada. El delegado de Arabia Saudí quiere saber de dónde viene su familia, a quién guardan lealtad: ¿a Inglaterra?, ¿a Gibraltar?

El interrogado navega un tanto a la deriva. Reconoce su fidelidad a la reina, que le ha concedido el título de sir, a «la tierra mía, de mi padre y de mi abuelo, que es el Peñón». Pero se le insiste: «¿Y no guarda usted lealtad alguna a esa tierra española donde se asentaron, arrebatándosela a los españoles? Dice usted que es judío, ¿es que se creó, hace 200 años, una Palestina en Gibraltar? ¿Se siente usted obligado al sionismo?».

Hay un revuelo más que regular al protestar el delegado israelí. Cuando se restablece el orden, el representante guatemalteco pone punto final al interrogatorio con una observación que tiene mucho de sentencia judicial:

—Un peticionario no es un agente de la potencia colonial. Esa plaza que ocupa debe reservarse al verdadero pueblo de Gibraltar, que vive hoy en los alrededores de la Roca y espera su vuelta desde hace 250 años.

—¿Hay alguien que desee formular más preguntas? —pregunta el presidente de la Comisión.

No, no lo hay, y sir Hassan junto a mr. Isola vuelven a sus asientos entre el público. Las tesis españolas no podían haber tenido mejores abogados. Y es Piniés quien vuelve a pedir la palabra para puntualizar:

a) Que ya en 1950 se inició la maniobra inglesa para retener Gibraltar escudándose falsamente en el «principio de autodeterminación de una población artificial».

b) Que Gibraltar es una colonia, pero, sobre todo, es una base militar, alrededor de la que se ha creado un núcleo urbano dependiente de ella. La ONU acababa de condenar las bases militares en territorios coloniales.

c) Que España vuelve a ofrecer plenas garantía a los gibraltareños para cuando reconozcan la soberanía española sobre el Peñón.

Fue cuando el joven delegado de Sierra Leona antes aludido presentó su enmienda de quitar al proyecto de resolución lo de *«obs-*

táculos a las negociaciones» y sustituirlo por *«aspiraciones de los habitantes»*. Hubo un revuelo general. Se alzaron voces airadas y varios delegados se dirigieron desde distintos puntos de la sala hacia el ponente. Minutos después, el joven delegado de Sierra Leona daba marcha atrás: se olvida de los *obstáculos* y en vez de *aspiraciones,* se contenta con los *intereses de los habitantes.* La tempestad amaina. Se interrumpe la sesión quince minutos para que los ponentes de la resolución puedan intercambiar pareceres. Lo hacen en la sala contigua, dispuesta para estos casos. Son tantos que casi no caben, por lo que tienen que apretujarse como en un vagón de Metro en hora punta. ¿Se acepta la enmienda? Antes de que pueda discutirse, Piniés alza la voz para hacer saber que España la acepta. Entra en sus planes para Gibraltar tener en cuenta los *intereses* de sus habitantes. Se vuelve a la sala. La resolución está prácticamente aprobada.

Es cuando los ingleses demuestran, junto a su experiencia diplomática, que no se dan nunca por vencidos. Uno de sus delegados recorre a toda prisa las bancadas de sus leales: votar «sí». No puede darse la impresión de derrota, no sólo para que no cunda la alarma en Gibraltar, sino también para maniobrar más tarde la resolución hacia sus tesis. Con lo que la resolución entra por la puerta grande: 78 votos a favor, ninguno en contra y 12 abstenciones, que incluyen los países más dispares: el bloque comunista, excepto Cuba y Yugoslavia, que votaron «sí»; el ultraderechista, Sudáfrica y Portugal, y los ultracentrista, Francia y Méjico.

Hacía una noche templada para Nueva York en diciembre, cuando salimos de aquella jaula de cristal en pequeños grupos, excitados todavía, aunque con ánimo muy diferente. Sir Hassan y sus dos acompañantes se metieron silenciosos en el primer taxi que pasaba por la Primera Avenida. Los españoles nos fuimos andando comentando lo ocurrido: ya no era el vago «Consenso» de 1964, recomendando a España e Inglaterra emprender negociaciones sobre Gibraltar. Era toda una resolución de la ONU, en la que España aparecía indeleblemente ligada al futuro de Gibraltar, en el marco exclusivo de la descolonización y a ningún otro. Se había ganado otra batalla. Pero a ninguno se le ocultaba que faltaban todavía muchas para ganar la guerra, si es que se ganaba.

Que los ingleses no daban la guerra por perdida lo comprobamos el 20 de diciembre, al pasar la resolución a la Asamblea General para su ratificación definitiva. Mero trámite, pues la Asamblea no iba a rechazar algo que le pasaba una de sus Comisiones. Esta vez fueron 101 los votos a favor, el británico entre ellos, 14 las abstenciones, prácticamente las mismas, y nadie en contra, los que avalaron la resolución 2231(XXI) que literalmente decía:

La Asamblea General,

Habiendo examinado la cuestión de Gibraltar, habiendo oído las declaraciones de la Potencia administradora y del Representante de España y habiendo oído a los peticionarios, recordando su Resolución 2070 de 16 de Diciembre de 1965 y el Consenso aprobado el 16 de Octubre de 1964 por el «Comité Especial encargado de examinar la situación con respecto a la aplicación de la Declaración sobre la aplicación de la independencia a los países y pueblos coloniales», recordando asimismo su resolución 1514 de Diciembre de 1960, teniendo en cuenta la manifiesta disposición de la Potencia administradora y del Gobierno español para continuar las actuales negociaciones, lamentando que hayan ocurrido ciertos actos que han perjudicado la buena marcha de esas negociaciones:

1. Lamenta la demora en el proceso de descolonización y en la aplicación de la Resolución 1514(XV) de la Asamblea General sobre Gibraltar.

2. Invita a ambas partes a que continúen sus negociaciones, teniendo en cuenta los intereses de la población del territorio y pide a la Potencia administradora que acelere sin ningún obstáculo y en consulta con el Gobierno de España la descolonización de Gibraltar y que presente al «Comité Especial» un informe lo antes posible y, en cualquier caso, antes del vigésimo segundo período de sesiones de la Asamblea General.

3. Pide al Secretario General que preste ayuda para la aplicación de esta Resolución.

Ni la menor alusión a La Haya, al revés, reafirmación de que el contencioso seguía en manos de la ONU, apremio a Inglaterra para que descolonice Gibraltar de acuerdo con España, respetando los *intereses,* no los *deseos,* de los gibraltareños. Aprobado incluso con el voto británico.

Pero que los ingleses no tenían el menor interés de cumplirlo lo comprobamos a los pocos minutos de aprobarse la resolución. Su representante, lord Caradon, se acercó a la tribuna para explicar las causas de que la hubieran apoyado. «En el importante debate que se desarrolló en la Cuarta Comisión sobre Gibraltar —dijo— hubo un tema y una conclusión de destacada importancia, que permitieron a mi delegación votar a favor de la resolución. Era simplemente esto: que es esencial tener en cuenta los deseos de la población. La insistencia en este principio vital era justa y respetada, ya que el artículo 73 de la Carta de Naciones Unidas señala que los intereses de los habitantes deben ser de la máxima importancia. Damos nuestra cordial acogida al hecho de que la delegación española haya aceptado que este principio fuese incluido en la resolución. Con este principio en mente tengo sólo tres cosas que decir: Primero, que estamos satisfechos de que la enmienda fuese aceptada, pues nunca podíamos estar de acuerdo en que la descolonización significase la incorporación de Gibraltar a España contra los deseos de sus habitantes. Con la enmienda, la resolución queda absolutamente clara en este punto. Segundo, que nada puede prejuzgar qué tipo de descolonización sería más apropiado en las circunstancias de Gibraltar. Tercero, que declaro nuestra disposición a continuar las negociaciones con todo deseo e intención de llegar a una conclusión definitiva».

Sólo un lord inglés, que además es diplomático, puede mentir con tal cinismo. La resolución que acababa de aprobarse hablaba, en inglés para más escarnio, de *interests,* intereses, no de *wishes,* deseos, de los gibraltareños. Poco importó a lord Caradon, que dio el cambiazo con la habilidad y sangre fría que un tahúr cambia dos cartas en una partida de póquer, no sólo en la resolución, sino también en el artículo 73 de la Carta de Naciones Unidas. Y no contento con eso, hacía a los españoles cómplices de su jugada, sin importarle lo más mínimo que minutos antes Manuel Aznar, al frente de la delegación española en la Asamblea General, hubiera dicho: «La resolución solicita que España y el Reino Unido tengan en cuenta, en sus negociaciones, los *intereses* de la población gibraltareña, cosa que mi país solicitó ya ante el Comité de Descolonización en 1963 y fue recogida, en los mismos términos que se hace ahora, en el Consenso del Comité de 1964. En los recientes debates sobre el tema en la Cuarta Comisión, España manifestó estar dispuesta a reconocer a los habitantes de Gibraltar, con la garantía de Naciones Unidas, todos los derechos que pueda tener cualquier agrupación humana, salvo el de disponer de un trozo de territorio español».

Lo que nos advertía de dos cosas: que la siguiente batalla diplomática sobre Gibraltar iba a librarse en torno a *interests* y *wishes* de los gibraltareños, y que los únicos deseos e intereses que los ingleses estaban dispuestos respetar en la Roca eran los suyos.

Por si quedaba alguna duda, el 5 de enero de 1967, es decir a las dos semanas de aprobarse la última resolución sobre Gibraltar, donde, entre otras cosas, se advertía a Londres de que «no pusiese ningún obstáculo a las negociaciones», el gobierno británico informó al español que «había adquirido el derecho al uso exclusivo del espacio aéreo español contiguo al Peñón de Gibraltar, desde el momento mismo que había construido un aeródromo en el istmo que une el Peñón con España». Un movimiento de ficha que no podía quedar sin respuesta, pero España prefirió tomarse su tiempo, a fin de cargarse de razones, mientras los aviones ingleses seguían violando el espacio aéreo español. Lo importante era conocer la estrategia británica en Naciones Unidas. Se multiplican los viajes de personalidades gibraltareñas a la capital británica, una vez constatado que sir Hassan «no había logrado convencer a los hombres de la ONU de que no era un títere de Londres», según informa *The Guardian*. Una de las opciones que barajan es invitar a los miembros del Comité de los 24 a visitar Gibraltar. Que no cuaje advierte del miedo a que tal visita, como la de sir Hassan a la ONU, apuntalase las tesis españolas más que las inglesas respecto a la colonia, es decir, que sus habitantes formaban parte del entramado colonial.

Lo que consiguen es que, a finales de aquel mes, unidades de la VI Flota norteamericana, destinada al Mediterráneo, visite Gibraltar. La prensa inglesa, y no digamos la gibraltareña, lo presentaron como un endoso norteamericano a Inglaterra en el pleito, llegando a publicar el *Daily Telegraph* fotografías a cinco columnas de los navíos norteamericanos ante el Peñón, y jaleados allí poco menos que como liberadores. El embajador español en Washington, marqués de Merry del Val, mostró inmediatamente en el Departamento de Estado el «disgusto que había producido en España tal visita», así como para asegurarse de que la estricta neutralidad que Estados Unidos había venido manteniendo a lo largo del pleito no había variado lo más mínimo. El subsecretario para Asuntos Europeos le prometió estudiar la cuestión, «consciente de la amplia colaboración entre España y Estados Unidos», mientras la Embajada USA en Madrid mostraba oficiosamente su «preocupación y disgusto» por el enfoque que se había dado al hecho, mientras uno de sus altos funcionarios salía al paso de los «absurdos» rumores que corrían de que la VI Flota proyectase apoyarse en Gibraltar, «ya que esta base tenía una disponibilidad muy limitada y no contaba, ni de lejos, con las instalaciones que tenían en España». Los españoles se dieron por satisfechos, esperando que incidentes como éste no se repitiesen. Pero era una muestra de que Londres estaba dispuesto a usar todo tipo de armas en esta batalla diplomática, cuyo próximo asalto se fijó para el 18 de abril, con una nueva tanda de conversaciones.

Nueva visita de sir Hassan e Isola a Londres, el 28 de marzo. Un aséptico comunicado habla tan sólo de «acuerdo total con el gobierno británico» sobre el futuro de la colonia. Tenemos que rastrear en la prensa británica para enterarnos de lo que se estaba cociendo. Les paso varias citas reveladoras de *The Times, The Daily Telegraph* y *News of the World:* «La recomendación de la ONU de descolonizar Gibraltar significa que los gibraltareños pueden elegir su forma de gobierno por medio de un referéndum». «La forma constitucional será ya cosa simple». «Ha llegado el momento de proclamar dos hechos claros: Gibraltar es británico y sus ciudadanos han dejado constancia de que están decididos a mantener lazos con el Reino Unido». Por primera vez se hablaba de «referéndum» en la Roca, que no aparecía en ninguna resolución sobre Gibraltar, dándoseles incluso la vuelta, pues en ellas se hablaba de «intereses» no «deseos» de los gibraltareños, que es lo que se pregunta en una consulta. Por ahí iban los tiros. Despreciando olímpicamente las negociaciones con España recomendadas por la ONU.

Era tiempo de dar respuesta a la nota del 5 de enero, por la que los ingleses se arrogaban el derecho a usar el espacio aéreo español, por el hecho haber construido un aeródromo en la zona neutral del istmo, reafirmado por las continuas violaciones, 31 en las últimas semanas, de dicho espacio aéreo, según se detallan en documento adjunto, con las trayectorias de vuelo, fecha y hora. La reacción no pudo ser más categórica: el 13 de abril, el gobierno español hace pública una nota por la que «se prohíben los vuelos sobre el Campo de Gibraltar».

La respuesta inglesa fue igual de firme: «El Reino Unido no renuncia a ninguno de sus derechos en Gibraltar», advierten en el Foreign Office al embajador español, al tiempo que le reprochan la última acción de su gobierno. El marqués de Merry del Val contestó que España estaba tan sólo ejerciendo sus derechos soberanos sobre su territorio, que incluye el espacio aéreo. La prensa británica reaccionaba con igual virulencia y el *Daily Telegraph* llegaba a pedir la ruptura de relaciones entre ambos países. Lo que no publicó ningún periódico inglés es que Inglaterra tiene prohibido los vuelos españoles y de cualquier otra nacionalidad sobre la Roca.

En Naciones Unidas la noticia se tomó con la filosofía del que se espera lo peor. La tesis imperante era: «A medida que se acerque el plazo dado por la Asamblea General para dar pasos concretos en la descolonización de Gibraltar (el próximo período de sesiones), veremos a ambas partes elevar su apuesta».

Me sorprendió, sin embargo, la agudeza de la observación que me hizo en pasillos el delegado sirio, señor Jouejati: «No soy un especialista en derecho aéreo, ni tampoco el Comité de Descolonización es la mejor plataforma para aclarar tales cuestiones. Pero si los ingleses levantan tal escándalo ante las medidas españolas, habrá que empezar a sospechar que su representante no nos decía toda la verdad el pasado diciembre cuando aseguraba que sus aviones podían entrar y salir siempre que quisieran en Gibraltar sin violar la soberanía española».

Todo ello en medio de un cruce de notas y contranotas reiterantes. «El gobierno de Su Majestad tiene la intención de mantener sus derechos en Gibraltar», decían las inglesas, al tiempo que echaban a España la culpa de un posible retraso en las negociaciones. «Cualquier retraso —insistía nuestra delegación ente la ONU— es únicamente de responsabilidad británica, ya que las medidas tomadas afectan sólo a un derecho de soberanía, ajeno a la Roca, quc no se interfiere lo más mínimo con las conversiones sobre Gibraltar recomendadas por Naciones Unidas».

Innegable, sin embargo, era la desgana de la ONU a inmiscuirse en un litigio de derechos aéreos, que podía eternizarse. Con el de la descolonización tenía de sobra. Aunque también pudiera ser la calma antes de la tempestad.

En efecto, el 22 de abril, lord Caradon, embajador británico ante Naciones Unidas, dirige una carta a su secretario general, U Thant, con un comunicado adjunto, para informarle de la actitud de su gobierno sobre el problema de Gibraltar tras la prohibición de vuelos en aquella zona decretada por el gobierno español, que se califica de «nueva medida para entorpecer el diálogo». En la carta se advierte diplomáticamente que «el gobierno de Su Majestad intenta revisar la cuestión de las consultas tan pronto como estén claras las consecuencias de las medidas españolas». En el comunicado adjunto se prescinde del lenguaje diplomático para entrar al abordaje en el contencioso: «El aeropuerto británico está en uso desde hace 25 años, sin que los españoles elevasen ninguna protesta hasta el año pasado», arranca sin aludir para nada el hecho de que dicho aeródromo se encuentra en zona neutral y al principio de que el expolio colonial, según la doctrina de Naciones Unidas, no prescribe. Respecto a las 31 violaciones del espacio aéreo español, dice que han sido estudiadas, admitiendo sólo una, por la que se disculpa. Aun así, su gobierno se reserva el derecho de sobrevuelo —¿sobre territorio español?—, «para que sea discutido en la Convención de Aviación Civil», añadiendo que si los vuelos sobre el Peñón están prohibidos es «para no interferir los vuelos del aeródromo, así como los de entrenamiento».

Una vez asentados sus títulos sobre Gibraltar, las aguas y el espacio aéreo adyacentes, el comunicado expresa la disposición del gobierno británico a dilucidar la cuestión de la «soberanía sobre Gibraltar, istmo y aguas ante el Tribunal de La Haya». Y esto en un comunicado a la ONU, que había tomado firmemente el asunto en sus manos, rechazando cualquier transferencia a otras instancias.

El mismo día, el embajador de España, Manuel Aznar, depositaba en la Secretaría General de Naciones Unidas un escrito donde se hacía constar:

— Que Londres se había negado a discutir con Madrid el estatuto que protegiese los «intereses» de los gibraltareños, como paso previo a la descolonización de la Plaza.

— Que España, «en uso de su derecho soberano y por necesidades militares y de seguridad pública», ha declarado zona prohibida de vuelos el Campo de Gibraltar.

— El rechazo enérgico de la pretensión inglesa de que tal medida justifique la suspensión inglesa de las conversaciones hispanobritánicas.

Tres puntos que pueden resumirse en uno: España desea la descolonización de Gibraltar según ha dispuesto Naciones Unidas, no según disponga Londres.

Tres días más tarde, el secretario general de Naciones Unidas, U Thant, recibía al embajador y al representante adjunto de España ante la Organización, Manuel Aznar y Jaime Piniés, que le habían pedido audiencia para rogarle que, conforme a lo dispuesto en la última resolución de la Asamblea General sobre Gibraltar, velase por el progreso de las conversaciones hispano-británicas a efectos de la descolonización de la Plaza. El primero advirtió que no puede permitirse que, parapetándose en unas conversaciones alargadas artificialmente, traten de afianzarse unos abusos que no sólo violan la soberanía española, sino también la seguridad de los habitantes de la zona. Mientras el segundo subrayó que, si había existido alguna razón para interrumpir el diálogo, ninguna de mayor peso que aquella inesperada proclamación británica de soberanía sobre el istmo, neutralizado en Utrecht. Sin embargo, pese al auténtico desafío que ello representaba, la delegación española prefería continuar el diálogo. U Thant se interesó por las particularidades del caso, haciéndose explicar las particularidades de aquella franja, cosa que hicieron los representantes españoles con detalle, subrayando el carácter militar del aeropuerto gibraltareño, hasta el punto de que sólo con permiso especial pueden aterrizar allí aviones civiles, otorgado a dos compañías aéreas británicas; la prohibición absoluta de sobrevolar la Roca impuesta por los ingleses, así como las dos zonas que se han reservado para maniobras y ejercicio de tiro en aquella parte del Mediterráneo y la situación cada vez más incómoda en que España se hallaba, con un tráfico militar creciente en el Estrecho, que violaba su soberanía.

El secretario general, a quien acompañaban dos de sus subsecretarios, los señores Ennet y Dejarmakoye, tomó nota de la petición española y prometió convocar al representante británico para instarle a reanudar las conversaciones con España sobre la descolonización de Gibraltar con la mayor urgencia posible.

El contencioso, sin embargo, se había trasladado a la Organización de Aviación Civil Internacional (OACI), con sede en Montreal, ante la que Inglaterra había denunciado a España por su prohibición de vuelos sobre el Campo de Gibraltar.

Pronto se descubrió allí, sin embargo, la fragilidad de sus argumentos. Resultaba que el aeropuerto —aeródromo mejor— gibraltareño estaba registrado en la OACI como «exclusivamente militar» a petición británica. Sólo podían aterrizar allí los aviones civiles pidiendo permiso cada vez a las autoridades militares británicas y actuando como si cada vuelo fuese una situación de emergencia, que en muchos casos lo era si tenemos en cuenta los fuertes vientos de Levante y Poniente que soplan en el Estrecho, por no hablar ya de lo exiguo de la pista. Construido en 1938 —esto es, aprovechando la circunstancia de que España, empeñada en aquellos momentos en una guerra civil, no podía reaccionar adecuadamente— sobre el territorio del istmo no cedido a Inglaterra en Utrecht, era considerado zona neutral desmilitarizada. Finalizada la guerra, ante las protestas españolas, los ingleses declararon que se trataba tan sólo de una «pista de aterrizaje de emergencia» *(emergency landing ground),* pero pronto se convirtió en un moderno aeródromo militar, intensamente utilizado. El capitán de navío Alan Hillharth, que fue agregado naval británico en Madrid durante la guerra mundial, decía en una carta al *Daily Telegraph* el 25 de abril de 1955: «El aeródromo está situado en el llamado territorio neutral que, en estricta aplicación del espíritu de los Tratados, debería haberse respetado. Su prolongación en aguas de la bahía de Algeciras se hizo de tal forma que viola aguas que ni siquiera son neutrales, sino claramente españolas».

A mayor abundamiento, la prohibición española no se metía para nada con ese aeropuerto, aunque en plena ley internacional podría hacerlo. La orden prohibía los vuelos sobre territorio español en esa zona, derecho que nadie puede negar a todo Estado soberano. Por último, si, como aseguraban los ingleses, sus aviones podían aterrizar y despegar de Gibraltar sin violar el espacio aéreo español, ¿a qué venía la denuncia a las medidas españolas?

Con tales precedentes, no es de extrañar que el debate en el Consejo de la OACI resultase tan caliente como infructífero. Por un lado, Inglaterra y sus acólitos pidiendo el levantamiento de la zona prohibida de vuelos impuesta por España en el Campo de Gibraltar; por el otro, España haciendo valer sus derechos y su soberanía, sin que hubiese forma de llegar a un acuerdo. El Consejo necesitaba catorce votos para tomar una decisión, y los ingleses obtuvieron en el mejor de los casos ocho. Ante ello, y visto que el debate sólo se repetía tediosamente, el presidente declaró «agotado el asunto», sin llegar a ninguna decisión. Una propuesta australiana de aplazar el debate, con ánimo de postergarlo indefinidamente junto a las restricciones españolas, fue rechazada. Y allí se acabó el asunto en la OACI.

Conociendo a los ingleses, sin embargo, no debe extrañarnos su reacción. Por lo pronto, presentar el fracaso de su petición a la OACI como un «empate», lo que les permitía seguir adelante con sus planes. Su portavoz anunció de inmediato que «continuarían los vuelos civiles a Gibraltar, siempre que el viento sea favorable en las maniobras de aterrizaje y despegue». Y, en efecto, un avión de la British Airways, que con la BUA eran las dos únicas compañías comerciales autorizadas a volar a Gibraltar, salió de Londres con destino a la Roca a las pocas horas de entrar en vigor las restricciones españolas en aquel espacio aéreo. Iba escoltado por cazas británicos, aunque el mayor riesgo de los pasajeros procedía de las precarias condiciones del aeropuerto. «Un riesgo calculado», lo definió el *Sunday Times,* informando que «la disputa anglo-española estaba entrando en una fase potencialmente peligrosa, ya que por primera vez se ha puesto de manifiesto que España está dispuesta a imponer la prohibición por medios físicos, ante lo que el gabinete británico ha estudiado medidas de emergencia». Por fortuna, no hubo necesidad de usarlas por ninguna de las dos partes, ya que, de momento, la batalla se libraba en foros internacionales. Sin demasiada suerte para los británicos.

Todos los esfuerzos de sus delegados para demostrar que la prohibición española de vuelos en ciertas zonas del sur de su geografía contravenían lo dispuesto por el Tratado de Chicago, concretamente su artículo 84 sobre vuelos civiles, resultaron infructuosos por la sencilla razón de que el de Gibraltar era, como no tuvo más remedio que reconocer su representante a preguntas del delegado filipino, un aeropuerto militar, controlado por la RAF, que sólo permitía aterrizar con permiso especialísimo a dos compañías británicas. Igualmente inútiles fueron las argucias de sus satélites para prolongar, retrasar o aplazar el debate. La única conclusión posible era que los ingleses habían perdido la batalla en la OACI, como la estaban perdiendo en la ONU. Pero del mismo modo que habían tergiversado la última resolución de la Asamblea General en su favor, insistían ahora en que la no resolución de la OACI era una especie de fallo salomónico que daba la razón a ambas partes, permitiéndoles seguir adelante con su particular descolonización de Gibraltar, que consistía en mantenerlo como estaba. Y de paso, ir ampliando sus fronteras por tierra, mar y aire. «Es como si alguien —escribió por aquellos días José Ramón Alonso—, después de quitarnos el reloj, nos reclamase la propiedad de la cadena y estuviera incluso dispuesto a llevarse el chaleco».

Pero que ni siquiera con el chaleco se contentaban lo supimos poco después cuando, el 15 de junio, sin previo aviso, Londres hace público un comunicado en el que se informa de su intención de celebrar por su cuenta y riesgo un referéndum en Gibraltar. No es ya un desafío a España. Es un desafío a la ONU, ya que en ninguna de sus resoluciones sobre el caso se alude a tal referéndum concreta ni explícitamente.

Había llegado el momento de sacar las bayonetas en la batalla diplomática sobre Gibraltar.

La gran batalla

Una cualidad hay que reconocer a los ingleses: nunca se amilanan. Diría incluso que se crecen en la adversidad. Nunca dan una batalla por perdida y cuanto más difícil lo tienen, más alto es su ánimo. Es la razón de que hayan resistido todos los intentos de invasión de su isla y hayan salido victoriosos en la mayoría de las batallas que han librado fuera de ella. No puede deberse al carácter insular de su país —las islas suelen producir un carácter infinitamente más suave que el suyo—, ni a que sean más inteligentes —su nivel intelectual no supera el de otros pueblos europeos—, ni más sensibles —su literatura la han producido en buena parte irlandeses—, ni siquiera a sus elites, ya que es la clase media quien conforma el país. No vamos aquí, por tanto, a meternos en ese tema, nos limitamos a constatarlo, por la importancia que tiene en el asunto que estamos tratando. Con la batalla de Gibraltar cada vez más perdida en la ONU, los ingleses, en vez de replegarse, atacaron. ¡Y de qué forma! Sin respetar ninguna de las resoluciones, disposiciones y recomendaciones del organismo internacional, sin acordarse de que habían sido ellos mismos quienes llevaron allí el contencioso, sin atenerse a la más mínima norma de legalidad o cortesía, tocaron zafarrancho de combate y se lanzaron al abordaje, como sus corsarios se lanzaban en busca del botín.

A mediados de junio de 1967, el gobierno de Londres anuncia que se dispone a celebrar un referéndum en Gibraltar el 10 de septiembre, en el que sus habitantes decidirán si aceptan las propuestas hechas por España para el territorio o prefieren seguir con su actual estatuto. De la doctrina elaborada debate tras debate y resolución tras resolución por Naciones Unidas para descolonizar la Roca, ni palabra. Cuando, al día siguiente, su representante ante la organización internacional, lord Caradon, informa al secretario general de ésta del paso dado por su gobierno, U Thant se apresura a ponerlo en conocimiento del Comité de los 24 y de la Cuarta Comisión, organismos encargados del asunto, contra su hábito de dejar que se pose el polvo sobre los casos peliagudos, muestra de que su sorpresa había sido grande y su nerviosismo, aún mayor.

La ONU estaba prácticamente en cuadro, con todo el mundo, funcionarios y delegaciones, de vacaciones o preparándose para ellas, habría incluso problemas para conseguir quórum para los asuntos pendientes. Era el mejor momento para lanzar un ataque por sorpresa, Londres lo sabía y seguro lo tuvo en cuenta al anunciar su iniciativa, según la táctica de que el que da primero da dos veces.

La delegación española, sin embargo, empezó a moverse, consciente de que si la iniciativa británica cuajaba, todos los avances logrados hasta la fecha en el contencioso de Gibraltar se quedarían en nada. Se contactó a las misiones de los países miembros del Comité de los 24, que sería la primera instancia donde se vería el caso, para informarlas de la clara violación de la doctrina establecida para Gibraltar, aunque la ausencia de la mayoría de los embajadores impidió que sus adjuntos pudieran hacer otra cosa que tomar nota de ello. También nosotros nos quedamos sin embajador, ya que Manuel Aznar, que venía estando al frente de la delegación, pidió el cese, alegando motivos de cansancio. Sin duda la edad y la intensidad de un debate en múltiples frentes, con adversarios y aliados heterogéneos en temas como Gibraltar, Guinea Ecuatorial, el Sahara, la guerra fría, el desarme, los conflictos calientes en el Oriente Próximo, en el Sudeste Asiático y otros puntos del planeta, requería estar en las mejores condiciones físicas, cosa que Aznar ya había dejado atrás hacía años. Aparte de conocer perfectamente lo dividido que estaba el gobierno respecto a la descolonización. Ya en Madrid, declararía que «debería existir un dispositivo para aunar esfuerzos entre las diferentes fuerzas políticas y marchar unidos en la misma dirección», indicio de que no quería estar entre dos fuegos, que más de uno tomó como una espantada. En cualquier caso, ésta fue la situación con que me encontré al regresar de España, recortando mis vacaciones, ya que los contactos informales habían comenzado en el Comité de los 24, preludio de un debate que podía empezar en cualquier momento. Con lo que empalmo con la escena inicial de este libro: Piniés saliendo de una de esas reuniones preliminares y diciéndome que las cosas iban muy, muy bien, algo que me hizo desconfiar.

Por fortuna, mi desconfianza, esta vez, no tenía base. Inglaterra había dado el primer golpe, pero el golpe se estaba volviendo contra ella con fuerza inusitada. Al menos en el Comité de los 24, la convocatoria de un referéndum en Gibraltar que no había pedido había sentado muy mal. Más que un agravio a España, con la que se le había instado a negociar, se tomaba como un agravio al Comité y a la propia ONU, que no estaban dispuestos a tolerar. Algo que se vio desde la primera sesión del Comité sobre el caso, a mediados de agosto, con delegado tras delegado denunciando que Londres no hubiera seguido la senda dictada por Naciones Unidas para descolonizar Gibraltar y, en cambio, se hubiera embarcado en otra que nadie le había pedido. Todos los argumentos esgrimidos por los representantes británicos, empezando por el Tratado de Utrecht y terminando por la autodeterminación, con la «asunción de sus responsabilidades como potencia administradora» por medio, se estrellaban contra los nuevos principios que la ONU trataba de imponer en la escena internacional a través de sus resoluciones. Que el Reino Unido no las hubiera tenido en cuenta invalidaba cuanto hiciera. Quedó perfectamente claro en la última sesión de este debate preliminar, celebrada el 24 de agosto, con la intervención de los delegados de Chile y Siria. El de Chile, Javier Illana, puso de manifiesto el anacronismo de la postura inglesa, al invocar derechos periclitados, junto a su afrenta al nuevo derecho, al no respetar lo dispuesto por la ONU, concretamente la última resolución de la Asamblea General, donde se establecía que Gibraltar debía de ser descolonizado en conversaciones anglo-españolas, que Londres había ignorado por completo, mientras el referéndum anunciado no se contemplaba en la resolución aprobada, que sólo cubría los «intereses» de los habitantes, no los deseos. A mayor abundamiento, advirtió el sr. Illana, «la llamada Carta Magna de la Descolonización, la resolución 1514(XV), establece en su párrafo sexto que prohíbe descolonizar rompiendo la unidad territorial de un país, como se pretende con tal referéndum». Esta intervención del delegado chileno era de especial valor, pues hasta entonces su país había mantenido una postura más bien neutral en el pleito gibraltareño, al revés del resto de los países hispanoamericanos.

Con no menos rigor, pero con más fogosidad, se refirió luego el delegado sirio, Rafic Jouejati, al referéndum, «palabra atractiva —dijo—, pero no en este caso». «La ONU no lo había pedido por algo —siguió—, e Inglaterra va a realizarlo también por buenas razones. Ellos mismos nos los dicen con la hábil frase con que formulan el plebiscito: desean "retener sus responsabilidades". Lo que desean es retener su base militar y seguir usando a los habitantes como escudo para sus maniobras militares». Mr. Jouejati, uno de los mejores abogados que tiene la causa española en la ONU, desmenuza el referéndum, no dejando de él ni migajas. «Las alternativas que ofrece —dice— son limitadas, los intérpretes del mismo, seleccionados. Basta que alguien en la Roca sea desafecto a la Corona británica para que pierda su condición de gibraltareño. A los trabajadores españoles, que vienen dando su sudor a la colonia, se les ignora. A España se la dice: "Si lo aceptas, bien; si no, también". ¿En qué se queda, entonces, lo que llaman "generosa oferta" de negociar con España después del referéndum? ¿Qué queda por negociar después de que la cuestión final, la de la soberanía, haya quedado zanjada? Deseamos —terminó el delegado sirio— que se haga justicia a los intereses de España y a los verdaderos intereses de los gibraltareños. Aquí, en este Comité, estamos obligados a oponernos a todo hecho consumado, que crea problemas en vez de resolverlos».

Ante este ataque en toda la línea, el representante británico se defendió como gato panza arriba:

—España no tiene ningún derecho legal, político, económico o humano sobre Gibraltar —dijo aludiendo al Tratado de Utrecht.

—¿Por qué, entonces, la ONU ha recomendado que participe? —le preguntaría el delegado sirio en el turno de réplicas.

Echó luego mano el británico de la toponimia para defender que Gibraltar no era español por su nombre árabe.

—¿Tendremos que entregarles también Guadalajara y todas nuestras ciudades con nombres árabes? —le inquirió Piniés en su turno.

Y el inglés terminaría con el argumento más pobre:

—Que España no tiene derecho a Gibraltar lo demuestra que no quiere llevar el pleito a La Haya.

La votación quedó aplazada para la semana próxima, ya en vísperas del anunciado referéndum. Conociendo a los ingleses, podía darse por descontado que seguirían adelante con él. Pero no iba a resultarles tan barato, ni tan sencillo, ni tan eficaz como pensaban.

Que eran los primeros en saberlo lo demostró el cambio al frente de su delegación al reanudarse el debate, con dos proyectos de resolución sobre la mesa: uno británico, pidiendo el endose del referéndum gibraltareño, y otro patrocinado por Chile, Uruguay y Siria, rechazando la consulta e insistiendo en la vía trazada por la ONU para descolonizar Gibraltar. Generalmente, ante el Comité de los 24 acudían miembros de segunda e incluso tercera categoría de las delegaciones, reservándose los embajadores para la Asamblea General. Pero cuando el 29 de agosto vimos aparecer en el Comité a lord Caradon, jefe de la Misión del Reino Unido ante la ONU, nos dimos cuenta de que los ingleses se habían dado cuenta de que la cosa se les ponía cuesta arriba y sacaban su artillería gruesa. Lord Caradon era un personaje popular en la ONU, en parte por corresponder al estereotipo del diplomático británico, alto, de pelo blanco, ya no muy abundante, siempre impecablemente vestido de azul marino, amable con todos sin intimar con nadie, que solía empezar sus discursos con «Este representante de la que fue colonia de Roma, de lo que se siente muy orgulloso...», no sabemos si sincera o irónicamente en medio de la ola descolonizadora que atravesaba el mundo.

Lord Caradon venía al Comité de los 24, como era lógico, a defender la política de su país respecto a Gibraltar, concretamente, en busca de la bendición del referéndum que pensaba celebrar pocos días después en la Roca. Lo hizo en ese inglés depurado de los que se han educado en los mejores colegios, sacando a relucir lo más florido de su retórica, un tanto trasnochada en aquel foro. Invocó el derecho «sacrosanto de los pueblos a decidir su destino» y recordó «el sacrosanto deber de la ONU a escucharles». Se mostró dolido por los ataques que su país, «tras haber sido el que más había descolonizado había sufrido en aquella sala» (recuerdo que estaba sentado al lado de un periodista centroafricano al que le oí mascullar: «por ser los que más colonias tenían»), para terminar con una sutil amenaza: «No se subestime la decisión del pueblo inglés de no traicionar a sus amigos gibraltareños». Dando de paso a entender que, en caso de que la ONU no endosase sus planes, estaban reuniendo un grupo de «personalidades», para que sirvieran de observadores del referéndum y garantizasen su pulcritud democrática.

Ocurrió entonces una de esas ventoleras del destino que ponen todo patas por arriba. Piniés pidió la palabra para informar al

Comité de que no eran ésos los únicos amigos que los ingleses pensaban enviar a Gibraltar coincidiendo con el referéndum. Era también una flota naval y otra aérea. La expectación en la sala fue tan grande como el desconcierto en la delegación británica. Un par de sus jóvenes diplomáticos salieron disparados, era de suponer hacia su Misión en busca de detalles, pues a todas luces les había cogido totalmente desprevenidos. Entre las demás delegaciones, el impacto no fue menor: citar la Royal Navy entre países recién descolonizados era como citar la bicha.

Los oradores que tomaron la palabra a continuación mostraron que si los argumentos de lord Caradon no les habían convencido, el anuncio de que los cañones de la Armada inglesa iban a cubrir el referéndum les había puesto de auténtico mal humor. «¿Qué persigue Inglaterra rompiendo las negociaciones con España, recomendadas por Naciones Unidas, y tomando medidas unilaterales?», preguntó el representante de Malí. Para responderse: «Simplemente, quedarse en Gibraltar. ¿Por qué? Por razones militares. La historia nos enseña que Gibraltar fue una base de lanzamiento de la agresión británica contra África y Asia. Hoy nos dice que su valor militar es mínimo. Sin duda lo es para las grandes potencias. Pero para los países pequeños, en los que rige todavía la guerra convencional, Gibraltar conserva todo su valor».

El delegado sirio, por su parte, sin siquiera mencionar el proyecto de resolución británico, mostró su apoyo al chileno-uruguayo-iraquí, poniéndole sólo un pero: «Es una resolución de mínimos —dijo—. Debería de incluir una condena más enérgica de Gran Bretaña por haberse apartado de la línea marcada por Naciones Unidas».

Pidió entonces la palabra el delegado soviético para abordar uno de sus temas favoritos: el de las bases militares en territorios coloniales. «Gibraltar es una de ellas, y debe de ser desmantelada, algo que no cita el proyecto de resolución que discutimos y que, al parecer, no contemplan las partes litigantes», dijo aludiendo a la oferta española de permitir a los ingleses mantener sus instalaciones militares dentro de un amplio acuerdo sobre la Roca. Piniés saltó inmediatamente al quite: «Si bien al principio de las conversaciones España ofreció a Inglaterra el uso de la base en caso de una renuncia a la soberanía de Gibraltar, esa oferta está hoy cancelada, y cuando más tarde Londres nos ofreció el uso conjunto de la base, lo rechazamos. España es la primera en desear el desmantelamiento de la base militar gibraltareña, pues sabe perfectamente que sólo a su amparo se mantiene una población prefabricada», fueron sus palabras.

Lord Caradon, ya con las informaciones que Londres le había transmitido sobre las maniobras navales planeadas en torno a Gibraltar en las fechas del referéndum, intentó quitarles importancia, calificándolas de «rutinarias», para volcarse en la forma en que iba a celebrarse la consulta «en la más estricta norma democrática». Por último salió al paso de los reproches que se habían oído de no permitir a los obreros españoles en el arsenal pernoctar en la Roca. «Hay algunos españoles a los que se permite hacerlo», explicó. Piniés no dejó escapar la ocasión para poner otras banderillas: «Sí, las criadas y las monjas de los hospitales, a quienes necesitan de noche. A los demás, les echan en cuanto terminan de trabajar».

En su último envite, el lord invocó «el ejemplo dado por el Reino Unido, descolonizando países en todo el mundo». Era el peor ejemplo en aquella sala y en aquel momento. Allí había africanos que sentían en carne viva el caso de Rhodesia, donde Ian Smith, al frente de los colonos blancos, había proclamado «su» independencia contra la población de color, y el debate sobre Gibraltar se convirtió en un abrir y cerrar de ojos en un agrio debate sobre la colonia, excolonia, país independiente o lo que fuera en aquellos momentos Rhodesia.

En cualquier caso lord Caradon, que había invertido todo su prestigio al bajar al Comité de los 24 para presentar el proyecto de resolución de su país sobre Gibraltar, ni siquiera había logrado que se tuviera en cuenta. Al revés, cada intervención suya encontraba una reacción más fuerte del Comité. A no ser, nos decíamos los españoles al acabar la sesión, que la estrategia británica fuera que, dando por supuesto que su resolución no iba a salir adelante, lo único que buscasen fuera alargar el debate en lo posible para que no se votase la resolución chileno-uruguayo-iraquí, que condenaba el referéndum, y poder celebrar éste en un vacío legal que les permitiera darlo por válido y continuar con su política favorita: la de los hechos consumados. Por lo pronto, habían ganado un día. O dos.

Que los tiros diplomáticos podían ir en ese sentido lo comprobamos cuando al reanudarse los debates, el primero de septiembre, lord Caradon de nuevo toma la palabra de inmediato para disparar, como un acorazado de la Royal Navy, andanada tras andanada no ya contra el proyecto de resolución chileno-uruguayo-iraquí, al que se había unido Siria, sino contra el propio Comité: «Voy a ser corto y clarísimo. Nos oponemos de la manera más enérgica a ese documento partidista. Toda reclamación territorial excede y ofende la competencia de este Comité. Les urjo, pues, posponer toda decisión hasta que los habitantes de Gibraltar hayan expresado su punto de vista. De no hacerlo así, lo consideraremos una grave desviación de las tradiciones de la ONU, de su Carta y de los más elementales principios de la justicia...», dicho en ese inglés pulido y cortante, que no admite réplicas. Había buenas razones para la indignación del embajador británico. La primera, que su proyecto de resolución ni siquiera había sido tenido en cuenta. La segunda, que se presentaba a votación otro donde se decía:

El Comité Especial, considerando que toda situación colonial que destruya parcial o totalmente la unidad nacional y la integridad territorial de un país es incompatible con los principios y propósitos de la Carta de Naciones Unidas:

— Lamenta la interrupción de las negociaciones hispano-británicas recomendadas por la Asamblea General.

— Declara que la celebración del referéndum previsto por la potencia administradora contravendría las disposiciones de dicha resolución.

— Invita a los Gobiernos de España y del Reino Unido a reanudar sin demora las negociaciones previstas, con miras a poner fin a la situación colonial de Gibraltar y a salvaguardar los intereses de la población al término de dicha situación colonial.

Lo que significaba que, de aprobarse ese proyecto de resolución, la ONU no sólo invalidaba el referéndum del 10 de septiembre, sino también reconocía tácitamente a España un derecho sobre Gibraltar, al término de su situación colonial. En otras palabras: el plebiscito les había salido por la culata a los ingleses. Éstos, sin embargo, reaccionaron como acostumbraban: no dando la batalla por perdida por mal que les vayan las cosas. Ya que no podían sacar adelante su plan, el objetivo ahora era impedir que saliese adelante el contrario. O, al menos, aplazarlo. Llevábamos cuarenta y ocho horas de forcejeos en pasillos, de consultas semisecretas, de frenazos y acelerones. Su último argumento, de momento, para convencer a los desinteresados en el caso era que la consulta no tenía mayor importancia, que se trababa de un mero trámite: «dejemos —decía un delegado italiano a otro sudamericano, tratando de ganarle para la pasividad— que Madrid y Londres sigan negociando». No se atrevían a plantearla en el pleno, pues sabían la pregunta que iban a hacerles: Si el referéndum tenía una importancia meramente local, si no tenía valor internacional, ¿por qué Londres había pedido el endose de la ONU? ¿Por qué reclamaba incluso el envío de un observador? ¿Por qué le habían dado tanto bombo?

Visto que tampoco ese argumento convencía a la mayoría, quedaba sólo el aplazamiento indefinido de la votación. El primero que les echó un capote al reanudarse las sesiones aquella tarde fue el delegado soviético, lo que nos confirmaba que los rusos jugaban con dos barajas: por un lado atacaban la base militar británica en Gibraltar, mientras por el otro no estaban dispuestos a que pasara a manos de España, temiendo tal vez que ésta la pusiera a disposición de los norteamericanos, como había hecho con Rota. Aparte de que sus pesqueros venían aprovechando las facilidades de aprovisionamiento ofrecidas en la Roca. Así que el representante soviético advierte al Comité que no tiene instrucciones de su gobierno sobre el asunto. «Se trata de un caso complicado, que necesita de intenso estudio —dice—, lo que me impide en estos momentos emitir mi voto. Es incluso posible que ni siquiera mañana pueda emitirlo». El delegado búlgaro, como era de rigor, se le une inmediatamente: tampoco tiene instrucciones.

La mayoría, sin embargo, no está dispuesta a perder más tiempo en un tema de sobra debatido, que, además, no se presta a más maniobras. Árabes y sudamericanos insisten en votar ya.

Se suspende la sesión por un cuarto de hora para consultas. El presidente, embajador Malecela, va de grupo en grupo, tratando de engranar posiciones antagónicas. Es un viejo profesional de la ONU, con tacto para estas cosas, y lo consigue con un compromiso: se votará al día siguiente a las once y media de la mañana, ni un minuto más tarde. Todavía el delegado indio intenta una maniobra de distracción: «¿Cuándo hablará España de sus colonias africanas?», pregunta. Piniés le responde a bote pronto: «El próximo martes».

Al abandonar la sala, lord Caradon va rojo todavía, mientras españoles, hispanoamericanos, árabes y bastante africanos no pueden ocultar su satisfacción. No era simplemente un triunfo de España, el Comité de Descolonización había conseguido doblar el pulso a una Inglaterra apoyada por la Unión Soviética. Algunos no se lo creían.

Otros decían: «Ésta va a ser la noche de *retorcer el brazo* (expresión inglesa de «apretarle las clavijas») a más de uno y pocos dormirán con las llamadas telefónicas».

Cuando a la mañana siguiente se reanudó la sesión, todo el mundo apareció nervioso. Se había acordado que se procedería sin más a la votación. Pero el delegado soviético pidió la palabra para repetir su cantinela: no tenía instrucciones de su gobierno, lo que le impedía pronunciarse. Pedía, por tanto, un aplazamiento hasta la semana siguiente. El representante búlgaro le secundó al instante. Varias delegaciones —Tanzania y Sierra Leona especialmente— se oponen a prolongar el debate. Hay un tira y afloja de casi una hora, que corta el presidente de la forma más sencilla: que levanten el brazo primero los que desean que se vote ahora; luego, los que quieren dejarlo para otro día. Son bastantes más los primeros, así que el asunto Gibraltar va a descabellarse sin demora. Pero los rusos nos dejan a todos boquiabiertos al pedir «sólo diez minutos de pausa para consultar con otros delegados». Acaba de recibir instrucciones de Moscú, dice, y puede ya votar. Se le conceden, naturalmente. Tras una corta y tensa pausa en los pasillos volvemos a la sala y se vota primero el proyecto de resolución británico —que pedía sencillamente que la ONU no hiciese nada ante el referéndum gibraltareño, endosándolo *de facto*— que obtiene 3 votos a favor, 10 en contra y 11 abstenciones. Rechazado por tanto. Pasa a votarse el proyecto patrocinado por Uruguay, Chile, Iraq y Siria: 16 votos a favor, 2 en contra y 6 abstenciones, una mayoría más que holgada. Hispanoamericanos, árabes y africanos, con la sola excepción de Madagascar, le han dado su apoyo. Lo más curioso es que también se ha adherido el bloque oriental —Unión Soviética, Bulgaria y Polonia—, que había venido jugando la carta inglesa. Como nadie se cree lo de la «llegada de instrucciones a última hora», la única explicación es que, tras haber vendido el favor a los ingleses, al darse cuenta de que no podían evitar lo inevitable, prefirieron apoyar la resolución hispanoamericana-árabe-africana, para no enemistarse con el bloque neutral ni aparecer al lado de una expotencia colonial. Los diez minutos de consultas pedidos eran para dar instrucciones a sus satélites polacos y búlgaros. Conviene subrayar, sin embargo, que era la primera vez que el bloque soviético apoyaba una resolución sobre Gibraltar favorable a España.

El texto de la resolución aprobada decía:

El Comité Especial, habiendo examinado la cuestión de Gibraltar, recordando la Resolución 1514(XV), de 14 de diciembre de 1960, de la concesión de la independencia a los países y pueblos coloniales, recordando, además, las resoluciones de la Asamblea General 223, de diciembre de 1966; 2070(XX), de 16 de diciembre de 1965, y el consenso adoptado el 16 de octubre de 1964; considerando que toda situación colonial que destruya total o parcialmente la unidad nacional y la integridad territorial de un país es incompatible con los propósitos y principios de las Naciones Unidas, y específicamente con el párrafo sexto de la resolución 1514(XV) de la Asamblea General:

1. Lamenta la interrupción de las negociaciones recomendadas por las resoluciones 2070(XX) y 2231(XXII) de la Asamblea General.

2. Declara que la celebración por la potencia administradora del referéndum proyectado contradice las cláusulas de la resolución 2231(XXII).

3. Invita a los Gobiernos del Reino Unido y de España a reanudar sin demora las negociaciones previstas en las resoluciones 2070(XX) y 2231(XXII), con objeto de poner fin a la situación colonial gibraltareña y salvaguardar los intereses de la población cuando dicha situación colonial haya concluido.

4. Pide al secretario general que ayude a los Gobiernos del Reino Unido y de España en el cumplimiento de esta resolución y que informe a la Asamblea General en su XXIII período de sesiones.

La fecha: el 1 de septiembre de 1967.

De la trascendencia de esta resolución hablaba el hecho de que los ingleses habían hecho cuanto estaba en su mano para impedir se aprobara y, a diferencia de otras anteriores, no se habían adherido a ella a última hora para tergiversarla. Pero es que, hasta entonces, pese a los avances indudables de las tesis españolas, el pleito sobre Gibraltar se mantenía en el alero. La resolución 1514(XV), conocida como «la Carta Magna de la Descolonización», establece dos vías para dicho proceso: la general, a través de una consulta al pueblo colonizado, y la especial, a través de la integración de la colonia al territorio adyacente de la que había sido desgajada. O sea, autodeterminación de los habitantes caso que hubieran estado sometidos al yugo colonial, o restablecimiento de la unidad territorial de un país, caso de haber sufrido una amputación de parte de su territorio, donde la potencia colonial haya asentado una población importada, y por tanto sin derecho a la autodeterminación. Concedérselo significaría perpetuar la situación colonial en el enclave, a través de sus habitantes. La política británica para Gibraltar desde finales de la Segunda Guerra Mundial se orientaba a utilizar la primera de esas vías, confiando que nadie se opondría al «sagrado derecho a la libre voluntad de un pueblo», permitiéndole quedarse con la colonia a través de los gibraltareños, sin ofrecérsela a España tal como quedó fijado en Utrecht. Pero la resolución que acababa de aprobar el Comité de los 24 suponía un cambio de agujas en la descolonización de Gibraltar, al orientarla hacia la unidad territorial de un país, desgajada por el colonialismo. De ahí su trascendencia. En adelante, el tren de dicha descolonización tenía como estación término restablecer la integridad territorial de España. La maniobra británica había fracasado.

Se había debido a múltiples factores: a que en dicho Comité había bastantes países recién accedidos a la independencia, que conocían de sobra las marrullerías de las potencias coloniales; a que la diplomacia española se volcó en el asunto, atenta a cada detalle y aprovechando cada descuido del contrario, mientras la inglesa, siempre tan eficaz, cometió esta vez errores graves, como el de no prever que las maniobras de su flota del Mediterráneo al mismo tiempo que se celebraba el referéndum causaría un impacto demoledor entre los delegados, aparte de cierta arrogancia, no sólo hacia el Comité, sino también hacia España. Estaban acostumbrados a ganar siempre frente a nosotros, a que no tuviéramos la fuerza, ni la tenacidad, ni el orden, ni los apoyos para salir airosos de cada confrontación militar o diplomática con ellos, y se encontraron con que, por una vez, les sobrepasábamos en el segundo de esos terrenos.

Dicho esto, sin embargo, hay que advertir que aquello era sólo el comienzo de la gran batalla diplomática por Gibraltar. La misma resolución del Comité de los 24 tenía que ser refrendada por sus dos instancias superiores, la Cuarta Comisión y la Asamblea General. No era probable que la rechazasen, pues eso significaría desautorizar al Comité y, en cierto modo, al bloque de No Alineados, que la había endosado y en aquellos momentos era el de más peso en la ONU. Pero siempre podría recortársela, diluírsela, restarle sustancia, lo que sin duda intentaría la diplomacia inglesa, funcionando ya a todo vapor en ese sentido. E incluso si se mantenía intacta, quedaba lo más difícil, implementarla, convertir esas directrices de la ONU en realidades. Pues a nadie se le ocultaba que los ingleses no estaban dispuestos a retrotraer Gibraltar a España. Harían cuanto estuviera en sus manos para evitarlo, en último extremo, desobedecer el mandato de la ONU y seguir adelante con sus planes.

Todo ello no restaba trascendencia a la resolución aprobada ni alegría en la delegación española, mientras se preparaba para los siguientes encontronazos. Ya al dar las gracias a los delegados que la habían respaldado, Piniés advirtió que España cumpliría estrictamente todas sus disposiciones. Una actitud que el gobierno de Madrid comunicó oficialmente al de Londres, el 6 de septiembre, adjuntándole la resolución recién aprobada, al tiempo que le pedía reanudar las negociaciones para cumplimentarla. Y es que no podía descuidarse ni un solo detalle.

En aquellos momentos, sin embargo, Londres tenía las manos llenas con asuntos más urgentes. El primero, minimizar en lo posible el impacto de la resolución en su propia opinión, donde los periódicos especulaban sobre la posibilidad de que España impusiera más restricciones a la colonia, entre ellas la retirada de los 5.300 obreros que todavía trabajaban en su arsenal. El «gobierno» gibraltareño barajaba la posibilidad de que fueran sustituidos por marroquíes, lo que traería un problema logístico: ¿se les permitía pernoctar o se les llevaba y traía diariamente a través del Estrecho? Sir Hassan intentaba minimizar los problemas, declarando a *The Sunday Telegraph* que el «impacto sería insignificante». Pero William Cemlyn, en *The Observer*, advierte que las autoridades gibraltareñas «no sólo han minimizado las condiciones futuras, sino que se las han ocultado a los 18.000 gibraltareños. No han hecho nada —sigue en su crónica desde el Peñón— para preparar a la gente para la posibilidad de un cambio, porque la línea oficial es la de que no existe la posibilidad de tal cambio. En privado, saben que el futuro está lleno de incertidumbre y se hacen la pregunta: ¿quiere retirarse Gran Bretaña? Pero en público no lo admiten. Los gibraltareños, que tienen una emocionante aunque exagerada fe en Gran Bretaña, no parecen entender, quizá porque no quieren entender, que el mundo ha cambiado desde 1914. Gran Bretaña, que se está retirando rápidamente de los últimos restos de su anterior imperio y enfrentando penosamente a los duros problemas de entrar en Europa, no puede permitirse el lujo de los sentimientos». Cemlyn termina su crónica planteando la posibilidad de un Gibraltar independiente. «De hecho —es su respuesta—, la independencia de Gibraltar es una imposibilidad cósmica. Sin la ayuda financiera británica, se hundiría en el Mediterráneo». Olvidaba la ayuda ilegal que le llegaba de España, pero aún así era un panorama muy negro para la colonia.

Sin duda muchos ingleses, gentes realistas donde los haya, compartían tal opinión. Un Gibraltar independiente era inviable y lo mantenía Inglaterra o lo mantenía España. Hasta ahora lo habían mantenido a medias, Inglaterra como uno de los puntales de su imperio, y España por la sangría que significaba el contrabando y todo tipo de negocios ilícitos que se venían realizando en la Roca desde que pasó a manos británicas. Si el imperio británico no necesitaba tal puntal, al haber de hecho desaparecido, y España cortaba esa sangría cerrando todo acceso al Peñón, como por cierto estipulaba el Tratado de Utrecht, los costos de mantenerlo irían a cargo exclusivamente británico, algo que difícilmente aceptarán los contribuyentes ingleses.

¿Por qué, entonces, el gobierno británico siguió adelante con el referéndum gibraltareño, desoyendo las instrucciones de la ONU y, a primera vista, contra el sentido común? Había cuatro razones, a cual más importante: La primera, su principio de que una guerra no está perdida hasta que se libra la última batalla, y en ésta quedaban todavía unas cuantas por librar. La segunda, que había que elevar el ánimo de los gibraltareños, no fuera a surgir algún grupo que pensase que su futuro estaba mejor garantizado entendiéndose con España, y para ello nada mejor que convocarlos a una consulta popular donde pudieran expresar que deseaban seguir en el pequeño paraíso en que vivían. La tercera, que el resultado abrumadoramente favorable de esa consulta podría servirles de baza en las siguientes refriegas diplomáticas. La cuarta, que más pronto o más tarde, los españoles se cansarían del asunto y Gibraltar volvería a ser el de siempre: suyo. Como finalmente ocurrió.

Pero no adelantemos acontecimientos, pues todavía nos quedan por contar unos cuantos gratos para nosotros.

El referéndum se celebró, como estaba anunciado, el 10 de septiembre, en un ambiente festivo, con el Peñón cubierto de banderas inglesas y de grandes cartelones probritánicos. Todo el comercio cerrado, incluso las panaderías, para que los 12.762 inscritos en el censo pudieran votar. A los obreros españoles en el arsenal se les había dado jornada libre, a fin de evitar cualquier incidente. El corresponsal del *New York Times* en Madrid, Tad Szulc, que se había desplazado a la Roca para informar del acontecimiento, reflejó en su crónica esa atmósfera, aunque señalaba «las preocupaciones silenciosas por las medidas que España puede tomar después del referéndum y las cábalas que se hacen sobre cuánto tiempo podrá Londres seguir manteniendo su política gibraltareña, teniendo en cuenta sus problemas financieros».

Nada de eso deslució la fiesta, como si se celebrase una independencia en vez de mantener una situación colonial. El resultado no hace falta decirlo: un 99 por ciento partidario de seguir como estaban. Tampoco hay que reprochárselo: ¿a quién le gusta dejar un paraíso?

La fiesta la coronaron las anunciadas maniobras navales. Hasta 20 navíos, entre ellos un portaviones, participaron en las mismas, transcurriendo sin el menor incidente. Reactores españoles que vigilaban nuestro espacio aéreo no detectaron ninguna infracción del mismo, ni las patrulleras la de las aguas que marcaban las boyas. Lo único digno de destacar fue la presencia de varias unidades holandesas entre la flotilla. Algún lector recordará que también las había en la escuadra que ocupó Gibraltar 253 años antes. Casualidades de la historia. ¿O designios? Pues Holanda ha sido siempre el valedor de Inglaterra en el continente.

La batalla, sin embargo, era diplomática, y su escenario, la ONU. La XXII Asamblea General estaba a punto de empezar, con 50 ministros de Asuntos Exteriores anunciando su asistencia, entre ellos el británico, George Brown, y el español, Fernando María Castiella. Éste, al llegar, subrayó la importancia de esta Asamblea, así como su deseo de «entrevistarse con todos colegas posibles, entre ellos el británico, para discutir los temas que nos afectan». Con una novedad por parte española: «Mi visita —anunció Castiella— es de trabajo, por lo que creo que dada la cantidad de problemas y oradores que pesan sobre la Asamblea, la mejor colaboración española es ahorrarla un discurso». Con el tema de Gibraltar amarrado en el Comité de los 24, España prefería evitar la continuación del debate sobre el mismo, para plasmarlo en decisiones concretas con las partes implicadas.

No así mr. Brown, que en su intervención ante la Asamblea, a la que no había renunciado, lanzó un duro ataque al Comité, hecho insólito, pues se trataba de un órgano de Naciones Unidas. «Nosotros los británicos somos fervorosos creyentes en la libertad y en el derecho de todos los países a elegir su propio futuro», advirtió ya al comienzo de su discurso, para disparar directamente contra el Comité de los 24: «Sus recientes decisiones, especialmente la de Gibraltar, van directamente contra los dos principios que ese Comité debe respetar sobre todas las cosas: primero, el conducir a un pueblo, contra su voluntad, hacia un país, y segundo, el negarle el derecho a su voluntad». Era la prueba más palpable del triunfo de las tesis españolas sobre Gibraltar y de la derrota de las británicas. Lo que no significaba que los ingleses lo asumieran. «No podemos aceptar —siguió el titular del Foreign Office— el simple dogmatismo que a menudo usa ese Comité». De todas formas, que se daba cuenta de la postura cada vez más precaria en que se encontraban lo demostró su aceptación de al menos una de las recomendaciones de la resolución que tanto les había molestado: aquella que pedía la negociación de su país con España para poner fin al estatuto colonial de Gibraltar. Eso sí, sin comprometerse a nada e incluso de manera cabalística. «El diálogo hispano-británico debe continuar y Gibraltar no debe constituir una barrera entre nosotros», fueron las equívocas palabras que utilizó.

«Habrá que andarse con cuidado por dónde nos salen», recuerdo que le oí a uno de los miembros de la delegación española que acompañaba a Castiella, quien continuaba su ronda de contactos con sus colegas más diversos, hispanoamericanos, árabes, africanos, occidentales, con el secretario de Estado USA, Rusk, a la cabeza, algunos del Este incluso, como el rumano Manescu, que presidía aquel año la Asamblea, sin olvidar el obligado encuentro con el secretario de la Organización, U Thant. Con Brown se entrevistó también, naturalmente, sin quedar en limpio otra cosa que la disposición de ambos gobiernos a continuar conversando o negociando, pues ni siquiera eso estaba claro.

«Afianzar lo conseguido hasta ahora es nuestra línea —recuerdo que nos dijo Castiella a los corresponsales españoles al despedirse, el 3 de octubre—, avanzar por ella y estar preparados para lo que pueda venir».

Lo que podía venir llegó el 20 del mismo mes, cuando el gobierno británico envía una nota al español, a través de su embajador en Londres, en la que «le agradece que su objetivo principal sea remover el obstáculo que dificulta las buenas relaciones entre España y el Reino Unido y establecer las bases de una cooperación beneficiosa para los dos países y para el pueblo de Gibraltar». Para ello propone «iniciar conversaciones hispano-británicas, incluida la cuestión de Gibraltar, en la segunda mitad de noviembre, a celebrar en Madrid», para las que se ha designado al subsecretario del Foreign Office, mr. J.G.S. Beith.

La trampa tenía esa brutal sinceridad y eficacia que caracteriza a la diplomacia británica. Por lo pronto, habla de «inicio de conversaciones» hispano-británicas, cuando ambos países venían conversando desde hacía tiempo, pero no de «negociaciones». Luego, incluye el tema Gibraltar como uno más en ellas, cuando venían girando en torno a él. Por último, y más importante, olvida totalmente las disposiciones aprobadas en la ONU sobre el asunto, muy especialmente la última, en la que se dictaban normas concretas sobre cómo debía de descolonizarse la plaza británica al sur de la geografía española. En resumen, tras haberle fallado su maniobra de legalizar su posición en Gibraltar a través de la ONU, Inglaterra proponía a España olvidarse de la ONU e iniciar una nueva serie de conversaciones entre ambos países, para resolver el contencioso entre ellos.

Había que salir al paso rápida y contundentemente, y en nota del 28 de octubre, del ministro de Asuntos Exteriores a su colega británico, a través de su embajador en Madrid, le comunica: «Tengo la honra de comunicar a vuestra excelencia que el Gobierno español, ha estudiado su nota del 20 de octubre, y ha llegado a la conclusión de que el Gobierno de Su Majestad británica no ha contestado en la misma a la nota española del 6 de septiembre, en la que se pedía al Reino Unido la reanudación de negociaciones para cumplimentar la resolución sobre Gibraltar aprobada el 1 de septiembre por el Comité de los Veinticuatro. De hecho, el Gobierno español ignora todavía si el Gobierno de Su Majestad británica tiene o no intención de cumplimentar todas las resoluciones de Naciones Unidas sobre Gibraltar o si está o no dispuesto a entablar con España negociaciones para poner fin a la citada situación colonial gibraltareña. Por ello, el Gobierno español agradecería una rápida respuesta del Gobierno de Su Majestad británica aclarando estos extremos, con objeto de poder contar con los elementos de juicio necesarios para fijar su posición el respecto».

«Por otra parte —sigue la nota—, el Gobierno español agradece la visita a Madrid, a fines de noviembre, del subsecretario del

Foreign Office, mr. Beith, pues considera siempre útil y aconsejable que un alto funcionario británico mantenga conversaciones con altos funcionarios españoles sobre el estado de las relaciones entre los dos países. Sin embargo, estima que unas conversaciones como las que se prevén en la nota británica del 20 de octubre nada tienen que ver con las negociaciones destinadas a poner término a la situación colonial gibraltareña en la forma recomendada por Naciones Unidas que, por el momento, parece la única lógica y digna para que los dos países puedan enfrentarse con el problema de Gibraltar en forma constructiva».

Con lo que se desmontaba la maniobra británica. Londres era consciente de lo que se le venía encima cuando el tema Gibraltar reapareciese en la Cuarta Comisión y en la Asamblea General, y convencido de que ya no podía dinamitar la resolución del Comité de los 24, ensayaba meterla en el cajón, con la disculpa de «estamos ya conversando con España sobre el asunto, o sea que, señores de la ONU, no interfieran, ni obstaculicen el diálogo, y dedíquense a los otros muchos asuntos que les ocupan».

Que ésta era la intención lo demuestra la carta que su representante en la organización internacional, lord Caradon, entrega a U Thant el 26 de octubre, en la que le ruega distribuir entre las delegaciones, especialmente las que forman parte del Comité de los 24, junto el informe de los observadores que habían enviado por su cuenta al referéndum gibraltareño, «que quedaron impresionados —dice en su carta— por las previsiones administrativas de la votación, considerando que ha sido realizada honesta y debidamente», para explayarse en cómo su país está únicamente interesado en defender a una pequeña comunidad amenazada por otra mucho mayor. De que dicho referéndum había sido rechazado por la ONU, naturalmente, ni palabra. El último párrafo lo dedicaba a dar una versión, no ya parcial sino grotesca, de los acontecimientos más recientes: habíamos sido los españoles quienes, para «eliminar el obstáculo que constituía Gibraltar en las buenas relaciones entre España y el Reino Unido», habíamos propuesto las conversaciones entre ambos gobiernos. Olvidando por completo que era la ONU quien las disponía, y menos aún, de los términos en que las había dispuesto: respetando los «intereses» de los habitantes del territorio, no sus «deseos».

El 30 de octubre Piniés entregó a U Thant una nota del gobierno español, que contenía distintas cartas y documentos, entre ellos su respuesta a la propuesta británica de «iniciar conversaciones»: «Como vuestra excelencia podrá comprobar —decía la nota—, el Gobierno español agradece la visita a Madrid de un alto funcionario del Foreign Office, pero estima que el Gobierno británico no parece dispuesto a cumplimentar las resoluciones de Naciones Unidas para poner fin a la situación colonial gibraltareña y considera que las conversaciones que dicho funcionario piensa mantener en España nada tienen que ver con la descolonización de Gibraltar».

Las espadas quedaron en alto hasta el próximo asalto, a librar en la Cuarta Comisión a principios de diciembre. Se habían presentado dos proyectos de resolución sobre Gibraltar que no podían ser más dispares. Uno británico y otro hispanoamericano, patrocinado por Argentina, Colombia, Honduras, Panamá y Ecuador. El primero, tras ignorar por completo anteriores resoluciones de la ONU, insta a ésta a:

— Que se muestre preocupada por las acciones del gobierno español dirigidas contra los intereses del pueblo de Gibraltar y pida la terminación de las restricciones impuestas al libre acceso al Peñón.

— Que se tome nota del referéndum, conforme al cual la abrumadora mayoría de la población gibraltareña votó a favor de mantener los vínculos con el Reino Unido, en vez de pasar a depender de la soberanía española.

— Que se aplique al caso el principio de que los intereses de los habitantes de los territorios no autónomos, Gibraltar entre ellos, prevalezcan sobre todo.

En resumen, que se olvidara de todo lo dispuesto hasta el momento en Naciones Unidas sobre el asunto y se asumiera de punta a cabo la postura británica sobre el mismo.

Frente a ello, el proyecto de resolución hispanoamericano copiaba casi textualmente la última resolución del Comité de los 24, que los lectores ya conocen, para reafirmarse *el principio de que la unidad nacional e integridad territorial de los países no puede violarse en un proceso descolonizador, se deplora la celebración del referéndum gibraltareño, por contravenir anteriores resoluciones, se lamenta la interrupción de las negociaciones hispano-británicas y se pide a ambos gobiernos la reanudación de las mismas.*

Sir Joshua Hassan llevaba días en Nueva York, haciendo labor de pasillos en busca de apoyos, como la diplomacia británica. La primera escaramuza, sin embargo, la perdieron: al discutirse en la Cuarta Comisión el orden del debate, se decidió que el proyecto hispanoamericano se debatiría primero. Una buena señal, pues de aprobarse, no podría aprobarse otro totalmente opuesto.

Viendo su dificilísima situación, los ingleses reaccionaron de su forma acostumbrada: con un fortísimo ataque frontal y otro por retaguardia a la resolución del Comité de los 24 que anulaba su estrategia «descolonizadora» en el Peñón. El primero de esos ataques lo lanzó su representante en la Comisión nada más iniciarse los debates sobre el tema, el 7 de diciembre. Tras lanzar unos piropos vejatorios a los patrocinadores del otro proyecto de resolución —«subordinados de España», les llamó—, la argumentación de mr. Luard se centró en los siguientes puntos:

— El principio de la «integridad territorial» no puede aplicarse a la descolonización de Gibraltar porque en ese caso, Alaska tendría que incorporarse a Canadá; San Marino, a Italia; y la propia Portugal, a España (todas las miradas se volvieron al representante portugués, impávido).

— En cambio, sí le es aplicable el de la «libre voluntad de sus habitantes, que expusieron claramente en el referéndum del 10 de septiembre: 12.182 votos a favor de seguir manteniendo los lazos en el Reino Unido; sólo 14 dispuestos a incorporarse a España».

Bien adobados con la consabidas invocaciones: «La ONU no puede dejar desamparadas a 25.000 personas», «¿Qué diría el mundo si no oyese la voz de los pobladores de un territorio colonial?».

Piniés tenía prevista su intervención al día siguiente, pero pidió la palabra para puntualizar que:

— Si hay un lugar donde deba aplicarse el principio de la «integridad territorial» es Gibraltar, minúsculo enclave en la geografía española.

— Mientras «el sagrado derecho a la autodeterminación» no es aplicable en la Roca, ya que sus verdaderos habitantes fueron expulsados, para suplantarlos por una población artificial, como ha reconocido el Comité de los 24 al condenar el referéndum.

«En el cúmulo de tergiversaciones y medias verdades que acabamos de oír —terminó Piniés—, sólo hay una cosa clara: el ataque al Comité de los 24 y a su última resolución».

Nuestro representante tuvo también que aguantar otra acometida del delegado neozelandés, quien protestó airadamente por la inclusión que había hecho de buques de su país en las recientes maniobras navales en aguas próximas a Gibraltar. «Eso no es verdad —dijo—, ni que nuestro embajador en París asistiera como observador oficial al referéndum. Si estuvo allí aquel día, lo hizo en carácter privado». Piniés sacó de su cartera, bastante vieja por cierto, lo que el momento requería: una nota donde figuraban nombre, clase, fecha de arribada y partida de cuatro buques de transporte neozelandeses que habían participado en las maniobras. En cuanto a las andanzas del embajador neozenlandés en París, se limitó a insinuar algo que en aquella sala era más que obvio: que ningún diplomático puede ausentarse de su puesto sin permiso de su gobierno, y más para asistir a un acto político en un país distinto al que está acreditado. Más significativo que el rifirrafe era lo que había detrás: el distanciamiento del referéndum por parte de al menos algunos de quienes lo habían apoyado, al darse cuenta de la animosidad que encontraba en la ONU. Algo que el delegado de Togo expuso con toda claridad: «Deseo que conste en acta —dijo— nuestra desconfianza, y creo que no sólo la nuestra, ante toda consulta hecha en territorio colonial, muy especialmente por los británicos».

El representante colombiano quiso remacharlo: «Gibraltar, última colonia en Europa, no puede escapar al proceso descolonizador que ha arrollado en otros continentes. El camino ya lo señaló el Comité de los 24 el pasado septiembre: aplicar el principio de la integración territorial de los países».

Como previendo que ese ataque frontal no iba a surtir efecto, los ingleses tenían previsto otro segundo por retaguardia. Lo llevaría a cabo el representante noruego, que se autocalificaba «neutral en el asunto», presentando sin previo aviso un proyecto de resolución que se ofrecía como un «compromiso» entre el británico y el hispanoamericano y se limitaba, con falsa modestia, a repetir la resolución sobre Gibraltar del pasado año, ignorando por completo lo ocurrido desde entonces. Es decir, el referéndum en Gibraltar y la última resolución del Comité de los 24 que lo condenaba. El objetivo era evidente: neutralizar los avances hechos por la diplomacia española el último verano. La maniobra era peligrosa no sólo por el prestigio de los escandinavos, pese a verse que en este caso eran meros peones de Londres, sino también porque la palabra «compromiso», aunque en este caso se trataba de uno falso, tenía y aún tiene en Naciones Unidas un aura mágica. Su punto débil: que desautorizaba, no ya a España, sino a uno de los hijos predilectos de la ONU en aquellos momentos: el Comité de los 24.

Según rumores de pasillo, los ingleses preparaban incluso un plan C, para el caso en que la maniobra noruega no surtiese efecto por «demasiado europea»: que un grupo de países no alineados, con Ceilán y Malta a la cabeza, apoyaran una resolución aún más descafeinada, pero manteniendo su objetivo de ignorar la última del Comité de los 24. No debieron reunir los suficientes apoyos, porque esta iniciativa no cuajó, según pudimos comprobar al reanudarse el debate.

Antes, sin embargo, tengo que interrumpir el relato de la batalla diplomática que se libraba en la ONU, para dar cuenta de los incidentes nada diplomáticos que estaban ocurriendo en la bahía de Algeciras. Tras el apresamiento de dos lanchas gibraltareñas rebosantes de tabaco y otros artículos favoritos del contrabando, unidades de la Armada española comenzaron balizar las aguas de dicha bahía para determinar qué parte de ellas correspondían a los puertos de Algeciras y La Línea, en cuyas inmediaciones había fondeado el buque *Arcadian*, cargado de explosivos. El clamor en la Roca fue instantáneo. «No hay un régimen jurídico para esta delimitación —clamaba *El Calpense* en su editorial—, por lo que la jurisdicción debe ser hecha sobre la base de derechos inmemoriales». Y por si quedaba duda de que tenían derecho a usar como quisieran la bahía de Algeciras, remachaba: «Nadie puede negar el hecho de que desde tiempo inmemorial, las autoridades del puerto de Gibraltar han hecho uso de las aguas de la bahía de Gibraltar como fondeadero comercial de los buques que visitaban nuestro puerto». O sea que no sólo se atribuían plenos derechos de esa bahía sino que le robaban incluso su nombre: ya no era la bahía de Algeciras, sino la bahía de Gibraltar. En un rasgo de generosidad, su periódico, *El Calpense,* concedía que «el uso comercial por parte de España de esas aguas no contraviene nada tampoco».

Se alzaron voces en las Cámaras sobre estos incidentes, que, al revés que otras veces, fueron acalladas por lord Shaeleton al declarar que «las incursiones del *Hernán Cortés* y el *Tambre* (navíos españoles) dentro de las 400 yardas del malecón de Gibraltar eran un ejercicio de paso pacífico», declaración sorprendente porque el derecho de paso pacífico se aplica a los buques mercantes, no a los navíos de guerra. Sería sin embargo engañarse pensar que los británicos se habían vuelto atrás. Lo que ocurría era que, embarcados como estaban en una dificilísima operación diplomática en la ONU para desactivar la última resolución del Comité de los 24, lo que menos les interesaba en aquellos momentos era mezclarla con un incidente de tipo militar. Más, con intervención de la Royal Navy, que tan mala memoria había dejado en los países un día colonias. Se comprobó al presentar España la protesta por el *Arcadian*, con cartas marinas señalando exactamente donde había fondeado: la respuesta británica fue que dicho buque, cargado de explosivos como recordarán, no «representaba ningún peligro para los puertos próximos españoles». Que, sin embargo, debía de ser peligroso para el de Gibraltar se demostraba con la negativa a permitirle amarrar a su malecón, procediéndose a su descarga desde el fondeadero. Actitud, por cierto, que han mantenido hasta nuestros días, se trate de explosivos, vertidos de petróleo o nucleares. La lógica normal no sirve con los ingleses, que en el cruce de notas correspondiente se reservaron sus «derechos sobre las aguas gibraltareñas», reiterando su oferta de entablar una negociación jurídica sobre ellas. La respuesta española fue que «el problema de Gibraltar no es de aguas ni jurídico, sino de descolonización. Cualquier otra cuestión que no sea ésta, tiene carácter accesorio y quedará automáticamente resuelto si se resuelve la principal. Mientras tanto, España defenderá con firmeza sus derechos».

En defensa de esos derechos se publicó por aquellas fechas el segundo Libro Rojo español sobre el contencioso gibraltareño, que recogía cuanto había ocurrido en él desde 1965, fecha de aparición del primero, que había sido mucho y excitante. Era un mamotreto de más de mil páginas, donde estaba desde las notas intercambiadas entre ambos gobiernos a las últimas resoluciones sobre el caso, pasando por los conflictos en aguas y cielo en torno a la Roca. Allí estaba todo y si alguien quería conocer cualquier detalle, no tenía más que echar mano de él. Era una muestra de cómo el Ministerio de Asuntos Exteriores español había planeado y estaba llevando la batalla de Gibraltar: exhaustivamente, sin improvisaciones, precipitaciones ni desánimos, cubriendo todos los frentes, ganando milímetro a milímetro terreno al contrario, es decir, de un modo muy poco español. Si el primer Libro Rojo había sido el triste relato de cómo los ingleses habían ido quitando poco a poco Gibraltar y sus inmediaciones a los españoles, el segundo era la historia de cómo los españoles lo iban, paso a paso también, reconquistando.

Y ahora podemos volver a la batalla en la ONU, que habíamos dejado en la Cuarta Comisión, con dos proyectos de resolución, uno hispanoamericano, que pedía ratificar la última resolución del Comité de los 24, donde se rechazaba el referéndum gibraltareño, y otro inglés, que lo endosaba, con uno noruego, aparentemente neutral, pero en el fondo probritánico, al limitarse a recomendar que continuasen las conversaciones hispano-británicas, ignorando por completo la última resolución del Comité.

Era un 12 de diciembre cuando una Cuarta Comisión cargada de electricidad volvió a debatir el tema Gibraltar. Que la cosa iba de veras lo demostraba la presencia de numerosos embajadores, que generalmente se reservan para la Asamblea General. Y fue el de Ecuador, don Leopoldo Benites, el encargado de defender el proyecto hispanoamericano y de rebatir el británico. Lo hizo en una pieza oratoria corta, seca, cáustica, sin un gramo de grasa, en la que se barajaban no sólo conceptos relacionados con Gibraltar, sino también otros nuevos que podían sentar jurisprudencia en materia de descolonización, ya que Gibraltar se estaba convirtiendo en un caso clave, capaz de abrir una segunda etapa de la misma, mucho más compleja y penetrante que la primera, en la que la inexperiencia y el idealismo condujeron a graves errores. Errores de los que ya se había quejado el representante de Camerún: «Inglaterra se ha aprovechado, con perfidia, del sagrado principio de autodeterminación de los pueblos para desgajar mi país, por medio de un referéndum trucado. Comprendemos el doloroso sentir de los ingleses, confrontados con la liquidación de su imperio. Pero el Reino Unido no puede detener el curso de la historia y no le valdrán todos sus esfuerzos desesperados para mantener sus dominios», dijo el delegado camerunés. Aunque advirtió: «Los ingleses siguen usando cartas marcadas y aguantan el desenmascaramiento de sus maniobras con una admirable sangre fría».

Pero fue el embajador Benites, como queda dicho, el encargado de desmontar el andamiaje pseudodescolonizador británico, y que planteó dos preguntas determinantes ante el problema:

— ¿Cuál es el estatuto jurídico de Gibraltar? y
— ¿Quién tiene derecho a decidir sobre el futuro de la Roca?

Sobre el título jurídico, el embajador ecuatoriano demostró que Inglaterra no lo tenía sobre el Peñón, primero, porque lo adquirió ilegalmente; segundo, porque las potencias coloniales, según la Carta de la ONU, no son propietarias de sus colonias, sino meras administradoras de las mismas, hasta el momento en que cese su anacrónica situación. Inglaterra no puede, pues, arrogarse el poder de decidir el futuro de Gibraltar. ¿Quién, entonces? Por lo general, lo deciden los pobladores de la colonia. Pero, cuidado, ya que es fácil caer en la trampa de los neocolonialistas. Población y territorio son dos elementos naturales íntimamente unidos, a los que sólo falta un gobierno para convertirse en Estado soberano. Pero también puede ocurrir que no exista esa sincronización, que la potencia colonial haya expulsado a la población autóctona, importando otra que le es fiel y en la que se apoyará para continuar su dominio sobre el territorio. Es lo que ha acontecido en Gibraltar. Aceptar la tesis inglesa sobre el Peñón sería tanto como aceptar que cualquier minoría blanca —la de Rhodesia, por ejemplo— tiene derecho a disponer de un país arrancado a los nativos en el período colonial. Aceptar la tesis inglesa es aprobar la política del gobierno sudafricano, por la que los negros van cada mañana a su trabajo, pero deben regresar cada noche a su *apartheid*. Aceptar la tesis inglesa es aprobar la teoría del *Anschluss* de Hitler, según la cual una minoría tiene derecho a desgajar la integridad territorial de un país, si ésa es su voluntad. Algo que va contra todos los principios de la ONU. Con lo que se llegaba al cogollo del problema gibraltareño: la verdadera población. Los ingleses alegaban que eran los 25.000 residentes actuales, por lo que podían decidir el futuro de la Roca. Olvidando que esa población fue falsa en su principio y en su evolución. Gibraltar no es una isla en medio del océano, sino la capital natural de una comarca española que converge en ella. A su puerto deben ir en busca de trabajo los habitantes de los alrededores, como los vecinos de Gibraltar se suministran de víveres en sus inmediaciones. Pero los ingleses han pervertido durante 250 años esa evolución natural de la comarca, impidiendo a los españoles pernoctar en la ciudad. Bien saben por qué lo hacen: de habérselo permitido, la Roca sería española en dos generaciones. Tuvo, pues, que mantener unas medidas discriminatorias e inyectar constantemente población artificial para mantener su dominio. «En tales condiciones, querer descolonizar Gibraltar consultando exclusivamente a los que se han estado aprovechando del colonialismo no puede tomarse más que como una muestra del humor británico», advirtió el embajador Benites, si bien cerró su intervención con una cita de Shakespeare: «Discutir que el día es el día, la noche es la noche, y el tiempo es el tiempo, es perder el día, la noche y el tiempo».

El discurso sin duda aclaró un punto tan espinoso como decisivo del contencioso como era el del referéndum, al no ser fácil para cualquier delegado de un país democrático pronunciarse contra una consulta popular. El mayor peligro, sin embargo, era que los votos no los decidían los delegados, sino sus gobiernos, y Londres estaba haciendo presiones formidables en todas las capitales para sacar adelante sus tesis o al menos impedir que se impusieran las contrarias. Presiones que habían llegado al punto de hacer que ciertos países hispanoamericanos se resistieran a patrocinar el todavía proyecto de resolución de su grupo. También la maniobra a nuestras espaldas, capitaneada por Noruega, avanzaba, habiendo logrado atraer como copatrocinadores a Dinamarca, Islandia, Ceilán, Gambia, Jamaica, Malta y Singapur. Era, como recordarán, el plan B británico, para volver a la situación de hacía un año, olvidando que en el entretanto, el Comité de los 24 había condenado el referéndum gibraltareño y establecido que la descolonización de Gibraltar tenía que hacerse respetando la integridad territorial de España.

Aunque para los conocedores de la «casa», el mayor riesgo venía de la naturaleza y momento de ésta. La ONU tiende de por sí al compromiso y estábamos ya al final de un largo período de sesiones, con los delegados hartos de debatir los temas más diversos y una ganas enormes de irse a casa. Había el peligro de que con las Navidades echándose encima, el cansancio acumulado y los mil problemas en disputa, se decidiese, como tantas otras veces, tirar por el camino más cómodo, el del medio, el proyecto noruego, aunque fuera neutral sólo en apariencia y devolviese Gibraltar al empate técnico en que se encontraba hacía un año.

«Hay que apretar el acelerador», le oí decir mientras salían a uno de los miembros de la delegación española.

«Sin salirse de la pista», advirtió otro.

El debate se reanudó la noche siguiente, con tanta intensidad e incluso más dramatismo. El contencioso de Gibraltar se había ido afilando año tras año, mes tras mes, día tras día, hasta quedar reducido, a aquellas alturas, a una sola pregunta: ¿quiénes eran los verdaderos, los genuinos, los auténticos habitantes del Peñón: los descendientes de aquellos que, expulsados por los ingleses, acamparon en los alrededores, o los descendientes de quienes, al amparo del pabellón británico, habían ido asentándose en la Roca? La Cuarta Comisión de Naciones Unidas iba a tenerlos delante aquella noche, dos siglos y medio más tarde. El contencioso de Gibraltar se personificaba, lo que siempre añade dramatismo a cualquier pleito.

En la mesa de peticionarios iban a sentarse de nuevo, por un lado, mr. Joshua Hassan y mr. Isola, presidente y vicepresidente del llamado gobierno de Gibraltar, y don Pedro Hidalgo, alcalde de San Roque, y don Fernando Fugardo, líder del sindicato de los obreros gibraltareños, por el otro, para reclamar el mismo privilegio: ser los representantes del verdadero pueblo de Gibraltar. Si el objetivo era el mismo, los caminos elegidos por ambas parejas no podían ser más distintos: mr. Hassan, que había dejado caer discretamente para la ocasión al título de «sir», era un buen abogado, conocedor al dedillo de las disposiciones legales y de la forma de doblarlas sin llegar a romperlas, mientras mr. Isola, hombre de negocios, no le andaba a la zaga en tales menesteres. El pasado año habían cometido el error garrafal ante la misma Comisión de no enmascarar sus objetivos, reconociendo abiertamente que no tenían nada contra la continuidad del régimen colonial en la Roca. Aquello les hundió. Este año habían aprendido la lección y cambiado por completo tanto la letra como la música de su discurso. «Nosotros —fue el tenor de éste— hemos expuesto en el referéndum nuestra voluntad y no estamos dispuestos en modo alguno a ser entregados a España. La ONU no puede entregarnos maniatados a una potencia extrajera, menos en vísperas del Año Internacional de los Derechos Humanos, a celebrar en 1968. Sería una traición a los más sagrados principios de esta casa». Especial empeño pusieron en subrayar que eran los auténticos pobladores de Gibraltar, que habitaban desde generaciones. Y ahí, mr. Hassan, como los abogados famosos cuando dan el «do» de pecho, alzó la voz, compuso el gesto y pidió, si era preciso, el envío de una comisión de expertos en demografía y etnología a la Roca, para decidir si los actuales habitantes en ella eran los auténticos gibraltareños. Claro que luego, cuando el representante sirio le preguntó si estaba dispuesto a que dicha comisión examinase también a los habitantes del Campo de Gibraltar, respondió con evasivas.

Ni don Pedro Hidalgo ni don Fernando Fugardo eran expertos en leyes. Eras dos hombres honestos, sencillos, con una tremenda devoción a la tierra donde viven y a las gentes que representan. «Soy el alcalde de San Roque —dijo el primero—, donde reside desde 1704 la muy noble y más leal ciudad de Gibraltar. Como recuerdan, la población española de Gibraltar, expulsada por los ingleses cuando tomaron la plaza, se instaló a diez kilómetros del Peñón y creó la ciudad de San Roque, habitada hoy en día por los descendientes de los verdaderos gibraltareños y a la que aquí represento. Traigo también la representación de otras cuatro ciudades del Campo de Gibraltar: La Línea, Algeciras, Los Barrios y Tarifa, creadas y pobladas más tarde por descendientes de gibraltareños. Si la situación colonial de Gibraltar va a eliminarse, reconociéndose el derecho de España a su integridad territorial, tal como señala la resolución del Comité de los 24 del 1 de septiembre, nada tenemos que decir. Pero si el futuro de Gibraltar van a decidirlo los afectados por la situación colonial, nosotros tenemos derecho a tomar parte en esa decisión, al ser los principales afectados». Dicho todo ello sobriamente, en gesto y palabra, aunque también en tono enérgico e inequívoco.

Don Fernando Fugardo estuvo igualmente sobrio: «Mi profesión es la de ebanista —dijo—, y trabajo en una importante fábrica de muebles en España. Al mismo tiempo, he sido elegido por los trabajadores del ramo presidente de la Sección Social del Sindicato de la Madera. Los obreros que represento son, cuanto menos, tan gibraltareños como los inscritos en el Registro con permiso del gobernador militar. Descienden, en proporción muy considerable, de los habitantes que fueron expulsados por los ingleses, han vivido siempre en torno a esa ciudad, están familiarmente vinculados a muchos de sus residentes con pasaporte inglés, tienen a sus muertos enterrados en los cementerios de la colonia o sus alrededores y no pueden encontrar otro trabajo en la zona más que el que siempre ofreció la capital natural de la región y el centro económico de consumo, como es siempre una ciudad para su *hinterland* natural. La existencia de esos obreros no es un capricho político ni una maniobra española. Es la consecuencia natural de que en una región geográfica, la capital, la ciudad tradicional, ha sido segregada por un hecho militar. Nuestra aspiración no es tanto que ahora se nos permita participar en un referéndum como que se nos permita vivir en el lugar de nuestro trabajo con los mismos derechos que gozan los habitantes importados de la ciudad». Y a continuación, una larga y penosa historia de la estela que ha dejado el colonialismo inglés en el Campo de Gibraltar, desde víctimas no indemnizadas en accidentes de trabajo a falta de seguros sociales y toda clase de discriminaciones humanas y salariales, lo que obligó a la creación de un Sindicato de Obreros Españoles en Gibraltar. «¿Por qué los trabajadores españoles en Gibraltar me han pedido que actúe en su nombre como peticionario en Naciones Unidas?» —siguió el sr. Fugardo—. «Pues porque los obreros españoles que trabajan en la colonia consideran que no puede disponerse de su futuro sin que su voz sea escuchada y su situación conocida. En el referéndum que Inglaterra celebró el 10 de septiembre, no se les tuvo en cuenta. Lo mismo que en la vida diaria de la colonia no cuentan para nada. Su situación sólo podía compararse con la de los obreros africanos que viven en los cinturones urbanos de los grandes centros industriales de África del Sur: son una fuerza de trabajo necesaria, de la que es difícil prescindir, pero al mismo tiempo no tienen derechos políticos, ni laborales, ni casi humanos en el seno de la sociedad que los utiliza. Se trata de una fuerza laboral empleada por un capitalismo que se limita a pagar un sueldo, y que a las seis de la tarde los devuelve a su punto de origen hasta la mañana siguiente. Los que entregan diariamente su sudor a Gibraltar quieren que se les tenga en cuenta para cualquier decisión que se tome sobre el futuro de la ciudad».

Siguió el clásico tiroteo de preguntas de los delegados a los cuatro peticionarios, y ahí las cosas no rodaron tan bien como pudieran haber rodado. La agilidad dialéctica de mr. Hassan le permitió aprovechar algunas preguntas ingenuas y convenidas previamente para insistir en la legitimidad de su causa, mientras se zafaba de las más embarazosas para ella con tergiversaciones o incluso falsedades, como decir que el gobierno español era el causante de que los obreros españoles no pudieran vivir en Gibraltar, «ya que lo tienen prohibido». Don Pedro y don Fernando le salieron inmediatamente al paso con la ley inglesa que impide a los españoles no ya residir, sino incluso pernoctar en la Roca sin una autorización especial. Quedó, en cambio, sin desenmascarar su alegación de que en el referéndum «habían elegido el ser libres de España», cuando lo que habían elegido era seguir siendo colonia británica. Pero estas cosas pasan en un debate, sobre todo si es tan acalorado como era éste, con profesionales de la dialéctica de un lado y personas normales del otro.

El duelo oratorio quedó así equilibrado, lo que teniendo en cuenta lo mal que se le presentaba a los ingleses, podía considerarse un buen resultado para ellos y sus leales en la Roca, sin significar en modo alguno una victoria decisiva. La situación, pues, quedaba aproximadamente como en la jornada anterior, con una resolución inglesa, poco menos que descartada, otra hispanoamericana, con muchas posibilidades, y una tercera noruega, peligrosa por ofrecer un aparente compromiso, siendo en realidad probritánica, al ignorar la última del Comité de los 24, no incluir la condena del referéndum y no aludir a la integridad territorial de España. Su aire inocente podría arrastrar no sólo a los despistados, sino también a los que no querían enemistarse con Gran Bretaña, que eran más de los que lo decían. Menos mal que un pequeño gran amigo de España, capitaneado por Yemen, realizó en el último minuto una jugada diplomática maestra, proponiendo añadir, al proyecto noruego, el párrafo «Se aprueba la resolución adoptada por el Comité de Descolonización el 1 de septiembre». Lo que significaría llenar el ambiguo proyecto escandinavo con toda la doctrina establecida por la última resolución del Comité. Dicho de otro modo: se desactivaba la maniobra anglo-noruega. Las caras de sus delegados al escuchar la propuesta eran la mejor muestra de lo poco que les había gustado.

Que no iban a conformarse lo comprobamos al día siguiente cuando, nada más reanudarse el debate, el delegado de Guayana presentó una enmienda a la enmienda del Yemen, sustituyese el «Se aprueba» por «Se toma nota». Era sólo tres palabras, pero decisivas, pues «aprobar» significa asumir e incorporar, mientras «tomar nota» puede respetarse o no. Tan fuerte y tan fino se estaba jugando, con cada parte tratando de neutralizar cualquier movimiento de la otra.

El intercambio de golpes continuó al día siguiente, un poco como esos boxeadores que acusan el cansancio después de varios asaltos feroces. Se repetían argumentos mil veces oídos y tesis mil veces expuestas: «Gibraltar es sólo una base militar», «Gibraltar es un territorio que aspira a la autodeterminación», «Son sus habitantes quienes deben decidir el futuro de la Roca», «Esos habitantes son simples servidores de la potencia colonial», «España ha interrumpido la negociación», «No, fue Inglaterra quien la interrumpió», así, hasta el infinito, mañana, tarde y noche, sesión tras sesión.

Los ingleses habían vuelto a sacar a su mejor espada, lord Caradon, quien pronunció un discurso en ese tono entre patético y ofendido que tantos éxitos le había proporcionado en aquella casa. «¿Cómo va la ONU a desoír la voz de 25.000 personas que claman por su libertad?», fue su *leit-motiv*. «¿Cómo va la ONU a permitir la consagración del colonialismo en tierras españolas?», le replicó Piniés. Antes había hablado el embajador argentino, sr. Ruda, ceñido al marco jurídico para denunciar la ilegalidad del referéndum y apuntalar el principio de la integridad territorial de los países, ya que el suyo no perdía de vista las Malvinas. Y volvimos a escuchar al delegado sirio, con su fogosidad habitual, denunciando el problema humano que desde hacía siglos se había creado en una comarca española.

La única novedad la aportó el delegado soviético, sumándose, sin decirlo abiertamente, a la posición española en un discurso donde:

— No se repetía la acusación a España de no tener interés en desmantelar la base militar gibraltareña, y

— Adhiriéndose ya sin reparos a la tesis de que Gibraltar era una base colonial donde se estaba realizando una turbia maniobra. «Allí, como en otros puntos del globo —dijo el sr. Shakhov—, la potencia administradora trata de mantenerse, ocultando al mundo con una fórmula camuflada que la situación colonial continúa».

No faltaron tampoco defensores de las tesis inglesas. Jamaica, Trinidad-Tobago, Ghana insistieron en su argumento favorito: no puede entregarse a los gibraltareños a España contra su voluntad, ya que eso significaría violar uno de los principios más sagrados de la Carta de Naciones Unidas.

La impresión, sin embargo, cuando esta jornada se disponía a finalizar, en plena madrugada, era que el proyecto hispanoamericano ganaba lenta pero ininterrumpidamente terreno en la Cuarta Comisión, mientras el inglés se había poco menos que descartado y el noruego se enredaba en las enmiendas y contraenmiendas que le habían surgido, quitándole su principal atractivo: el de la sencillez y alegada neutralidad. Ante lo que los ingleses intentaron un golpe de mano. Aprovechando que muchos delegados se habían marchado debido a la hora y que presidía la Comisión el representante de

Guayana, amigo suyo, propusieron que se votaran sin más los proyectos de resolución presentados sobre Gibraltar. La sala semivacía les favorecía y el presidente más todavía, al intentar forzar el voto sin consultar a los reunidos, no una vez, sino varias. Hubo que cortar el intento obligándole a que se votase sobre la votación: 47 votaron a favor de que se votase al día siguiente, 20 aquella misma noche y 10 se abstuvieron, lo que indicaba lo equilibradas que estaban en aquellos momentos las fuerzas. Pero, una vez más, la maniobra, aparte de fallarles, dejaba al descubierto la debilidad británica: los bloques iberoamericano, árabe y soviético apoyaban la postura española, y ellos solos podían decidir cualquier votación en el pleno.

En afecto, a la mañana siguiente pudimos presenciar una ofensiva general de este frente. La capitanearon los embajadores de Venezuela y Uruguay, sres. Pérez Guerrero y Berro, dos hombres con prestigio en la Organización de Naciones Unidas, ya que el primero había presidido el verano pasado la misión que estudió sobre el terreno la descolonización de Adén y el segundo, como catedrático de Derecho Internacional, se había destacado siempre por el rigor jurídico de sus intervenciones.

«Nosotros confiamos en que Gibraltar volverá a ser pronto lo que nunca hubiera debido dejar de ser: español —dijo el primero—. No admitimos ni podemos admitir que los habitantes de un territorio usado para fines militares puedan considerarse en la misma forma que los habitantes autóctonos de los demás territorios coloniales».

El embajador Berro inició su exposición con la cita de Raymond Aron «los imperios coloniales han encontrado su tumba en Nueva York», que figura en su obra *Paix et guerre entre les nations*, para rechazar la pretensión británica de que el contencioso gibraltareño se sometiese al Tribunal Internacional de La Haya, por tres razones:

— Porque tal sometimiento debe contar con el asentimiento de las partes en disputa;

— Porque los aspectos históricos, políticos, económicos, demográficos y sociales del tema Gibraltar escapaban al escenario exclusivamente jurídico de La Haya, y

— Porque el desgraciado fallo que acababa de emitir dicho Tribunal sobre el caso del África Suboccidental le había hecho perder todo su prestigio en estas cuestiones coloniales.

«La resolución 2231 (anterior de Naciones Unidas) —continuó el embajador Berro— aprobada por 101 votos a favor, entre ellos los de Gran Bretaña y España, y ninguno en contra, señaló el *modus vivendi* para la descolonización de Gibraltar. Nada de Tribunal Internacional, nada de referéndum. Negociaciones entre la potencia administradora y los titulares de la soberanía del territorio ocupado, teniendo en cuenta los intereses de la población». Para terminar: «Gibraltar no tiene ni puede tener vocación nacional y jamás podrá ser una entidad independiente, autónoma. Tampoco podrá asumir las características de un Estado Libre Asociado. Ni siquiera reúne condiciones para figurar como una colonia apta para vivir por sí misma. Le falta todo».

Tenían ambas intervenciones ese aire ganador del que sabe pisa seguro y va a llegar a la meta que se ha propuesto. Se habían agotado los argumentos por ambas partes y, sobre todo, se había agotado el tiempo, por lo que llegaba la hora de una votación que a nadie escapaba iba a ser trascendente, pues la Asamblea General, la última instancia, no iba a desautorizar lo que había aprobado una de sus Comisiones. En otras palabras: el contencioso de Gibraltar se aproximaba a su momento decisivo, que llegó cuarenta y ocho horas más tarde, cuando se procedió a la votación de los distintos proyectos de resolución, comenzando por el hispanoamericano. «Si se aprueba, se habrá condenado el referéndum y se habrá entregado virtualmente Gibraltar a España». Quien decía esto no era Piniés ni ningún delegado amigo de España. Era el propio representante inglés, mr. Luard, poco antes de procederse a la votación, en un desesperado esfuerzo para asustar a las delegaciones ante la magnitud del paso a dar. Sin embargo, la resolución hispanoamericana fue aprobada por 70 votos a favor, 21 en contra y 25 abstenciones. La resolución decía:

La Asamblea General,

Habiendo examinado la cuestión de Gibraltar,

Habiendo oído las declaraciones de la Potencia administradora y del representante de España,

Recordando su resolución 1514(XV) de 14 de diciembre de 1960,

Recordando además la resolución adoptada por el Comité Especial encargado de examinar la situación con respecto a la aplicación de la Declaración sobre la concesión de la independencia a los países y pueblos coloniales de 1º de septiembre de 1967, las resoluciones 2070(XX) de 16 de diciembre de 1965 y 2231(XXI) de 20 de diciembre de 1966 de la Asamblea General y el consenso aprobado el 16 de octubre de 1964 por el Comité Especial,

Considerando que toda situación colonial que destruya parcial o totalmente la unidad nacional y la integridad territorial de un país es incompatible con los propósitos y principios de la Carta de las Naciones Unidas y específicamente con el párrafo 6 de la resolución 1514(XV) de la Asamblea General,

1. Lamenta la interrupción de las negociaciones recomendadas por las resoluciones 2070(XX) y 2231(XXI) de la Asamblea General.

2. Declara que la celebración por la Potencia administradora del referéndum de 10 de septiembre de 1967 contraviene las disposiciones de la resolución 2231(XXI) de la Asamblea General y de la resolución aprobada el 1º de septiembre de 1967 por el Comité Especial encargado de examinar la situación con respecto a la aplicación de la Declaración sobre la concesión de la independencia a los países y pueblos coloniales.

3. Invita a los Gobiernos de España y del Reino Unido a reanudar sin demora las negociaciones previstas en las resoluciones 2070(XX) y 2231(XXI) de la Asamblea General, con miras a poner fin a la situación colonial de Gibraltar y a salvaguardar los intereses de la población al término de esa situación colonial.

4. Pide al Secretario General que preste ayuda a los Gobiernos de España y del Reino Unido en el cumplimiento de la presente resolución y que informe al respecto a la Asamblea General en su vigésimo tercer período de sesiones.

A más de uno le parecerá farragosa y reiterativa, pero había que amarrar todos los puntos para que no quedase ninguna duda sobre el contenido ni sobre el propósito de la resolución, que no sólo respaldaba todas las demandas españolas en el contencioso, sino también rechazaba todas las inglesas.

Detrás quedaba la batalla diplomática más cruenta que se había librado sobre Gibraltar y una de las más intensas que se recordaban en la ONU. Nadie podía llamarse a engaño ya: lo que se ventilaba era si España tenía derecho a Gibraltar, de ahí lo fiera que había sido la pugna, y esta resolución lo avalaba. Se ganó gracias a los amigos. España sola nunca hubiera podido con una gran potencia como Inglaterra, escudada nada menos que en un referéndum ganado con tanta holgura como limpieza democrática. Fueron nuestros amigos hispanoamericanos —citaremos sólo, con injusticia, a los embajadores de Ecuador, Uruguay y Argentina— quienes en intervención tras intervención demostraron a una audiencia tendente a desentenderse de los pleitos entre dos eximperios que Inglaterra no podía legalmente celebrar un referéndum en su base militar a la entrada del Mediterráneo ni los gibraltareños eran quiénes para decidir sobre el futuro de la Roca. Las batallas en la ONU, sin embargo, no se ganan con argumentos, ni siquiera con razones, sino con votos, y los encargados de asegurarlos fueron otros grandes amigos, los árabes, entre los que quiero citar, también pecando por omisión, a los embajadores de Siria, República Árabe Unida, Mauritania y Argelia, en aquellos momentos el actual presidente Bouteflika. Su labor fue menos espectacular, más sorda, pero de una eficacia arrolladora, como demuestra el volumen de votos recogido entre los afroasiáticos. Fueron ellos también quienes aseguraron el voto del bloque soviético, aunque pareció que, a la postre, les convenció la argumentación española. «Lo que buscaba el Reino Unido con el referéndum era simplemente mantener la situación colonial y estratégica en Gibraltar», constató el delegado ruso al explicar su voto favorable a la resolución hispanoamericana. A estos tres bloques se unieron muy distintos países de todos los continentes. Citemos en primer lugar a las tres hermanas del sur de Europa, Grecia, Italia y Portugal —ésta última pese a su tradicional amistad con Gran Bretaña y a estar llevando una política descolonizadora muy distinta a la nuestra, un doble mérito— y a la brava Irlanda, cuyo embajador pronunció un discurso que era una auténtica joya literaria. Sólo tres páginas, pero llenas de tanto encanto como contundencia, de tanto rigor jurídico como etérea ironía. Escuchándolo se comprendía aquella máxima de que la mejor literatura inglesa la han escrito siempre los irlandeses. Desde un ángulo muy distinto, el embajador de Tanzania, mr. Malecela, dio el último empujón al proyecto hispanoamericano, haciendo se incorporasen a él los afroasiáticos indecisos. Aunque primero nos dio un buen tirón de orejas por no hacer acelerado la descolonización de Ifni, Sahara y Guinea, «si se hubieran tomado tanto interés allí como en Gibraltar, seguro que el Comité de Descolonización no tendría tanto trabajo», nos dijo, antes de desenmascarar la falacia británica: «Tratan de hacernos creer que con el referéndum salvaguardan los intereses de los pobladores. Pero el referéndum no tiene nada que ver con la descolonización, pues lo que salió de él fue continuar con la situación colonial. El referéndum era sólo la baza que Inglaterra necesitaba para negociar con ventaja sobre España. Por eso no lo admitimos en el Comité de Descolonización y no lo admitiremos ahora».

Puestos a distribuir elogios, no puede uno olvidar a los de casa. Fue un triunfo de la diplomacia española en su conjunto, sin una sola grieta y aprovechando la menor del contrario para irrumpir por ella en tromba, el premio del agua que horada gota a gota la roca, en este caso, la Roca con mayúscula. En un juego de equipo, con Piniés como ariete disparando cada balón que le servían unos volantes, Fernando Olivié, Gabriel Cañadas y tantos otros que trabajaban en la sombra, junto a los embajadores en los más diversos países y un ministro, Castiella, que puede tuviese que bailar con la más fea: la desconfianza del propio gobierno español, con Carrero Blanco a la cabeza, aunque Franco participaba también de ella, dentro de su escepticismo hacia unos y otros. Menos mal que lo consiguieron, porque de fallar, los hubiesen enviado a casa al día siguiente. Pero nada tiene más éxito que el éxito, y todos los recelos tuvieron que guardarse ante el auténtico milagro que se había logrado. Pues no era nada convencer a la ONU de que no hiciera caso de un referéndum, y de que respetase sólo los intereses, no los deseos, de los habitantes de un territorio colonial. Más difícil todavía: convencer a todo el mundo de que Gibraltar, al que muchos consideraban una isla, era tierra española por geografía, historia, pasión y justicia. A fuerza de repetírselo, todos los delegados se habían enterado de su peripecia. Aunque lo más difícil fue ganar la batalla a Inglaterra, la última de las potencias clásicas, vencedora de las dos grandes guerras mundiales, con prestigio y aliados en los cinco continentes, y hacerlo desde un país pobre, excluido de las grandes alianzas internacionales, hasta hacía poco paria entre las naciones, con un régimen criticado, despreciado, que no había logrado todavía encontrar su sitio en el tablero internacional. Pero se consiguió, por lo que la palabra milagro está justificada, aunque los milagros hay que ganárselos y ayudó sin duda una coyuntura que difícilmente volverá a darse, con las dos superpotencias enfrentadas en una guerra fría, lo que daba protagonismo a los neutrales, y la ola descolonizadora que barría Naciones Unidas. Londres quiso aprovecharla para poner al día los títulos que el viejo Tratado de Utrecht le daban sobre Gibraltar, pero el tiro le salió por la culata al no contar con la fiera defensa española de sus derechos ni con el nuevo clima que se imponía en el mundo. Cargó todo su peso en los «sagrados derechos de la población de un pueblo colonial a decidir su destino», pero los representantes de ese pueblo que presentó en la

ONU tenían más aspecto de colonos que de colonizados, lo que provocó que sólo pudieran encontrar apoyo en las excolonias más próximas, Australia, Nueva Zelanda, Canadá, o más dependientes, Jamaica, Malvinas, Malta, Trinidad-Tobago, junto a los escandinavos, menos Finlandia, y algún «neutral» europeo, como Luxemburgo.

Especialmente doloroso para él tuvo que ser la abstención de Estados Unidos, dados los lazos especiales entre las dos grandes potencias anglosajonas. Esa neutralidad norteamericana, practicada hasta el extremo por su representante en la Cuarta Comisión, el embajador García, un tejano-norteamericano, nos favoreció, ya que un simple comentario suyo probritánico en los pasillos hubiese hecho dudar a más de un pequeño país. Y ya que se trataba de una resolución trascendental en el viejo contencioso de Gibraltar, vamos a dejar constancia de cómo votó cada uno:

A favor:

Afganistán, Argelia, Argentina, Bolivia, Brasil, Bulgaria, Birmania, Burundi, Bielorrusia, Camboya, Chile, China, Colombia, Congo (Brazzaville), Costa Rica, Cuba, Checoslovaquia, República Dominicana, Ecuador, El Salvador, Gabón, Grecia, Guatemala, Guinea, Haití, Honduras, Hungría, Indonesia, Irán, Irak, Irlanda, Italia, Costa de Marfil, Japón, Jordania, Líbano, Liberia, Libia, Malí, Mauritania, Mongolia, Marruecos, Nicaragua, Pakistán, Panamá, Paraguay, Perú, Filipinas, Polonia, Portugal, Rumania, Ruanda, Arabia Saudita, Somalia, Yemen del Sur, España, Sudán, Siria, Túnez, Turquía, Ucrania, Unión Soviética, República Árabe Unida, Tanzania, Alto Volta, Uruguay, Venezuela, Yemen, Yugoslavia y Zambia.

En contra:

Australia, Barbados, Botswuana, Canadá, Ceilán, Dinamarca, Gambia, Guayana, Jamaica, Lesotho, Luxemburgo, Malawi, Malasia, Malvinas, Nueva Zelanda, Noruega, Sierra Leona, Suecia, Trinidad-Tobago, Malta y Reino Unido.

Abstenciones:

Austria, Bélgica, República Central Africana, Tchad, República Democrática del Congo, Chipre, Etiopía, Finlandia, Francia, Ghana, Islandia, India, Israel, Kenia, Madagascar, México, Nepal, Singapur, Tailandia, Togo, Uganda y Estados Unidos.

Ausentes:

Albania, Camerún, Dahomey, Kuwait, Laos, Nigeria y África del Sur.

Israel, siempre en la línea de Washington, como ven, se abstuvo. Pero su delegado, como desquite, no pudo reprimir, al explicar su postura, una alusión fuera de lugar a la División Azul, pues ni siquiera quien tenía más derecho a hacerlo, el delegado soviético, la había citado. Piniés le replicó de inmediato, recordándole que representaba a quien «con la mejor escuela político-militar de la ideología nazi, aplicaba treinta años después tácticas contra sus vecinos que la Humanidad consideraba superadas. España no utilizó nunca la fuerza, la ocupación militar y el exterminio de poblaciones civiles con fines políticos, y rechaza del modo más categórico, lo rechaza ahora, del representante del Estado que las emplea de forma habitual para, según el mejor ejemplo colonialista e imperial, intentar agrandar sus fronteras». Conviene recordar que estábamos en plena resaca de las Guerra de los Seis Días, librada seis meses antes.

Vista la arrolladora mayoría obtenida por la resolución hispanoamericana, los noruegos decidieron retirar la suya. Los ingleses, sin embargo, no se mostraron esta vez tan buenos perdedores. Lord Caradon, que llegó como siempre a última hora a salvar lo insalvable, visto que era imposible, estalló en una diatriba lamentable para todos, pues nunca es agradable contemplar cómo un honorable diplomático arremete, rojo por el despecho, contra todo y contra todos. Comenzó con un golpe bajo, una alusión despectiva, si no denigrante, al régimen español, algo que no se llevaba en aquel foro, donde estaban representados regímenes de todas clases, lo que advertía de hasta qué punto le había dolido la humillación. Piniés le contestaría que «los 273 años de ocupación británica de Gibraltar por la fuerza han permitido que en esta cuestión estemos unidos todos los españoles. Con monarquía, con república, con autoritarismos, con liberalismo y conservadurismo, al igual los españoles que están dentro de España como los que se encuentran alejados, con cualquier ideología que puedan tener, todos han reafirmado continuamente esta justa reivindicación española. La ocupación británica del Peñón es intolerable para todos los españoles sin distinción de matices. Durante la Segunda Guerra Mundial, Gran Bretaña sabe el papel que desempeñó Gibraltar gracias a la neutralidad española. Han pasado los siglos sin que un solo soldado inglés o un ciudadano británico hayan sufrido lo más mínimo a manos españolas. La afirmación de lord Caradon no sólo me indigna, sino que me asombra: ¿dónde está el famoso *fair play* británico?».

Pero lord Caradon no se limitó a ofender a España, sino que llegó a insultar a las delegaciones que habían apoyado la resolución hispanoamericana —«han votado ustedes no siguiendo los dictados de la justicia, sino por causas extrañas»—, a rechazar, «por partidista», la resolución recién aprobada, a asegurar que «el pueblo inglés nunca entregaría una pequeña y orgullosa comunidad a otra potencia» (lo que incluso podía tomarse como un piropo, pues España había dejado hacía mucho tiempo de serlo y en aquellos momentos lo era menos que nunca), y a calificar la resolución respaldada por una aplastante mayoría de «descrédito para la ONU». En eso quedaba la famosa flema inglesa y su respeto por la democracia. Era el derecho al pataleo, pero también la advertencia de que Londres no pensaba ni remotamente aceptar, y menos cumplir, el dictamen de la Cuarta Comisión. Lo que podía esperarse era que haría cuanto estuviese en su mano para que no fuese refrendado por la Asamblea General, la última instancia. Aunque para eso sí que se necesitaría un verdadero milagro, ya que sería tanto como negarse a sí misma: según los estatutos de la ONU, la Cuarta Comisión es «de la Asamblea General», como sus otras cuatro Comisiones.

En efecto, cuando dos días más tarde se presentó a votación en la Asamblea General el proyecto de resolución hispanoamericano sobre Gibraltar, fue aprobado incluso con más holgura que en la Cuarta Comisión, ya que Dahomey y Camerún, que habían estado ausentes en aquélla, votaron a favor; Nigeria y Laos, también ausentes en la primera, se abstuvieron; Luxemburgo, que había votado «no», se abstuvo, y Lesotho, que también había votado «no», no apareció en el plenario. En total: 73 votos a favor, 19 en contra y 27 abstenciones. Con ello, «el más alto organismo de esta asociación internacional pone cauce justo y lógico a la liquidación del problema colonial de Gibraltar —vamos a decirlo con las palabras de Piniés al pleno—. Lo que la ONU dice es que España debe ser reunificada, respetándose los intereses de los súbditos británicos de la Roca. España está dispuesta a aceptar tales condiciones y espera con el más abierto de los ánimos la próxima llegada del negociador inglés a Madrid». No había en la declaración final del representante español la menor altanería. Incluso refrenó el natural sentimiento de triunfo. Y menos aún quiso enzarzarse en la polémica que lord Caradon había intentado reanudar minutos antes, al repetir los argumentos que la Asamblea acababa de dar por inválidos: que los intereses de los habitantes están por encima de todo, que Naciones Unidas no tenían jurisdicción sobre el caso —¿por qué, entonces, lo habían traído allí?—, que su país estaba dispuesto a llevarlo al Tribunal Internacional de La Haya y que «no abandonaría a aquella orgullosa y pequeña comunidad».

De esto último, es decir, de que Inglaterra no estaba dispuesta a cumplir los dictados de la ONU, no cabía la menor duda. La duda era por dónde iba a salirnos. Una palabra sustituida en el discurso de lord Caradon distribuido con antelación entre la prensa nos daba una pista: donde decía «asociación de Gibraltar con el Reino Unido», se había tachado «asociación», para poner a mano «relaciones de Gibraltar con el Reino Unido». ¿Era la próxima jugada de Londres? ¿Conceder a Gibraltar el estatuto de Estado Libre Asociado, para ver si la ONU y España se atrevían con un Estado *quasi* independiente? Aunque iba a ser difícil montarlo, ya que la entera Roca era una base militar, quedando muy poco margen para la independencia.

Lo único seguro era que los ingleses no iban a aceptar la ruta establecida por la ONU para la descolonización de Gibraltar, o sea, que habían perdido la batalla diplomática que ellos mismos habían iniciado. Lo que significaba que España la había ganado. La satisfacción estaba justificada. Anoto la fecha, por lo histórica, 19 de diciembre de 1967, y el número de la resolución, 2353(XXII), para los aficionados a efemérides.

Intermedio

Se abría un nuevo capítulo en la historia de Gibraltar. Al menos, teóricamente. Ya no era una fortaleza cedida a perpetuidad por España a Inglaterra, a menos que ésta decidiera enajenarla, en cuyo caso, España tendría la primera opción. Era una colonia que tenía que ser descolonizada respetando el principio de la integridad territorial de los países y teniendo en cuenta los intereses —no los deseos— de sus habitantes. Al menos eso era lo que había decidido Naciones Unidas, con instrucciones a los gobiernos británico y español de mantener negociaciones para llevarlo a cabo. España tenía, por tanto, los títulos legales para recuperar el territorio que le había sido usurpado tres siglos atrás.

Sólo había un problema, y no pequeño: los ingleses no estaban dispuestos a ello. Incluso, con su sangre fría habitual, no habían tenido el menor inconveniente en advertirlo a la Asamblea General que había aprobado con amplísimo apoyo tal resolución. ¿Iban a mantener tal actitud? ¿Estaban dispuestos a unirse al pequeño grupo de países, como Portugal y Sudáfrica, que desafiaban a la comunidad internacional manteniendo su política colonial contra sus instrucciones, viéndose convertidas cada vez más en parias de la misma? ¿O pensaban que aún había posibilidades de dar la vuelta a la situación, pese a que la doctrina para el futuro de Gibraltar parecía ya consolidada? ¿Por dónde iban a salirnos?

Ésa era la pregunta que se hacían en el Ministerio de Asuntos Exteriores español y en su Misión ante la ONU a comienzos de 1968, donde no se olvidaba que los ingleses no dan nunca una batalla por perdida, incluso cuando la han perdido, ya que, en tales casos, siguen su máxima *don't get mad, get even*, «no te cabrees, desquítate». Aunque el revolcón que acababan de sufrir les advertía que no les iba a ser tan fácil ni tan barato como en épocas pasadas, cuando su flota imponía su ley particular en los mares y territorios ribereños.

Las opciones españolas tampoco eran tantas como a primera vista pudiera parecer. Habíamos revalidado la primera opción sobre Gibraltar, establecida en el Tratado de Utrecht para cuando dejara de ser inglés a la luz de la nueva legislación internacional, que prohíbe desgajar la unidad nacional de los países con apropiaciones coloniales. Pero sólo sobre el papel. Llevarlo a la práctica era lo difícil si los ingleses se negaban, como sabían los caseros españoles que intentaban recuperar un piso contra el parecer de los inquilinos. Sin que la ONU pudiera ya ayudarnos mucho en esta recuperación porque ella misma había dispuesto que tal reintegración tenía que hacerse a través de negociaciones hispano-británicas, y si dos no riñen si uno no quiere, dos no negocian si uno se niega. Tampoco cabía la opción de que la ONU enviase cascos azules a Gibraltar para reintegrarlo a territorio español porque, de entrada, los cascos azules sólo se envían como tropas de interposición a zonas de conflicto armado, tras aprobarlo el Consejo de Seguridad, donde los ingleses tienen veto, y no iban a consentir su envío. Por otra parte, la resolución sobre Gibraltar no había sido aprobada por el Consejo de Seguridad, sino por la Asamblea General, mucho más representativa, pero sin los poderes coactivos y ejecutivos de aquél. O sea que tampoco la posición española era cómoda. Se nos había dado el derecho, pero no los instrumentos para ejercerlo. Sobre todo con la otra parte negándose en redondo a seguir las instrucciones del máximo organismo internacional.

Cuando los diplomáticos españoles hacían ver a sus colegas esta discrepancia en reuniones informales o mientras tomaban un café en el bar de delegados, la respuesta más común de los «no alineados», que constituían el bloque mayoritario en la organización, era:

—Ocupen ustedes Gibraltar, como los hindúes han hecho con Goa.

Había dos inconvenientes. El primero a la vista: que nosotros no éramos la India, ni Inglaterra, ni Portugal. El segundo más particular: que Franco, en su santo respeto a los ingleses, ya había advertido que el único camino que descartábamos para recuperar esa colonia en nuestro territorio era el uso de la fuerza.

Y no estaría mal que hiciésemos un alto para preguntarnos cuál era la auténtica postura de Franco ante la cuestión de Gibraltar. Siendo la respuesta ambigua, como tantos otros aspectos tácticos de su política, ya que en lo fundamental nunca cambió. A Franco le dolía el despojo que representaba esa colonia inglesa en territorio español y haría lo conveniente para reincorporarla al mismo..., siempre que no causase daños a los intereses generales de España. De ahí que mantuviese abiertas las dos opciones, la de confrontación con Londres de Castiella y la de «dormir» el asunto de Carrero, hasta que la propia dinámica de los hechos impusiese la solución definitiva. Era un posibilista realista. Nadie lo ha descrito mejor que su hija, Carmen Franco Polo, en el libro *Franco, mi padre,* de Jesús Palacios y Stanley G. Payne: «En un momento, sí, le preocupaba. Le parecía anacrónico que quedara Gibraltar ahí, como una espinita. Pero llegó a comprender que Inglaterra nunca lo soltaría. Hubo un momento de empeño cuando Castiella. En ese momento sí, se entusiasmó bastante con la idea. A él siempre le había gustado. Vamos, que desde nuestra guerra estaba con "¡Gibraltar español!". Y en los años que estuvo Castiella se movió un poco. Pero luego se convenció de que no, de que por lo menos él no vería lo de "Gibraltar español". Y no sabía cuándo podría ser, porque es una vieja aspiración, pero...».

O sea, que lo de «Gibraltar caerá como una fruta madura» iba para largo. Aunque mientras hay vida, hay esperanza. Invirtiendo la ecuación, era un realista posibilista.

Y sigamos con nuestro relato.

Good-bye, ONU

Como es lo acostumbrado, los ingleses salieron con una defensa a ultranza de sus intereses, cosa que nos libraremos muy bien de criticar. A principios de 1968, el gobernador de Gibraltar, sir Gerald Lathbury, voló a la capital británica y poco después lo hacía el encargado del tema en el Foreign Office, lord Shepherd, a la Roca, para entrevistarse con su «ministro presidente», sir Joshua Hassan. Según los comentarios de la prensa británica, no muy extensos ni concretos, se barajaban distintas posibilidades, desde dar una mayor autonomía a Gibraltar a través de una Constitución, a cambiar su estatuto, pasando por convertirlo en un municipio británico, dependiente del Home Office o Ministerio del Interior. En cualquier caso, todas ellas no ya al margen de lo dispuesto por Naciones Unidas, sino contraviniendo su última resolución sobre el caso. La primera de las opciones, conceder a las autoridades locales un mayor control de los asuntos internos, mientras el Reino Unido se reservaba todos los derechos sobre la base militar, defensa y política exterior, a través de una «Constitución» de la colonia, conceptos que de entrada suenan contradictorios, era la que, al parecer, iba imponiéndose, aunque la delegación de gibraltareños que a finales de abril participó en un encuentro organizado por The European-Atlantic Group sobre Gibraltar, con el segundo de Hassan, Peter Isola, al frente, dejó claro que querían algo más, a saber: unos vínculos más estrechos con el

Reino Unido, ser considerados a todos los efectos ciudadanos británicos y disfrutar por tanto de sus privilegios, entre ellos la libre entrada en la metrópoli, algo que hasta entonces no tenían. En otras palabras: convertir Gibraltar en un municipio del Reino Unido. Según las respuestas que encontraron, el gobierno británico no estaba dispuesto a tanto.

En la Roca, a todo ello, había empezado a agitarse el ambiente, cosa lógica dado el fracaso británico en la ONU. Un pequeño, o más bien minúsculo, grupo de empresarios y profesionales, capitaneados por el abogado José Manuel Triay, que ya se había mostrado contrario a la celebración del referéndum, decidió tantear la disposición del gobierno español respecto al futuro de la colonia. Triay en persona se entrevistó con Castiella, para conocer con detalles qué garantías estaba dispuesto a darles Madrid, esto es, cómo iba a respetar sus «intereses», tal como exigían las resoluciones de la ONU, caso de que aceptasen éstas. No conocemos los detalles de esta entrevista, pero es de suponer que el ministro de Asuntos Exteriores español le prometiese un estatuto especial, en el que no perdieran ninguno de los derechos que gozaban, garantizado por escrito ante la ONU, tal como el propio Castiella había ofrecido más de una vez en ésta. Lo que sí conocemos es que la reacción del resto de los gibraltareños hacia esta iniciativa de «los palomos», apodo que se les adjudicó inmediatamente, masculinizando las «palomas» que en Estados Unidos abogaban por la salida de Vietnam, fue airada e incluso agresiva, hasta el punto de hacérseles la vida difícil en la Plaza, y Triay terminó trasladando su bufete a Algeciras. Según una carta que envió al periódico *Área*, de La Línea, había informado a sir Hassan de su visita a Castiella, sin solicitar endoso, sólo para tenerle informado. Que el «alcalde presidente» guardara silencio lo confirmaba. Pero cuando el asunto salió a la luz, no movió un dedo para defenderles. Cosa también lógica, pues la mayoría de los gibraltareños no estaban a favor de aflojar sus lazos con Gran Bretaña, sino al revés, de estrecharlos, para seguir disfrutando de las ventajas que les reportaban.

A todo ello seguían los contactos, sin alcanzar el nivel de conversaciones, por no hablar ya de negociaciones, hispano-británicos. El 19 de febrero, el Foreign Office dirigía una nota al Ministerio de Asuntos Exteriores español en la que le comunicaba que no tenía intención de cumplir la última resolución de la Asamblea General, actitud que corroboró su subsecretario, mr. Beith, en la visita que hizo a Madrid los días 18 y 20 de marzo. Como excusa ponían el Tratado de Utrecht, «cuya vigencia pensaban mantener». El gobierno español respondió advirtiendo que dicho Tratado establece unas claras limitaciones a la presencia británica en la Roca, que España se reservaba el derecho de «poner en vigor en la fecha y momento oportunos». Se refería, naturalmente, a la cesión de Gibraltar a Gran Bretaña «sin comunicación alguna abierta con el país circunvecino por parte de tierra».

En efecto, una orden de la Presidencia del Gobierno cinco semanas más tarde dispuso que *«a partir del 6 de mayo quedará cerrado el puesto de policía y control de La Línea de la Concepción al tránsito de toda persona, sea cual fuera su nacionalidad o la documentación que presente»*.

Sólo quedarían excluidos:

— Los obreros españoles que trabajaban en Gibraltar;
— Los gibraltareños autorizados por el gobernador del Campo de Gibraltar, y
— Los que hayan de hacerlo por razones humanitarias.

Era la respuesta a los desplantes ingleses no ya a España sino a la propia ONU, una primera vuelta de tuerca para advertir que España tenía todavía muchas e importantes bazas por jugar, empezando por el aislamiento total de la colonia en su territorio. Al tiempo que se dejaba abierta la puerta a todos aquellos gibraltareños dispuestos a una solución razonable del contencioso, dentro del marco legal dispuesto por Naciones Unidas, que recibirían el permiso de pase a España, tras solicitarlo a la máxima autoridad española en el Campo, el gobernador.

Que el gobierno español estaba dispuesto a jugar fuerte se confirmó poco después en la ONU, al votarse el Tratado de No Proliferación Nuclear, debatido aquella primavera en la Primera Comisión. Pese a haberse mostrado España favorable a dicho Tratado, al llegar el momento de la votación, España se abstuvo «ante los peligros que se ciernen en las aguas españolas de la bahía de Algeciras, frecuentadas, sin nuestro conocimiento, y por lo tanto sin ninguna garantía, por submarinos nucleares y en la utilización de un aeropuerto militar instalado en tierra española jamás cedida», según explicó Piniés a la Comisión.

La respuesta británica a estas medidas españolas llegó en carta de lord Caradon a U Thant, en la que acusaba a España de estar violando, junto al espíritu de lo dispuesto por la ONU y lo decidido por sus habitantes, las aguas y el espacio aéreo británico, aparte de estar tomando medidas para impedir el acceso a Gibraltar.

Si la carta de lord Caradon era una muestra del cinismo inglés, la respuesta de Piniés, también al secretario general de la ONU, arrancaba con una nota de humor: «A ver si resulta que Gran Bretaña es la víctima de la política colonial y militar española, que se está apoderando de aguas territoriales inglesas, viola el espacio aéreo del Reino Unido y aplica lo que le conviene en un viejo Tratado colonial por el que impuso a Inglaterra una base militar en su costa del Canal de la Mancha», decía, para recordar: que era Inglaterra, no España, quien estaba desobedeciendo resoluciones de la ONU; que la Constitución de Gibraltar no tenía validez para nosotros ni para Naciones Unidas; que si habían fallado las conversaciones Madrid-Londres se debía al empeño de éste en perpetuar una situación colonial en territorio español; y, por último, que las medidas tomadas por España para regular el tráfico entre Gibraltar y el resto del territorio español «tenían como único objetivo impedir, por los medios legales a nuestro alcance, la expansión del colonialismo británico fuera de los límites de la base». Y añadía que «a fin de evitar que las dificultades de tránsito dirigidas contra la guarnición perjudiquen a los gibraltareños, el gobierno español está dispuesto a dar pases a los habitantes civiles que lo soliciten. Las autoridades de la base, sin embargo, han lanzado una campaña para que se abstengan de solicitarlo».

Era la mejor prueba de que se estaba pasando de las palabras a los hechos. Pues si la batalla legal estaba ganada, la real estaba por ganar. Y ésta sólo la ganaría quien tuviera más aguante, más correa y más cinismo.

La calma chicha del verano fue rota por unas maniobras militares británicas en Gibraltar, consistentes en ensayar un desembarco de comandos por mar y aire, con el fin de «comprobar la capacidad de defensa de la Plaza». Para facilitar la operación, se cortó todo el tráfico en uno y otro sentido desde las ocho de la noche del día 7 a las diez de la mañana siguiente, siendo evacuados algunos de los vecinos de las viviendas próximas al lugar del «desembarco». ¿Por parte de quién lo temían los ingleses, de los rusos, de los marroquíes, de los españoles? Todo apunta que nos correspondía el honor. «Se trata

—aseguraba el siempre alarmista *Daily Express*— de una medida política en la guerra fría contra Franco, para mostrar que Gran Bretaña está dispuesta a seguir en el Peñón».

Muy posiblemente. Pero no eso sólo. Era también una inyección moral a los gibraltareños, entre los que crecía la incertidumbre —buena muestra de ello era que Hassan acababa de perder la mayoría en la Cámara—, al mismo tiempo de un aviso, no fuera a ocurrírseles llegar a un entendimiento con España, como buscaban un pequeño grupo de ellos. Inglaterra les advertía que estaba dispuesta a retener el Peñón incluso contra ellos.

Y casi sin darnos cuenta, estábamos en la siguiente Asamblea General de Naciones Unidas, la XXIII, que abriría sus sesiones a mediados de septiembre de 1968. Castiella habló ante el pleno el día 17, con un discurso donde no podía faltar, como uno de sus platos fuertes, el tema Gibraltar. Hizo resumen del mismo, señalando: que la Asamblea ya había sentenciado que se trataba de un territorio español; que los ingleses se escudaban en los habitantes de la Roca, que no eran población colonial explotada, sino agentes coloniales, siendo España la sometida al colonialismo; y que, en aras a un compromiso, España había prometido respetar los intereses de los habitantes con un estatuto garantizado por la ONU.

A lo que siguió el ya conocido cruce de acusaciones y contraacusaciones. Uno de los delegados británicos, mr. Hilyard, pidió el uso de la palabra para insistir en que, según el artículo 73 de la Carta de Naciones Unidas, los intereses de la población están por encima de todo y que el culpable de que se hubiesen roto las negociaciones era Madrid, no Londres, con sus medidas de hostigamiento a dicha población.

A lo que contestó Piniés diciendo que tal interpretación del artículo 73 de la Carta era superficial a sabiendas. «En él se habla —dijo— de una población autóctona, sometida al colonialismo, mientras los gibraltareños son agentes del colonialismo, importados por éste». Respecto al «hostigamiento», se trataba de «medidas tendentes a defenderse de un colonialismo agresivo, que intentaba anexionarse cada vez más parte del territorio español».

La vieja canción, a dos voces, sobre el archiviejo pleito.

Este año se vería directamente en la Cuarta Comisión, saltándose el Comité de los 24, ocupado de asuntos aún por resolver. El debate comenzó el 15 de noviembre, circulando ya un proyecto de resolución patrocinado por Costa Rica, Ecuador, Honduras, República Dominicana y Siria, en el que se lamentaba el incumplimiento británico de anteriores resoluciones, se declaraba que el mantenimiento de la situación colonial en Gibraltar era contrario a los propósitos y principios de la Carta de Naciones Unidas, se pedía a Inglaterra poner fin a la situación colonial de Gibraltar antes del 1 de octubre de 1969, en negociaciones con España, y se rogaba al secretario general, U Thant, que asistiese en dichas negociaciones.

Era una ratificación reforzada de la última resolución sobre el caso, mientras Castiella, en sus conversaciones por aquellos días con el secretario de Estado norteamericano, Rusk, con la mirada puesta en el tendido de los No Alineados, que nos estaban apoyando en el pleito, hacía una propuesta sorprendente: que soviéticos y norteamericanos se marchasen del Mediterráneo. Sorprendente e incluso turbadora: aunque la base de Rota está en el Atlántico, no en el Mediterráneo, indicaba un distanciamiento de Washington. Rusk dio la callada por respuesta.

Otro de los que elegía el silencio era el representante británico en la Cuarta Comisión, mr. Luard. En su primera intervención, el 19 de noviembre, aludió sólo de pasada a la Roca, admitiendo que «en Gran Bretaña se comprenden los sentimientos de España en el caso Gibraltar, y se le reconocen intereses especiales en él, pero estamos obligados por intereses más altos hacia la población». A lo que Piniés respondió que no eran los intereses de esos habitantes los que Inglaterra defendía, sino los suyos propios, contra todas las resoluciones de la ONU sobre el caso. «Nosotros no queremos absorber a esa población ni hacerla española contra su voluntad —dijo—. Queremos únicamente recobrar un territorio de España sobre el cual podrían vivir en paz y libertad, con todos los derechos y privilegios en materias de nacionalidad, residencia, desplazamientos, autonomía municipal, continuidad de las instituciones de derecho privado británico y garantías jurídicas, garantizadas por un estatuto depositado en la ONU». «Lo que no puede aceptar mi país indefinidamente —terminó su intervención el delegado español— es que el Reino Unido trate de extender los límites de Gibraltar por nuestro territorio ni que este problema colonial siga arrastrándose».

Piniés fue felicitado al finalizar su intervención por numerosos delegados, el último de ellos, pero no el menos efusivo, el soviético, la mejor muestra del ambiente que se respiraba en la sala. Posiblemente ésa fue la causa de que, en su segunda intervención, la importante, pues era en la que debía de dar cuenta a la Comisión de los territorios que aún administraba, el representante británico eludió por completo a Gibraltar. Habló de Rhodesia y de las islas Salomón, de Belice y de Santa Helena —algunos nos enteramos entonces de que seguía reteniendo la isla donde murió Napoleón—, de Malawi y de Nauru, más algunos otros territorios difíciles de localizar en el mapa, pero de Gibraltar, ni palabra. Era la mejor prueba de que eludía el debate sobre él en aquella atmósfera que sabía desfavorable.

Ahora bien, su entero discurso estuvo plagado de alusiones indirectas a este caso: reiteró su posición de que, para su gobierno, «la norma principal descolonizadora se funda en los deseos de la población»; citó una serie de territorios pequeños, «con problemas especiales y características que deben de tenerse en cuenta antes de aplicarles la descolonización que les convenga»; se refirió concretamente a la isla de San Vicente, en el Caribe, y de Tristán de Cunha, en el Atlántico, en «pleno proceso constitucional para adquirir un estatuto de asociadas con el Reino Unido»; anunció, por último, que a su gobierno le «gustaría cooperar con Naciones Unidas, pero para eso, Naciones Unidas deben adoptar resoluciones constructivas y unánimes». Lo que quería decir, suave y firme al mismo tiempo, era que Londres estaba dispuesto a aceptar lo que dispusiese la ONU, si la ONU asumía la posición británica. En otro caso, seguiría adelante con sus planes para Gibraltar, sin importarle lo que lo que la ONU dictaminase. Aunque algo debía de importarle porque justo aquellos días su embajador, lord Caradon, había subido al último piso de la sede de la Organización, donde tiene su despacho el secretario general, para exigir una corrección en el informe oficial que se estaba redactando sobre Gibraltar, donde se primaba la doctrina de la ONU sobre la británica.

En la Cuarta Comisión, a todo ello, las chispas saltaban en cuanto salía el tema de cerca o de lejos, sin respetarse los modos diplomáticos. «Supriman ustedes la base militar y verán cómo podemos entendernos y cómo esa Roca vuelve naturalmente a España —clamaba Piniés, golpeando en lo de la base, tema candente en aquellos momentos—. Pero pensar que la descolonización puede hacerse a la sombra de los cañones de la Royal Navy es una farsa».

«¿Cómo vamos a vender a esa pobre gente a España? ¿Cómo vamos a negarles el derecho a decidir su propio destino? ¿Cómo vamos a traicionar el sagrado principio de la autodeterminación?», replicaba con no menos ardor mr. Luard.

Le apoyaban una serie de miembros de la Commonwealth, convertidos en paladines de los gibraltareños, que cosían a preguntas a Piniés sobre su idea del principio de la autodeterminación y las garantías que España estaba dispuesta a dar a los gibraltareños desde una dictadura.

A los debates sobre Gibraltar solía sobrarles tensión y faltarles ingenio, gracia, ironía. Dos viejas naciones, cubiertas de cicatrices, discutían una ofensa secular con argumentos como navajas e intenciones de miura. Era emocionante, pero agotador. Por fortuna, muy de tarde en tarde surgía una intervención original, como la que el 4 de diciembre ofreció, para solaz del honorable, Jamil El Barudi, posiblemente el personaje más pintoresco aquellos tiempos en la ONU. Cristiano libanés, representaba, sin embargo, al país islámico más tradicional, Arabia Saudí, y debía de representarlo bien, porque llevaba en el cargo bastantes años. Se le veía deambular por salas y pasillos, con aire distraído de viejo profesor que no se entera de nada, pero estaba al tanto de todo. De tanto en tanto, intervenía en los debates más diversos, y cuando corría la voz de que estaba hablando en tal o cual Comisión, allá acudíamos todos, pues estaba garantizado pasar un buen rato, que falta nos hacía. Nunca leía, improvisaba siempre, pero sin perder el hilo, brillante y ligero, suave y profundo. En aquella ocasión era una delicia oírle hablar de Gibraltar y de los ingleses, de los árabes y de los españoles, de los tenderos y de los almirantes, de los rusos y de los norteamericanos, del Mediterráneo y del Atlántico. Todo ello sin esfuerzo, en un derroche de ingenio, diciendo, entre sonrisas, verdades como puños, llamando, entre ironías, a las cosas por su nombre. «Nosotros, los árabes, hemos estado en Gibraltar ocho siglos, pero no por eso pretendemos reclamarlo. Los ingleses han estado dos siglos y quieren establecerse allí para siempre. ¿Por qué? ¿Nostalgia del imperio perdido? No. Los ingleses son gente fría, sin nostalgia. Por algo se precian de no ser mediterráneos. Pero quieren quedarse en el Mediterráneo. Todo el mundo quiere quedarse en el Mediterráneo. Llegan diciendo que vienen a defendernos. Pero nadie les ha llamado. ¿Por qué no se van y nos dejan vivir en paz a los españoles, a los franceses, a los italianos, a los yugoslavos, a los griegos, a los turcos, a los árabes? ¿No sería mucho más saludable que llenarnos de barcos y de bases..., para defendernos? Gibraltar fue arrebatado a España por unos piratas, bueno, entonces se les llamaba colonizadores. Se expulsó a los seis mil habitantes del Peñón. Se trajeron a tenderos de diversos orígenes para que suministrasen lo necesario a la guarnición de la base. Y ahora, cuando los ingleses tratan de mantenerse en la Roca, se escudan en los tenderos. Yo nunca he oído que los tenderos puedan emigrar a otras tierras y fundar allí un país para ellos, desgajando el territorio de una nación establecida».

«Los ingleses pueden enorgullecerse de muchas cosas. De sus instituciones y de su literatura, de sus formas de vida y de su valor, de ese resto de su imperio, de su Roca. Usted, mr. Luard, es un miembro del Parlamento británico, un laborista, un hombre de nuestro tiempo. Sin embargo, viene aquí, a la ONU, a defender las viejas glorias del imperio. ¿Cómo es posible? Esa tierra tiene que ser devuelta a España. Por el amor de Dios, lleguen cuanto antes a un acuerdo con España. Se lo pide un hombre que admira mucho a Inglaterra».

Ésta fue la mera sombra, tomada a vuelapluma, de la intervención del representante saudí. Oratoria pura, para escuchar, no leer y, menos aún, resumir. La sencillez del orador le permitió redescubrir el problema gibraltareños, bajarlo a la tierra desde la alta política y la fiera diplomacia en que se encontraba. Su conversión de los gibraltareños en «tenderos» acompañantes de los «colonizadores» era la forma más plástica de situarles en su verdadero papel. El hecho de que Gibraltar estuviese en Europa había impedido a algunos africanos ver su dimensión colonial, considerándolo un mero pleito entre dos viejas potencias.

Volviendo a la batalla diplomática, el representante de Honduras presentó en la misma sesión el proyecto de resolución, que ya había obtenido el endoso de 21 países. Recordarán que lamentaba el incumplimiento inglés de resoluciones anteriores, pedía a Londres que pusiera fin de la situación colonial de Gibraltar antes del 1 de octubre de 1969 y requería la inmediata reanudación de las negociaciones hispano-británicas para tal fin.

Poniéndose la venda antes de recibir la pedrada, mr. Luard advirtió que su país no la cumpliría y que la ONU debería de ser práctica y aprobar sólo resoluciones «cumplibles». Otra de las tácticas favoritas de los ingleses es declarar «incumplible», no lo que prohíben las normas, sino lo que va contra sus intereses. Barbados, Ghana y Jamaica le apoyaron. Volvíamos a la vieja rutina.

Bueno, exactamente rutina, no, porque el día siguiente, seguro después de recibir instrucciones de Londres, mr. Luard sorprendía a la Cuarta Comisión al sostener que «Gibraltar no es una base militar, es un centro turístico». Aunque su superior directo, lord Caradon, le superaba en humor al sostener, en carta enviada a U Thant, que las conversaciones hispano-británicas se habían suspendido al insistir el gobierno español en que tales negociaciones debían celebrarse sólo «sobre la base de la última resolución de Naciones Unidas». Y esto ¡en una carta al secretario general de dicha Organización! ¿Pretendía que abogara por desobedecerla? Aunque la cosa no acababa ahí. La carta seguía con la ayuda que su país había concedido a la India el año anterior, 37 millones de libras esterlinas, y a Gibraltar, algo menos de un millón, olvidándose de que la India tenía 400 millones de habitantes, y Gibraltar 25.000, lo que hacía a los gibraltareños salir mil veces más beneficiados. «No es cierto —continuaba— que se prohíba a los españoles pernoctar en Gibraltar. Están sometidos a las mismas restricciones que los demás extranjeros». ¿Era Gibraltar un centro turístico o no? Aunque lord Caradon reservaba la mayor de sus ironías para rebatir la discriminación salarial de los trabajadores españoles: «Si reciben 31 chelines menos se debe al menor coste de vida en el Campo de Gibraltar».

No, el humor inglés no se había extinguido. Tampoco su astucia. Ante la sorpresa general, la Cuarta Comisión siguió su debate, pero durante tres días nadie citó ni siquiera por el nombre a Gibraltar. ¿Qué había pasado? *A posteriori* nos enteramos de que, a través del embajador de Guayana, lord Caradon había hecho llegar a Piniés el mensaje de que estaría interesado en hablar discretamente con él. Piniés accedió y hablaron durante una hora. Pese al secretismo, la agencia Reuter lo anunció. La misión española se negó a comentarlo, creando bastante confusión y no pocas tensiones con los corresponsales españoles que inquiríamos al respecto sin encontrar respuesta. Incluso se nos pedía «discreción», cosa que, al menos por mi parte, no estaba dispuesto a mantener y seguí informando de cuanto averiguaba, lo que me valió el único encontronazo serio que he tenido con Piniés, al no gustarle mi actitud. «José María, ¿somos o no amigos?», me preguntó airado en público. «Embajador, por mí, amigos, pero yo soy periodista», fue mi respuesta. Por otros conductos había podido enterarme de que lord Caradon le había propuesto un compromiso: Inglaterra aceptaba anteriores resoluciones de la ONU a cambio de que España no insistiese en la resolución en curso, que exigía a

Londres descolonizar la Roca antes del 1 de octubre de 1969. Piniés había enviado la propuesta a Madrid y, debido al fin de semana, la respuesta no llegaba. Entretanto, lord Caradon trataba de mantener estos contactos y se le veía acercarse a nuestro embajador en los pasillos de la Asamblea General. Lo que se desprendía de ello era claro: al darse cuenta de que no podían derrotar ni modificar siquiera el proyecto de resolución hispanoamericano-árabe sobre la mesa, los ingleses trataban de neutralizarlo con el apoyo nada menos de los españoles. ¿Cómo? Dando la impresión de que estaban entendiéndose con ellos. «¿A qué va a injerirse la ONU —escuchamos a los delegados de Guayana y Barbados—, si Londres y Madrid se están entendiendo? Pasemos una resolución que pida sólo que sigan negociando».

Los españoles, ante el temor de ser acusados de rechazar las negociaciones pedidas por la ONU, mantenían abierto ese diálogo, concientes de los riesgos que conllevaba, al tiempo que presionaban para que se votase cuanto antes la resolución que les favorecía.

Pasó una semana, incierta para todos, pues de obviarse la resolución del pasado año retornaríamos a la situación anterior, en la que todavía no estaba claro qué principio debía aplicarse a la descolonización de Gibraltar, el de la integridad territorial de un país o el de la voluntad de sus habitantes. Que era el *quid* de la cuestión.

Se salvó el *impasse* gracias a la dinámica que había adquirido el proyecto de resolución hispanoamericano-árabe, que ganaba cada día adhesiones, y el 16 de diciembre se procedió a su votación. Sencillamente, a los delegados les urgía dar ya la estocada a aquel toro resabiado, que no hacía otra cosa que repetir sus cornadas por el mismo sitio. La sala de la Cuarta Comisión tuvo otro de sus llenos de bandera, con los primeros espadas, quiero decir los embajadores, al frente de las delegaciones, en vez de dejarlo al segundo habitual en aquella plaza. Una excepción, sin embargo, e importante: la británica. Lord Caradon no apareció, pese a lo mucho que se jugaban. Mr. Luard iba a ser el encargado de defender su causa.

Lo hizo repitiendo los conocidos argumentos, mejor dicho, el conocido argumento, pues era siempre el mismo, eso sí con redobladas energías: «la voluntad de los habitantes», «el sagrado derecho a la autodeterminación», «la Carta de Naciones Unidas». Más interesante fue su información sobre las conversaciones falsamente secretas entre lord Caradon y Piniés, que confirmaba lo que sospechábamos: que el primero había propuesto al segundo pasar una resolución en la que sólo se dispusiese la reanudación de las conversaciones hispano-británicas, tal vez con la inclusión de los gibraltareños. «Esto es lo único que aceptaremos —dijo tajante, dirigiéndose ya más a la sala que a España—. Todo lo demás es estéril, inútil, inaceptable». Con lo que venía a decir a los reunidos: No se esfuercen ustedes ni pierdan el tiempo con nuevas resoluciones. Si aceptan el futuro de Gibraltar que nosotros deseamos, lo aceptaremos. Si no lo aceptan, seguiremos adelante con él sin importarnos lo que decidan. Se comprendía que lord Caradon no quisiera decir cosas como ésta. Aparte de que seguro había mostrado a Piniés una actitud mucho más flexible en las conversaciones que habían tenido a solas, según la clásica táctica inglesa de levantar expectativas, que luego no cumplen.

Piniés se olvidó de tales contactos y replicó inmediatamente, recordando lo que el representante británico había olvidado: que Gibraltar es una base militar, que su población es importada, que su último contrabando es el que intentan hacernos con el principio de autodeterminación. «Pedir la autodeterminación para Gibraltar es como pedirla para Guantánamo», terminó, seguro sin hacerle mucha gracia al representante norteamericano.

El delegado soviético, ya plenamente adherido a las tesis españolas, y barriendo para casa, arguyó: «Inglaterra arrebató ese territorio a España y lo ha convertido en una base militar, que utiliza para salvaguardar sus intereses y los de la OTAN». Cada cual, a lo suyo.

«Hijastros de los extranjeros importados por el colonialismo, que ahora le ofrecen ese territorio para instalar peligrosas bases militares», llamó el delegado sudanés a los gibraltareños, dejando corto el calificativo de «tenderos» que les había adjudicado el representante de Arabia Saudí.

El delegado israelí no repitió las descalificaciones del año anterior al régimen de Franco, ahorrándose la dura réplica, aunque dijo algo que podía volverse contra ellos: que el derecho de los pobladores sobre su territorio es sagrado. A no ser que pensara ya a largo plazo y en no devolver los territorios ocupados.

El encargado de defender el proyecto de resolución hispanoamericano-árabe fue el embajador uruguayo, señor Berro. Breve, incisivo, aportó una novedad jurídica al contencioso. «El principio de la integridad de los territorios no se opone, como viene diciéndose, al de la autodeterminación, sino que lo complementa —dijo—. La libre determinación la ejerce un pueblo colonial sobre su territorio.

¿Qué territorio ha sido aquí víctima de la agresión colonial? España. ¿Qué pueblo fue subyugado en 1704? El español. Es España y los españoles quienes han sufrido la ocupación colonial y, por tanto, los únicos que tienen derecho a la autodeterminación de Gibraltar. No los usurpadores llegados al amparo de la base militar». Con lo que el caso quedaba listo para sentencia.

La resolución —que recogía todo lo dispuesto en las anteriores y lamentaba su incumplimiento por parte del Reino Unido, urgía a éste descolonizar Gibraltar antes del 1 de octubre de 1969, teniendo en cuenta el principio de la integridad territorial de los países y respetando los *intereses* de sus habitantes, en el marco de una negociación— fue aprobada por 66 votos a favor, 18 en contra y 30 abstenciones. A los bloques hispanoamericano y árabe se había unido el soviético, mientras el bloque occidental —de Francia a Estados Unidos— se había abstenido, excepto Suecia y Dinamarca, que seguían apoyando a los ingleses. España hubiera podido conseguir aún más votos de haber pedido menos. Por ejemplo, renunciando a incluir la fecha en que Gibraltar debería estar descolonizado. Prefirió, sin embargo, mantener todas sus exigencias. En la política, como en el fútbol, lo importante es quién gana, siendo el número de goles lo secundario, aparte de haber ganado ya otra vez por goleada.

Dos días después, la Asamblea General ratificaba esta resolución incluso con un voto más, 67 (el de Pakistán), los mismos en contra, 18, y 4 abstenciones más, las de Gabón, Laos, Swazilandia y Nigeria. Tal vez sea digno de señalar que Portugal, entrillado en la vecindad de España y la amistad secular con Inglaterra, se abstenía, como México, que como explicaban sus diplomáticos a los españoles en pasillos, «no podía apoyar ningún documento oficial en el que figurase la expresión gobierno de España, teniendo aún reconocido al republicano», si bien le hubiese gustado hacerlo aunque sólo fuera por solidaridad hispanoamericana.

El texto final de la resolución, la número 2429(XXIII), aprobada era:

La Asamblea General,

Habiendo examinado la cuestión de Gibraltar,

Habiendo oído las declaraciones de la Potencia administradora y del representante de España,

Recordando su resolución 1514(XV) de 14 de diciembre de 1960,

Recordando igualmente su resolución 2353(XXII) de 19 de diciembre de 1967,

1. Lamenta el incumplimiento por la Potencia administradora de la resolución 2353(XXII) de la Asamblea General.

2. Declara que el mantenimiento de la situación colonial de Gibraltar es contrario a los propósitos y principios de la Carta de las Naciones Unidas y a los contenidos de la resolución 1514(XV) de la Asamblea General.

3. Pide a la Potencia administradora que ponga término a la situación colonial de Gibraltar antes del 1º de octubre de 1969.

4. Requiere al Gobierno del Reino Unido de Gran Bretaña e Irlanda del Norte para que inicie sin demora las negociaciones previstas en la resolución 2353(XXII) con el Gobierno de España.

5. Pide al Secretario General que preste toda la ayuda que los Gobiernos de España y el Reino Unido de Gran Bretaña e Irlanda del Norte puedan requerir para el mejor cumplimiento de la presente resolución y que informe al respecto a la Asamblea General en su vigésimo cuarto período de sesiones.

Esta vez sí que estuvo presente lord Caradon, que sacó su oratoria más vistosa y rotunda para lapidar la resolución recién aprobada. «¿Cómo vamos a violar la Carta de Naciones Unidas, donde se concede a cada pueblo el derecho a la autodeterminación, como ahora se niega a los gibraltareños? Esta resolución es, para la ONU, un descrédito; para las negociaciones con España, un callejón sin salida», advirtió, pudiendo haber añadido: «para nosotros, papel mojado».

De todas formas, mostró su esperanza de que «a esta etapa de confrontación siga otra de conciliación y podamos llegar a un compromiso con Madrid».

Piniés le recordó en su réplica todo lo que había olvidado en su discurso: la condición de base militar de la Roca, el carácter especialísimo de sus habitantes, las garantías que España estaba dispuesto a dar a sus legítimos derechos y, no menos importante, «el cuerpo de doctrina, no española, sino de la ONU, que ha creado toda una serie de resoluciones, que debe obligar a todos los miembros de esta organización». Me contó luego, pasado su enfado conmigo, que tenía preparada la respuesta si lord Caradon hubiese arremetido contra el 1 de octubre de 1969 como fecha tope para descolonizar la Roca: «Si les parece muy ajustada, pongamos otra, ¿qué le parece el 1 de octubre de 1979? ¿O de 1989? Pongan ustedes fecha, y la aceptaremos», le hubiera respondido.

Pero su colega británico no dio ese resbalón, que hubiese significado aceptar implícitamente las tesis españolas. Las únicas que aceptaban eran las suyas y ahora que la ONU no las había respaldado, le daban sencillamente la espalda. Que no estaban dispuestos a cumplir sus resoluciones lo decían sin el menor rebozo los diplomáticos ingleses y lo corroboraban sus periodistas. Goeffrey Myers, corresponsal del *Daily Telegraph* en Nueva York, escribía en su crónica sobre el debate: «La resolución de Naciones Unidas pide lo que de antemano es inaceptable. El resultando final será nulo. Con palabras del rey Lear, los representantes británicos han dicho al gobierno español: De la nada sólo sale nada».

Era una realidad que había que aceptar. E intentar cambiar por todos los medios posibles. Si era posible. Pues pese a afianzarse año tras año, Asamblea tras Asamblea, resolución tras resolución, la tesis española sobre Gibraltar, la postura británica no se había movido un milímetro: lo único que estaban dispuestos a aceptar era que aceptásemos sus tesis, que renunciáramos a los viejos derechos de primera opción que nos daba el Tratado de Utrecht sobre Gibraltar y a los nuevos derechos que nos otorgaba la ONU. Un ofrecimiento que ofendería incluso a un idiota.

Pero también había que tener en cuenta esa realidad, reforzada por otra: si Portugal y Sudáfrica venían manteniendo una política colonial opuesta a la dictada por la ONU, Inglaterra podría sostener la suya en una de sus pequeñas colonias por mucho más tiempo, incluso indefinidamente. Aparte de que los pleitos tienen, como todo, su ciclo vital, y pasado su punto álgido, se van difuminando. Naciones Unidas había dictado sentencia sobre Gibraltar, marcando una hoja de ruta sobre su descolonización. Más no podía hacer, al ser impensable, aparte de imposible, el envío de «cascos azules» a descolonizar la Roca, algo que sólo podía disponer el Consejo de Seguridad, donde Inglaterra tenía derecho de veto. Y empezaba a notarse en salas y pasillos de la ONU cierto cansancio sobre el tema, que no haría más que aumentar conforme pasara el tiempo sin que nada se moviese. Era España quien tenía que moverlo, teniendo ante sí dos opciones:

— Redactar un estatuto con las garantías que estaba dispuesta a dar a los gibraltareños, caso de que se aviniesen a aceptar la soberanía española, o

— Mostrar a éstos las consecuencias que podían derivarse de empeñarse en seguir viviendo bajo pabellón británico.

Lo primero era difícil para un régimen que no reconocía los partidos políticos ni la democracia parlamentaria estilo occidental. Incluso podía resultar peligroso para él incrustar ese cuerpo extraño en su estructura. Fue como empezaron a trazarse planes para la segunda opción, consistente en cumplir a rajatabla el Tratado de Utrecht y devolver Gibraltar a lo que nunca hubiera debido dejar de ser: una incómoda, cerrada y estrecha fortaleza.

Cierre de la Verja

La opinión pública española acogió la victoria diplomática en la ONU con el natural entusiasmo. A fin de cuentas, era la primera que se obtenía en Gibraltar, uno de los pocos asuntos sobre el que existe, o existía, unanimidad entre los españoles. Pero tras el júbilo popular bullían dos preocupaciones, al menos para los enterados. La primera, que esa victoria había tenido que pagarse a un alto precio, al menos para buena parte del gobierno, la más poderosa. Para obtener el pleno apoyo de la ONU en la descolonización de Gibraltar, España había necesitado demostrar que ella misma era una buena descolonizadora en los territorios que controlaba en África: el Sahara y Guinea Ecuatorial. Territorios dependientes de la Dirección General de Plazas y Provincias Africanas que, como queda dicho, llevaba el general Díaz de Villegas, dependiente a su vez de la Subsecretaría de Presidencia, cuyo titular era el almirante Carrero Blanco, hombre fuerte del gabinete. Todo indicaba que el destino que se había dispuesto para esos territorios era que continuasen unidos a España. De hecho, se les consideraba ya provincias españolas, con procuradores nativos en las Cortes. O sea, justo lo contrario de lo que la ONU tenía previsto para ellos. Esa dualidad de políticas no podía mantenerse mucho tiempo, y en cuanto el Comité de Descolonización, o de los 24, empezó sus funciones, España tuvo que decidir entre colaborar con él, mandándole información sobre los territorios que administraba —con lo que reconocía implícitamente que eran colonias— o negarse en redondo a hacerlo, como había hecho Portugal. No le fue fácil al Ministerio de Exteriores convencer a la Subsecretaría de Presidencia de que nuestra situación era completamente distinta a la portuguesa, empezando por la importancia que tenían sus y nuestras colonias africanas en el conjunto de la nación y terminando porque, de no colaborar, los ingleses podrían llevar adelante sus planes de «descolonizar» falsamente Gibraltar, anulando así los últimos derechos que teníamos sobre él, procedentes del Tratado de Utrecht. Fue la tesis que se impuso, pero en cuanto empezó a llevarse a la práctica esa doble política surgieron los roces, en ocasiones con chispas. Por ejemplo, con motivo de la visita que una delegación del Comité de los 24 hizo a Guinea en agosto de 1966. La acompañaban Piniés y el director general de África en el Ministerio de Asuntos Exterior, Gabriel Mañueco. Los miembros del Comité volvieron encantados de las atenciones y facilidades que habían tenido con ellos tanto en Madrid como en Guinea. Quienes no quedaron nada satisfechos de la visita fueron las autoridades españolas en la colonia-provincia, el comisario general de Guinea Ecuatorial y el comisario general adjunto. En sendas cartas enviadas a Díaz de Villegas y al propio Carrero Blanco hacían acusaciones muy graves contra Piniés y Mañueco. Concretamente, de «abandonismo», de abogar por conceder la independencia de Guinea y de hacerlo para obtener ventajas en el tema Gibraltar. Ello dio lugar a un cruce de cartas entre Castiella y Carrero, defendiendo ambos a sus subordinados en términos tales como «calumnia», «honor» y «rechazo terminantemente». Piniés terció en el asunto con otra quilométrica, en la que daba su versión de lo sucedido durante la visita, carta que Castiella envió a Carrero, y Carrero a Franco. La confrontación no se quedó en epistolar, pues en el Consejo de Ministros del 21 de junio de 1968, según cuenta López Rodó en sus Memorias, *«las discusiones entre Carrero y Castiella fueron especialmente tensas. El almirante increpó al ministro de Asuntos Exteriores diciendo: "¿Vamos a liquidar de un plumazo 30 años de paz y bienestar en Guinea?"»*. A lo que apostilla el entonces comisario del Plan de Desarrollo: *«Los acontecimientos que siguieron a la independencia (de Guinea) vinieron a darle la razón»*. Mostrando de qué parte estaba.

La cosa, de momento, quedó ahí, pero que las políticas de Exteriores y Presidencia de Gobierno sobre los territorios africanos llevaban rumbos de colisión era evidente. Castiella confiaba en la ONU para alcanzar su principal objetivo: Gibraltar. Carrero sentía un recelo instintivo hacia la ONU, tanto por razones ideológicas como por estar convencido de su inutilidad. *«La ONU es la carabina de Ambrosio»,* llegó a decir a López Rodó, *«y Estados Unidos es Estados Unidos»,* como temiendo que el ministro de Asuntos Exteriores, a fin de congraciarse con la ONU y por puro mimetismo con De Gaulle, pusiera en peligro la cooperación con Washington. Es más, en el memorándum de Carrero a Franco del 7 de mayo de 1969, el entonces subsecretario de la Presidencia llega a decir: *«Yo creo que Asuntos Exteriores desea que los Convenios (con los Estados Unidos) no se renueven»,* y pasa a enumerar las consecuencias: los ejércitos españoles se quedarían prácticamente desarmados, o al menos en condiciones de inferioridad ante los peligros que pudieran surgir en el Sahara o las plazas norteafricanas, a más de enemistarnos con los norteamericanos. Para terminar: *«¿Es que vamos a romper también con los Estados Unidos, que es el único verdadero lazo que nos une a Occidente?».*

En el otoño de 1968, Franco había dado unas instrucciones para negociar con los norteamericanos la renovación de los Convenios, tan generales que los dos bandos dentro de su gobierno podían interpretarlas a su favor, aunque el primer punto de las mismas advertía sobre «la necesidad de presentar un frente unido». Pero luego se perdía en consideraciones políticas y militares, que no aclaraban nada.

Marcelino Oreja, por aquel entonces director del gabinete de Castiella, nos da en sus Memorias la versión de primera mano de estos desencuentros. Castiella y su equipo se trasladaron a Washington en septiembre de 1968 para renegociar los Acuerdos con los Estados Unidos, que expiraban por aquellas fechas. El ministro español venía dispuesto a que no se tratase de una mera prolongación de los mismos, sino que buscaba su actualización que incluyese una mejora en todos los terrenos, desde el político (con su conversión en Tratado y el apoyo norteamericano en los distintos contenciosos internacionales que tenía España), al comercial (aplicándose el sistema de preferencia generalizada a sus productos), sin olvidar la modernización de nuestro arsenal militar, incluida la Red de Alerta. Con ello quería asegurarse el respaldo de nuestros militares, que veían con agrado tal posibilidad, aunque estaban sometidos a la cadena de mando.

Ya en Washington, el secretario de Estado USA, Dean Rusk, aplazó la entrevista, lo que Castiella tomó como una táctica dilatoria para «ablandarle» antes de sentarse a negociar, por lo que envió a Madrid a Oreja a fin de hacer conocer al máximo nivel su postura ante la negociación: si no recibíamos las compensaciones que buscábamos por la utilización de nuestro territorio por las fuerzas norteamericanas, era partidario de no renovar los Acuerdos. Todo un órdago.

Franco escuchó la explicación del joven diplomático sin interrumpirle ni responder si aprobaba o rechazaba los planes de Castiella, para ponerse a comentar los peligros de indefensión en que quedaría España en caso de ataque desde el norte de África, desde Argelia por ejemplo, y la necesidad de continuar la colaboración con Estados Unidos, «que siempre han sido un país leal, en el que podemos confiar», lo que era de por sí bastante explícito. De todas formas, añadió que como iba a reunirse a continuación la Junta de Defensa Nacional, formada por los mandos de los tres ejércitos, pidió a Oreja que esperase a ver lo que decían éstos.

Poco después, sin embargo, salió de la sala el almirante Nieto Antúnez para pedirle que entrase y expusiese la actitud de Castiella. Oreja así lo hizo, empezando por las renuencias del Departamento de Estado a discutir las propuestas españolas y que todo hacía pensar que la ayuda que tenían pensado ofrecer distaba mucho de la solicitada por la comisión militar española, fijada en 200 millones de dólares para el período 1968-1973 que abarcaría el nuevo Convenio. Ante lo que Castiella pensaba que, de no alcanzarse esa cifra, lo mejor era cancelarlo e iniciar el previsto período de seis meses de consultas, que se extenderían hasta marzo de 1969. De no haber en él tampoco acuerdo, el Convenio acabaría definitivamente ese mes.

«Pasaron a intervenir los ministros (militares) —cuenta Oreja—. La mayoría se mostró favorable a mantener la vigencia de los acuerdos, por el riesgo que suponía desligarnos de una relación que había sido, a su juicio, muy beneficiosa para España. Se expresaron así especialmente el general Muñoz Grandes y el almirante Carrero, mientras el ministro de Marina, almirante Nieto Antúnez, pareció inclinarse hacia la postura de Castiella. Franco, que no intervino en las tres horas de debate, indicó al finalizar que al día siguiente se reuniría el Consejo de Ministros y el encargado de Exteriores en ausencia de Castiella, Fraga, comunicaría la decisión a éste en Washington, y que yo (Oreja) le adelantase lo que habían sido las primeras reacciones de la Junta de Defensa».

Oreja regresó el mismo día a Washington, expuso al ministro lo ocurrido —no muy prometedor—, pero poco después reciben un telegrama de Fraga «en el que se le daba vía libre para adoptar la postura más oportuna en su entrevista con Rusk». Se notaba que Fraga, respaldado por el ministro de Marina, había defendido con ardor la tesis de su colega, convenciendo a sus colegas civiles de que valía la pena echar un pulso a Washington. Pudo pesar también, aunque sin exagerar, el escrito de apoyo que habían enviado a Castiella tres docenas de procuradores en Cortes, opuestos a que las bases americanas en España siguieran con el estatuto actual. Sin que Franco, cauto como siempre, hiciera valer su autoridad. De llegar las cosas a mayores, siempre habría tiempo de hacerlo.

La entrevista Rusk-Castiella se celebró dos días más tarde. Fue tensa y no se llegó a ningún acuerdo. El secretario de Estado norteamericano le hizo ver que convertir el Convenio en Tratado —una de las aspiraciones del ministro español— no obtendría nunca el visto bueno de su Senado, y en cuanto al material militar más moderno que pedían nuestros mandos, tampoco podían cedérselo por necesitarlo en Vietnam. Por lo que no hubo acuerdo, abriéndose por tanto el período de consultas de seis meses previo a la cancelación de los Convenios, de no llegarse en él tampoco a un acuerdo.

En noviembre de aquel año, 1968, Nixon gana las elecciones y tanto Castiella como su equipo esperaban que la nueva Administración USA fuese más generosa con España que la de Johnson. No era así, como comprobaron al reanudarse las negociaciones con los norteamericanos en la línea de siempre: no Tratado, concesiones cosméticas, ausencia de apoyo en los asuntos internacionales (OTAN, Comunidad Europea, Sahara, Gibraltar) y oferta de material militar que su ejército había ya desechado. O sea, aceptaban el órdago de Castiella, tal vez por saber que contaban con la mejor carta: Franco, que no iba a romper los acuerdos con ellos, por la importancia que para él tenían, más política que militar.

Que fue lo que ocurrió, como veremos más adelante. Oreja cuenta también otra conversación entre Castiella, Carrero y Franco, a la que asistió, en la que el ministro de Asuntos Exteriores repitió su tesis de que había que cancelar los acuerdos con los norteamericanos si éstos no nos daban un precio conveniente por las bases. Respuesta de Franco, indirecta como él solía: «Sé muy bien, como militar, que no se debe luchar al mismo tiempo en dos frentes, y eso es lo que se está haciendo con nuestro enfrentamiento con Gran Bretaña en Gibraltar, y con los Estados Unidos con los Convenios». Reflexión de Oreja: «A mi juicio, el comentario de Franco sentenciaba al ministro en el próximo relevo». Como terminó ocurriendo. Pero hasta que fue relevado, el pulso se mantuvo, siendo necesario, el 20 de julio de 1969, prorrogar los Convenios pero sólo por tres años (hasta 1971), visto que las negociaciones estaban encalladas al no ceder nadie.

Por mi parte puedo tan sólo contar lo que vi y oí durante la visita que Castiella hizo a Washington aquella primavera. Que seguía en sus trece lo demostró no asistiendo a la primera de las reuniones, que dejó en manos de sus segundos, como muestra de firmeza. Él se quedó en la Embajada, prácticamente con José María Massip —entonces corresponsal de *ABC*— y yo, que representaba a *Pueblo,* en espera de noticias. No llegaban éstas y tal vez para aliviar la tensión, el ministro se puso a hablarnos de las condiciones bochornosas en que habíamos cedido las bases de «utilización conjunta» cuando de hecho eran norteamericanas, ya que cuanto se movía en ellas era controlado y decidido por ellos. Insistió en que España había avanzado ya lo suficiente en el mundo para pedir un trato más digno y unas relaciones con los Estados Unidos más equilibradas, poniéndonos abundantes ejemplos del desequilibrio, empezando por el material militar obsoleto que nos estaban suministrando. Cuando comenzaron a llegar noticias, casi fue peor: los norteamericanos seguían rechazando un cambio en la naturaleza de los Convenios, y en cuanto al material militar, habría que examinarlo con detalle y decidir, ningún buen augurio. Massip y yo cruzamos una mirada parecida a la de los asistentes a un velatorio. Hasta que volvió a sonar el teléfono y tanto la voz como la actitud del ministro cambió. Incluso se puso en pie para preguntar:

—¿Cuándo?

Debieron de contestarle que ahora mismo, porque colgó el auricular y se puso en movimiento, no sin antes decirnos con aire no voy a decir triunfal, pero sí aliviado:

—El presidente Nixon quiere recibirme.

Era la mejor muestra de que los norteamericanos no estaban enfadados con él y sus demandas o, al menos, así podía presentarlo en Madrid. En otras palabras: se había salvado *in extremis* aunque no hubiese conseguido lo que venía a buscar. La mirada que volvimos a cruzar mi colega y yo fue ahora de comprensión. Pero no se fijó en ella, tantas eran sus prisas en llegar a la Casa Blanca.

Aquello le salvó de momento, aunque tampoco por mucho tiempo, pues las espadas seguían en alto en Madrid. ¿Estaba Castiella intentando dar un golpe de timón a la política exterior española, acercándola a la línea neutralista, tan de moda por entonces? Su reciente propuesta de que rusos y norteamericanos se fueran del Mediterráneo apuntaba en ese sentido, como su disposición de llegar a romper los acuerdos con los Estados Unidos si no nos daban un precio justo por las bases. Pero si era así, le fallaba su olfato. Franco nunca cortaría con Washington por más glorias que le ofreciese el Bloque Neutral. Él no sería nunca un Tito de Occidente, en el que ni siquiera había entrado como miembro de derecho, y al que sólo le unían unos acuerdos, no tratados, con Estados Unidos, razón de más para no prescindir de ellos.

El segundo factor preocupante en esa alegría española por la victoria diplomática en Gibraltar era que se trataba sólo de una victoria sobre el papel, algo mejor, pero no mucho que la moral que habíamos obtenido en otros momentos de nuestra historia. La ONU nos había dado la razón en el pleito gibraltareño, pero quienes teníamos que llevarla a la práctica éramos nosotros. De ser España China o la India no habría problema: se ocupaba el Peñón por la fuerza, y listo. Pero siendo uno de los países más retrasados de Europa y enfrentándonos con una potencia, vieja, pero todavía con dientes, dispuesta a usarlos, la cosa cambiaba. En Madrid se barajaban planes de acción, que iban desde disturbar en lo posible la vida en la Roca (¿qué pasaría si montásemos una gigantesca planta de cemento que llenase de polvillo sus calles y casas?) a empobrecer su condición de base militar (¿y si dispusiésemos una barrera de globos que dificulten los accesos a su aeropuerto?), descartados todos ellos por decisión taxativa de Franco, por imprácticos e incluso peligrosos. Muchas más posibilidades tenía el atacar el problema de raíz: convertir el Campo de Gibraltar en una zona más próspera que la propia Roca, con lo que se invertirían los términos y puede que incluso la actitud de los gibraltareños. Ello requería enormes inversiones en aquella zona e incluso se había trazado ya un plan de desarrollo para la misma, aprobado en el Consejo de Ministros del 19 de mayo de 1967, en el que, según López Rodó, Franco reconvino a su ultraceloso ministro de Asuntos Exteriores con la frase: *«¿Para qué poner el pie a los fuertes?»* (suponemos que quería decir «la zancadilla») y mostrando de nuevo su santo respeto a los ingleses. El plan, falto de apoyo del principal encargado de los mismos, no llegó a despegar con la fuerza necesaria. Fue el origen, sin embargo, de lo que décadas después se ha convertido el puerto de Algeciras, hoy el mayor del Mediterráneo en cuanto a tráfico de mercancías, llevándose el 25,5 por ciento de las españolas, aparte de acaparar prácticamente en exclusiva el tráfico de viajeros entre ambas riberas del Estrecho. Por desgracia, el desarrollo se ha quedado en el puerto sin alcanzar la zona —el llamado Campo de Gibraltar—, que era de lo que se trataba. Como tantas veces, hicimos las cosas a medias. En este caso, ni siquiera eso.

Se necesitaba también una nueva distribución político-administrativa, que quedaría fijada en crear la provincia de Gibraltar, segregando 28 municipios de Málaga, entre ellos Ronda y Estepona, y 12 de Cádiz, con Tarifa, Algeciras, Los Barrios, La Línea, San Roque, Castellar de la Frontera y Jimena de la Frontera, y un carácter especial, como tener al frente una única autoridad, esto es, un gobernador civil, pero no uno militar, como las demás. El rotundo rechazo de las autoridades y de las poblaciones gaditana y malagueña dio al traste con el plan. En un régimen como el franquista, no hubiera sido un obstáculo insalvable, de haber habido voluntad política de hacerlo en las más altas instancias. Que no la hubo lo demuestra que no se llevó a cabo, invirtiéndose el dinero y las reformas en otros puntos. Si hubiese prosperado y hecho de la provincia de Gibraltar un emporio de riqueza, los gibraltareños tal vez se lo hubiesen pensado. Pero siguiendo en la miseria que estaba, no, y lo que generó el cierre de la Verja fue reforzar el sentimiento antiespañol entre ellos. A toro pasado, el entonces director general de Asuntos Europeos, Fernando Olivié, nos cuenta que «el Ministerio español de Asuntos Exteriores tenía *in mente* proponer como primer gobernador de la nueva provincia española de Gibraltar a un gibraltareño». Y añade describiendo con la nostalgia de lo que pudo ser y no fue: «Una provincia a la que un día podría incorporarse la ciudad de Gibraltar para participar en el desarrollo de su entorno geográfico».

Quien se ocupa con cierta amplitud de este tema es Carlos Robles Piquer en sus Memorias. En febrero de 1969, Manuel Fraga le dice al entonces su director general de Información que Castiella le había pedido que él fuese el primer gobernador civil de la provincia del Campo de Gibraltar. El lector apreciará al momento la discrepancia con lo que apunta Olivié, que Asuntos Exteriores tenía *in mente* nombrar a un gibraltareño para ese cargo. Posiblemente, la idea era más de Fraga que de Castiella, aunque los dos colaboraban estrechamente en el proyecto, que en aquellos momentos se hallaba en estado embrionario.

Robles Piquer nos cuenta que ya el 22 de enero de 1969, el Ministerio de Información y Turismo había propuesto la creación de un grupo de trabajo para estudiar las posibilidades de una provincia de Gibraltar, y cómo el 31 de ese mes se constituyó una comisión interministerial para ello, presidida por un subsecretario y tres directores generales —de Exteriores, Hacienda y Gobernación—, más el delegado nacional de Provincias.

La comisión se reunió dos veces e incluso emitió un informe acompañado de un proyecto de decreto-ley, cuyo artículo primero decía: «Se crea la provincia de Gibraltar, que estará constituida por determinados municipios de Málaga y Cádiz».

Y ahí empezaron los problemas. Filtrado el informe, surgió el espíritu de Taifas que anida en el fondo de todo español, incluso en tiempos de férreo centralismo, como aquéllos. En el Ministerio de la Gobernación se recibieron 304 telegramas contrarios al proyecto, por 175 favorables, más escritos contrarios de las diputaciones provinciales de Málaga y Cádiz, que se sentían mutiladas. A los que se añade otro del gobernador civil de esta última, militar de carrera, opuesto rotundamente a «una provincia artificialmente creada que serviría para reforzar los argumentos ingleses». A favor del proyecto se postuló el profesor Fernando Garrido Falla, que lo consideraba «una fórmula aconsejable», sobre todo si se concedía a la nueva provincia un régimen especial, y la Hermandad de Alféreces Provisionales de Ronda, aunque no por razones de índole nacional, sino porque «Málaga se ocupa sólo de la Costa del Sol».

La reacción del ministro de la Gobernación, general Alonso Vega, ante ello tiene aspecto de salomónica, sin realmente serlo: se sustituiría el actual gobernador militar del Campo por un «delegado especial del gobierno con jurisdicción sobre el mismo y atribuciones semejantes a las de los gobernadores civiles, a más de delegados de los distintos ministerios». Una provincia camuflada, sin ese rango ni nombre. Algo que el Ministerio de Asuntos Exteriores rechazó, al considerar que, hasta entonces, los militares habían sabido defender los intereses españoles en la zona mejor que los civiles.

Lo que Robles Piquer llama «fuerzas vivas» gaditano-malagueñas contaban con un poderosísimo aliado: Laureano López Rodó, comisario del Plan de Desarrollo, que a fin de cuentas sería el encargado de desarrollar la nueva provincia o como se llamase. En sus Memorias deja abundantes pruebas de que la idea no le convencía ni incluso agradaba: «Sólo serviría —escribe— para hacernos la ilusión de que ya teníamos Gibraltar por el hecho de trazar en el mapa una provincia con ese nombre, mientras la plaza seguía bajo dominación británica. Sería fabricarnos el estuche sin tener la joya; así lo dije en el debate de la Comisión Delegada». Nada de extraño que en el Consejo de Ministros del 21 de febrero de 1969, tras amplio debate, se decidiera archivar el proyecto. Posiblemente influyó que el forcejeo había trascendido a la calle y a los periódicos, cosa anatema para el régimen. Pese a haberse suprimido la censura previa, seguían sometiéndose a «consulta» los textos controvertidos, y el Ministerio de Fraga recomendó a *ABC* que no publicase un artículo de José María Pemán, previsto para el 24 de febrero de aquel año, en el que se decía: «No se puede hacer la guerra a Inglaterra. Pero se puede hacer la guerrilla sobre los terrenos de Cádiz y Málaga. Se le puede quitar un buen cupo de malagueños y gaditanos, como extraño remiendo de los que ya les quitó Gibraltar». Para concluir, «cargado de ironía», dice Robles Piquer, «todo va a consistir en que tengamos dos Gibraltares en vez de uno». En un régimen como el franquista, repito, este rechazo de la población local —como a construir pantanos en determinados lugares— no hubiera sido un obstáculo insalvable, de haber habido voluntad política en las más altas instancias del Estado para llevarlo a cabo. Que no la había lo demuestra que no se llevó, encauzándose las inversiones en otros puntos.

Quedaba, ya como última alternativa, el camino de seguir insistiendo en la ONU, aunque sólo fuera para que el asunto no se olvidase. El 10 de abril de 1969, Piniés entregó una carta oficial al secretario general en la que se le comunica que el gobierno británico «no ha adoptado ninguna medida para el cumplimiento de la resolución 2429(XXIII) de la Asamblea General, por la que se le instaba a iniciar negociaciones con España para la descolonización». «El gobierno español —terminaba la carta a U Thant— agradecería que prestase toda la ayuda posible para que se inicien tales negociaciones y pueda cumplimentarse dicha resolución en el plazo previsto».

A finales de ese mes U Thant, en su papel de hombre bueno, viajó a Londres a ver si podía desatrancar el carro de la descolonización gibraltareña. Lo que allí encontró fue un «no» tajante y destemplado. «El gobierno de Su Majestad —vino al decirle Stewart, secretario del Foreign Office— no se siente obligado por las resoluciones de la Asamblea General, y por tanto no negociará con el español sobre la base de las mismas». U Thant destiló su desilusión y melancolía en el discurso que pronunció en Westminster veinticuatro horas después. Tras preguntarse qué futuro le esperaba a la ONU si los grandes no subordinaban sus intereses y egoísmos al bien común y al juego limpio internacional, advirtió: «El proceso descolonizador no está terminado, y temo sus consecuencias si sus residuos continúan».

Pero los ingleses se habían trazado su política gibraltareña y no estaban dispuestos a renunciar a ella, lo dijera Agamenón o su porquero. Así que siguieron adelante con una Constitución para Gibraltar, sobre la base del referéndum que la ONU había rechazado. Y el 30 de mayo del mismo año Londres proclamó dicha Constitución, al tiempo que dejaba de considerar colonia a Gibraltar, que pasaba a ser «la ciudad de Gibraltar..., parte de los dominios de Su Majestad». Una Constitución que demostraba, primero, que los ingleses no estaban dispuestos a acatar la doctrina de Naciones Unidas sobre la Roca. Segundo, que no tenían el menor propósito de llegar a un acuerdo con los españoles sobre el asunto. Y tercero, que tampoco se fiaban mucho de los gibraltareños, ya que si bien en el preámbulo de dicha Constitución se decía que el «gobierno de Su Majestad nunca concertará acuerdo alguno por el cual el pueblo de Gibraltar quede sometido a la soberanía de otro Estado en contra de sus deseos expresados en forma libre y democrática» —contradiciendo lo que el 18 de mayo de 1966 había dicho mr. Stewart a los negociadores españoles de que «la población de Gibraltar nunca sería parte de la disputa con España»—, la Constitución fue aprobada no como una ley, sino como una *Order of Council*, especie de decreto-ley que puede ser cambiado sin impedimento alguno si las autoridades británicas lo consideran oportuno. Así de fino y de astuto actúan los ingleses. Guardándose todas las bazas frente a la ONU, frente a España y frente a los gibraltareños. Resumiendo: los ingleses se habían provisto de un instrumento de su propia invención que les permitiría, por un lado, decir a los españoles que no podían cederles nada en Gibraltar sin que se lo permitiesen los gibraltareños y, por el otro, mantener a los gibraltareños de la correa, caso de que tuvieran la idea de volar por su cuenta. Que ese instrumento no hubiera sido aprobado por la ONU —incluso hubiese sido rechazado explícitamente en alguna de sus resoluciones— les importaba un bledo.

Pero se trataba de un movimiento que España no podía dejar pasar sin la réplica correspondiente. Y el 6 de junio de 1969 cerró toda comunicación por tierra entre Gibraltar y su Campo. La orden, firmada por el ministro de Hacienda, Juan José Espinosa San Martín, constaba de dos puntos:

Primero.—Queda suprimido el punto habilitado de tercera clase dependiente de la Aduana de Algeciras, dependiente de La Línea de la Concepción.

Segundo.—A partir de la publicación de esta Orden, se procederá al cierre de dicho punto, quedando totalmente prohibida toda clase de tránsito a través del mismo.

El mensaje era claro: si los ingleses no aceptaban la doctrina de la ONU, volvamos a Utrecht, donde se establece la total incomunicación por tierra entre la fortaleza y su entorno, y que cada palo aguante su vela. Mostrando la cruda realidad: Gibraltar necesita más a España, que España a Gibraltar. Por primera vez en los tiempos modernos, España empezaba a hablar con hechos, no con palabras, y tanto ingleses como gibraltareños iban a comprobar lo que era vivir sin España, a la que venían desdeñando.

Se les dejó, de todas formas, una posibilidad, por si decidían aceptar esta realidad. Un decreto del 4 de julio siguiente concedía facilidades de paso y asentamiento en España a los gibraltareños que lo solicitasen, lo que venía a significar la concesión de la ciudadanía española sin renunciar a la británica. Cuando más tarde, ante el recrudecimiento de la crisis, Madrid suprimió esta concesión, casi mil gibraltareños la habían solicitado. Comenzaba el cuarto sitio de Gibraltar. Éste, sin disparos.

Aunque incluía la flexión de músculos. En agosto, la Royal Navy, apoyada por fuerzas terrestres y aéreas, realiza maniobras en Gibraltar, que consisten en un simulacro de desembarco en la Roca y su rechazo por las tropas defensoras. El mensaje a los españoles es claro: si intentáis tomar el Peñón, os esperamos. España presenta una nota-protesta a U Thant, donde alega que «el gobierno inglés no sólo incumple las resoluciones de la ONU sino también desafía a la Organización al hacer alarde de fuerza allí donde debiera estar descolonizando; las maniobras —sigue la nota— demuestran claramente que el verdadero y posiblemente único interés de Gibraltar para los ingleses es el mantenimiento de la base militar; que dicho interés explica las razones por las que Londres se niega a negociar con Madrid y el alarde bélico británico contrasta con el afán de distensión que prevalece hoy en el mundo».

Lo que prevalecía en torno a Gibraltar, sin embargo, eran aires de batalla. Diplomática, desde luego.

A mediados de septiembre arrancó la siguiente Asamblea General de Naciones Unidas con los ojos puestos en el primero de octubre, fecha límite dada por la anterior Asamblea a los británicos para descolonizar la Roca. El 27 de ese mes, sin mostrar la menor preocupación, mr. Stewart se dirigió así al pleno: «Permítanme que mencione aquí un problema particular británico: Gibraltar, pequeño en el mapa, pequeño en la población, pero de gran importancia por los principios que envuelve. El pueblo de Gibraltar tiene el derecho de decir lo que piensa, de estar o no de acuerdo sobre lo que considere oportuno y de elegir por sí mismo si quiere vivir bajo soberanía británica o bajo otra. Esto es lo correcto. Esto está de acuerdo con la Carta de Naciones Unidas. Esto es lo que debe y va a defender Gran Bretaña».

Lo que traducido al lenguaje corriente significaba: vamos a descolonizar Gibraltar tal como lo teníamos pensado y no se molesten ustedes en pasar nuevas resoluciones sobre el asunto, porque no vamos a cumplirlas.

Piniés le respondió recordándole que España no tenía el menor interés en absorber esa comunidad, a la que había ofrecido un estatuto garantizado por Naciones Unidas. Si Gran Bretaña, miembro fundador de las mismas, no estaba dispuesta a cumplir las resoluciones de su Asamblea General, podíamos decir que esta Organización está perdida. Lo que, como puede suponerse, no impresionó lo más mínimo al ministro británico.

Su prensa, sin embargo, no estaba tan tranquila. «España se encontrará libre de utilizar cualquier medio para estrangular el Peñón y aislarlo de toda comunicación con Gran Bretaña —podía leerse por aquellas fechas en el *Daily Telegraph*—. Consciente de la legalidad de las medidas que pueda adoptar para reducir Gibraltar a la fortaleza que era bajo el Tratado de Utrecht, podría interferir en la navegación hacia el puerto e impedir el acceso aéreo al aeropuerto. Las comunicaciones por radio y cable también podrían peligrar».

Llegó el «día señalado», primero de octubre, con calma en la superficie, nervios bajo ella y ajetreo de navíos en torno a la Roca. Los ingleses habían enviado a su colonia una flotilla anglo-holandesa, nada menos, como 350 años atrás, mandada por el portaaviones *Eagle* en visita que su Embajada en Madrid se había apresurado a calificar de «buena voluntad» y cuya relación con el 1 de octubre era «pura coincidencia». Mientras dos corbetas y dos minadores españoles habían echado ancla frente al aeropuerto. En la ONU nadie creía que dos potencias tan veteranas como España e Inglaterra podían desencadenar un conflicto. Pero Inglaterra estaba, desde las doce de aquella noche, cuando finalizaba el plazo que la última resolución de la ONU le había dado para la descolonización de la Roca, «fuera de la ley» y España podía aplicar las medidas que creyese oportunas para defender sus derechos. Entre ellas se barajaban:

— El corte telefónico y telegráfico de las comunicaciones con Gibraltar;

— El control del tráfico de viajeros en toda la bahía de Algeciras, no cedida en Utrecht;

— La creación de problemas de acceso al aeropuerto gibraltareño, y

— El impedir el paso de los turistas que llegaban dando el rodeo Algeciras-Tánger-Gibraltar.

Nada ocurrió sin embargo aquella noche, en la que la guarnición gibraltareña estuvo en estado de alerta para «repeler cualquier agresión», según comunicó el jefe de su regimiento a los gibraltareños en una breve alocución por radio que terminaba con un «pueden ustedes tener confianza en nosotros».

Tampoco demasiada, pues el redoblarse las patrullas y el constante ir y venir de *jeeps* por el perímetro de la base no impidió que siete marineros del *Eagle*, seis holandeses y uno británico, saltaran limpiamente la Verja para dirigirse a Algeciras, no con ánimo de anexionársela, como hicieron sus antepasados dos siglos y medio atrás, sino de tomarse unos vinos y correrse una pequeña juerga. Una breve y festiva invasión en dirección contraria a la prevista. Las fuerzas españolas, sin embargo, no los trataron como invasores, sino que los devolvieron a sus dotaciones, eso sí, tras haber satisfecho una multa de 2.000 pesetas por «entrada ilegal».

Siguió el intercambio de notas de rigor. Castiella informó a U Thant de que, en vez de cumplir las resoluciones de la ONU, Inglaterra había concentrado una flota y 10.000 hombres en Gibraltar para maniobras bélicas que nada tenían que ver con la buena vecindad y los principios y propósitos de la Carta de Naciones Unidas. Lord Caradon contestó con otra en la que comienza diciendo que «la Armada británica en Gibraltar es una invención española» (recuerdo haberle oído a un diplomático español: «debimos haber retenido a los siete marineros juerguistas»), se contradice a continuación al asegurar que «se trataron de maniobras rutinarias», denuncia la presencia de navíos españoles en aquellas aguas, como si no fueran españolas, y califica de «cínica» e «inhumana», términos no muy diplomáticos, la actitud del gobierno de España en todo el asunto. Para cambiar de tono y asegurar que su gobierno está dispuesto a hablar con el español para resolver el problema gibraltareño. «Es Madrid quien tiene en su mano la clave del asunto», termina. Eso sí, no sin haber advertido antes que no están dispuestos a cumplir las resoluciones de la ONU sobre el mismo.

Todo apuntaba que entrábamos en una etapa de acusaciones cada vez más graves y roces cada vez ásperos en torno a Gibraltar, de los que podían saltar chispas. La diplomacia española preparaba proyectos de resolución donde los viejos términos de «insta» o «requiere» fuesen sustituidos por «condena» o «exige» al gobierno británico, y éste buscaba la forma de anularlos. La batalla, en fin, se acercaba a eso que los ingleses llaman su *climax,* su punto culminante, y quien más quien menos andaba nervioso, aunque procuraba disimularlo. Para desaparecer de repente del horizonte, como uno de esos nubarrones veraniegos que amenazan tormenta y una ventolera se los lleva sin dejar caer una gota.

Pensar juntos

La ventolera nada tenía que ver con Gibraltar, con la ONU ni con las relaciones hispano-británicas. Era un asunto exclusivamente español, aparentemente chusco, pues giraba en torno a un telar. Un telar, sí, no han leído mal. Aunque tras ese telar había una lucha por el poder dentro del franquismo e incluso posfranquismo, pues se trataba de decidir quién iba a sucederle tras la desaparición del que era su líder indiscutido e indiscutible. La táctica de Franco había sido mantener un cierto equilibrio entre las distintas «familias» del Régimen: falangistas, católicos, monárquicos (divididos en juanistas y juancarlistas), con el ejército siempre como pieza fundamental del mismo. Últimamente, sin embargo, había surgido un nuevo grupo, minoritario pero de enorme empuje, que avanzaba con rapidez, ante la inquietud de los otros: los llamados «tecnócratas», ligados al Opus Dei, gente preparada, que sabía idiomas, al frente del Plan de Desarrollo y de los ministerios de Hacienda, Comercio e Industria, que estaba llevando España en volandas hacia crecimientos del ocho y más por ciento anuales. Aunque la principal causa de su avance era que contaba con la protección de la eminencia gris del Régimen, el almirante Carrero Blanco, subsecretario de la Presidencia y no ya presidente por decisión propia, pues Franco le había ofrecido varias veces el cargo, que él rechazó diciendo «Mientras Su Excelencia tenga fuerzas para llevarlo, pienso que debe continuar». Algo que no hacía más que reafirmar la confianza del receloso jefe del Estado en él.

La emergencia de los tecnócratas unió al resto de las fuerzas contra ellos, con roces constantes, que ríanse ustedes de los de Gibraltar. Capitaneaban estas fuerzas los ministros de Información, Fraga; Asuntos Exteriores, Castiella, y Secretaría General del Movimiento, Solís, partidarios de una «apertura» más clásica, basada en la nueva Ley de Prensa promulgada por el primero, en una política exterior más independiente, propiciada por el segundo, y en la eterna «revolución pendiente nacional-sindicalista» del tercero. Frente a unos tecnócratas que sostenían que antes de nada había que elevar España a un nivel europeo, y lo demás vendría por añadidura. Bajo don Juan Carlos como rey, desde luego, cuya candidatura apoyaban, frente a otros aspirantes que habían surgido, como un Borbón carlista y otro nieto de Alfonso XIII, que tras su matrimonio con la nieta de Franco devendría en favorito entre los más adictos a éste, sin que faltasen los partidarios de un regente que continuase su régimen sin más.

Los roces siguieron su escalada durante el verano de 1969 y llegaron a la confrontación abierta a propósito, como les decía, de un telar. Lo fabricaba en su planta de Pamplona —Maquinaria Textil, S.A. (Matesa)— un personaje singular, Juan Vila Reyes, que tomando la idea revolucionaria de un ingeniero francés de un telar sin lanzadera, estaba convencido de que iba a ser el futuro de toda la industria textil. Yo, por aquel entonces corresponsal en Berlín, me lo encontré en 1965 en la Feria de Leipzig, la más importante del Bloque Oriental, tratando de abrirse camino en él. Era, desde luego, el único *stand* español en la feria —conservo la foto del mismo— y uno de los contados occidentales. La forma como hablaba de su telar mostraba el entusiasmo de los empresarios enamorados de su producto. Su problema era que sus ansias de expansión no tenían apenas apoyo por parte de una Administración excesivamente burocratizada y orientada hacia el mercado interior. La fórmula que ideó para zafarse de ello fue crear filiales en el extranjero, que le hacían falsos pedidos, con los que obtenía créditos del Banco de Crédito Industrial, con la esperanza de poder vender más tarde los telares en los países donde estaban almacenados. Él sostuvo siempre que las autoridades estaban al tanto de sus manejos, cosa que no se ha podido probar. Pero cuando el 17 de julio de 1969 el director general de Aduanas, un viejo falangista, denunció el número exagerado de telares exportados, lo que implicaba el de créditos concedidos, encendió la mecha de una bomba de amplio poder explosivo. De momento, el caso se vio en el Consejo de Ministros, comprobándose que, en efecto, había habido irregularidades manifiestas. Los ministros afectados trataron de explicarlo primero y de acallarlo después, sin conseguirlo, en buena parte porque sus rivales lo utilizaron contra ellos de todas las formas posibles, incluida la nueva Ley de Prensa. El escándalo estalló al iniciar las Cortes una investigación, que trajo la detención de Vila Reyes y el embargo de sus bienes, por la notable cantidad de 15.000 millones de pesetas. No es éste el lugar de entrar en detalles del que sin duda fue el escándalo más sonado del Régimen, pero sí de apuntar el impacto que tuvo en el caso Gibraltar, que fue enorme, hasta el punto de hacerle dar una vuelta de 180 grados.

Franco actuó como acostumbraba: repartiendo culpas. Cesó a los ministros implicados, el de Hacienda y el de Comercio, pero al mismo tiempo a sus acusadores, los de Información, Exteriores y del Movimiento, Fraga, Castiella y Solís. Con lo que descabezaba a la «oposición» interna, mientras dejaba intacta la cabeza tecnócrata en el Plan de Desarrollo e Industria. Y no sólo eso, contra lo habitual en él, dejó que fuese Carrero quien diseñara el nuevo gabinete, que sería por primera vez monocolor, esto es, todo él en la órbita del Opus Dei. Con decir que la cartera de Exteriores, desde hacía dos décadas en manos de quienes se presentaban como cristiano-demócratas, fue a parar a un ingeniero, Gregorio López Bravo, hasta entonces ministro de Industria y miembro de la Obra, está dicho todo. Era también la mejor muestra de que Franco empezaba a notar el peso de los años y fatiga al gobernar.

El vuelco se notó de inmediato y fue, como queda dicho, copernicano. De entrada, se cursaron órdenes desde el palacio de Santa Cruz a todas las Embajadas de meter los planes de Castiella en la nevera. Una carta del entonces secretario de Exteriores, Gonzalo Fernández de la Mora, a José Sebastián de Érice, embajador en Bonn, no puede ser más clara al respecto: «He leído con todo interés el proyecto de Memorando sobre Gibraltar que me dejaste y, aunque te felicito por tu esfuerzo y diligencia, hemos pensado que, por el momento, no convenía distribuirlo. Después de una fase de "internacionalización" del problema que se inició con la inscripción de Gibraltar en Naciones Unidas realizada por el Reino Unido y que felizmente se saldó con unas Resoluciones que favorecen las tesis españolas, estamos ahora tratando de "bilateralizar" el tema para buscarle una solución dentro del cuadro estricto de las relaciones hispano-británicas. Por eso me parece preferible aplazar el envío del documento a las Cancillerías mientras no hayamos agotado la vía bilateral». Era meridianamente claro el cambio de política respecto a Gibraltar: se dejaban a un lado, al menos de momento, las resoluciones de la Asamblea General sobre el contencioso que llevaban a una confrontación abierta con Gran Bretaña, para buscar un compromiso con ella. El propio López Bravo se acercó a la ONU, no para activar la política gibraltareña, sino para congelarla. En una reunión informal que tuvo con los corresponsales españoles en casa del entonces nuestro cónsul general, Adolfo Martín Gamero, nos la expuso con galanura y sin ambages. Ya hemos alcanzado aquí cuanto podíamos —vino a decir—. Llega la hora de buscar otros enfoques al problema, visto que no podemos avanzar más por este camino. Vamos a explorar todas las vías posibles con los ingleses, con la esperanza de que dos viejas naciones europeas puedan solucionar su viejo contencioso civilizadamente. Recuerdo que nos impresionó sobre todo lo que nos dijo de Franco, que cito de memoria por lo grabado que se me quedó (estaba prohibido tomar notas, al no ser lo escuchado para publicar): «Suele decirse que el jefe del Estado toma todas las decisiones del gobierno. Nada hay más lejos de la realidad. Franco apenas se mete en los asuntos de cada departamento. Nos da a los ministros una enorme latitud, incluso para cambiar sustancialmente una determinada línea política. Escucha con atención lo que se le propone, y si lo encuentra razonable, que es la inmensa mayoría de las veces, da su aprobación».

Han pasado cuarenta años y todavía no sé si el nuevo ministro de Asuntos Exteriores español estaba diciendo aquello para darnos una idea más real del jefe del Estado o para advertirnos a quienes habíamos participado con nuestras crónicas en la batalla de Gibraltar que él contaba con la aprobación de la instancia más alta para cambiar la línea de la misma. Y me queda también la duda de si López Bravo se dejaba lo más importante al hablar de cómo había que gobernar bajo Franco: los ministros debían de adivinar los deseos del jefe de Gobierno y de Estado, y ofrecérselo, para que diera su aprobación. Y no había duda de que Franco estaba inquieto con la política de Castiella respecto a Gibraltar, al que sólo mantenía por los éxitos que estaba cosechando. Pero su rumbo de colisión con los ingleses, y puede que con los norteamericanos, le tenía preocupado, por lo que decidió deshacerse de él aprovechando el caso Matesa, poniendo en su lugar a un hombre que, aparte de no tener ninguna experiencia en política exterior, por carrera y por pertenecer a una nueva generación, pensaba que el caso Gibraltar podía resolverse como cualquier otro conflicto entre naciones desarrolladas: por compromiso entre las partes.

En cualquier caso, la línea se cambió, y de qué manera. El 18 de octubre de 1969 se reanudaron en Londres las conversaciones hispano-británicas, no para el usual cruce de recriminaciones, sino para decidir que este año no se presentaría proyecto de resolución sobre Gibraltar en el Comité de los 24, ni en la Cuarta Comisión, ni en la Asamblea General. Como excusa se dio que tales debates «dificultarían el diálogo entre los dos países, recomendado por la ONU, dentro del nuevo clima entre ellos». Al nuevo clima se le puso pronto un nombre, bastante ambiguo por cierto: «pensar juntos». Los ingleses habían conseguido lo que buscaban sin disparar un tiro en Gibraltar y sin una resolución en la ONU. Aquél no iba a ser «el ministro de un Asunto Exterior», como se apodaba sarcásticamente a Castiella, sino alguien con mucha más amplitud de horizontes. Gibraltar era sólo un asunto más en nuestro escenario internacional y ni siquiera entre los más importantes.

López Bravo inició una trepidante actividad diplomática, que le llevó a los países más distantes e incluso hizo una «escala técnica» en Moscú, durante uno de sus viajes, que causó tanta sorpresa como expectación. Tampoco sabemos si ésta fue una de esas iniciativas personales de que nos hablaba a los corresponsales en Nueva York o que contaba con el visto bueno del jefe del Estado, al que, al parecer, caía muy bien. El caso es que fue el primer ministro español que mantuvo conversaciones informales con altos funcionarios soviéticos.

Y aquí voy a hacer un alto, aprovechando que también lo ha hecho el contencioso, para hacer una observación personal y pertinente sobre el tema Gibraltar. He conocido trece o catorce ministros de Asuntos Exteriores españoles, ya he perdido la cuenta, que se ocuparon más o menos de él. Hombres, y dos mujeres, muy diferentes tanto en línea política como en carácter. Pero todos ellos, menos Castiella, han adoptado la misma actitud al hacerse cargo de la cartera: creen ser capaces de resolver el conflicto de Gibraltar a base de un compromiso «civilizado», halagados por el lazo que les tienden los ingleses de «hablando entre nosotros podemos entendernos como dos viejas potencias». Y todos ellos han fracasado en el intento. El propio Piniés cayó hasta cierto punto en la trampa, al creer que la amistad que le mostraba su colega británico en la ONU, lord Caradon, era auténtica, cuando en cuestiones políticas y diplomáticas para los ingleses no existe amistad, simpatías ni ideologías, existen sólo intereses, los intereses de su país naturalmente, a lo que subordinarán todo. Ha sido la clave de su éxito internacional, junto a la firmeza en defender tales intereses, sin importarles la ética, la estética, el qué dirán ni quién tuvieran enfrente. Los ingleses no han cedido ni ante las amenazas, ni ante los halagos, ni ante los razonamientos. Tal vez por saber que con aguantar les basta, ya que la otra parte terminará cediendo. Nuestras dos mujeres en Exteriores han sido algo distintas, como veremos al evaluar su tarea. Pero volvamos al otoño de 1969.

Daba la casualidad, buscada desde luego en la anterior etapa, de que España pasó a ocupar por aquel entonces uno de los puestos rotativos en el Consejo de Seguridad, único órgano con poderes ejecutivos de la Organización, incluso para despachar tropas a escenarios de conflicto. Piniés sostenía que era una buena ocasión de plantear allí el contencioso gibraltareño. No se lo consintieron, sin embargo, alegando que el veto británico impediría incluso iniciar la discusión. Sin que valiera su argumento de que la Carta de Naciones Unidas excluye a las partes implicadas en un conflicto votar, y por tanto vetar, en el Consejo de Seguridad. Posiblemente eran razones más altas lo que lo desaconsejaban, empezando por el giro que se había adoptado en el asunto.

Transcurrieron 1970 y 1971 «pensando juntos» y durmiendo el caso en la ONU, sin llegarse a ninguna parte, cuando, a finales del 71, tuvimos una sorpresa: Piniés es nombrado embajador en Londres. Él fue el primer sorprendido. Las causas de esta designación sólo podría aclarárnoslas López Bravo, muerto hace tiempo. Puede que fuera una última concesión a Londres: les quito, podía decirles, de la ONU al hombre que allí les ha dado más guerra, como muestra de mi afán de negociar en serio. O puede fuese una muestra de frustración: ya que no queréis negociar en serio, os envío al hombre que os ganó la batalla en la ONU. O una muestra de las dos cosas, vayan ustedes a saber. Piniés aceptó por ese afán suyo de aceptar los nuevos desafíos y por pensar también que en la ONU ya no se hacía nada. «Había hecho ya 16 Asambleas Generales —ha dejado escrito en sus Memorias— y pensaba que no estaría mucho más. No habría pedido Londres, pero si me lo ofrecían no lo iba a rechazar». A fin de cuentas, es una de las principales Embajadas.

De «gratísima» describe su estancia en la capital británica, donde los conservadores habían sustituido a los laboristas en el gobierno, lo que sin duda era uno de los factores en que confiaba el gobierno español para lograr algún tipo de acuerdo sobre Gibraltar, olvidando aquello de que la política exterior inglesa, al revés de la española, no se funda en la ideología. «Acudió en algunas ocasiones López Bravo y tuvimos ocasión de negociar con sir Alec Douglas-Home (de nuevo secretario del Foreign Office), al que yo veía con gran frecuencia, al igual que al secretario de Defensa, Peter Carrington», cuenta Piniés. Conversaciones que se prolongaron en Madrid e incluyeron una visita de sir Alec a Franco. Al finalizar la visita se emitió un comunicado conjunto que decía: «Los dos ministros han celebrado amplias conversaciones, y en especial se han centrado, con espíritu constructivo, en un detallado examen de la cuestión de Gibraltar, y han decidido continuar trabajando al mismo nivel sobre esta cuestión, que todavía no ha alcanzado el grado de madurez que permita el comienzo de unas negociaciones formales. Las próximas reuniones de trabajo las celebrarán los dos ministros en Londres, en abril de 1973».

Poco después, contestando a una pregunta en la Cámara de los Comunes acerca de las reivindicaciones españolas sobre Gibraltar, sir Alec dijo que la doctrina británica estaba expuesta en el preámbulo de la Constitución gibraltareña, donde se indicaba que el Reino Unido no cedería la soberanía de la Roca contra los deseos de sus habitantes. Esa promesa continuaba en pie y se descartaba el abandono o la atenuación de dicha garantía.

Si se unen las maniobras que dos docenas de navíos de la Royal Navy, el mayor despliegue de poderío naval en Gibraltar en los últimos diez años, efectuaron en aquellas aguas en febrero de 1973, se comprende que López Bravo no se sintiese muy satisfecho de cómo iba su «pensar juntos» con los ingleses. Nada de extraño que durante las reuniones preparatorias de la Conferencia sobre Seguridad y Cooperación en Europa, a celebrar en Helsinki próximamente, el representante español hiciera circular un comunicado en el que se decía que la aceptación de los principios de dicha Conferencia por parte de su gobierno no representaba que España aceptase el *statu quo* de Gibraltar, «donde reina una situación colonial que afectaba profundamente a la nación española». El representante británico reaccionó con otro comunicado en el que se objetaba la declaración española aduciendo que la reunión de Helsinki «no era el lugar adecuado para tratar asuntos bilaterales». Una muestra de que la falta de resultados empezaba a causar desasosiego en quien había emprendido la nueva ruta.

Las conversaciones se reanudaron, en efecto, en primavera. Se lo cuento con palabras de Piniés: «En mayo de 1973 tuvo lugar otra ronda de conversaciones. Fue la vez que vi más enérgico a López Bravo. El congelar la cuestión de Gibraltar en Naciones Unidas y el pensar juntos se había acabado. Después de esta ronda nos trasladamos a 10 Downing Street, residencia del primer ministro Heath. En primer lugar nos tuvo esperando media hora, y cuando al fin entramos en su despacho no dejó hablar a López Bravo y con notorio cinismo y muy nervioso, afirmó que al sur de Europa había dos países: España y Gibraltar, al igual que había dos Alemanias, y que las fronteras de Europa se habían escrito con sangre y sólo con sangre se rectificarían. López Bravo le contestó que no compartía su filosofía y nos marchamos».

El relator de la ONU, que seguía estos contactos para cumplimentar las resoluciones sobre el caso, hace constar en su informe a la Asamblea General: «Después de estas reuniones no se emitió ningún comunicado, y a su regreso a Madrid, el ministro de Asuntos Exteriores de España dijo que el diálogo no había fracasado completamente, pero que se necesitaba un período de reflexión». López Bravo era el primero en saber que un fracaso de dichas conversaciones, negociaciones o lo que fuesen era un fracaso suyo y de su «pensar juntos», así que se resistía a reconocerlo.

Pero se imponía un nuevo cambio, que vendría empujado por otro de más calado y dimensiones. El gobierno español «monocolor» de 1969 estaba encontrando más dificultades de las que preveía. No en el exterior, sino en el interior del país, donde las demás «familias» del régimen hacían piña contra él y una clase media emergente exigía más libertad de la que le daban los tímidos ensayos aperturistas que se le ofrecían. Había agitación entre los obreros y entre los estudiantes, con desórdenes que llegaban a la calle y a la prensa. Cuando una manifestación en Madrid concluyó con el asesinato de un policía y Franco oyó decir a Sánchez Bella en el Consejo de Ministros que «los manifestantes eran de los nuestros», debió pensar que era necesario poner coto a aquello. Lo hizo a su manera enérgica y sinuosa al mismo tiempo: poniendo a Carrero, que había sido el padrino del gabinete anterior, en la presidencia del nuevo gobierno, sabiendo que el almirante, capaz de adivinar lo que quería sin siquiera decírselo, iba a hacerlo más plural. En efecto, entran en él un falangista de credenciales impecables, Utrera Molina, y un «católico» va a encargarse de la cartera de Hacienda: Barrera de Irimo. Más importante para el tema que aquí tratamos: hay relevo también en Exteriores. Sale López Bravo y entra López Rodó. Estamos en junio de 1973.

Pensar (de nuevo) separados

El cambio se notó desde el primer día. Ya en su discurso programático ante las Cortes, el 20 de julio de 1973, Carrero aludió a la cuestión de Gibraltar en tono muy distinto al de la fase de distensión anterior: el gobierno británico —dijo— conocía muy bien el sincero deseo de España de iniciar cuanto antes negociaciones encaminadas a poner fin a la prolongada situación colonial en Gibraltar, de acuerdo con las resoluciones de Naciones Unidas, y a devolver la Roca a la soberanía española. Correspondía, por tanto, al Reino Unido considerar las sugerencias que se le habían expuesto e introducir nuevos elementos que permitiesen la negociación. Mientras tanto, el gobierno de España se reservaba plena libertad de acción en el tratamiento político de lo que durante tanto tiempo había sido una herida abierta en el sentimiento de todos los españoles.

Va a ser la nueva línea (¿o vuelta a la vieja?) que lleve su ministro de Exteriores, que fue sin duda alguna quien escribió estos párrafos del discurso del nuevo *premier* español.

Aunque en la misma línea ideológica, López Bravo y López Rodó eran humanamente muy distintos. Todo lo que tenía el primero de audaz y extrovertido, lo tenía el segundo de cauto y discreto. Le conocí durante la visita que realizó a Alemania en 1963, en la que se hizo acompañar precisamente de Carrero Blanco, ya que su rango entonces, comisario del Plan de Desarrollo, no alcanzaba para entrevistarse con Erhard, vicecanciller y ministro de Hacienda, que era lo que él buscaba, pero en ningún momento de la visita, que abarcó varias ciudades, intentó hacer sombra al almirante, cosa fácil, pues se trataba también de un hombre extremadamente sencillo.

Al hacerse cargo de la cartera de Exteriores, López Rodó se dio cuenta de algo evidente: que el «pensar juntos» sobre Gibraltar había sido un fracaso. Los ingleses seguían diciendo en todos los foros y tonos que lo sentían mucho, pero no podían hacer nada en la Roca contra los deseos de sus habitantes, y de ahí no había quien los moviera. Por otra parte, Gibraltar había aprovechado aquellos cuatro años de aislamiento y pausa diplomática para adaptarse a la nueva situación y afianzarse cara al exterior. Así, había reestructurado su economía, reduciéndola en muchos sectores; había sustituido a los obreros españoles por marroquíes y había aprovechado cada oportunidad —desde los concursos de Miss Universo a los festivales de Eurovisión— para aparecer como una unidad autónoma. Lo que no impedía que siguiera dependiendo de la base militar y que si quería llevar una vida normal, su dependencia de España era manifiesta. Quedándole a ésta muchas bazas por jugar en su extremo sur.

La primera muestra de este cambio la tuvimos en la ya citada Conferencia de Seguridad y Cooperación en Europa, tenida lugar en Helsinki aquel verano, donde López Rodó abordó el tema Gibraltar. «Mi gobierno —dijo— desea reiterar en esta ocasión que su adhesión a los principios que deben regir las relaciones entre los Estados de Europa no supone en modo alguno la aceptación del *status* colonial de Gibraltar». Añadiendo que no había de momento conversaciones, y menos negociaciones, entre España y Gran Bretaña, tal como habían propugnado Naciones Unidas.

El secretario del Foreign Office, sir Alexander Douglas-Home, que no había citado el tema en su intervención, solicitó de inmediato entrevistarse con él, a lo que accedió López Rodó, que nos ha dejado en sus Memorias detallada minuta del encuentro, que resumo:

«Los gibraltareños tienen la llave del problema», empezó sir Alec.

«Les hemos ofrecido todo tipo de seguridades para respetar sus legítimos derechos», replicó López Rodó. «Lo que no podemos admitir es ese pretendido derecho a la autodeterminación, que dejaría en sus manos la soberanía de la colonia, algo no contemplado en el Tratado de Utrecht ni en las resoluciones de la ONU».

«La Constitución de Gibraltar aprobada por el Parlamento británico nos impide traspasar la soberanía sin el consentimiento de los gibraltareños», arguyó sir Alec. «Es un *fact of life* con el que hay que contar».

«Naciones Unidas negaron toda validez al referéndum que aprobó tal Constitución, por lo que no podemos darle valor alguno», fue la réplica del ministro español.

Sir Alec: «El problema está en el Parlamento británico, que rechazará toda solución no aceptable para los gibraltareños».

López Rodó: «Todo esto confirma las sospechas españolas de que Gran Bretaña se ha cerrado a sí misma la puerta de la negociación».

Las espadas volvían a quedar de nuevo en alto, y en la primera semana de agosto de 1973 el semanario *Newsweek* publicó en lugar destacado la noticia de que «la vieja disputa hispano-inglesa sobre Gibraltar volvía a calentarse, y los españoles jugueteaban con la idea de montar una barrera de globos que impidiese el acceso de aviones al aeropuerto de la Roca». No citaba fuentes y las pesquisas de los corresponsales españoles sobre ellas tan sólo arrojaron que podía tratarse de una de las opciones que se barajaron desde que la Asamblea General había dado la razón a España en el pleito gibraltareño, aunque nunca como posibilidad real. Pero que el asunto volvía a calentarse nos lo había advertido la carta que a finales de julio el gobierno español hizo llegar a U Thant para informarle de que «las negociaciones bilaterales recomendadas por Naciones Unidas para la descolonización de Gibraltar no habían llegado a ninguna parte, debido a la negativa británica», para hacer lista de agravios, desde las no respetadas resoluciones de la Asamblea General al continuo «uso ilegal de la zona neutral del istmo» y el abuso tanto de las aguas como del espacio aéreo español». En vista de lo cual, «España había decidido interrumpir las negociaciones con el Reino Unido». Como encargado de las mismas, se pedía al secretario general que hiciera cuanto estaba en su mano para lograrlo. Comenzaba un nuevo asalto.

La campana iba a sonar muy pronto. En septiembre, la Asamblea General comenzó un nuevo período de sesiones, con asistencia de prácticamente todos los ministros de Asuntos Exteriores. López Rodó acudió acompañado de Fraga, que había enviado a Londres como embajador, devolviendo a Piniés a la ONU, hecho bastante significativo, aunque los malpensados lo atribuyeron a que buscaba alejar de Madrid a Fraga, uno de los competidores cara a la España posfranquista. En cualquier caso, volvían a pintar bastos en el contencioso gibraltareño. Con López Rodó haciendo la política de Castiella. ¡Quién se lo hubiera dicho!

En su intervención ante la Asamblea, el 26 de septiembre, el secretario del Foreign Office no aludió para nada al tema Gibraltar, dando la impresión de que era un tema zanjado entre españoles e ingleses, por lo que la ONU no tenía que preocuparse del mismo. A través de su embajador en Madrid, Douglas-Home había hecho saber a López Rodó que le haría «nuevas propuestas» durante la entrevista que le sugería sostuviesen en Nueva York, entrevista que tuvo lugar precisamente en vísperas de su intervención ante la Asamblea. Pero en dicha entrevista no hubo novedad alguna por su parte, limitándose a repetir lo que ya le había dicho en Helsinki: que «la Constitución de Gibraltar es un *fact of life* que hay que aceptar, e impide al Reino Unido transferir a España la soberanía de Gibraltar».

Respuesta de López Rodó: «Esa Constitución fue aprobada por una *Order of Council* británica, que puede ser derogada por otra posterior».

Sir Alec: «No se conseguiría ni un solo voto en la Cámara de los Comunes para derogar esa *Order.* Levanten ustedes las restricciones a Gibraltar; luego llevaremos a cabo proyectos económicos conjuntos, y diez años más tarde podrá abordarse la cuestión de la soberanía, sometiéndola al referéndum de los gibraltareños, que podrían haber cambiado de opinión».

López Rodó: «No cabe dejar la soberanía al lado, pues es la cuestión básica de la descolonización, y ésta, según la doctrina de Naciones Unidas, debe basarse a su vez en el principio de respetar la unidad nacional e integridad territorial de los países».

Sir Alec: «Olvídese usted de las resoluciones de Naciones Unidas. Si yo presentara el año que viene un proyecto de resolución diciendo que los gibraltareños desean autodeterminarse, ganaría: apelaría a los peores instintos de estos chicos (refiriéndose a los delegados en la ONU)».

López Rodó terminó recordándole que las por los ingleses llamadas «restricciones» no eran sólo un *fact of life,* sino también un *fact of law,* ya que el Tratado de Utrecht estipula que la Roca se cede a Gran Bretaña sin jurisdicción territorial y sin comunicación alguna con el país vecino por tierra. Por lo que las restricciones serían levantadas después de la transferencia de la soberanía. Mientras tanto, el gobierno español adoptaría todas las medidas que considerase efectivas para la descolonización de Gibraltar.

La versión oficial que se nos dio a los corresponsales de la entrevista no oculta el tono duro en que había transcurrido. «No habiéndose aportado por parte británica nuevas propuestas ni sugerencias —se nos dijo—, la parte española se afianza en su postura inicial: la ONU ha dicho cómo debe descolonizarse Gibraltar, a saber, teniendo en cuenta el principio de la integridad territorial de las naciones, e Inglaterra no tiene más que cumplirlo». A lo que sir Douglas-Home repitió que el Parlamento británico prohíbe a su gobierno ceder la soberanía de Gibraltar sin el consentimiento de sus habitantes, «siendo tarea de los españoles convencer a los gibraltareños que den ese paso». La respuesta de López Rodó fue que «el gobierno de España se reserva plena libertad de acción dentro y fuera de Naciones Unidas para el tratamiento de la reivindicación de Gibraltar». Era la frase con más miga y con más hueso. ¿Qué «libertad de acción» se reservaba el gobierno español?, fue nuestra primera pregunta. La respuesta fue la acostumbrada: «La única doctrina que hay al respecto es la establecida por el jefe del Estado: "Gibraltar no vale una guerra"». De ahí para abajo, todo. Esto es, «España no va a dar ninguna clase de facilidades a los ingleses y a los gibraltareños en esa colonia en su territorio».

«Ambos ministros —terminaba el breve comunicado oral— decidieron no celebrar por ahora nuevas conversaciones, sin perjuicio de continuar los dos gobiernos los contactos por los cauces diplomáticos normales». O sea, que se había acabado no sólo el pensar, sino también el hablar juntos.

López Rodó tuvo, sin embargo, ocasión de explayarse ampliamente sobre el tema Gibraltar cuando habló al día siguiente ante la Asamblea General, en un discurso que resucitaba aromas de los de Castiella: «Gibraltar —dijo— no es sólo una colonia británica. Es también una base militar que pone en peligro a todo el entorno español y aún mediterráneo. O sea que Inglaterra se está enfrentando no sólo con el imperativo de la descolonización, sino también con el de la distensión internacional, que pide el desmantelamiento de las bases militares en territorios extraños». Sobre los ingleses, apuntó que cuatro años de negociaciones con ellos habían puesto de manifiesto su carencia de ánimo negociador: «Cuando se esconden detrás de los gibraltareños violan el Tratado de Utrecht, que prohíbe la introducción de civiles en la colonia. Cuando enarbolan constituciones y referéndum violan las resoluciones de Naciones Unidas, que han condenado tales acciones unilaterales. Inglaterra, hoy por hoy, no es un interlocutor digno de fiar en la cuestión gibraltareña».

Aunque la parte más sustancial de su discurso estaba destinada a los gibraltareños. Tras recordarles que las resoluciones de la ONU establecen que la Roca debe descolonizarse respetando la integridad territorial de los países, teniendo en cuenta los intereses de sus habitantes, el ministro español les hizo una oferta oficial, con la ONU como testigo, si decidían «reintegrarse a la nación cuyo idioma hablan y de la que geográfica y culturalmente forman parte». La oferta incluía:

— Mantener la organización política, administrativa y judicial gibraltareña, con la mera sustitución de las autoridades británicas por las correspondientes españolas.

— El establecimiento de un régimen especial de autonomía legislativa, judicial, administrativa y financiera que respetaría la opción individual en materia de nacionalidad, libertades y derechos civiles en su actual forma, así como su gobierno local y su régimen de puerto franco.

— Asimismo, España se comprometía a asegurar, como mínimo, la renta *per capita* que hubiesen alcanzado los gibraltareños y su tasa de crecimiento anual, el nivel de ingresos de su población activa, las prestaciones de la seguridad social y demás intereses legítimos, que quedarían garantizados ante Naciones Unidas y no, como hasta entonces, sometidos al *status* colonial y a merced tan sólo de Gran Bretaña.

«Nuestra postura no puede ser más clara, ni más firme, ni más generosa», terminó el ministro español, antes de hacer dos advertencias: que su gobierno estaba dispuesto a reanudar las conversaciones sobre Gibraltar siempre y cuando el gobierno británico diera muestras de verdadero ánimo negociador, al tiempo que se reservaba el derecho de llevar a cabo cuantas acciones pudieran conducir a la descolonización de Gibraltar.

Era una oferta, en efecto, generosa, pero con dos serios fallos. El primero, que López Rodó estaba ofreciendo a los gibraltareños cosas de las que carecían los españoles en aquel momento. Cómo iba a encajarse un Gibraltar con estructuras políticas inglesas en una España que tenía prohibidos los partidos políticos era difícil de comprender. El segundo fallo era aún más contundente: la decidida negativa británica a abandonar su base a la entrada del Mediterráneo, como se había demostrado una y otra vez. A lo que podía añadirse otra razón más sutil, pero no menos poderosa: España había perdido la iniciativa en el contencioso. La dinámica generada en la ONU desde 1963 a 1969, en la que consiguió que la Asamblea General avalara sus tesis sobre la descolonización de Gibraltar, se volatilizó al aceptar, con López Bravo, la tesis británica de tratar el asunto bilateralmente. Intentar recuperarlo era ya difícil. Muchos de los embajadores de países que habían defendido y apoyado la postura española ya no estaban y sus sucesores no estaban familiarizados sobre el caso. Aparte de estar ya sentenciado por aquella instancia.

En estas condiciones, Piniés hizo lo único que podía hacerse: tratar de salvar el espíritu de los anteriores pronunciamientos en un consenso aprobado por la Cuarta Comisión el 6 de diciembre y luego por la Asamblea General, prácticamente sin debate. En él se recalcaba *«la necesidad de que España y el Reino Unido reanuden en breve las negociaciones sobre Gibraltar, teniendo en cuenta las resoluciones de la Asamblea General sobre el territorio»*.

En un segundo párrafo insistía: *«La Asamblea General, profundamente preocupada por los efectos potencialmente perjudiciales de la persistencia de este problema en las relaciones entre los Estados miembros y plenamente consciente de la necesidad de poner fin a la causa de desacuerdo entre ellos, insta a ambos Estados a no escatimar ningún esfuerzo con objeto de llegar a una solución acorde con los principios de la Carta de Naciones Unidas»*.

Se habían, diría un castizo, al menos salvado los muebles, al insistirse en la negociación hispano-inglesa para descolonizar Gibraltar y mantenido la doctrina de Naciones Unidas al recordarse las resoluciones ya aprobadas. Pero que se había retrocedido quedaba patente en que el lenguaje era mucho más vago, en que volvíamos a los «consensos» en vez de a las resoluciones y en que no se condenaba ninguno de los pasos que en el entretanto había dado Gran Bretaña en su colonia. La mejor prueba de ese retroceso fue que los ingleses dieron su voto a ese consenso. Habían conseguido reconducir la situación... con ayuda de los españoles. No sería la última vez, sino más bien la primera de una larga serie de capitulaciones no recompensadas.

La España democrática y Gibraltar

Si la situación en España era de por sí complicada debido al enfrentamiento entre las distintas «familias» del régimen, a su choque con la rama más abierta de la jerarquía eclesiástica y a la incertidumbre ante el futuro, el atentado que costó la vida al almirante Carrero, presidente del Gobierno, el 20 de diciembre de 1973, hizo saltar por lo aires los planes de Franco, aunque éste lo saluda con una de sus frases más enigmáticas: «no hay mal que por bien no venga». Vuelve a tomar las riendas, aunque ni de lejos con la energía de antes, y el gobierno que encabeza Carlos Arias Navarro es una mezcolanza de «duros» y «aperturistas» más o menos camuflados que traen más confusión que otra cosa. Los temas candentes eran las «asociaciones políticas» y el acceso del príncipe Juan Carlos a la Jefatura del Estado, dada la salud decreciente del titular. Si a ello se añade el recrudecimiento de la acción terrorista y el endurecimiento de la represión, se comprenderá que la política exterior pase a muy segundo plano, con el ministro del ramo, Cortina Mauri, interesado únicamente en convertir los Convenios con Estados Unidos en Tratados, a fin de ganar la tan necesaria respetabilidad internacional. Sin que Washington se avenga a ello. Gibraltar pasa así a un lugar más terciario que secundario, ya que lo único que faltaría al gobierno español en aquellas circunstancias era una confrontación con Inglaterra. De aquellos años recuerdo la visita a la ONU de Cortina Mauri abucheado a la entrada por un grupo, mayoritariamente de profesores y estudiantes españoles en Nueva York, tras las penas impuestas en el proceso de Burgos. Otra prueba, aún mayor, del desamparo y desconcierto de la acción exterior española durante aquellos años fue la Marcha Verde marroquí y el abandono del Sahara en las circunstancias que se produjeron. Londres aprovechó aquel tumulto para afianzar su política de hechos consumados en el Peñón, mientras la diplomacia española intentaba al menos mantener la doctrina de Naciones Unidas sobre él, aunque fuese en la forma tenue del último Consenso adoptado, ratificándolo Asamblea tras Asamblea.

La muerte de Franco y la proclamación de don Juan Carlos como jefe de Estado tranquilizaron un poco las cosas y, de entrada, los norteamericanos accedieron a lo que se venían negando. Areilza, ya ministro de Asuntos Exteriores del rey, me contó que, en su primera reunión con Kissinger, éste le preguntó qué quería.

—La conversión del Convenio sobre las bases en Tratado —dijo el conde de Motrico.

—Concedido —respondió el secretario de Estado sin vacilar.

Franco creyó, o por lo menos eso dijo, que todo quedaba bien atado, dejando a Arias Navarro de algo así como cancerbero. Pero era muy difícil, por no decir imposible, mantener el franquismo sin Franco y el propio Arias hizo amagos de aperturismo, que se apresuró a cerrar al poco tiempo. Con lo que la presión interior no hacía más que crecer. El rey sustituyó a Arias por Adolfo Suárez, iniciando ambos, el uno como motor, el otro al volante, una «transición» que no era otra cosa que un cambio de régimen con los menores traumas posibles, aunque bastantes de ellos se hacían inevitables, como legalizar los partidos políticos, celebrar elecciones y diseñar una Constitución. Se cometieron errores en todos esos pasos, sin duda, pero se hizo sin sangre, que era lo importante. Quienes lo vivimos desde el extranjero podemos dejar constancia del escepticismo primero, la sorpresa después y el aplauso final que cosechó la entera operación, considerada hasta entonces imposible: transformar un sistema autoritario en otro democrático sin confrontación civil.

En este marco, no sorprenderá que la nueva democracia española trazase una política exterior tendente a acabar con la anomalía que España venía representando en el bloque occidental, fijando sus prioridades en el ingreso tanto en la OTAN como en la Comunidad Económica Europea. Y aquí tenemos que plantearnos una pregunta hipotética, al no poder corregirse el pasado, pero interesante para el asunto que estamos tratando: ¿las concesiones que durante este período hicimos en Gibraltar —de hecho, la renuncia formal a la doctrina de la ONU sobre su descolonización— fueron prudentes? A fin de cuentas, con la OTAN estábamos ya ligados a través de los Pactos (ya convertidos en Tratados) con los Estados Unidos, y con la CEE, a través de un Tratado Preferencial, muy favorable para nosotros. En buena lógica, todo sería cuestión de esperar a que la democracia española se consolidase, para que pudiéramos presentar nuestra reclamación con mucha más fuerza que hasta entonces. Es lo que defendieron los hombres de Castiella aún activos en el Ministerio de Exteriores. Fernando Olivié, que había llevado la política europea, escribe al respecto: «La democratización de España, que se iniciaba y que había venido siendo exigida por Gran Bretaña desde la Declaración de Postdam de 1945, debería haber contribuido a cambiar la política de Londres para con Madrid por una de cooperación y de amistad». Mientras Piniés es más específico: «En plena democracia, nos llenamos de escrúpulos y ante la eventualidad de que la Gran Bretaña pudiera vetar nuestra entrada en la Comunidad Europea, dimos marcha atrás. Grave error porque el Tratado de Roma estipula en su artículo 234 que los derechos y obligaciones resultantes de las Convenciones concluidas anteriormente a la entrada en vigor de ese Tratado no quedan afectadas por éste. Es decir, que en lo que a Gibraltar respecta, la relación entre Gran Bretaña y España se sigue rigiendo por el Tratado de Utrecht y justo es reconocer que fue la parte española quien, al considerarlo anacrónico, ha venido ofreciendo a Gran Bretaña su anulación o sustitución por otro Tratado». En otras palabras, sostienen ambos diplomáticos, la nueva condición democrática de España debería de haber traído, en lo que a Gibraltar se refería, un cambio en la política británica, no un cambio de la española, como ocurrió.

Que al frente del Ministerio de Asuntos Exteriores estuviera un hombre de Castiella, nada menos el que había sido su jefe de gabinete, Marcelino Oreja, hizo pensar a algunos que la política gibraltareña de aquél resurgiría. No fue así, sino todo lo contrario. Ya fuese por pasarnos de demócratas, ya fuese por miedo a que los ingleses obstaculizasen nuestro ingreso en las grandes organizaciones occidentales, ya fuese por las prisas que tenemos en todo, el caso es que se buscó una política de acomodación que en realidad fue de transigencia, innecesaria según se comprobó más tarde. Es verdad que Gran Bretaña, que había ingresado en la CEE en 1973, nos había amenazado con su veto. Pero no es menos cierto que había asumido sin problemas el Tratado Preferencial de la Comunidad con España, firmado tres años antes. Es más, por el posterior Tratado de Roma, Gibraltar recibió un *status* especial según el cual se le dejaba al margen de la política agraria de la Comunidad, no recaudaba el IVA, no se le aplicaba ninguna tarifa exterior común ni tenía representación alguna en las instituciones comunitarias, incluido el Parlamento Europeo. O sea que a todos los efectos, continuaba siendo una colonia. La última en Europa occidental. Que los gibraltareños eran conscientes de ello, así como del miedo que sentían ante una España democrática que pudiera hacer valer sus derechos sobre esa colonia en su territorio lo demuestra la delegación que enviaron a Londres en 1976 para discutir su futuro en la nueva situación y ver la posibilidad de una incorporación de la Roca al Reino Unido. Según Olivié, que seguía la evolución del contencioso paso a paso, «el gobierno británico señaló a los gibraltareños que era imposible considerar su integración con Gran Bretaña o su independencia. Lo que quería decir, pura y simplemente, que la situación político-administrativa de Gibraltar, a pesar del ingreso del Reino Unido en la CEE, seguía siendo la que Londres determinó en 1969». Que tampoco iba a variar un ápice, añadimos por nuestra parte, por la instauración de la democracia en España.

Se comprobó muy pronto. A principios de 1977 el presidente Suárez se detuvo en Londres camino de Dublín, acompañado de Oreja, para encontrar a los ingleses instalados en la postura de siempre: que España «levantara las restricciones a Gibraltar impuestas por el general Franco». Eso fue todo lo que dijo sobre el tema el nuevo primer ministro, James Callaghan, que había sustituido a Harold Wilson.

En septiembre del mismo año, el secretario del Foreign Office visitó Madrid para decir que su gobierno vería con satisfacción la entrada de España en la CEE y en la OTAN, siempre que suprimiese las restricciones impuestas a Gibraltar. Fue lo que el *premier* Callaghan dijo, si cabe con más fuerza, a Suárez cuando éste volvió a visitarle en octubre: Gran Bretaña sólo aceptaría el ingreso de España en la Comunidad Europea si levantaba las restricciones a la Roca. Actitud que mr. Callaghan reafirmaría en el discurso pronunciado en Naciones Unidas el 3 de junio de 1978: si España creía, vino a decir, que su entrada en la Alianza Atlántica iba a facilitarle la recuperación de Gibraltar estaba muy equivocada. Podía haber añadido: y si creía que su condición de democracia iba a ayudarle en esa recuperación estaba más equivocada todavía.

Lo que ilustra meridianamente sobre dos aspectos capitales del contencioso gibraltareño. El primero, la poca o nula importancia que dan los ingleses a la ideología en él. Todo aquel proclamar suyo de que no podían entregar a los desamparados habitantes de un minúsculo territorio a una dictadura, era una farsa. España tenía ya una Constitución, puede que más democrática que la suya, al menos desde el punto de la vista de la autonomía territorial, pero a ellos eso les traía sin cuidado. Lo único que les importaba era retener una colonia en territorio español y, a ser posible, mantenida por España a través del contrabando y otras ventajas fiscales. El segundo aspecto de que hablábamos es la continuidad de la política exterior británica: no importa el partido en el poder, qué primer ministro gobierne o quién sea el secretario del Foreign Office, su política exterior es la misma, guiada por los intereses del país, no por la ideología, por la política interior o por los principios éticos. Es lo que les da una coherencia roqueña, nunca mejor usada la palabra, y casi siempre, el triunfo. En este caso, desde luego.

Pues estaban tirándose un «farol» digno de esas partidas de póquer millonarias que se juegan en Las Vegas. Su amenaza de veto de entrada de España en la OTAN se veía contrarrestada por el hecho de que quienes estaban más interesados en dicho ingreso, tras España naturalmente, eran los Estados Unidos, líderes, si no dueños, de la organización. A Washington le urgía apuntalar ese flanco suroccidental de la Alianza, visto que los socialistas, que podrían alcanzar el poder en la próxima legislatura, no estaban dispuestos a ello. Habiendo el riesgo añadido de que España siguiese el ejemplo de Irlanda, que se negaba a ingresar en la OTAN mientras no se solucionase la cuestión del Ulster. Y, estratégicamente, España era mucho más importante que Irlanda, con sus bases claves en el dispositivo estratégico mundial. En cuanto al ingreso en la CEE, ya hemos visto cómo Inglaterra, recién ingresada y con innumerables reservas, no tenía mucho músculo en ella. Mientras Alemania, su verdadero motor económico, estaba a favor de nuestro ingreso.

Los miedos, las prisas, la precariedad interior o todas esas cosas juntas, sin embargo, hicieron que España se embarcase en conversaciones donde Gran Bretaña llevaba la voz cantante y España cedió posiciones importantes ganadas anteriormente La primera, congelar el asunto en la ONU, donde estaba ya en dique seco. Los dos ministros de Asuntos Exteriores —Owen y Oreja— acuden en noviembre de 1977 a Estrasburgo, para la firma del Estatuto del Consejo de Europa en marzo. Su entrevista tuvo lugar el 24 de ese mes, formando parte de la delegación británica el ministro principal de Gibraltar, sir Joshua Hassan, y el jefe de la oposición, sr. Xiberras, algo no contemplado en el Tratado de Utrecht. Por si fuera poco, mr. Owen, de entrada, les cedió la palabra alegando «la nada fácil situación en que se encuentra la población de Gibraltar». Sir Hassan hizo un alegato contra «el gran error de España por no reconocer los más de 200 años de vinculación de la población de Gibraltar y la Roca», mientras Xiberras denunció «la contracción entre las restricciones impuestas por España y las prácticas democráticas», hablando de *compulsión, coertion and denial of human dignity*, contrarias al Acta Final de Helsinki, al espíritu de la Conferencia de Belgrado y al Consejo de Europa.

Oreja contestó que no se trataba de restricciones, sino de medidas fundadas en derecho por la aplicación del Tratado de Utrecht, así como de la aplicación del derecho internacional, pasando a exponer la doctrina de la ONU sobre Gibraltar, expuesta en la resolución de la Asamblea General donde se establece que la descolonización de la Roca debe hacerse teniendo en cuenta el principio de la integridad territorial de España.

Tomó entonces la palabra Owen —«con cierta arrogancia», señala Oreja en sus Memorias—, advirtiendo que la realidad presente era la de los gibraltareños. «Si hay un problema de soberanía o de integridad territorial, es su problema (de España)». Para el Reino Unido la cuestión estaba en la situación de los gibraltareños, afirmando rotundamente que no habría negociación *under restriction,* es decir con la Verja cerrada. Oreja le responde que «ningún gobierno español estaría en mejor disposición que el nuestro para negociar sobre Gibraltar. Lo esencial sería precisar el modo de acercamiento preciso y necesario. Podríamos iniciar un diálogo constructivo y negociaciones con una agenda de los distintos pasos que podían darse. ¿Hay voluntad de diálogo? —preguntó—. Ésta es la cuestión esencial. Porque si no existe, es inútil seguir hablando». Para preguntar a continuación: «La delegación británica, de la que los representantes gibraltareños forman parte, ¿tiene esta actitud? Si la tiene, toda clase de posibilidades está abierta al diálogo, tanto para la población como para el territorio».

Owen reconoció que había un problema, el de la soberanía, pero había otro, el de las medidas tomadas por España. y no podía negociar bajo coacciones: «En una España democrática —advirtió— no podían continuar tales medidas, y por eso tenemos que discutir para la eliminación de dichas restricciones». O sea que usaba la democratización de España, no para hacerla concesiones, sino para exigírselas. Hassan y Xiberras insistieron en ello.

Oreja advierte que había dos puntos clave: la buena fe y el realismo. Si el principal problema para los ingleses era el cierre de la Verja, para el pueblo español era el de la soberanía y la integridad territorial. ¿Por qué no buscar articularlas? ¿No sería posible un sistema como de ruedas dentadas para avanzar? ¿Cómo engranar ambas medidas?

Owen propuso continuar los contactos. Oreja advierte satisfecho «hemos acordado movernos» y espera que en la siguiente reunión «no volvamos a repetir los argumentos expuestos en ésta».

En el comunicado conjunto que se emite luego, se anuncia el acuerdo para celebrar una reunión «en los próximos meses».

Visto con perspectiva, el balance del encuentro no resulta favorable para España. Los ingleses no se habían movido un milímetro en sus posiciones, mientras nosotros, aparte de ceder en algo tan importante como admitir a los gibraltareños en la delegación británica —algo no contemplado en las resoluciones de la ONU— nos habíamos mostrado demasiado ansiosos de llegar a un acuerdo, no la mejor forma de negociar. Fíjense, además, en otro aspecto interesante: bajo Franco, los británicos alegaban que no podían entregar los gibraltareños a una dictadura. Llegada la democracia a España, alegaban que ésta debía de empujarla a respetar la voluntad de los gibraltareños.

Los dos ministros volvieron a reunirse en marzo de 1978 en París, en julio del mismo año en Londres y en diciembre en Madrid. En las Memorias de Oreja no aparece rastro de ninguno de esos encuentros. Aparece, en cambio, otro, el 29 de diciembre, en Argelia, donde habían acudido ambos con motivo de los funerales del presidente Bumedian. Fue un encuentro breve, en una de las habitaciones del hotel donde se hospedaban, y al parecer prometedor. Según el ministro español, su colega británico se mostró favorable a:

— La utilización conjunta de la base gibraltareña, con la presencia de un almirante español;

— Un acuerdo sobre el aeropuerto, que sería usado por ambos. Owen habría reconocido que «la declaración unilateral sobre el istmo había sido un error, pero ahora era imposible retirarla, aunque tenían el propósito de enterrarla tácitamente»;

— Una empresa mixta para el astillero, y

— Una administración autónoma del puerto de Gibraltar, con participación de ambos países.

Parece demasiado hermoso para ser verdad, y no tuvimos tiempo de comprobarlo, pues en las siguientes elecciones británicas ganaron los conservadores, con Margaret Thatcher al frente. Con ella llegó un nuevo secretario del Foreign Office, lord Carrington, y también como siempre, se reavivaron las esperanzas españolas de que los conservadores fuesen más comprensivos con nuestras reivindicaciones.

«A Juan Durán —escribe Oreja en sus Memorias—, director general de Europa, le había encargado que fuese pensando un nuevo enfoque sobre Gibraltar, manteniendo la fidelidad que con tanta firmeza y competencia había defendido Fernando Castiella». (Fíjense en la contradicción: «nuevo enfoque» – «manteniendo la fidelidad». No encaja).

«Las nuevas circunstancias para nosotros —sigue Oreja— eran que habíamos iniciado negociaciones con las Comunidades Europeas y éramos conscientes de que en alguna medida la ratificación por el Parlamento de Westminster (inglés) del acuerdo de adhesión (española) estaría en función de la forma en que España y Gran Bretaña hubieran alcanzado acuerdos (sobre Gibraltar)». Dicho en román paladino: hay que hacer concesiones en la Roca para que no se marre nuestra entrada en la Comunidad Europea, nuevo objetivo prioritario de nuestra política exterior. Y el ministro se pone la venda antes de recibir la pedrada: «Cuando a veces se critican los pasos de una determinada política, se olvida que unas cerezas tiran de las otras y que en este caso había que compaginar la defensa de nuestros intereses con las exigencias de esta otra negociación».

Durán recuerda al ministro que a fines de 1976 los ingleses nos ofrecían la utilización conjunta del aeropuerto, el estudio de un posible uso común del astillero y de las instalaciones anexas, por lo que se decidió realizar un estudio sociológico que «permitiera conocer más a fondo los sectores que habían de resultar afectados de manera más directa en una situación de arreglo hispano-británico, con vistas a que el nivel de vida gibraltareño fuese creciendo paralelamente al español».

Tras este párrafo un tanto confuso, viene ya una decisión clara:

— Que los ingleses no iban a irse sin más de Gibraltar después de haber permanecido en él 260 años, es decir, más tiempo que los españoles desde que se constituyó la unidad nacional hasta el Tratado de Utrecht (lo que era aceptar en parte la tesis británica).

— Que aunque los gibraltareños fueran una población heterogénea, no se podía desconocer una cierta identidad (lo que era tirar por la borda el principio de que se trataba de colonos en vez de colonizados).

— Que España reclamaba un justo título de recuperación de su integridad territorial (¡estaría bueno que no lo reclamase y que sus títulos no fueran justos!).

«El acuerdo a que llegamos —sigue el ministro refiriéndose a sus colaboradores— era que se necesitaba preparar una pista de aterrizaje en dos etapas principales: una de carácter procesal, encaminada a poner en marcha la negociación; otra con la oferta de establecer un diálogo de cooperación en los servicios clave de la Plaza: aeropuerto, puerto, astillero y base naval. Junto a ello, la posibilidad real de negociar un Estatuto aceptable para los gibraltareños, donde se garantizasen sus instituciones y su forma de vida; y la oferta de un ambicioso plan de desarrollo económico de Gibraltar y su Campo, para poner en valor los enormes recursos potenciales existentes y la supresión de las estériles confrontaciones del momento».

(Como ven, no se alude para nada a la apertura de la Verja, pero va implícita en el plan: para poner en marcha un «ambicioso plan de desarrollo de Gibraltar y su Campo» se necesita que estén comunicados.)

Con este plan en mente, el ministro español se entrevista con su colega británico en Nueva York, donde coinciden durante la Asamblea General de Naciones Unidas. Oreja expone a lord Carrington la importancia que tenía para España ingresar cuanto antes en la Comunidad Europea y en la OTAN, «para sacarla de la vía de neutralidad en que estábamos desde las guerras napoleónicas». Lord Carrington le contesta que el gobierno británico era abierta y claramente partidario de ello, para apuntar que el ingreso en la OTAN podía ayudar a encontrar una solución al problema de Gibraltar, «que constituye también un problema para nosotros». Y como no dan puntada sin hilo, señaló la conveniencia de que España levantase las restricciones, para ganarse las simpatías de los gibraltareños. «Comprendía nuestras dificultades —escribe Oreja—, similares a las británicas, que habían creado un círculo vicioso que era preciso romper, por lo que ambos debíamos esforzarnos en encontrar una salida a este problema». Conmueve la ingenuidad de nuestro ministro: cuanto más subrayaba nuestra necesidad de entrar en las grandes organizaciones occidentales, menos necesidad tenía su interlocutor británico de hacer concesiones, aparte de que el verdadero problema para Londres no eran los gibraltareños —cuyas demandas podía ignorar cuando quisiera, como desoyó la de los habitantes de Hong-Kong cuando los entregó a la China comunista—, sino las restricciones españolas a su colonia en la punta sur de la Península Ibérica. En cualquier caso, está ya dando vueltas a la contrapartida que va a pedir a Londres por la apertura de la Verja.

La versión que da Durán-Loriga en sus Memorias de esa entrevista no es tan risueña, aunque en el fondo viene a decir lo mismo. Señala que, en efecto, «ya asomó la voluntad de ambas partes de llegar a un entendimiento». «Oreja había pensado que un gesto británico equilibrador de la apertura del paso, al que deberían por supuesto acompañar otros, sería que los británicos eliminasen la Verja. La primera reacción inglesa, aunque cortés, fue poco favorable. Aquella Verja, nos dijeron, a la que daban el nombre de *frontier fence* (cerca fronteriza), no cumplía prácticamente más función que la de servir de alambrada de protección al aeropuerto. Siendo ésta su misión esencial, añadieron, las modificaciones de su perímetro sólo podían ser mínimas. Insinuaron dos posibilidades que parecían tomaduras de pelo: cambiar el nombre de la dichosa Verja para denominarla *airport fence* (cerca aeroportuaria) y bajar algunos decímetros su altura. Unos meses después —sigue Durán—, por encargo del ministro, insistí sobre el derribo de la Verja, que los ingleses equiparaban ya a una *chicken fence,* modesta alambrada de gallinero. Se lo planteé al subsecretario del Foreign Office Ian Gilmour, antiguo director del *Spectator,* a quien consideraba, y acaso lo fuese, persona educada y civilizada. Me contestó de manera desabrida que lo que teníamos que hacer era abrir el paso y dejarnos de historias. En otra ocasión, un elevado funcionario del Foreign Office perdió los estribos, como si le hubiera mentado a su madre, cuando le hablé del contrabando en Gibraltar. Parecía los últimos estertores del *Coronel Blimp,* aferrado a su Roca», comenta Durán.

Es cuando el equipo del ministro se puso a pensar en otras contrapartidas británicas a la apertura de la Verja, fijándose en primer lugar en la prohibición de pernoctar que tenían los españoles en Gibraltar, auténticos *coolies* de la colonia británica, con el objetivo de lograr un *status* semejante al que tenían en el Peñón los demás ciudadanos comunitarios. «Un español no podía tener en Gibraltar menos derechos que un danés», razonaba Durán. Oreja aprobó esta línea y su director de Asuntos Europeos inició conversaciones con el embajador británico en Madrid, Richard Parsons. «Su actitud fue siempre positiva, como era la de lord Carrington. Una de las principales dificultades estaba en que nuestros interlocutores daban a veces marcha atrás, después de haber llegado a acuerdos de principio, para aplacar a las muy escamadas autoridades llanitas. En un almuerzo mío con el embajador Parsons quedó establecido el cañamazo de lo que sería después la Declaración de Lisboa. Aceptaban los británicos la celebración de negociaciones y el principio de la igualdad y reciprocidad de derechos. Quedaban por puntualizar los detalles, que en cuestión tan delicada tenían fuerte trascendencia». Durán podía haber añadido aquello de que «el demonio se esconde en los detalles».

Pese a ello, Oreja consideró que había llegado el momento de exponer el plan que con sus colaboradores había madurado y que se traducía en este *modus operandi:*

«El gobierno español haría una declaración de intenciones de restablecer gradualmente las comunicaciones con los gibraltareños. Paralelamente, lo cual no quería decir al mismo tiempo, sino en la misma dirección, el gobierno de Su Majestad aceptaría la apertura de negociaciones con España sobre el problema de fondo en todos sus aspectos. Abierto el camino hacia la negociación, podríamos tratar sobre los temas concretos y aplicar este espíritu de entendimiento a los servicios del aeropuerto, puerto, base naval y astillero, y el esquema a seguir que le sugería era el siguiente:

— El restablecimiento de comunicaciones, lo que supondría que la Verja sería derribada y los españoles tendrían las mismas facilidades de establecimiento y residencia en Gibraltar que los gibraltareños en el Campo.

— En el puerto y aeropuerto había que encontrar una fórmula de gestión conjunta.

— La base militar debía dejar de ser exclusivamente británica. Cuando España entrase en la OTAN, la base podía quedar adscrita a ella y ser utilizada conjuntamente por ambas partes».

Lord Carrington se mostró de acuerdo en principio con el enfoque propuesto y dijo que el gobierno británico lo estudiaría, aunque le era difícil admitir que las conversaciones pudieran referirse a la soberanía. «Tenemos problemas con Gibraltar y con nuestro Parlamento —dijo— y no podemos dar la impresión de que hemos vendido a los gibraltareños. Es preciso encontrar una fórmula que excluya el tema de la soberanía».

Oreja: «La fórmula final no puede excluir el tema de la soberanía, aunque aceptaba que de momento no se usase la palabra soberanía y se hablase del *estatus territorial de Gibraltar*».

Así que acuerdan crear un pequeño grupo de trabajo que vaya perfilando los textos de esas declaraciones, para volver a reunirse en Estrasburgo con motivo de la reunión del Consejo de Europa.

Antes de separarse, lord Carrington advierte que «el elemento gibraltareño es muy importante, no puede olvidarse y sus intereses deben ser salvaguardados».

Oreja le contesta que «España no tiene la menor intención de negar su identidad, ofreciéndoles un estatuto de autonomía que se la garantice».

Con tal ánimo —«cordial» lo define Oreja— regresan ambos ministros a sus respectivos países, dispuestos a convencer a sus respectivas opiniones públicas de la bondad del compromiso alcanzado, aunque los ingleses no lo necesitaban, al haberse asegurado lo que les interesaba. En el Congreso español, el grupo socialista había presentado una proposición no de ley sobre Gibraltar en la que se decía que «Gran Bretaña debería entender que si bien estamos dispuestos a respetar las condiciones económicas, sociales, culturales e instituciones de la población gibraltareña, jamás reconoceríamos una inadecuada aplicación del derecho a la autodeterminación, creada artificialmente por la metrópoli con familias procedentes de excolonias, como Malta y Chipre». Sonaba a Castiella, y fue respaldada por todos los grupos.

La respuesta del discípulo de Castiella fue manifestar el propósito de «formular propuestas realistas y flexibles, pero con firmeza en los principios», recordando la frase de Sánchez Albornoz: «No puede haber ningún español digno de tal nombre capaz de escribir sin sonrojarse que Gibraltar no es España».

Pasándose a continuación a votar una proposición no de ley, que decía:

1. El Congreso de los Diputados reafirma la decidida voluntad de nuestro pueblo de conseguir la reintegración de Gibraltar a España.

2. El Congreso de los Diputados, que presta su apoyo total a la reivindicación del Peñón, insta al Gobierno a que se invite al nuevo Gobierno del Reino Unido a aceptar el comienzo de las negociaciones de acuerdo con las Resoluciones pertinentes de Naciones Unidas.

3. El Congreso de los Diputados considera conveniente el restablecimiento de las comunicaciones terrestres a través del istmo de Gibraltar e invita al Gobierno a la apertura de la Verja siempre que el avance de las negociaciones establecidas en el párrafo anterior de esta Proposición no de Ley lo permitan.

Añadiéndose recomendaciones tanto a la Junta de Andalucía como al gobierno central para restablecer y profundizar los intercambios de todo tipo entre el Campo de Gibraltar y el Peñón, así como hacer realidad los proyectos para la reactivación de la comarca, especialmente en comunicaciones e infraestructura industrial.

Aprobada por unanimidad. Era, como ven, dar luz verde al gobierno español para que pudiera levantar las restricciones a Gibraltar —hablando en plata: abrir la Verja— muy emperifollado, eso sí, de solemnes declaraciones de principios.

No era ése, sin embargo, el ánimo del ministro español, quien escribe: «sentí una gran satisfacción del resultado de la moción», que es con el que acude a Lisboa, en abril de 1979 para participar en el Comité de ministros del Consejo de Europa, aunque su principal objetivo era, según confiesa, «el encuentro con lord Carrington para tratar el tema Gibraltar Esta vez contaba con la declaración del Parlamento en la que se solicitaba que el inicio de las negociaciones coincidiera con la apertura de la Verja. Yo era consciente de que los avances que pudieran lograrse serían escasos, pero lo importante era desbloquear una situación bloqueada desde hacía años a pesar del respaldo de Naciones Unidas en la época de Castiella. Mi preocupación para intentar mover el tema era que al inicio de las negociaciones para nuestro ingreso en las Comunidades Europeas resultaba difícil atenerse al *statu quo* y había que ensayar fórmulas de mayor flexibilidad».

El párrafo es una muestra de lo que suele llamarse duplicidad diplomática. Comienza con una inexactitud, que la autorización del Congreso para restablecer las comunicaciones con Gibraltar coincidiera con el inicio de las negociaciones, cuando está autorizado a hacerlo sólo «cuando el avance de las negociaciones lo permita», y está dispuesto a soltar la mejor, por no decir única carta de que disponíamos en el contencioso —la apertura de la Verja— a cambio de unas negociaciones «consciente de que los avances que pudieran hacerse en ellas serían escasos». Algo que había ocultado al Congreso.

Tras participar en el Comité de ministros europeos, Oreja se reúne con su colega británico, manteniendo éste la conocida postura de que «la opinión de los gibraltareños era decisiva para avanzar en la discusión», por lo que pedía a los españoles «hacer un esfuerzo para aproximarse a ellos». A lo que Oreja contesta, también predeciblemente, que «la nueva situación política española permitía encontrar una solución apropiada para el pueblo gibraltareño en el marco de la Constitución y dentro de la política autonómica del gobierno». Repitiendo ambos los argumentos archiconocidos como que la «voluntad de la población de la Roca no podía excluirse» (lord Carrington) y que «la población de Gibraltar no tenía entidad jurídica» (Oreja). Pero sin la virulencia de las veces anteriores, como si ambos estuvieran haciendo un ejercicio obligado. «Mi propósito era —escribe Oreja— que en la siguiente sesión hubiera una clara respuesta británica a las propuestas de negociación y apertura simultánea de la Verja».

«Aquella noche —sigue el ministro— estuve paseando con Durán, que me recordó cómo Gran Bretaña sólo se desprendía de los territorios en los que su permanencia le ocasionaba más molestias que su abandono. Nosotros en Gibraltar habíamos optado, después de los intentos militares del siglo XVIII, por vías pacíficas y jurídicas. Y todas nuestras reclamaciones, a pesar del respaldo de Naciones Unidas, habían sido desoídas. Ahora nos veíamos obligados a abrir las comunicaciones. No era posible perpetuar el cierre (de la Verja) porque impediría el progreso de nuestra negociación comunitaria. Pero teníamos que exigir contrapartidas. El restablecimiento de las comunicaciones tendría que ir acompañado de la iniciación de negociaciones y había que terminar con la insólita situación de que los españoles no pudiésemos pernoctar en Gibraltar, práctica británica para evitar que pudiesen adquirir derechos políticos a través de la residencia».

Otro párrafo antológico, y no precisamente como modelo literario. El ministro atribuye al director general de Europa la idea de abrir la Verja. Alude también a los vanos esfuerzos militares y diplomáticos, «y ahora nos vemos obligados a abrir la Verja». ¿Por qué? La única excusa es que dificultaría nuestro ingreso en la Comunidad Europea. ¡Pero si el miembro más fuerte de ésta, aparte de quien la estaba financiando, Alemania, apoyaba nuestro ingreso, mientras el Reino Unido mantenía sus renuencias hacia ella! Esto no podía desconocerlo el ministro, que en el párrafo a continuación intenta —inútilmente— disfrazar los crudos hechos: «A la mañana siguiente reanudé las conversaciones con Carrington y al final llegamos a un acuerdo sobre la Declaración, y aunque no me dejaba del todo satisfecho, era lo mejor que se podía conseguir. Como interpretaron los comentaristas y los medios políticos, se había dado un paso importante, porque al aceptar el gobierno de Londres el principio de las negociaciones de acuerdo con las resoluciones de Naciones Unidas, Gran Bretaña reconocía por primera vez el hecho colonial y admitía la necesidad de poner punto final al anacronismo del Tratado de Utrecht y constituía un precedente político para el futuro de la Roca».

Es imposible reunir tantas inexactitudes y disparates en tan pocas líneas. Por lo pronto, el gobierno de Londres ya había aceptado negociar con España el caso Gibraltar más de una vez. Pero en sus condiciones, es decir, que los gibraltareños tuvieran la última palabra. Algo de lo que no se había desdicho. Segundo, Gran Bretaña había sido la primera en reconocer «el hecho colonial de Gibraltar», al incluir la Roca en la lista de territorios coloniales de Naciones Unidas. Por último, llamar «anacrónico» el Tratado de Utrecht se comprende en labios de un ministro inglés, pero en los de un español resulta blasfemo, ya que ese Tratado es nuestro único documento legal sobre la Roca, caso de que los ingleses quieran un día deshacerse de ella. Podría añadirse como coda que cuando Oreja asegura que ese documento «constituía un precedente para el futuro de la Roca», lo que realmente se hacía era devolverla a lo que siempre había sido: un cáncer en el extremo sur de España, que vive de ella y se permite incluso insultarla.

Nada de extraño tiene que el presidente Suárez, que de política internacional sabía poco, pero que de instinto político lo tenía todo, telefonee aquella noche a su ministro de Asuntos Exteriores para decirle que «tenía dudas de que deberíamos aceptar el restablecimiento de comunicaciones directas entre Gibraltar y el Campo, y pensaba que era mejor dejar el encuentro en conversaciones exploratorias». «Reaccioné con la mayor firmeza —escribe Oreja en sus Memorias—, recordándole que era bastante tarde para cambiar de posición. Habíamos tratado el tema en varios despachos, la posición había sido acordada en Consejo de Ministros, yo la había defendido en las Cortes y no se podía volver atrás. Además, oponerse a la libre circulación sería una vulneración de las reglas comunitarias, lo que entorpecería nuestra negociación para la adhesión. Finalmente Suárez me dijo que aceptaba mis argumentos y dio por concluida la conversación».

El lector se habrá dado cuenta de que el ministro español, aparte de haberse olvidado del Tratado de Utrecht por el que cedimos Gibraltar al Reino Unido «sin comunicación alguna por tierra», usaba los argumentos británicos para convencer a su presidente de que la estableciera. Bien le hubiera venido esa «firmeza» al negociar con lord Carrington. Pero ese complejo de nuestros ministros de Asuntos Exteriores —con la excepción de Castiella— ante los británicos los ha convertido a menudo en nuestros peores enemigos.

Con esa autorización, Marcelino Oreja firmó con lord Carrington en Lisboa, el 10 de abril de 1980, la siguiente Declaración, que transcribo textualmente:

1. Los Gobiernos británico y español, en su deseo de reforzar sus relaciones bilaterales y contribuir de esta manera a la solidaridad europea y occidental, se proponen resolver el problema de Gibraltar en un espíritu de amistad y de acuerdo con las resoluciones pertinentes de las Naciones Unidas.

2. Los dos Gobiernos han acordado, en consecuencia, iniciar negociaciones a fin de solucionar todas las diferencias sobre Gibraltar.

3. Los dos Gobiernos han acordado el restablecimiento de comunicaciones directas en la región.

El Gobierno español ha decidido suspender la aplicación de las medidas actualmente en vigor.

Ambos Gobiernos han acordado que la futura cooperación estará basada en la reciprocidad y la plena igualdad de derechos. Valoran y contemplan con interés los pasos que se irán adoptando por una y otra parte y que a su juicio abrirán el camino hacia un entendimiento más estrecho entre aquellos directamente afectados en el área.

4. A estos efectos, los dos Gobiernos, que reconocen la necesidad de desarrollar una cooperación práctica mutuamente beneficiosa, tomarán en consideración las propuestas que formule cada uno de ellos.

5. El Gobierno español, al reafirmar su posición respecto al restablecimiento de la integridad territorial de España, reitera su intención de que, al término de las negociaciones, queden salvaguardados los intereses de los gibraltareños.

Por su parte, el Gobierno británico mantendrá plenamente su compromiso de respetar los deseos libre y democráticamente expresados de la población de Gibraltar, tal y como se hallan recogidos en el preámbulo de la Constitución de Gibraltar.

6. Funcionarios de ambas partes se reunirán tan pronto como sea posible para preparar las medidas prácticas necesarias que permitan el cumplimiento de los propósitos acordados en esta Declaración. Se prevé que estos preparativos queden ultimados antes del 1 de junio.

Comentario de nuestro ministro tras la firma: «Cuando me reuní con los corresponsales españoles adopté un aire prudente. No había habido vencedores ni vencidos, dije, intentando no caer en la calificación de histórica de la Declaración. Esto fue puesto de relieve por varios periodistas y la crónica más favorable fue la de Pablo Sebastián en *El País*. La Declaración de Lisboa correspondía al acuerdo de dos gobiernos de resolver todas las diferencias sobre Gibraltar. Quedaba implícito que entre esas diferencias estaba el problema de la soberanía. Se acordó con los británicos que a las preguntas que se le hiciesen en las Cámaras británicas acerca de la inclusión de la soberanía entre las cuestiones negociables, el Foreign Office contestaría afirmativamente. Y así sucedió. Se dice también que los dos países se proponían resolver el problema de acuerdo con las resoluciones pertinentes de Naciones Unidas, que son las que había conseguido Castiella, donde se incluía un párrafo referido a las situaciones coloniales que quebrantan la integridad territorial de un país. Los dos gobiernos acordamos asimismo el restablecimiento de comunicaciones directas y que la futura cooperación se basaría en la plena igualdad de derechos. Por último, se incluían unas afirmaciones que eran inevitablemente contradictorias: por parte inglesa se insistía en el respeto a los deseos de los gibraltareños y por parte española en el restablecimiento de la integridad territorial de España, compatible con el respeto a los intereses de la población».

Mucho más realista, e incluso cínico, es Juan Durán-Loriga en sus Memorias: «La Declaración de Lisboa se alejaba, por supuesto, del ideal, ya que no contenía el compromiso británico de iniciar negociaciones para determinar las modalidades de la retrocesión a España del Peñón».

Fíjense ustedes: ahora nos enteramos de que la apertura de la Verja ni siquiera tenía la contrapartida de negociaciones para que Gibraltar volviese a España. ¿Por qué, para qué se abría entonces? ¿Para seguir repitiendo los argumentos que sabíamos no llevaban a ninguna parte? ¿O tratábamos de que los ingleses no dificultasen nuestro ingreso en la Comunidad Europea, donde ya habíamos metido el pie?

Durán sigue: «Era evidente que la Declaración contenía ambigüedades y vaguedades, que había diferencias en el texto castellano e inglés que se prestaban al juego de astucias hermenéuticas en el que tanto descuellan los ingleses. No era un triunfo en toda la línea ni podía serlo. Era, simplemente, un buen papel».

Ante lo que cabe reflexionar: si no se conseguía el objetivo principal —negociar la retrocesión de Gibraltar—, si había diferencias entre los textos inglés y español que se prestaban al juego en el que los ingleses son maestros, ¿por qué se hizo, por qué se prestaron a ello? No era, por tanto, un buen papel. Era un mal papel y la prueba la aportan tanto Oreja como Durán. No todo el documento era ambiguo o equívoco. Había en él un punto clarísimo: los españoles íbamos a abrir la Verja, que era lo que interesaba a los ingleses, a cambio de promesas de negociaciones genéricas sobre el contencioso, que los británicos se encargaron de desactivar previamente, al incluir en su versión que había que tener en cuenta «los deseos» de los gibraltareños, en vez de sus «intereses», como especificaban las resoluciones de la ONU y nosotros nos hemos cansado de repetir en este relato. Sólo eso hubiera tenido que ser suficiente para que los españoles no hubiesen firmado el documento, como habían hecho sus predecesores.

Fue, en fin, un gol marcado en la propia meta, pero a diferencia de tales goles en el fútbol, un gol a propósito, a sabiendas, pues es imposible que los responsables de nuestra política exterior y la propia Presidencia de Gobierno no se percatasen de ello. Pero sus prioridades eran otras. Déjenme decírselo con las palabras mucho más diplomáticas, aunque no menos rotundas, de Fernando Olivié: «En la Declaración de Lisboa se abandona la política española de defensa frente a un expansionismo inglés centrado en Gibraltar en aras de un acuerdo general hispano-británico sobre el Peñón. Acuerdo que se creyó posible entre una España democrática y una Inglaterra, que iban a ser aliadas y socias en la CEE y en la OTAN. En esta creencia, los españoles pecamos de ingenuos. Si Londres no había sabido ni querido aprovechar en los años sesenta el gran pretexto que le brindaban las resoluciones de las Naciones Unidas sobre Gibraltar para entenderse con España, no cabía esperar que aprovechara la oportunidad que, para ese entendimiento, le ofrecía la democratización de nuestro país y su eventual ingreso en la Alianza Atlántica y en la Comunidad Europea. Gran Bretaña no está en ambas Organizaciones para resolver los problemas de los demás ni tan siquiera para resolver los de la Comunidad Internacional de Naciones a que pertenece. Inglaterra está en esas dos Organizaciones —como está en la ONU y en todas las demás— para defender lo que entiende que son sus intereses propios».

Por su parte, Piniés apuntala en sus Memorias: «Habíamos retrocedido inexplicablemente cuando hacía numerosos años que las Naciones Unidas habían completado la doctrina para la descolonización de Gibraltar». Y añade utilizando la palabra «curioso» por no usar otra mucho más despectiva: «Lo curioso es que, por orden de nuestro Ministerio de Asuntos Exteriores, la ONU tomó nota de esa Declaración». O sea, que encima de ceder, les hacíamos el trabajo a los ingleses de dar validez internacional a lo acordado.

Por mi parte, siempre desde una perspectiva mucho más baja, puedo contar que, en medio de aquel reajuste de la política exterior española, recibí una llamada de la secretaría de Marcelino Oreja preguntándome cuándo pasaría la próxima vez por Madrid. La actitud que venía manteniendo en mis crónicas para *ABC* desde Nueva York era la de siempre: hacer concesiones a los ingleses en el tema Gibraltar con la esperanza de reciprocidad por su parte era inútil. Ellos habían trazado su política respecto al Peñón y no se moverían de ella, aprovechando cualquier oportunidad que se les presentase para avanzarla. Mejor, por tanto, quedarnos como estábamos que cualquier movimiento. O sea, algo muy distinto de lo que estaba haciendo el gobierno español en el tema Gibraltar.

Indiqué a la secretaría del ministro las fechas que pensaba pasar en Madrid, aunque advirtiendo que tenía ya alquilado un coche en el aeropuerto, para dirigirme directamente al pueblo de mis abuelos, Folledo de Gordón, en la montaña leonesa, donde mis padres pasaban el verano. Si me garantizaban aparcamiento para dejar coche y equipaje no tendría, sin embargo, inconveniente en acercarme a Madrid y hablar con el ministro. Me contestaron que no era problema, podría aparcar en el mismo interior del ministerio, en el viejo caserón al lado de la Plaza Mayor. En efecto, allí tenían orden de dejarme pasar y pude dejar el coche en el gran patio central, con mi mujer esperándome. Marcelino Oreja, al que conocía desde hacía años, pues nunca dejaba de acompañar a Castiella en sus visitas a Nueva York, me recibió con su proverbial amabilidad, aunque le noté preocupado, y pasó enseguida al tema que le había hecho llamarme: España estaba transformándose de arriba abajo, rápidamente además, lo que obligaba a cambiar directrices, si no queríamos desaprovechar la ocasión histórica que se nos presentaba de incorporarnos a Europa y a Occidente como miembros de pleno derecho y ejercicio. Ello conllevaba el riesgo de que había que hacerlo, no como en el régimen anterior, en el que bastaba el simple decreto, sino con una oposición dispuesta a no dar tregua al gobierno, como ocurre en todas las democracias. En el tema concreto de Gibraltar, no podíamos permitirnos el lujo de que condicionase toda nuestra política exterior. Necesitábamos ensanchar nuestro horizonte y tras garantizar los progresos hechos en Naciones Unidas respecto a la descolonización de la Roca, se trataba ahora de buscar el compromiso con Inglaterra, pero ya no como una nación de segunda clase, con un régimen sólo tolerado tras haber sido condenado, sino como una democracia de hecho y de derecho, que trataba de tú a tú al resto de las europeas y occidentales. En resumen, sin renunciar a nada de lo alcanzado en el contencioso gibraltareño, teníamos que avanzar en el nuevo plano que nos encontrábamos.

Incluso para el que se había pasado una noche sin pegar ojo cruzando el Atlántico, su propósito resultaba claro: me estaba pidiendo que desde la atalaya de la ONU y en las páginas del siempre influyente *ABC,* no criticase la nueva deriva que estaba tomando la política española respecto a Gibraltar, como venía haciendo. Le contesté lo único que podía contestarle: que llevaba demasiados años con el asunto para haber perdido toda esperanza de que los ingleses variaran su política gibraltareña. Pronto iba a verse si esta vez lo hacían y nadie se alegraría más que yo de que lo hicieran. En el entretanto, sólo podía hacer lo que había hecho siempre: estar atento a lo que ocurría, analizarlo a la luz de mi experiencia, y contarlo con toda honestidad.

Nuestra despedida fue más cordial en la forma que en el fondo, pues no nos habíamos convencido el uno al otro. Yo me pasé las cinco o seis horas, no había autovía entonces, conduciendo hasta la montaña leonesa pidiendo a mi mujer que hablara para no dormirme, pues el coche alquilado no llevaba radio ni, menos, aire acondicionado.

Funcionarios ingleses y españoles se reunieron para llevar a la práctica la Declaración de Lisboa, pero pronto se dieron cuenta de que eso era más arduo que su redacción y firma. El primer pequeño-gran obstáculo fue la reciprocidad e igualdad de derechos que se proclamaba en el párrafo tercero de la misma. Lo ingleses advirtieron que no podían conceder a los españoles los mismos derechos en Gibraltar que a otros ciudadanos de la CEE, por no pertenecer todavía a esta Comunidad. Los negociadores españoles respondieron que, hasta 1969, los gibraltareños gozaban en España de unos derechos y facilidades superiores a los de cualquier otro ciudadano no español. En cualquier caso, llegó y pasó el 1 de junio, fecha prevista para iniciar las negociaciones previstas en la Declaración, sin haberse alcanzado un acuerdo y sin negociaciones por tanto.

Hay que admitir que no todas las culpas eran británicas. La política interna española volvía a agitarse. El gobierno Suárez, tras el titánico esfuerzo realizado durante la Transición, presentaba síntomas de desgaste e incluso de autodisolución, con enemigos dentro y fuera de él, sin que valieran los cambios, voluntarios o impuestos, que se le hiciesen. En Exteriores, José Pedro Pérez Llorca sustituyó a Marcelino Oreja, y en la propia Presidencia, Leopoldo Calvo Sotelo a Adolfo Suárez, incluido el esperpéntico episodio de la toma del Congreso por parte del teniente coronel Tejero al frente de guardias civiles el 23 de febrero de 1981.

Una vez restablecida la normalidad, el nuevo gobierno tiene que salvar un molesto incidente: el itinerario del viaje de bodas de los príncipes de Gales, Carlos y Diana, incluye Gibraltar. Se soluciona cancelando los reyes de España la asistencia a su boda. A partir de ahí se aprecia un cambio en la política exterior española. Durán lo dice claramente en sus Memorias: «Lograda la Declaración de Lisboa, la cuestión de Gibraltar había desaparecido del catálogo de las preocupaciones inmediatas del gobierno», que en vez de centrar su interés en el ingreso en la CEE, se orientó hacia el ingreso en la OTAN, influido posiblemente por contar con un apoyo que no teníamos en Bruselas: el norteamericano, a quienes urgía vernos en la OTAN, no fuera que los socialistas llegaran al poder y nos mantuvieran fuera, como habían amenazado.

Es como a principios de octubre de 1981, ante la Comisión de Asuntos Exteriores del Congreso, Pérez Llorca intenta convencer a la oposición de los beneficios que España puede obtener de su ingreso en la Alianza Atlántica, entre ellos el contencioso de Gibraltar, que en caso de no resolverse, España abandonaría la Alianza. Argumento que no convence al partido socialista, donde imperaba todavía el «OTAN, de entrada, no». Lo que no obsta para que, cuando a finales del mismo mes se proceda a la votación, el Congreso autoriza al gobierno a negociar el ingreso de España en la OTAN con ciertas condiciones, una de las cuales es que «la restauración de la soberanía española sobre Gibraltar era una prioridad esencial».

Con esos poderes se presentó Calvo Sotelo en Londres el 8 de enero de 1982, acompañado de su ministro de Asuntos Exteriores y del director general de Europa de dicho ministerio. Allí es invitado a un almuerzo de trabajo en Downing Street 10, donde la *premier* hace de gentil anfitriona y se brinda por la colaboración de ambos países, sin que falte la ironía de mrs. Thatcher alabando «los efectos beneficiosos para el progreso de los pueblos que había tenido el imperialismo y lo orgullosas que debían sentirse Gran Bretaña y España de su pasado imperial». Calvo Sotelo informaría luego a la prensa española que el 20 de abril se cumpliría lo acordado en Lisboa: restablecer las comunicaciones entre Gibraltar y su Campo e iniciar las negociaciones hispano-británicas. El marco de éstas se fijó en dos cartas firmadas por el director general de Europa. En la primera, Durán establece que el régimen de igualdad y reciprocidad de los españoles en el Peñón debía de aplicarse en el momento de la apertura de las comunicaciones con el Peñón. Pero los ingleses lo interpretaron como que dicho régimen debía de ser sujeto de posteriores negociaciones sobre la Roca. La segunda carta especificaba que no habría restricciones para las comunicaciones marítimas y aéreas, con una mención expresa a la Zona Aérea Prohibida.

No hay que ser un experto para imaginar que los ingleses se lanzaron sobre ellas como moscas sobre la miel, mostrándolas como prueba de que los españoles renunciaban a exigir la reciprocidad por parte británica de los compromisos adquiridos en la Declaración de Lisboa y al mantenimiento de la Zona Aérea Prohibida. En otras palabras: que obtenido lo que buscaban —la apertura de la Verja, y de propina el levantamiento de las medidas restrictivas en aguas y aire en tono a Gibraltar—, buscaban zafarse de los compromisos que habían adquirido a cambio. No precisamente un triunfo de nuestra diplomacia, a no ser que anduviesen por medio otras preocupaciones. Pero ha sido precisamente ese zigzagueo de nuestra política internacional lo que más la ha lastrado, impidiéndola alcanzar sus objetivos, especialmente en el caso Gibraltar.

Como si estuvieran sujetas a una maldición, las negociaciones previstas para el 20 de abril tampoco se celebraron. El 2 de ese mes los argentinos ocuparon las islas Malvinas, iniciándose una guerra que acabaría muy mal para ellos. Aunque la primera baja política fue el secretario del Foreign Office, lord Carrington, sustituido por Francis Pym. La segunda baja fueron las negociaciones hispano-británicas sobre Gibraltar, suspendidas hasta el 25 de junio siguiente, por acuerdo de ambos gobiernos.

Lo curioso es que durante esa guerra España ingresó en la OTAN sin el menor problema y sin haber levantado las restricciones a Gibraltar. Es más, habiéndose abstenido en la resolución del Consejo de Seguridad que condenaba a Argentina por la invasión y uniéndonos en cambio a un proyecto de Panamá que recomendaba una salida negociada de la crisis anglo-argentina.

No es difícil adivinar qué fue lo que impidió a los ingleses oponerse al ingreso de España en la Alianza Atlántica, aunque ganas no debieron faltarles. Pero Washington era nuestro padrino y sin la ayuda logística norteamericana los británicos no es que no hubieran podido ganar, sino incluso librar una guerra en el extremo sur del Atlántico. Y a Washington le urgía que España ingresase en la Organización Atlántica, ante la muy posible victoria en las próximas elecciones de los socialistas, que seguían con su «OTAN, de entrada, no».

Ahora bien, como apunta Fernando Olivié, en el estudio de aquellos años, «de la misma forma en que no se vetó nuestro ingreso en la OTAN por parte de Inglaterra, tampoco se resolvió el problema de Gibraltar antes de ese ingreso», como había prometido el gobierno español y dispuesto su Congreso. No fue por tanto una victoria, sino un empate bastante precario, y una demostración de que los ingleses ceden cuando tienen enfrente alguien más poderosos que ellos, en este caso los Estados Unidos, y se muestran implacables ante los más débiles no teniendo inconveniente en usar el *bluff* en su política exterior.

Nosotros nos habíamos rendido diplomáticamente en Lisboa temerosos de que nos vetaran y los argentinos se rindieron el 14 de junio de 1982, tres haber sido derrotados militarmente. El día 21 del mismo mes, los ministros Pérez Llorca y Pym, reunidos en Luxemburgo, acordaron posponer indefinidamente las negociaciones previstas para el 25 del mismo mes. Poco después, el secretario del Foreign Office informaba a la Cámara de los Comunes que las negociaciones se habían suspendido por la «situación política interna española», sin especificar. Muy preciso, en cambio, fue al advertir que España no entraría en la Comunidad Económica Europea mientras siguiera manteniendo las restricciones que había impuesto a Gibraltar. O sea, que seguían faroleando.

Más como anécdota que como otra cosa, incluyo un episodio lateral a la guerra de las Malvinas que estuvo a punto de librarse en Gibraltar, lo que demuestra la importancia tanto o más psicológica que estratégica que sigue manteniendo esa Plaza. Se trata de un intento rocambolesco por parte de un comando argentino, apenas conocido, pero que Jesús Mora ha mostrado en el documental *Operación Algeciras* con abundancia de testimonios y loable ecuanimidad. Tras hundir el 2 de mayo de 1982 un submarino británico el crucero argentino *Belgrano,* se les ocurrió a éstos devolverles el golpe en Gibraltar: un comando dirigido por el buzo y exmontonero Máximo Nicoletti, que incluía a oficiales de la Armada argentina, atentaría contra la fragata inglesa *Ariadna*, fondeada frente a la Roca y contra lo que por allí encontrasen. Provistos de pasaportes y cheques de viaje falsos llegan a Algeciras vía París, se alojan en el Hotel Guadalorce y estudian la situación para dar el golpe. Mientras, la policía local intenta detener a una banda de «chorizos» argentinos que habían intentado robar la nómina del hospital La Paz.

Sus sospechas se orientan hacia los argentinos del Guadalorce, que están alquilando coches repetidamente, y cuando los detienen, éstos les sueltan: «Cometen una equivocación, somos militares argentinos y vamos a emprender una operación militar en Gibraltar». «Y yo soy el Papa», les contesta el inspector que les detuvo. Ya en la comisaría se comprobó que era cierto, y la operación acabó en una «comida de camaradería», pagada por los argentinos, en la que los policías españoles llegaron a decirles, en broma según aseguran: «Si hubiéramos sabido que iban a actuar en Gibraltar, les hubiésemos dejado». Pero queda flotando la duda de si no estaban apercibidos por los servicios secretos franceses, que habían captado una llamada del comando a sus jefes, en la que daban cuenta del objetivo y fecha del golpe, según informó posteriormente el *Sunday Times*.

Seguro, en cambio, es que el asunto se liquidó de la forma más discreta posible. Al gobierno español no le interesaba que un incidente de este tipo viniera a perturbar su ingreso en la OTAN, por lo que se trasladó al comando argentino en el propio avión del presidente, Leopoldo Calvo Sotelo, primero a Madrid, luego a Tenerife, y el día siguiente estaban en Buenos Aires.

Aunque nada ilustra mejor hasta qué punto Gibraltar pasó a un lugar secundario en la política exterior española durante este período que el hecho de que, en sus Memorias, Calvo Sotelo no alude para nada a conversaciones o negociaciones sobre Gibraltar, citando la Roca de pasada sólo tres veces, siempre en el contexto de nuestro ingreso en la OTAN.

El PSOE y Gibraltar

La política española dio un giro trascendental el 28 de octubre de 1982 cuando, en las elecciones celebradas ese día, el PSOE logró la mayoría absoluta. Era la primera vez en la democracia española que los socialistas alcanzaban el poder, con manos libres, además, para hacer cuanto quisiesen, dada su mayoría en ambas Cámaras. Al frente del gobierno está Felipe González, que ha encargado la cartera de Exteriores a Fernando Morán, diplomático de profesión y socialista de raigambre, aunque procedente, no del «felipismo», sino de la rama de Tierno Galván, absorbida por aquél. Ya en el primer Consejo de Ministros, celebrado el 7 de diciembre del mismo año, una de las decisiones que se toman es abrir las comunicaciones por tierra entre Gibraltar y el Campo a partir del próximo día 15, durante las veinticuatro horas del día. Las únicas condiciones eran que el paso se limitaba al de peatones gibraltareños y españoles, una vez por día. Se accedía así a la demanda británica de levantar las restricciones a Gibraltar, sin contrapartida, pues la exigencia del Congreso de que «la restauración de la soberanía española sobre Gibraltar era una prioridad esencial» se había olvidado por completo. Se trataba de una concesión española totalmente unilateral, sin siquiera respetar las formas de manera simbólica, como hasta entonces se había hecho cuando se cedía en el fondo. ¿A qué se debía? Hubo dos razones para ello: la primera, el interés del gobierno socialista en marcar una diferencia tanto en su política interior como exterior con los gobiernos anteriores. Algo así como advertir del comienzo de una nueva era para España, que Alfonso Guerra, vicepresidente del mismo, plasmó en la famosa frase «no la va a conocer ni la madre que la parió». Si a ello se añade que el tema Gibraltar venía estando ligado a la era franquista —algo cierto en su etapa inicial, pero mucho más complejo en las finales, como hemos visto, hasta el punto de que el propio Franco se mostrase renuente en llevarlo demasiado lejos— resultaba lógico que fuese uno de los primeros terrenos en que los socialistas quisieran marcar diferencias.

La segunda causa era la que venimos indicando: la decidida oposición británica no ya a nuestro ingreso en la CEE, sino a negociar sobre Gibraltar, mientras se mantuvieran las restricciones a su acceso. En una carta enviada al presidente de la Comisión Europea, mr. Thorn, mrs. Thatcher le había advertido que sería «inconcebible que existiese una frontera cerrada entre dos miembros de la Comunidad», por lo que su país se reservaba el derecho de suscitar esta cuestión al negociarse la entrada de España de seguir la frontera de Gibraltar cerrada. De las resoluciones de la ONU sobre el caso o de que un país de la Comunidad pudiera tener una colonia en territorio de otro, naturalmente, ni palabra.

Para los que gustan de los detalles, les cuento que fue el entonces gobernador civil de Cádiz, Mariano Baquedano, quien procedió a descorrer el pestillo de la Verja a las doce en punto de la fría noche del 14 al 15 diciembre de 1982. Habían transcurrido 13 años, 6 meses y 9 días desde que se cerró. Aquella apertura limitada y unilateral de la Verja permitió al menos reanudar las conversaciones hispano-británicas con vistas a unas negociaciones firmes sobre el contencioso gibraltareño. Pero si alguien piensa que los ingleses se contentarían con aquel gesto de buena voluntad español estaría muy equivocado. Se lo cuento con las palabras de Fernando Morán, al describir la forma como le recibió mrs. Thatcher cuando se presentó en Londres para iniciar las conversaciones: «Nada más saludarnos, comenzó sus reproches por haber mantenido tanto tiempo cerrada la frontera y por no haberla abierto a todo tipo de tráfico. Lo hizo tan agresivamente que creí que iba a pegarme».

Ésas fueron las palabras del nuevo ministro de Asuntos Exteriores, en charla informal con los corresponsales españoles en Nueva York, en casa del entonces cónsul general, Máximo Cajal. En sus

Memorias, Morán trata de dulcificarlo con lo que le contó años más tarde el que era embajador británico en Madrid por aquellas fechas: «¿Usted creyó que la entrevista fue difícil y sin resultado? Está equivocado. Al día siguiente, mrs. Thatcher nos dijo al ministro y a mí: "El ministro español sabe luchar y se defiende. Además, el tema es más importante para los españoles de lo que yo pensaba. Mantengamos la posición pero flexibilicemos"». O sea que aparte de asustarle, le habían engañado.

Morán nos explicó también a los corresponsales las razones de aquel cambio radical de la política española respecto a Gibraltar: comprobado que el cierre de la Verja no nos había acercado ni un milímetro a nuestros objetivos y en cambio nos estaba dificultando alcanzar otros igualmente importantes, se imponía ensayar nuevas estrategias. Con la apertura de la Verja se buscaba la identificación creciente de los intereses de los gibraltareños con los de los habitantes del contorno, hasta que fueran los mismos, un proceso de «ósmosis» —esa fue la palabra que utilizó— que devolvería Gibraltar a España sin violencias de ningún tipo, por la ley natural de la geografía y la inexorable marcha de la historia. De la inocencia de Morán —un lujo que no puede permitirse ningún ministro, y menos que ninguno, el de Exteriores— cuenta Felipe Sahagún las confidencias que nos hizo acompañando a Felipe González en su primer viaje a Washington como presidente del Gobierno español: «Iban a pedir ayuda al gobierno de Reagan para recuperar Gibraltar». Aprovecho para aclarar un punto específico e importante: no esperemos ayuda de Estados Unidos en el contencioso de Gibraltar. Lo más que podemos esperar de ellos es neutralidad, es decir, la abstención en las votaciones de la ONU cuando se trate el tema. Y no sólo por la «solidaridad anglosajona», sino por razones prácticas, muy anglosajona también: en su estrategia global, a Washington le interesa tener bases en España, especialmente la de Rota, a la entrada del Mediterráneo. Pero no acaba de fiarse de nosotros, sobre todo después de la retirada «a la francesa» de nuestras tropas de Irak y las «patadas en las espinillas», palabras textuales de un diplomático norteamericano, que les propinó Zapatero. Así que prefieren mantener el acceso a otra base más pequeña, pero cien por cien segura, como es un Gibraltar inglés.

Volviendo a Morán, otro diplomático, Ángel Ballesteros, pone en su boca una frase que le define: «Si mañana me ofrecieran Gibraltar en bandeja, pero contra la voluntad de sus habitantes, no lo aceptaría».

Pocos regalos mayores hemos hecho a los ingleses, que invocan la voluntad de los gibraltareños para no cumplir las resoluciones de la ONU. Pero el nuevo gobierno español había decidido una nueva estrategia y las conversaciones que Morán mantuvo con su colega británico, mr. Howe, dieron como resultado la llamada Declaración de Bruselas, por haber sido firmada en esa capital, el 27 de noviembre de 1984. Como resulta trascendental para el contencioso, se la transcribo:

El Ministro de Asuntos Exteriores de España, Excmo. Sr. D. Fernando Morán, y el Secretario de Estado de Negocios Extranjeros de la Commonwealth del Reino Unido, Honorable Sir Geoffrey Howe, han celebrado una reunión en Bruselas el 27 de febrero de 1984 durante la cual han acordado que los Gobiernos español y británico pondrán en práctica, antes del 15 de febrero de 1985, la Declaración de Lisboa firmada el 10 de abril de 1980, en todos sus aspectos.

Ello supone de manera simultánea:

a) El establecimiento de igualdad y reciprocidad de derechos de los españoles en Gibraltar y de los gibraltareños en España. Ello se traducirá en la concesión mutua de los derechos de que gozan los ciudadanos de los países comunitarios, con los plazos y excepciones que se determinen en el Tratado inicial de adhesión a España. A este fin, se presentarán los proyectos legislativos necesarios en España y Gibraltar. En relación con el trabajo por cuenta ajena, teniendo presente el principio general de preferencia comunitaria, se supondrá, recíprocamente, durante el período transitorio, una presunción favorable de concesión preferente de permiso de trabajo.

b) El establecimiento del libre tránsito de personas, vehículos y mercancías entre Gibraltar y el territorio circunvecino.

c) El establecimiento de un proceso negociador a fin de solucionar todas sus diferencias sobre Gibraltar, así como promover, en beneficio mutuo, la cooperación en materia económica, cultural, turística, aérea, militar y medioambiental. Ambas partes acuerdan que, en el marco de este proceso, serán tratadas las cuestiones de soberanía. El Gobierno británico mantendrá plenamente su compromiso de respetar los deseos de los gibraltareños tal y como establece el preámbulo de la Constitución de 1969.

d) En lo que se refiere al espacio aéreo de la región de Gibraltar, el Gobierno español se compromete a adoptar prontas acciones encaminadas a permitir comunicaciones aéreas seguras y eficaces.

3. Con este objeto, se celebrarán reuniones de grupos de trabajo que serán supervisadas periódicamente en encuentros que, para este propósito, mantendrán los Ministros de Asuntos Exteriores español y británico.

Basta comparar el texto de esta Declaración con la de Lisboa para comprobar, incluso con ojos de alguien no experto en cuestiones diplomáticas, dos importantes novedades:

— Por una parte, se incluye la soberanía sobre Gibraltar como tema de negociación, algo a lo que se habían negado siempre los ingleses y era uno de los principales objetivos de España. En ese sentido era un avance, aunque de momento teórico, pues se hace depender de la marcha de las negociaciones.

— Por la otra, España hace una serie de concesiones prácticas que venían buscando los ingleses desde hacía tiempo: el levantamiento de las restricciones al tráfico de todo tipo de Gibraltar y su entorno; el ignorar la doctrina de la ONU sobre Gibraltar y las resoluciones aprobadas por la Asamblea General al respecto, ya que la Declaración de Lisboa (que las incluía) aparece sólo como referencia; la admisión por parte del Gobierno español de que los «deseos» de los gibraltareños son fundamentales en la solución del contencioso, algo a lo que se había negado hasta entonces, respaldado por la ONU, que admitía tan sólo los «intereses» de los habitantes a salvaguardar en una solución final del contencioso. Y éste había sido precisamente, como recordará el lector, el caballo de batalla de todo el debate en Naciones Unidas, ganado por España, rechazado por Inglaterra, que ahora se abandonaba sin más. Como propina, se cedía en el tan debatido tema del espacio aéreo, prometiendo España no poner tampoco obstáculos a los vuelos a Gibraltar.

Como ven, el desequilibrio en concesiones por una y otra parte fue apabullante. La aceptación inglesa de discutir la soberanía de la Roca era una mera promesa que podía cumplirse o no, mientras las concesiones españolas eran reales e inmediatas, como el levantamiento de las restricciones en el tráfico a y de Gibraltar. Las razones de tanta transigencia española han sido expuestas reiteradamente, comenzando por el temor a un veto británico a la entrada de España en la Comunidad Europea. ¿Era fundado? No había duda de que Londres lo había advertido con la rotundidad que acostumbra en la defensa de sus intereses. Pero conviene también advertir que su influencia en Bruselas no era tan fuerte como aparentaba y que España tenía allí dos valedores importantísimos, en realidad los pilares de la Comunidad: Alemania, deseosa de nuestro ingreso por razones políticas y económicas, y Francia, siempre recelosa de los ingleses (no hay que olvidar que De Gaulle había vetado su ingreso dos veces y que Pompidou mantenía la misma línea), que hubieran hecho difícil una cerrada oposición británica. Es decir, que como había ocurrido con su veto a nuestro ingreso en la OTAN, que tuvo que enfundarse ante el respaldo norteamericano a nuestra solicitud, en Bruselas podía ocurrirle lo mismo, al estar respaldados por franceses y alemanes.

E incluso si el veto se mantenía, España podía haber esperado, refugiada en su Tratado Preferencial con la Comunidad, hasta que se le hubieran abierto las puertas, pues, como dice Fernando Olivié al analizar el asunto, «habría entrado en la CEE más tarde —probablemente no mucho más tarde—, pero en unas condiciones de prestigio y de autoridad política que hubieran hecho más beneficioso para nosotros nuestro retorno a un club europeo del que estuvimos marginados desde 1815».

Firmada la Declaración de Bruselas, las cosas se pusieron en marcha en Gibraltar a una velocidad que contrastaba con el empantanamiento anterior: tras aprobar la Asamblea de Gibraltar una ley que concedía a los españoles los mismos derechos en la Roca que los gibraltareños en España (16.01.85), el gobierno español concedía a los gibraltareños los mismos derechos en España de los que gozasen los españoles en Gibraltar (31.01.85) al tiempo que derogaba el decreto por el que se cerraba toda comunicación por tierra entre el Peñón y el territorio circunvecino. Lo que dejaba vía libre a que el 5 de febrero de 1985 se abriese por parte española la Verja que había permanecido cerrada durante casi 16 años.

Justo ese día se reunían en Ginebra los ministros de Asuntos Exteriores de ambos países, Howe y Morán, como prueba del nuevo clima entre sus respectivos países y primera muestra de las negociaciones acordadas. Pese a ser aquella reunión más protocolaria que otra cosa, Morán hizo a su colega una propuesta de largo alcance: la firma de un nuevo Tratado que sustituyese al de Utrecht, por el que se establecería un condominio hispano-británico sobre Gibraltar por un período de entre 15 a 20 años, con los gibraltareños manteniendo la nacionalidad británica por un tiempo indefinido, mientras otro acuerdo regularía el *status* de la base militar inglesa en la Roca.

No sabemos si el ministro español hacía la propuesta de buena fe o para probar la buena fe inglesa, pero la respuesta de Howe podía suponerse: que Morán le enviase la propuesta por escrito, la estudiarían y responderían. Así se hizo, sin que Londres haya dicho palabra hasta la fecha. Sus acciones, en cambio, han sido meridianas: quieren conservar Utrecht por ser el único título que tienen para retener un pedazo de tierra española y quieren buscarse por otras vías cómo ampliar ese enclave por tierra, mar y aire. Y quieren conservarlo no sólo frente a los españoles, sino también frente a los gibraltareños, aunque los usan como excusa para no soltar la Plaza. Aunque también hay que reconocer que los gibraltareños los usan a ellos para mantener su privilegiada situación. En este *menaje a trois,* la única perjudicada es España. Puede incluso asegurarse que si Gibraltar fuese una colonia holandesa, recuerden que sus barcos intervinieron en su toma, y no digamos ya portuguesa, hace ya tiempo que se hubiese incorporado al territorio del que forma parte. Pero andando los ingleses por medio, es mucho más difícil. ¿O es nuestra la culpa? Sinceramente, en buena parte, sí. Pero sigamos.

Como prueba de que España estaba dispuesta a cumplir los compromisos adquiridos, el 1 de abril siguiente el gobierno español modificaba los límites en la zona prohibida al espacio aéreo de Algeciras, facilitando con ello los aterrizajes y despegues en el aeropuerto de Gibraltar.

Eliminados todos los obstáculos, por parte de España, pero sin que los ingleses hubieran cedido ni un milímetro en sus posiciones, al revés, habiendo recuperado algunas importantes pérdidas en la ONU, se firmaba el 12 de junio de 1985 el Tratado de Adhesión de España a la Comunidad Europea, con el visto bueno británico. Al día siguiente, España y el Reino Unido intercambiaban una Nota en la que la primera hacía constar que su adhesión a la Comunidad no implicaba por su parte «ninguna modificación en su posición respecto con respecto a Gibraltar, ni afectaba al proceso negociador bilateral establecido de conformidad con lo dispuesto en la Declaración de Bruselas». En el rico refranero español hay abundantes ejemplos para definir la llegada tarde del auxilio, pero nos quedaríamos con el de «a buenas horas, calzas verdes», que ni siquiera bastaría, pues la Declaración de Bruselas, como queda dicho, no incluía específicamente los avances hechos por España en la ONU, incluyendo, en cambio, los ingleses fuera de ella. Por eso la había aceptado Londres y por eso no puso reparo a que dicha Nota se enviara oficialmente al gobierno italiano, que en aquellos momentos ocupaba la presidencia rotativa de la Comunidad. Con ello se involucraba a Europa por primera vez en el pleito gibraltareño, aunque con propósitos muy distintos: España le dice que se trata de un contencioso bilateral hispano-británico, en el que la Comunidad no interviene para nada. Inglaterra, en cambio, ve la Europa Unida como un nuevo escenario, en el que puede seguir adelantando sus posiciones gibraltareñas a costa de España. Como ven, aunque han cambiado las circunstancias, el pleito sigue exactamente como el primer día.

Un mes escaso después del intercambio de estas Notas, Morán es sustituido en el Ministerio dc Asuntos Exteriores español por Francisco Fernández Ordóñez. Habrá que esperar a las Memorias de Felipe González para saber cuáles fueron las causas de ese relevo, si es que las escribe, cosa que dudo.

En su *A modo de Memorias,* Morán nos hace balance de su gestión en el asunto gibraltareño que prefiero transcribir para que el lector juzgue por sí mismo: «Para mí un tema prioritario fue Gibraltar... En la Declaración de Bruselas de 1984 logramos algo que antes parecía inalcanzable: el compromiso del gobierno británico de negociar todos los temas, incluida, explícitamente, la soberanía. En febrero de 1985, en Ginebra, adelantamos la idea de una retrocesión inmediata y un arrendamiento a plazos; o de un condominio durante un plazo, diez a veinte años, y luego retrocesión plena. Los ingleses no lo rechazaron... Cuando dejé el palacio de Santa Cruz sentí no permanecer en él lo suficiente para completar dos tareas: la reforma del Servicio Exterior y Gibraltar... (donde) habíamos colocado el tren, o el vagón sobre los raíles. No había más que empujar con fuerza. Mis sucesores, al menos hasta ahora, no lo hicieron suficientemente».

Y como prueba decorativa pone la mención que hace de él su colega británico, sir Geoffrey Howe, en sus Memorias: «Con Fernando Morán estuve a punto de resolver la cuestión de Gibraltar»,

Ya sabemos que en las Memorias se admiten toda clase de indulgencias. Pero un diplomático debería saber que la historia del contencioso gibraltareño esta empedrada de promesas británicas que no se cumplen a cambio de concesiones españolas por adelantado.

Su sucesor retoma el caso con el ímpetu que todos los titulares de Exteriores suelen hacerlo, convencidos de que ellos son capaces de resolverlo. Fernández Ordóñez sustituye la «ósmosis» ensayada por Morán por una «paciencia activa» hacia Gibraltar, combinando la firmeza, el acoso y el aguante, y ya el 31 de julio se entrevista con su colega británico en Helsinki, para volver a reunirse en diciembre en Madrid. Del sustituir Utrecht por otro Tratado, propuesto por Morán, ni palabra. Pero al menos consigue que a partir del próximo año los ingleses pagarán las pensiones de jubilación a los obreros españoles que habían trabajado en Gibraltar, que era lo mínimo, pues no venían cobrándolas.

No sabemos si para acallar su mala conciencia o por haber aprendido cómo se las gastaban los ingleses, el todavía novato Parlamento democrático español pasaba una Proposición No de Ley en la que se tomaban medidas preventivas ante lo que pudiera ocurrir en la nueva etapa de «colaboración» entre los dos países.

La Proposición, con fecha 13.12.85, decía:

El Congreso de los Diputados insta al Gobierno:

1. A que impida intentos unilaterales o de cualquier otra índole, de modificar, por vía de hecho, el Estatuto de Gibraltar o su consideración dentro de la Unión Europea.

2. A continuar el proceso negociador con el Reino Unido iniciado en la Declaración de Lisboa y continuado en la Declaración de Bruselas, recordando que el contencioso de Gibraltar debe resolverse en el estricto respeto al principio de la integridad territorial mediante la recuperación del ejercicio de la soberanía española.

Podríamos repetir lo de las mangas verdes, o el *tarde piache*, pero preferimos usar un símil futbolístico: a aquellas horas, el balón estaba ya en el fondo de nuestra portería, en buena parte por autogol. Aunque también era verdad que convendría hacer esa reflexión en voz alta, para que no nos cayese encima la goleada. Pues estaba visto que los ingleses, lejos de contentarse con neutralizar la ofensiva española sobre Gibraltar, seguían dispuestos a continuar la expansión de la misma por aire, mar e incluso tierra, ya que, tras ampliar su muelle, han ganado terreno al mar con escombros, ampliando su superficie para construir apartamentos, como veremos luego.

Para todo ello, nadie sabe mejor que los ingleses que necesitan la colaboración o por lo menos el consentimiento de España. Como saben que sin un aeropuerto no se va, ni se viene, hoy a ninguna parte, así como que el gibraltareño no puede operar sin violar el espacio aéreo español colindante. En ese sentido concentraron entonces sus esfuerzos, habiendo conseguido de entrada que Madrid eliminase las restricciones impuestas en él. Querían, sin embargo, más y en la «Declaración conjunta sobre el aeropuerto de Gibraltar» que el 2 de diciembre de 1987 firmaron Fernández Ordóñez y su colega Howe, «tras reservar ambos los respectivos derechos y manifestar que actuaban en función de lo convenido en la Declaración de Bruselas, complementaria a la de Lisboa, acordaban»:

— *Que las autoridades aeronáuticas de ambos países se consultarían regularmente sobre las cuestiones relativas al tráfico civil del aeropuerto.*
— *Que los permisos que se otorgasen a las compañías aéreas para enlazar al aeropuerto de Gibraltar con aeropuertos españoles los concederá España.*
— *Que las autoridades españolas construirían una terminal en La Línea de la Concepción, adyacente al lado Norte de la verja que separa el Gibraltar ocupado del resto de España. Terminal que sería controlada por España y sería utilizada por pasajeros de cualquier procedencia que se dirigieran a puntos situados al Norte de la verja o que procedieran de dichos puntos. La actual terminal británica la utilizarían los pasajeros procedentes de la ciudad de Gibraltar o con destino a la misma.*
— *El aeropuerto estaría administrado por un Comité de coordinación hispano-británico cuyas responsabilidades y atribuciones quedan establecidas en un anejo a la Declaración.*

Era una iniciativa interesante, aunque arriesgada para ambas partes. Los ingleses intentaban sin duda dar vida a Gibraltar, convirtiéndolo en un emporio turístico, al socaire de su puerto franco y con el respaldo de la Costa del Sol al lado. Los turistas llegarían a miles a su aeropuerto, ya con una gran terminal adjunta, y los autobuses los transportarían a las playas y hoteles cercanos, para regresar por el mismo camino tras haber hecho sus compras en la tiendas de la Roca.

Para España representaba el riesgo de dar oxígeno a la colonia en su territorio, pero al mismo tiempo la oportunidad de meter por primera vez el pie en la puerta gibraltareña que había tenido cerrada a cal y canto desde que cedió el Peñón, a través de la terminal en su territorio y de ese Comité de coordinación hispano-británico que administraría el aeropuerto gibraltareño. De ahí que se olvidase de que estaba construido en zona neutral no cedida, con la esperanza de que por ahí pudiera seguir ampliando la apertura.

Es lo que debieron temer también los gibraltareños, que se opusieron desde el primer momento al plan, llegando su «gobierno» a denunciar ante el Tribunal de Justicia de las Comunidades Europeas la aplicación del mismo. Algo inaudito, pues significaba denunciar al gobierno británico que había suscrito la Declaración. ¿Era real ese enfrentamiento o estábamos ante otra jugada maestra británica para no cumplir lo que ellos mismos habían acordado, ya por darse cuenta de los riesgos que corrían, ya para potenciar el papel de los gibraltareños tanto ante los organismos internaciones como ante el gobierno español? Nunca lo sabremos. Lo único que sabemos es que la iniciativa del aeropuerto administrado conjuntamente no llegó a materializarse nunca, apareciendo los gibraltareños como los grandes culpables de ello. Al menos era la excusa que mr. Howe daba cuando se le inquiría sobre el caso, hasta su sustitución al frente del Foreign Office por John Major en julio de 1989, que en octubre del mismo año pasó a la cartera de Hacienda, sin tiempo de ocuparse del asunto Gibraltar. La de Exteriores la ocupó Douglas Hurt, que en febrero de 1990 se entrevistó con Fernández Ordóñez, alcanzándose acuerdos en apariencia menores, pero importantes dadas las circunstancias: extender a Gibraltar los acuerdos hispano-británicos de extradición y de colaboración para perseguir el contrabando. Si tenemos en cuenta que la Roca vivía en buena parte de éste, se comprende la importancia de perseguirlo..., siempre que se haga de verdad. Pues los grupos de trabajo creados para estudiar el tema y tomar las medidas apropiadas no han podido aportar resultados más parcos. De hecho, se buscará en vano algo concreto al respecto.

Concreto, en cambio, era el vuelco que se apreciaba en Gibraltar y su entorno. Por lo pronto, había cambiado su «gobierno». El desgaste que cuatro décadas en el poder había causado en la Asociación para el Progreso de los Derechos Civiles de sir Joshua Hassan, unido al resentimiento acumulado durante los trece años de aislamiento, no sólo hacia España, sino también hacia Inglaterra por no haber hecho más por romperlo, había traído una victoria aplastante del Partido Socialista Laborista de Gibraltar de Joe Bossano, que miraba con desconfianza cuanto pudieran hacer las dos expotencias sobre el futuro de la colonia de la una en el territorio de la otra. El ánimo que predominaba en aquel momento en la Roca era de mal contenida euforia por haber resistido el sitio, con ansias de independencia más que de seguir siendo un apéndice de Gran Bretaña, tras haberse negado ésta repetidas veces a incorporarlo como un trozo más de su territorio. Y la verdad era que, desde que se había abierto la Verja, los gibraltareños había hecho enormes avances hacia la autosuficiencia, que querían completar con la autodeterminación. Lo malo para nosotros era que lo habían hecho en buena parte con ayuda española. Nuestras principales empresas constructoras, Agromán, Cubiertas y Mzov, Dragados, Entrecanales, colaboraban en el «ensanchamiento» de Gibraltar una vez retirado el corsé del cerco. Mientras nueve empresas danesas participaban en el llamado «Europort Proyect», con un presupuesto de veinte mil millones de pesetas para edificar en los ochenta mil metros cuadrados ganados al mar junto al puerto edificios para todo tipo de actividades, desde las bancarias a las recreativas. «El objetivo es convertir Gibraltar en el Hong-Kong mediterráneo —escribía José Vadillo desde Algeciras por aquel entonces—, un centro financiero de proyección y solvencia internacional, que permita la solvencia económica del enclave y que ya empieza a ganarle la mano a algunos enclaves de idéntica legislación, como las Islas Caimán». Dicho en plata: un paraíso fiscal, donde se refugiaba el dinero evadido del fisco de otros países y se lavaba el procedente de actividades ilícitas, como la droga o venta de armas. Hay que reconocer, con pena, que los principales bancos españoles estuvieron entre los primeros que abrieron sucursal en la Roca, al abrirse allí esta oportunidad. En diciembre de 1992, más de 2.000 españoles trabajaban en Gibraltar, en muy variadas ocupaciones, desde el servicio doméstico a las actividades bancarias, aunque pocos residían allí, mientras un número equivalente de gibraltareños tenían vivienda en España, la mayoría de ellas, mansiones en la Costa del Sol.

La parte más negra de este cuadro la ofrecía la comarca española circundante, en especial su capital, La Línea de la Concepción, que había visto cerrar comercio tras comercio desde la apertura de la Verja. El contrabando volvía a ser la principal fuente de ingresos y se descargaban alijos de tabaco rubio desde lanchas neumáticas a plena luz del día, llegando a darse enfrentamientos entre cientos de manifestantes y la Guardia Civil que intentaba impedirlo, sin lograrlo, por no tener los efectivos suficientes y ser tan alto el paro entre los vecinos. Disturbios que se concretaron en manifestaciones multitudinarias para pedir la dimisión del alcalde socialista, Salvador Pagán, y el corte de la circulación hacia y desde Gibraltar.

Mientras en éste, el movimiento pro-autodeterminación soltaba diez mil globos rojiblancos (los colores de la «enseña nacional» gibraltareña) y enviaba a John Major un escrito pidiendo el autogobierno, fundándose en la resolución 2625(XXVI) de Naciones Unidas, «donde se establece que cualquier *status* político libremente determinado por los habitantes de un territorio bajo fideicomiso será aceptado por la ONU». Olvidando, naturalmente, todas las demás resoluciones de la ONU que establecían una doctrina completamente distinta para la descolonización de Gibraltar.

Algún lector me preguntará en este punto qué estaba haciendo la ONU ante este desarrollo de los acontecimientos en una colonia a la que había dedicado tanto tiempo y sido protagonista de tan acalorados debates. Pues la ONU había pasado a ser mera testigo de la pugna entre Londres y Madrid, con un protagonismo creciente de los gibraltareños. Voy a decírselo con palabras de Piniés en sus Memorias: «¿Qué viene ocurriendo en las Naciones Unidas con el tema Gibraltar? En realidad, nada. Nuestro ministro de Asuntos Exteriores reitera nuestra posición ante la Asamblea General, recuerda la doctrina de la Organización (sobre el caso Gibraltar), se logra un consenso con Gran Bretaña, se señala que ambos gobiernos sostienen negociaciones bilaterales para solucionar el contencioso, y así, a esperar otro año. Total, una pantomima».

Lo que estaba ocurriendo en Gibraltar y su entorno, sin embargo, no era ninguna pantomima. Lo demostraba el artículo que, el 7 de octubre de 1992 publicaba en *El País* Salomón Seruya, exministro de Economía y Turismo del gobierno gibraltareño. En él enumeraba las medidas a tomar por España para lo que consideraba «una política constructiva» hacia Gibraltar. De entrada, «el reconocimiento español de que Gibraltar queda dentro de las fronteras externas de la Comunidad Europea merced a los derechos adquiridos en 1985 cuando ingresó en la Comunidad», significaría reconocer que Gibraltar quedaba dentro de la CE por el hecho de estarlo el Reino Unido. Por lo que exigía se eliminasen todas las limitaciones al tráfico aéreo a Gibraltar; que se restableciesen todas las comunicaciones marítimas con la Roca; que se tomaran medidas para conseguir un tráfico fluido de dos carriles para la entrada y salida de Gibraltar; que se eliminasen los impuestos sobre los artículos de uso personal adquiridos en la Roca y que los ciudadanos de la Comunidad Europea pudieran visitar Gibraltar sin pasaporte. En resumen, que España diera todas las facilidades a que Gibraltar viviera a costa de ella. Cornudos y, además, apaleados. Algo que España no podía consentir no sólo por principio, sino también por beneficio, ya que dejar ese agujero en su extremo sur significaría tanto como permitir que por él se colaran personas y mercancías sin el menor control. Así que cuando, en julio de 1991, los representantes de los doce países se reúnen en Luxemburgo para discutir el llamado Tratado de Schengen para la libre circulación dentro de la Unión Europea, España se niega a firmarlo si se incluye a Gibraltar en él y exige controlar a los pasajeros que lleguen a través del aeropuerto gibraltareño, «que además está situado en terreno que no les pertenece», advierte el delegado español, Carlos Bastarreche. Los ingleses, por su parte, exigen que se incluya a Gibraltar y a su aeropuerto en el Tratado. Cinco horas de debate, en las que el presidente de la sala, un luxemburgués, intenta mediar, no conducen a ningún resultado. Con lo que el Tratado de Schengen quedó aplazado para tiempos mejores. Fernández Ordóñez había aprendido, finalmente, que con los ingleses no valen ni los argumentos, ni las carantoñas, ni las concesiones. Sólo la firmeza.

Su fallecimiento, poco después, lleva a Javier Solana al ministerio de Exteriores a partir de 1992. Su colega británico, Douglas Hurd, visita Madrid en marzo de ese año, con «nuevas ideas para desbloquear el contencioso sobre Gibraltar». Cuáles son éstas no acaba de concretarse, se habla de redactar una nueva Constitución para la Roca, de que los gibraltareños participen en las negociaciones hispano-británicas, de «cambiar el procedimiento», sin especificar cuál ni de qué manera. El nuevo ministro de Exteriores español es un hombre mucho más cauto que sus inmediatos antecesores, escucha más que habla y prefiere mantener sus cartas a arriesgar. Ha surgido un nuevo jugador en la partida, Joe Bossano, «ministro principal» de Gibraltar, que hace exigencias tanto a Inglaterra como a España, la primera de ellas participar en las negociaciones. Solana se niega. No está previsto, dice, en ninguna de las resoluciones de la ONU, aparte de que los gibraltareños ni siquiera se contemplan en el Tratado de Utrecht, que es el único título inglés sobre la Roca. Y pide un gesto por parte de Londres, concretamente la administración y utilización conjunta del aeropuerto gibraltareño acordada en 1987. Algo a lo que Bossano se opone radicalmente. Los ingleses dan como excusa de su incumplimiento el preámbulo de la Constitución de Gibraltar, que les prohíbe hacer allí algo sin el consentimiento de sus habitantes. Olvidan que la ONU ha declarado inválida tal Constitución. Más razón tienen al decir que la Declaración de Bruselas, aceptada por España, incluye ese veto gibraltareño. ¡Ay esas concesiones españolas sin contrapartida! Total, que la visita de mr. Hurt a Madrid, pese a haber sido preparada concienzudamente y haber despertado tantas expectativas, termina prácticamente en nada.

Algo muy distinto a lo que ocurre en la bahía de Algeciras, donde patrulleras de la policía gibraltareña abordan barcos fondeados en aguas que consideran suyas para exigir a sus capitanes que las abandonen bajo la amenaza de ser detenidos. El expansionismo inglés en torno a su colonia ha pasado a convertirse en expansionismo gibraltareño.

De la creciente militancia gibraltareña ilustra los hasta cinco recursos presentados por su gobierno ante el Tribunal Europeo de Estrasburgo contra la normativa de no incluir su aeropuerto entre los de la Comunidad. Joe Bossano y su gobierno insistían en colarse en la Europa Unida a través de ese aeropuerto, sin los controles normales para los pasajeros de uno de los países miembros. España, como queda dicho, se oponía por dos razones a cual de más peso: porque eso supondría abrir la puerta a todas las mercancías compradas en el puerto franco de Gibraltar y, más importante, porque eso significaría aceptar a Gibraltar como un país miembro de la CEE. Tenía, además, un buen argumento jurídico para oponerse: en 1987, España y el Reino Unido habían acordado, junto a la administración conjunta del aeropuerto gibraltareño, la creación de dos terminales para el mismo, a fin controlar el tráfico de viajeros y mercancías, acuerdo que no se había podido llevar a la práctica, precisamente por la oposición de los gibraltareños. Londres se adhería a las tesis españolas.

En junio de 1993, el Tribunal de Justicia Europeo desestimó el recurso del gobierno de Gibraltar por considerar que el demandante no tenía personalidad jurídica para recurrir, al tener que ser presentados los recursos por uno de los Estados miembros de la Comunidad, cosa que Gibraltar no era. El siguiente octubre, el Tribunal rechazó los otros cuatro recursos gibraltareños, referidos a horarios, accesos de las compañías, tráfico de pasajeros y de mercancías, por las mismas razones, condenando al demandante a pagar las costas de los procesos.

¿Estaban los gibraltareños rebelándose contra los ingleses o era todo una farsa bien montada para desconcertar a los españoles y hacerles creer que entendiéndose con unos u otros saldrían mejor parados? Imposible saberlo, ya que hay razones para sostener ambas suposiciones: ingleses y gibraltareños saben que se necesitan mutuamente para impedir que España recobre la Roca, pero al mismo tiempo desconfían entre sí porque se conocen, puede que demasiado.

Curiosamente —aunque puede que no tan casualmente— se desclasificó por aquellas fechas un documento confidencial elaborado por el Foreign Office en 1971, en el que se revelaba cómo Gran Bretaña había ido fabricando artificialmente una identidad gibraltareña sobre una población muy hispanizada en lengua, costumbres e incluso dinero, pues hasta 1898 todas las transacciones se hacían en pesetas. Lo más interesante del documento era el capítulo para introducir instituciones políticas británicas en La Roca. Se leía en él:

«Las primeras tentativas (el nombramiento de unos cuantos notables para el Consejo Ejecutivo) datan de 1922. Hasta hace apenas una generación, los gibraltareños en su conjunto, pese a estar lejos de ser un "pueblo retrasado", se contentaban con practicar el comercio y los asuntos municipales, sin aspiraciones a asumir responsabilidades políticas, que dejaban encantados a los británicos. Pero en 1950 fuimos empujados por un bienintencionado gobernador a dar a la minúscula fortaleza instituciones de tipo parlamentarias, pese a la fuerte opinión del entonces primer ministro (mr. Attlee), de que sería más realista mantenerse en el nivel municipal».

«En los años sesenta aceleramos el proceso en la vana esperanza de impresionar a las Naciones Unidas. El tener una Constitución que les viene grande varias tallas ha animado a los gibraltareños a comportarse arrogante e irrealmente, y ha llevado a los españoles a sospechar de una hipócrita jugada británica para frustrar sus derechos retroactivos según Utrecht. Lo que ha contribuido a ampliar el distanciamiento en ambos sentidos».

Es un análisis, por lo menos, interesante. Pero que los gobiernos ingleses, laboristas y conservadores, no llevaron a la práctica. Lo suyo fue mantener eso que el autor del informe, un tal mr. J.S. Bennett, llama «hipócrita jugada británica». Curiosa es la fecha, 1971, con la Verja cerrada y Gibraltar costándole dinero al erario británico y los «llanitos», como el analista llama despectivamente a los gibraltareños, dando la lata con sus exigencias. ¿Se hubieran hartado de todo ello los ingleses de haberse mantenido cerrada la Verja veinte, treinta, cuarenta años? No lo sabemos. Lo único que sabemos es lo que hubo: abrimos esa Verja y el contencioso de Gibraltar cambió de escenario y de dinámica. Ya no era España la que llevaba la iniciativa, sino Gran Bretaña y los gibraltareños. Y en vez de en Naciones Unidas, la batalla iba a librarse en Bruselas y sus distintos organismos. Dentro de esas «sospechas» españolas de que habla mr. Bennett se incluye que, fracasado el intento de circunvalar Utrecht en la ONU a través de una falsa descolonización, la próxima maniobra británica fuera utilizar la Comunidad Europea para el mismo fin, esto es, incluir Gibraltar como «territorio británico» dentro de la Comunidad, para obligar a España a aceptarlo con todos los beneficios y derechos de aquélla. Con lo que ¡adiós Utrecht y adiós reivindicación! El propio Bossano se acercó a la ONU a proclamar esta tesis, oyéndosele como quien oye llover, pues en la ONU estaban hartos de Gibraltar, aparte de que ya había dictado su doctrina sobre él. Bruselas era otra cosa. Bruselas no podía consentir que Gibraltar se convirtiese en la puerta trasera de la Comunidad Europea, por donde se colasen miles de incontrolados y millones en mercancías, al saber perfectamente que la perjudicada no iba a ser sólo España, sino Europa. De ahí que al ingresar Inglaterra en la misma, en 1973, tuviera que dejar claro que la Roca era un territorio específico, donde no se aplicaba el PAC, ni el IVA, ni la Tarifa Exterior Común, tanto para personas como para mercancías, por lo que sus relaciones no podían ser las mismas que las que regían entre los demás miembros de la Comunidad. Esto lo sabía perfectamente Londres, lo que pudo ser la causa de que aceptase inicialmente la idea de una administración conjunta del aeropuerto gibraltareño, con España ejerciendo desde su terminal la labor supervisora de las personas y mercancías que entrasen en Europa.

Permitieron, sin embargo, que los gibraltareños se opusieran al compromiso desde el primer momento. Si éstos lo hacían por ese rechazo instintivo que sienten hacia España, por la altanería que habían acumulado en los últimos tiempos o de acuerdo bajo cuerda con los ingleses, es difícil de saber. La experiencia, la mala experiencia, nos advierte que suelen repartirse admirablemente los papeles en el trato con nosotros, a fin de obtener las mayores ventajas. Tal vez pensasen que, como en lances anteriores —el último, en torno a la Verja—, España terminaría cediendo.

De momento, sin embargo, España resistió e impidió se ratificase durante años el Tratado de la libre circulación dentro de la Comunidad Europea precisamente por el aeropuerto gibraltareño. Hay que alabar en este caso la tranquila firmeza de Solana, que sin dejarse impresionar por las voces amenazadoras que llegaban del Peñón y del propio Parlamento británico no daba el brazo a torcer en este importante punto. Eso sí, apoyado por la Comunidad Económica Europea.

Pero volvían a soplar importantes vientos de cambio en España, que repercutirían sin duda en el contencioso gibraltareño. Aunque sin cambios de fondo, como siempre.

El PP y Gibraltar

El desgaste producido por catorce años en el poder, acentuado en el último tramo por sonados escándalos de corrupción, acarrea al PSOE su derrota en 1996. La victoria del PP, sin embargo, es mínima, y para formar gobierno tiene que pedir ayuda a CiU, lo que significa que no tiene plenamente las manos libres. Aznar monta un gabinete con gente experimentada, con la economía como primer objetivo, dado el mal estado en que la ha encontrado. Al frente del Ministerio de Asuntos Exteriores pone a Abel Matutes, una sorpresa, pues se trata de un hombre de negocios, eso sí, muy ligado al PP, con grandes intereses en Ibiza, donde controla el partido. De entrada, parece uno de esos pagos de favores al estilo de los que hacen los presidentes norteamericanos al llegar al poder, que nombran embajadores a personas que les han ayudado a la elección. Sólo que esta vez no era una embajada, sino la propia cartera de Exteriores, de mucho más peso. Y riesgo.

Años antes de llegar a la Moncloa, Aznar había dicho respecto a Gibraltar: «Como en toda negociación, hay que hacer un esfuerzo de acercamiento por las dos partes. España lo hace. Deseamos que el Reino Unido tenga la voluntad, y también la determinación de hacerlo. La pelota está en sus pies. En este momento, que un país mantenga una colonia en el territorio de otro, siendo socios en la Unión Europea y en la Alianza Atlántica, entorpeciendo sus relaciones, no tiene mucho sentido». Parecía una vuelta a la vieja postura sobre Gibraltar, pero el nuevo gobierno español tenía demasiados problemas internos, empezando por los económicos, demasiados compromisos —a los nacionalistas catalanes, que le prestaban apoyo para gobernar, nunca les ha interesado el tema Gibraltar— y demasiados focos de atención internacional, para dar prioridad a la Roca. Pero tampoco podía descuidarla, pues aunque en aquel gobierno Peter Caruana había sustituido a Joe Bossano, la política que allí se seguía era la misma, incluso redoblada: «Buscar tener voz en la Unión Europea», según palabras del nuevo *premier.* Y no eran sólo palabras sino también hechos, con frecuentes viajes a Bruselas para que se les reconociese el estatuto de miembro en vez de mero apéndice británico, aunque fuese sólo sin carácter oficial. Para ello, se disponían a abrir allí una oficina que sirviera de «representación» oficiosa. Que la ofensiva estaba teniendo sus frutos lo demostró que Jacques Santer, presidente de la Comisión Europea, realizó una visita privada a Gibraltar durante las vacaciones que se había tomado en la Costa del Sol en las navidades de 1996. Una ofensiva que había que detener y, por lo pronto, España empezó a rechazar los pasaportes emitidos por las autoridades de la Roca con el rótulo «Reino Unido-Gibraltar». Lo hacía, además, siguiendo las directrices comunitarias que establecen que en los pasaportes sólo puede figurar el nombre del país miembro emisor. Firme en esa postura, durante el Consejo de Europa celebrado en Ámsterdam el mes de junio de 1997, vetó la entrada del Reino Unido en los acuerdos de Schengen, que autorizaban la libre circulación entre los países miembros de la Unión Europea, precisamente porque el aeropuerto de Gibraltar no ofrecía las suficientes garantías de control, no sólo para España, sino para el resto de la Comunidad. Dándole ésta la razón.

La siguiente batalla, de tanta o más envergadura, vino a consecuencia de la plena incorporación de España a la OTAN, lo que obligaba a reorganizar la cadena de mando de ésta. Desde el primer momento se vio que el Peñón iba a ser un obstáculo nada fácil de salvar. Los ingleses advirtieron que no admitirían tal incorporación mientras España no levantase las restricciones que aún tenía impuestas al tráfico marítimo y aéreo a Gibraltar, obligando a los aviones a seguir un estrecho corredor, desde el sur o el oeste, para poder enfilar la pista del aeropuerto. España advirtió que podría levantar las restricciones a los vuelos militares, pero no a los civiles hasta que no hubiese una gestión conjunta de ese aeropuerto, como había sido acordado en 1987, sin ponerse en práctica. Exigía también que Gibraltar pasase a depender de un puesto de mando de la OTAN con un español al frente.

En cuanto a las restricciones al tráfico marítimo, eran muy simples y muy molestas, sobre todo para los navíos de la VI Flota norteamericana que patrullaban por el Mediterráneo, ya que impedían atracar en puertos españoles a los buques con origen o destino Gibraltar.

El asunto fue tratado varias veces telefónicamente durante el verano de 1997 por los dos ministros de Asuntos Exteriores, sin llegarse a un acuerdo, y por Aznar y Blair el 10 de octubre en la reunión comunitaria a la que ambos acudieron en Estrasburgo. Pudiéndose constatar tan sólo lo distantes que estaban las posiciones. Algo que empezaba a preocupar a los norteamericanos, que se habían puesto como plazo para la reorganización de la OTAN el 1 de diciembre. Visto que no había acuerdo entre las partes, se procedió a la reestructuración, con España incorporada a la cadena de mando de la Organización Atlántica sin que hubiese levantado las restricciones sobre el aeropuerto y base naval de Gibraltar, aunque con la promesa española de levantarlas para aviones y navíos de la OTAN de maniobras en aquella zona, que ahora dependía de un mando subregional en Madrid, en vez del anterior, emplazado en la Roca. Fue otra pequeña victoria en el viejo pleito.

La próxima ronda negociadora hispano-británica tuvo lugar el 10 de diciembre en Londres, corriendo a cargo de los ministros de Asuntos Exteriores, Robin Cook y Abel Matutes. Los ingleses querían incorporar a ella a los gibraltareños, algo que aceptaban los españoles, siempre que estuvieran integrados en la delegación británica, no como parte independiente. Ante lo que Peter Caruana decidió no asistir.

Matutes presentó su plan para resolver el contencioso, que contenía propuestas innovadoras. La más importante, la disposición de España a conceder a Gibraltar un estatuto de autonomía equivalente al del País Vasco o Cataluña después de un período de cosoberanía hispano-británica de la colonia, cuya duración no se precisaba. A algún lector de buena memoria le recordará aquella oferta que hizo Castiella en 1968 ante la Asamblea General de la ONU y el de Morán en 1985, pero había importantes diferencias: Castiella ofrecía la cosoberanía desde un régimen que no concedía las libertades democráticas fundamentales a sus súbditos, lo que le restaba casi todo su valor. Morán ofrecía un condominio hispano-británico desde una democracia aún no consolidada. Mientras Matutes lo hacía desde un régimen democrático que había concedido más autonomía a sus regiones que la mayoría de los países europeos, y, desde luego, que el Reino Unido a las suyas. El ministro español subrayó que, bajo ese estatuto, «las autoridades gibraltareñas dispondrían de más poder del que disponen ahora», disfrutando la Plaza de «las actuales ventajas fiscales, financieras y aduaneras, mientras sus habitantes podrían conservar la nacionalidad británica, adquirir la española o tener ambas».

Que, sin embargo, no hizo demasiado impacto en los ingleses lo mostró el comunicado conjunto hecho público tras la reunión, donde se decía que «la delegación británica escuchó con atención la propuesta española y recordó su compromiso de respetar los deseos de los gibraltareños tal y como quedan recogidos en el preámbulo de la Constitución de Gibraltar de 1969... Además de las ideas españolas, los coordinadores discutirán cualquier otra propuesta procedente de los gibraltareños, junto a propuestas británicas para una mayor cooperación económica». Algo que el propio Cook reforzaría en la conferencia de prensa que ambos ministros sostuvieron al final del encuentro: «No habrá ningún compromiso con España sobre temas que afecten a la soberanía de Gibraltar sin contar antes con la voluntad del pueblo gibraltareño y ninguno de los sondeos que he visto me sugiere que Gibraltar vaya a respaldar la idea de la cosoberanía».

En efecto, lo que por aquellos tiempos estaba tratando de conseguir mr. Caruana para Gibraltar en Londres y en Bruselas era un *status* parecido al de la isla de Jersey, en el Canal de la Mancha, o la isla de Man, entre Gran Bretaña e Irlanda, como territorio dependiente de la Corona, pero con todas las ventajas de paraíso fiscal.

Pero Matutes seguía confiando en su plan y en la primavera de 1998 da un paso adelante: a través de intermediarios, hace saber a Caruana que está dispuesto a recibirle para exponérselo directamente. Era un riesgo, pues la doctrina española no reconocía otra autoridad en Gibraltar que la británica, y un encuentro con su «ministro presidente» podía ser interpretado como un reconocimiento oficioso del gobierno gibraltareño. Con ese optimismo típico de los hombres de negocios, sin embargo, Matutes creía que la suya era una de esas ofertas que «no pueden rechazarse», al incluir que Gibraltar podría conservar todos los privilegios políticos y económicos que venía disfrutando, mientras la cosoberanía hispano-británica propuesta «podía mantenerse varias generaciones».

No contaba con que Caruana pensaba en términos políticos, y además de altos vuelos, ya que, como queda dicho, aspiraba a una forma de soberanía propia para la Roca. «Los gibraltareños estamos convencidos de que tenemos derecho a decidir libremente nuestro futuro», dice en declaraciones a *ABC,* en las que da por cancelado tanto el Tratado de Utrecht como las resoluciones de la ONU, como el acuerdo hispano-británico sobre el aeropuerto gibraltareño, y urge al gobierno español a «abrir un proceso de diálogo con el gobierno de Gibraltar, según la filosofía del siglo XXI, dentro de la Unión Europea, en la que este tipo de problemas no deberían existir». No olvidándose de ofrecer el uso del aeropuerto gibraltareño a los españoles y de negar rotundamente que Gibraltar fuese un centro de contrabando o de blanqueo de dinero. «El centro financiero de Gibraltar funciona de la misma manera que todos los centros financieros del mundo», dice para desdecirse a continuación: «Si no, vaya usted a la isla de Man, a Andorra, a Guernsey o a Luxemburgo». Olvidaba decir que todos ellos eran paraísos fiscales y no centros financieros normales.

En cualquier caso, era un rechazo categórico de la propuesta de Matutes, que poco después tenía que cancelar indefinidamente las conversaciones directas ofrecidas a Caruana.

Que no se daba totalmente por rendido, o puede por salvar la cara, lo demuestra que al reanudar la ONU su período de sesiones en septiembre de 1998, el ministro español presenta ante la Asamblea General su plan, advirtiendo que «la histórica descolonizadora realizada por la ONU estaría incompleta mientras no se solucione el problema de Gibraltar», e insistiendo en que con su oferta «los gibraltareños disfrutarían de un mayor grado de autonomía política del que actualmente tienen».

Pero ese plan venía ya muerto, si no enterrado, aparte de que la ONU había debatido hasta la saciedad aquel tema y dictado su veredicto sobre él. Si las partes implicadas no querían aplicarlas era ya cosa suya.

Lo que las partes implicadas hacían era volver a las andadas. Ahora, con un tercer participante en busca de protagonismo. Patrulleras de la policía gibraltareña obligaban a pesqueros españoles a desalojar las aguas donde faenaban, por considerarlas suyas, con la advertencia de que, como volvieran a hacerlo «tendrían que atenerse a las consecuencias». Algo que trajo un agrio intercambio de denuncias entre Caruana y el alcalde de La Línea, con intervenciones del Ministerio de Asuntos Exteriores español y de la Embajada británica, con gran enfado del «ministro principal», pues, según él, ése era un asunto que concernía únicamente a su gobierno. «El problema no es sólo de pesca, es también de soberanía», dijo.

En realidad, lo que había logrado Matutes invitándole a mantener conversaciones directas era elevar la estatura política de Caruana, sin obtener nada a cambio. Su desilusión va a notarse pronto en su política. Si Gibraltar quería guerra, la tendría. Además en su punto más fuerte, que era también el más débil: su aspiración a convertirse en un gran centro financiero, opaco desde luego. Era ya la sede de 76.000 sociedades, Caruana quería elevar el número a 150.000. Por lo menos 8.466 de ellas desarrollaban su actividad en España, según la Agencia Tributaria. En su mayoría implicadas en el blanqueo de dinero, que se reinvertía en negocios inmobiliarios en la Costa del Sol. Otras servían de tapadera a la evasión fiscal de ciudadanos españoles, a las mafias internacionales, a los capos gallegos de la droga y a los envueltos en el mercado ilegal de armas, que habían echado raíces en aquellas tierras. Pero ni el fisco ni la justicia española tenían acceso a esos datos. La inmensa mayoría de los casos de ese tipo de delitos investigados por la policía española desembocaba en cuentas corrientes en Gibraltar. Pero las comisiones rogatorias enviadas por los jueces para saber quién estaba tras esas cuentas chocaban con un muro tan impenetrable como la propia Roca. Ni siquiera la intervención de Interpol ayudaba. El gobierno gibraltareño reconocía que tales comisiones rogatorias no se contestaban, poniendo como excusa que «no venían dirigidas a la autoridad judicial competente, ya que España no quiere reconocer el poder judicial de Gibraltar, que es independiente de la justicia del Reino Unido». Pero cuando algunos jueces españoles, hartos de trabas y ansiosos de tramitar sus casos, en vez de dirigirse a «la autoridades judiciales británicas» se dirigían a las «autoridades judiciales gibraltareñas», se les objetaban otros «defectos formales» o, sencillamente, no recibían contestación.

¿Qué hacían los ingleses ante ello? Pues mirar hacia otro lado. Mejor dicho, lo que Beltrand Duguesclin hizo en la pelea entre Enrique de Trastámara y Pedro el Cruel: «Yo no quito ni pongo rey, pero ayudo a mi señor», aunque en este caso el ayudado no era el señor, sino el súbdito: echar una mano a los gibraltareños. «El Reino Unido quiere incorporarse al acuerdo de Schengen (para la libre circulación dentro de la Unión Europea), pero excluyendo la cooperación judicial. Es evidente que existe un problema grave con Gibraltar. Esta negativa a atender a los jueces es una prueba más», declaraba por aquel entonces Rafael Estrella, diputado socialista y miembro de la Comisión de Exteriores del Parlamento español. Mientras fuentes de Interpol advertían: «Pedimos datos relacionados con sociedades, cuentas y flujos financieros, pero ponen tantas pegas que los jueces españoles tienen que desistir. El Peñón se ha convertido en un excelente refugio para los delincuentes. Con los demás países la tramitación es muy rápida».

Nada de extraño tiene que a aquellas alturas, agotada su paciencia, Matutes sopesara la idea de acabar con la capacidad jurídica de las 8.466 sociedades gibraltareñas que operaban en España, es decir impedir cualquier tipo de transacciones con ellas. Muerto el burro, se acabó la rabia. Aunque consciente de las enormes complicaciones de toda índole que ello traería, podría dejarlo tan sólo en obligar a las instituciones financieras españolas a informar de cualquier transacción en la que participase una sociedad gibraltareña.

Ni una cosa ni otra se llevó a cabo porque Matutes, en la remodelación del gobierno que efectuó Aznar tras su victoria por mayoría absoluta en el año 2000, fue sustituido por Josep Piqué en la cartera de Exteriores.

El nuevo ministro asume el cargo con el mismo ánimo que todos sus predecesores: convencido de que puede solucionar el problema de Gibraltar hablando con Londres y proponiéndole opciones beneficiosas para ambas partes. Piqué, que ni siquiera tiene carné del PP, es una de las estrellas ascendentes del partido. Un *manager,* que desde la izquierda más o menos revolucionaria ha ido evolucionando hasta posiciones de centroderecha con fuerte acento internacionalista, representa la nueva España, segura de sí misma, dispuesta a buscarse un papel importante en Europa y el mundo, que Aznar buscaba. Uno de sus primeros pasos en el ministerio es proponer a su colega británico Robin Cook, en el encuentro que sostienen en Londres el 24 de enero de 2001, «reanudar las conversaciones acordadas en Bruselas diecisiete años antes por Fernando Morán y

Geoffrey Howe», en paralelo a un proceso de cooperación a ambos lados de la Verja. Conversaciones suspendidas en 1988 por negarse los gibraltareños a participar como miembros de la delegación británica y a que se discutiesen cuestiones de soberanía. Excusa para que Londres cancelase los encuentros ya que, dijeron, «sin gibraltareños no hay reuniones».

Pese a estos antecedentes, la euforia de Piqué llega al extremo de declarar, tras el encuentro, que Cook «era sensible a su petición de dialogar sobre la soberanía de Gibraltar». Algo que sorprende al Foreign Office, cuyo portavoz se niega a corroborar las declaraciones del ministro español.

Aunque el verdadero jarro de agua fría le llega a Piqué desde la Roca: los políticos gibraltareños, alarmados por lo que pudiera cocinarse en Londres a sus espaldas, proponen al gobierno británico una reforma de su Constitución de 1969, para incluir en ella el derecho a la autodeterminación y la ratificación por referéndum de cualquier plan para descolonizar Gibraltar. Lo que significaría enterrar no sólo todo lo que había decidido la ONU sobre el contencioso, sino también los acuerdos hispano-británicos de Lisboa y Bruselas. Era ponerse la venda ante la posible pedrada que pudiera venirles de las conversaciones que el nuevo ministro de Asuntos Exteriores español se disponía mantener con los ingleses y un recordatorio a Londres de sus compromisos con ellos. En cuanto a la ONU, a aquellas alturas, les importaba un bledo lo que dijera. «Si la nueva Constitución fuera aceptada por el pueblo (gibraltareño) en referéndum, equivaldría a una relación no colonial y a un ejercicio efectivo y válido del derecho a la autodeterminación», según Caruana. Los ingleses, fieles a su política en estos casos, ni lo aceptan ni lo rechazan. «Hemos dicho a los gibraltareños que consideraremos cualquier propuesta que nos hagan», declaran fuentes de su Embajada en Madrid.

Tampoco la respuesta de Cook a la propuesta de Piqué fue alentadora. El secretario del Foreign Office le dice que «no se dan las condiciones para que se reanude el llamado proceso de Bruselas y en lo que España debe pensar es en intensificar la cooperación con los gibraltareños, darles más líneas telefónicas y mayor libertad de movimientos, antes de que se pueda volver a hablar de soberanía, si es que llega el caso». Pues al mismo tiempo que intentaban soltar todas las amarras de España, los gibraltareños estaban pidiéndonos más líneas telefónicas para consolidar su «centro financiero internacional». En cuanto a los ingleses, estamos de nuevo ante su típica jugada: exigir ya concesiones tangibles a cambio de inconcretas promesas futuras.

Piqué, que ve hundirse su plan gibraltareño antes incluso de botarse al agua, pide comparecer ante el Senado y ante el Congreso para explicarlo y buscar su apoyo. Las comparecencias tienen lugar el 8 de febrero y el 14 de marzo, respectivamente, y, consciente de que la mejor defensa es el ataque, el ministro hace lista del rosario de agravios que España ha soportado durante años en la esperanza de llegar a un entendimiento con Gran Bretaña sobre Gibraltar, con los agravantes del contrabando, paraíso fiscal y amenaza que para los habitantes del contorno representa la base militar, puesta de manifiesto por la reciente entrada en su arsenal del averiado submarino nuclear *Tireless*. «La pretensión gibraltareña de reformar su "Constitución" para desligarse de su situación colonial y liquidar cualquier posibilidad de volver a formar parte de España —advierte Piqué— será considerada como un acto hostil y de gravedad», así como «cualquier intento de modificación del *status* colonial tendente a un mayor grado de independencia o de integración en el Reino Unido originaría un serio deterioro de las relaciones hispano-británicas y una mayor confrontación con las autoridades gibraltareñas». Para pasar a hacer lista del contrabando que se estaba practicando desde la Roca: «Durante 1999 fueron despachados en la aduana de la Verja procedentes de España con destino a Gibraltar 23 millones de cajetillas de tabaco y 27 millones de litros de carburante para automóviles, que no se corresponden a los cerca de 30.000 habitantes de la colonia», dijo, dando a entender que esas cajetillas y esa gasolina se reintroducían luego ilegalmente en España, en perjuicio de su fisco. Más claras aún fueron las cifras que aportó sobre los resultados de la apertura de la Verja: «Antes de su apertura, en 1982, el 60% del presupuesto gibraltareño provenía de los gastos militares británicos, es decir, del presupuesto del Reino Unido. Hoy, éstos representan apenas el 3%. Su renta per cápita en 1982 era de 3.300 libras esterlinas, hoy está cerca de las 5.000, es decir, cerca de un tercio más que la de España y un doble de la de Andalucía. Somos los primeros en desear el bienestar económico de Gibraltar, aunque eso sí, sobre bases sanas», advirtió el ministro, que en otro momento de su exposición no se recató en decir que sus 85.000 sociedades inscritas «se empeñan en vivir a costa del Campo de Gibraltar». Todo indicaba, en fin, que ante la falta de reciprocidad a su política amistosa hacia Gran Bretaña, Piqué hubiese adoptado una línea dura, acusando a Londres de ser el responsable de que no avanzase no sólo el proceso de Bruselas, sino también la normativa de «cielos abiertos europeos», bloqueada por la falta de acuerdo sobre el aeropuerto de Gibraltar. Repitiendo con ello el camino de Damasco de todos los ministros de Asuntos Exteriores españoles, que comienzan prometiéndoselas muy felices en el tema, y acaban echando pestes de él.

Tampoco Europa estaba contenta con el bloqueo de su normativa aérea y emplazó a ambos gobiernos a llegar a un acuerdo antes de junio. Pero pese a la proclamada amistad de Aznar y Blair, a los claros intentos de ambos de forjar un «eje Londres-Madrid» en el seno de la Unión Europea basado en la sintonía personal y en el carácter periférico de sus países, fueron incapaces de alcanzarlo en el Consejo Europeo celebrado en marzo en Estocolmo. El retraso de las elecciones inglesas, en las que Blair consiguió su segunda victoria, impidió que se cumpliese en el plazo señalado por Bruselas el llegar a un acuerdo sobre el cielo abierto gibraltareño, y el cambio en la secretaría del Foreign Office, donde Jack Straw sustituyó a Robin Cook, hizo el resto, de forma que hasta el 26 de julio no se reunieron en Londres Straw y Piqué para tratar de todos los temas pendientes entre los dos países, con la gran sombra de Gibraltar sobre ellos, pero con la esperanza de que la «buena química» entre Blair y Aznar, dos jóvenes líderes, con mayorías absolutas, dispuestos a renovar la izquierda y la derecha europeas y a apoyar decididamente la política de Bush contra Sadam Hussein (el «trío de las Azores») haría posible encontrar salida a un contencioso tan enquistado como el de Gibraltar.

La reunión, que duró dos horas, trajo unos resultados ambivalentes, que si por una parte permitían todo tipo de esperanzas, por la otra daban pie a todo tipo de sospechas. De entrada, que se hubieran reunido «en el marco de la Declaración de Bruselas», como decía el comunicado final, sugería que la soberanía de Gibraltar volvía a estar sobre la mesa. Pero que se hubiera enterrado la «propuesta Matutes» para una soberanía conjunta parecía contradecirlo. Y si bien «ambos ministros saludarían la asistencia del ministro principal de Gibraltar a ulteriores reuniones ministeriales», no se especificaba si como parte de la delegación británica, como exigía España, o como tercera parte, como exigía Caruana apoyado por Londres.

Por último, sobre los temas concretos, el aeropuerto de Gibraltar y la petición de más líneas telefónicas, las declaraciones de Piqué tras la reunión de que «en este nuevo clima va a ser posible que tengamos una solución muy pronto. Los expertos en tráfico aéreo de ambas partes siguen trabajando y espero que a la vuelta de vacaciones podamos encontrar una solución definitiva. Estamos abiertos a cualquier cosa que signifique mejorar las comunicaciones de los ciudadanos de Gibraltar, siempre que no signifique una competencia desleal al mercado de las telecomunicaciones español», daban la impresión de que España estaba dispuesta a ser generosa, en aras de un acuerdo general con Gran Bretaña sobre el histórico contencioso que su ministro de Exteriores preveía.

No tardó en llegar «el tío Paco con la rebaja», en la persona del «ministro principal» de la colonia, que invitado a los cursos de verano que la Universidad Rey Juan Carlos celebraba en Almería, declaraba sobre la reunión que el día antes habían tenido los dos ministros en Londres: «Si la política de España sigue siendo que para tener buenas relaciones con Gibraltar es necesario que los gibraltareños pongan sobre la mesa su soberanía, difícilmente veo que las conversaciones puedan progresar. El deseo de la actual generación de gibraltareños que represento pasa por no ser parte del Estado español bajo ningún concepto». Respecto a su participación en las conversaciones, fue aún más tajante: «Soy el ministro principal de una dependencia colonial del Reino Unido, con el que Madrid debería poder hablar sin problemas». O sea, que exigía estar en ellas con voz y voto propio. Y por si no había quedado claro, remachó: «Mi participación está condicionada a que cualquier acuerdo estatutario sea sometido a referéndum en Gibraltar». Lo de siempre, pero dicho con mayor rotundidad. Debería de ser una advertencia para Piqué, dado que los ingleses venían diciendo que todo cuanto dijeran, hicieran y prometieran tendría que ser el con visto bueno de los gibraltareños.

La primera ronda de negociaciones entre ambos ministros para resolver el pleito centenario se celebró el 20 de noviembre de 2001 en Barcelona, sin la asistencia de Caruana al exigírsele que formara parte de la delegación británica y negarse éste, y trajo como resultado el «propósito de ambos gobiernos de alcanzar un acuerdo sobre todos los aspectos importantes, incluido el de la soberanía, para mediados del próximo año», según Piqué, al finalizar la reunión.

Straw puntualizó: «El Reino Unido mantiene su promesa a los gibraltareños de someter a referéndum cualquier cambio en su estatuto colonial». Aunque les hizo una advertencia: «Si no lo aceptan, las posiciones continuarán como hasta ahora y Gibraltar continuará bajo soberanía británica». Algo que no debió gustar a Caruana, cuyo gobierno hizo público un comunicado donde se decía: «Gibraltar no es una colonia de los tiempos victorianos y celebraríamos tomar parte en un diálogo entre Londres, Gibraltar y Madrid».

El nerviosismo gibraltareño no hizo más que aumentar en los meses siguientes, con Caruana hablando abiertamente de «traición a los deseos de los gibraltareños» y en carta a Straw le pedía «garantías escritas de que ningún pacto hispano-británico sobre Gibraltar tendrá validez alguna si es rechazado por los gibraltareños». Al tiempo que iniciaba una campaña en Londres y en el Parlamento Europeo para impedir que se diera cualquier paso en ese sentido. Lo que trajo críticas en la Cámara de los Comunes tanto a Blair como a Straw, por la forma como estaban llevando las negociaciones con España.

Negociaciones que, según todos los indicios, iban bien, demasiado bien incluso, ya que en la segunda mitad de enero de 2002 la prensa británica, *The Daily Telegraph, The Guardian, The Independent,* daban por hecho que Madrid y Londres habían cerrado un acuerdo para compartir la soberanía sobre Gibraltar. El Foreign Office bajó inmediatamente las expectativas: «No hay decisiones tomadas sobre la soberanía compartida, ni propuestas a aceptar o descartar». Repitiendo lo dicho en la reunión de noviembre: «Trabajamos en la elaboración de un acuerdo global para solucionar todas las cuestiones pendientes, incluida la cooperación y la soberanía, antes del verano de 2002». También el Ministerio de Asuntos Exteriores español frenaba el optimismo: «Circulan muchos rumores con propuestas que no se corresponden con las discutidas ni con las que están sobre la mesa, al estar todavía en fase negociadora, como alternativas. Todo está abierto. No hay nada concreto», advirtió su portavoz. Era evidente que en estos momentos críticos, quienes más temían vender la piel antes de cazar el oso eran los españoles. Eran también quienes más tenían que ganar. Y perder.

Menos mal que no se habían echado las campanas al vuelo porque la segunda ronda de negociaciones entre Piqué y Straw, celebrada en Londres el 4 de febrero de 2002, no trajo, en efecto, nada concreto. Ambos ministros se reafirmaron en su propósito de alcanzar un acuerdo sobre Gibraltar antes del verano, pero sin anunciar ningún avance importante en los temas claves, como el de la soberanía. En la rueda de prensa posterior, Straw mostró una actitud que rozaba el jugar con dos barajas. Por una parte sostuvo que «el caso Gibraltar es único porque el Reino Unido adquirió y mantiene la colonia en virtud de un Tratado con el Reino de España. Y en ese tratado, el de Utrecht, está muy claro que si el Reino Unido renuncia a Gibraltar, España tiene preferencia para recuperarlo. No hay pues posibilidad alguna de que Gibraltar sea independiente a no ser que España renuncie a sus derechos». Pero por la otra, enfrentado a la pregunta de por qué su gobierno no cambiaba o anulaba la ley que recogía el compromiso de consultar a los gibraltareños sobre el estatuto de la Roca, respondió: «En efecto, será posible enmendar o anular esa ley. Pero nosotros tenemos un compromiso político con los gibraltareños desde 1969 y he repetido en numerosas ocasiones que pensamos respetarlo». Para añadir que, «hoy por hoy, es difícil pensar que los gibraltareños vayan a votar un cambio de su estatuto». O sea que sí, pero más bien, no.

Lo que no impidió que ambos ministros se mostrasen dispuestos a seguir reuniéndose hasta alcanzar un acuerdo global y satisfechos de los progresos alcanzados en temas colaterales. Que tampoco eran una tontería. Pues fascinado por la soberanía, que le habían pasado ante los ojos como un bistec a un perro hambriento, el gobierno español se había comprometido a garantizar la operatividad de las 70.000 líneas telefónicas nuevas a Gibraltar, pedidas por su gobierno, como gesto de buena voluntad y señuelo para que Caruana se uniera a las negociaciones. La respuesta de éste fue hacer aprobar en su «Parlamento» enmiendas a su «Constitución», que recortaban las atribuciones del gobernador de la Roca —que no podría destituir al «ministro principal», ni vetar cualquier reforma del sistema tributario o imponer nuevos impuestos—, reclamaba que todos los asuntos relativos a política exterior y defensa, hasta entonces en manos exclusivas del Reino Unido, fuesen consultados al «ministro principal» y exigía que todas las propiedades del Ministerio de Defensa británico en el Peñón que estuviesen en desuso se transfirieran al gobierno gibraltareño. En cuanto a su participación en las negociaciones como parte de la delegación británica, remachaba categóricamente: «Si participase (en tales condiciones), estaría renunciando al derecho a la autodeterminación de mi pueblo».

Eran cañonazos, no ante la proa, sino en la misma línea de flotación de esas negociaciones, y las esperanzas, ilusiones, sueños depositados en ellas se diluyeron con la misma velocidad que se habían creado. Dos semanas antes de la siguiente cita concertada entre Piqué y Straw, en julio de 2002, el segundo advertía que «el compromiso caería de la mesa si los gibraltareños lo rechazaban», que era tanto como darlo por muerto. De todas sus severas advertencias a éstos, de sus almibaradas promesas a Piqué de que, si España cumplía sus compromisos, ellos cumplirían los suyos, nada de nada. Se volvía a la carrera a la posición de partida: todo dependía de que los gibraltareños dieran su visto bueno al acuerdo, cosa que no estaban dispuestos a hacer. Nada de extraño tiene que en vísperas de ese nuevo encuentro, a celebrar el 12 de julio en Madrid, Piqué declarase que «difícilmente podremos alcanzar un acuerdo en él», aunque se mostró «razonablemente optimista de lograr un avance sustancial, dado que el gobierno británico tiene la misma actitud y determinación que al inicio de las conversaciones, hace once meses».

Una opinión muy distinta de la expresada por la diputada laborista Lindsay Hoyle al *The Daily Telegraph:* «Las negociaciones están a punto de finalizar y, a mi juicio, las conversaciones se centran ahora en cómo ambos países pueden salvar la cara».

De hecho, la reunión ni siquiera llegó a celebrarse, al ser sustituido Piqué en la cartera de Exteriores por Ana Palacio, lo que obligó a suspenderlas, hasta que la nueva titular se pusiera al corriente de los asuntos más urgentes de su departamento. Lo más curioso fue que el mismo día que hubiera debido estar reunido con Piqué o su sucesora, el 12 de julio, Straw se presentó en la Cámara de los Comunes para ofrecer una imagen muy distinta de las negociaciones a la ofrecida durante las últimas semanas y a sus mismas palabras de que se caerían de la mesa si los gibraltareños no las endosaban. Volvió a presentar el asunto bajo la luz optimista de hacía unos meses y predijo que, primero, habría un acuerdo marco en forma de declaración conjunta de España y el Reino Unido, que daría paso a una «segunda fase negociadora», en la que los gibraltareños serían invitados a participar bajo la fórmula «tres voces (la española, la británica y la gibraltareña); dos banderas (la española y la británica)», en la que se concretarán los principios acordados. No ocultó, sin embargo, que existían discrepancias en algunos de esos puntos clave. La primera, en cuanto a la duración de la cosoberanía sobre Gibraltar. Los españoles querían ponerle un límite (¿cincuenta años?), los ingleses insistían en un «acuerdo permanente», esto es, que fuese indefinida. Otro punto controvertido era el futuro de la base militar británica en la Roca, que los ingleses deseaban mantener bajo su control, mientras los españoles aspiraban a tener también corresponsabilidad, como en las bases norteamericanas en su territorio. Algo a lo que el alto mando británico se oponía. Pese a ello, Straw mantuvo su esperanza de llegar a un acuerdo, que sería beneficioso para todos caso de cerrarse, y dañino para todos, gibraltareños incluidos, de no lograrse. «Mantener la situación actual sería dañino para Gibraltar —fueron sus palabras—. La Roca tiene un futuro incierto, ya que la Unión Europea está decidida a acabar con los paraísos fiscales. La disputa está dañando también a los intereses británicos. La única vía para asegurar un futuro estable y próspero para Gibraltar es a través de un acuerdo comprehensivo a permanente. Y eso significa un acuerdo con España en todas las materias, incluida la soberanía».

Era la vez que más claro y más próximo a las tesis españolas había hablado un ministro de Asuntos Exteriores inglés sobre el asunto. Pero esas declaraciones llegaban tarde y chocaban con las que él mismo había hecho pocos días antes, en las que daba las negociaciones poco menos por agonizantes: «El Reino Unido sólo ratificará el (nuevo) Tratado (con España) cuando esté seguro de que los gibraltareños lo aprobarán en referéndum». ¿Y si no lo aprobaban, como venían amenazando *ad nauseum?*

Lo que permite las dudas y sólo encuentra dos explicaciones:

— O el gobierno inglés, como había dicho la diputada Hoyle, trataba de salvar la cara, después de haber prometido algo que no era capaz de cumplir.

— O todo había sido una trama bien montada para sacar a los españoles el máximo de concesiones periféricas —las 70.000 líneas telefónicas en primer lugar—, para no ceder en lo fundamental, la soberanía, escudándose como siempre en los gibraltareños.

Piqué estaba amortizado para ellos, ya le habían sacado cuanto podían sacarle, y ahora pensaban en su sucesora, con quien Straw se mostró dispuesto a venir a verla en la fecha prevista, pese a que acababa de tomar posesión, posiblemente para hacerla creer, como a sus antecesores, que estaba dispuesto a negociar sobre Gibraltar en serio. O sea que después de haber engañado a Piqué, se disponía a hacer lo mismo con Ana Palacio.

Pocos días después, el 25 de julio, su segundo, el ministro para Europa Peter Hain, en una entrevista a *El País,* ampliaba las declaraciones y la postura de su gobierno, en las que elogiaba a Piqué: «ha sido estupendo trabajar con él en un ambiente de gran respeto», y mostraba su admiración por Ana Palacio: «la conozco muy bien por haber coincidido con ella en la Convención sobre el futuro de Europa. Sé que es una mujer muy directa y estoy seguro que tendremos con ella la misma relación de trabajo», antes de referirse al estado de las negociaciones. A saber:

— «España y el gobierno de José María Aznar tienen la oportunidad de lograr el histórico hito de resolver esta disputa».

— «Para ello, el acuerdo de cosoberanía al que lleguemos tiene que ser permanente... Esto es, que no sea un paso hacia la soberanía española... Aunque un acuerdo permanente es un acuerdo que permanece hasta que otra cosa ocupa su lugar... Nosotros hemos hecho más que ningún otro ministerio de Exteriores británico, con el apoyo del primer ministro, para resolver este contencioso y no creo que en el futuro lleguen otros tan vigorosos como nosotros en este asunto. Pero Madrid debe tener claro que no puede jugar con esto. Si quiere mantener su reclamación histórica, pública, políticamente, no habrá acuerdo. Tan simple como esto... Nosotros ya hemos hecho esa difícil elección. Ahora la tiene que hacer España».

— Respecto a la posibilidad de que los gibraltareños rechacen un acuerdo hispano-británico y su gobierno convoque un referéndum para anularlo: «Sólo reconoceremos el resultado de un referéndum organizado por el gobierno británico, previa consulta al gobierno de Gibraltar. No anticipemos ningún referéndum. No sería práctico. Creo que los gibraltareños se han dado cuenta de que el principio de cosoberanía es una transformación del paisaje político que ningún gobierno británico había puesto en marcha antes. Gibraltar necesita tiempo para reflexionar, para darse cuenta de que es un gran cambio».

— Respecto a la base militar británica en Gibraltar: «Se convertirá en una base de la OTAN, a la que tendrán acceso los miembros de la OTAN, incluida España..., pero británica... No como las bases norteamericanas en España, porque la situación es diferente... Me gustaría decirle a Madrid, con toda franqueza, que no podemos jugar con esto. Queremos un acuerdo, pero este punto es fundamental. Si Madrid no está dispuesto a pagar ese precio, perderemos esta oportunidad histórica».

Si quisiéramos resumir las declaraciones de mr. Hain: se volvía a mostrar la zanahoria a España, en la persona de su nueva ministra de Exteriores.

La primera reacción a sus declaraciones, sin embargo, no le llegó al secretario para Asuntos Europeos británico de España, sino de Gibraltar. Al día siguiente, el «ministro principal», Peter Caruana, convocó un referéndum, a celebrar «lo antes posible», sobre la fórmula de cosoberanía del Peñón. «El referéndum —declaró Caruana— privará a esas declaraciones y a cualquier acción futura que pueda tomarse basada en ellas de toda legitimidad democrática».

Era un desafío no ya a España, cosa habitual, sino al propio Reino Unido, que en otras circunstancias lo hubiera tomado como abierta rebelión por parte de una de sus colonias, a la que se aplicaría las medidas oportunas, nada suaves por cierto. Pero era también la prueba del algodón de las verdaderas intenciones inglesas, de saber si todo lo que venían diciendo Straw y Hain era auténtico o una repetición de la vieja argucia británica de usar las negociaciones con España para sacarle ventaja tras ventaja para su colonia a cambio de promesas de discutir la soberanía, pero al llegar la hora de hacer realidad esas promesas, echarse atrás con la excusa de que tenían un compromiso con los gibraltareños que no podían violar. ¿Y el compromiso que tenían con España, solemnemente firmado en Utrecht, de devolverla Gibraltar si algún día decidían enajenarlo, es que no tenía ningún valor? ¿Desde cuándo una metrópoli soberana se subordina a la voluntad de sus súbditos sublevados? Eso, olvidando toda la doctrina de la ONU, que había considerado inválida la Constitución gibraltareña que se invocaba y concedido a los gibraltareños el único derecho de que se respetasen sus «intereses», no sus «deseos». No. Había llegado el momento de saber si los ingleses iban de veras o de mentirijillas. En el primer caso, su reacción tendría que ser contundente al desafío de Caruana, llegando incluso a suspender las facultades de su gobierno. Tenían de sobra poderes para ellos, así como razones. De no hacerlo, indicaba que estaban jugando con dos barajas, lindando con el engaño. Su respuesta fue un comunicado en el que se advertían que «no reconocerían un referéndum organizado únicamente para rechazar la política del gobierno británico sobre el proyecto de soberanía compartida». Era lo mínimo que podían hacer para no quedar en ridículo, pero no la prohibición del referéndum anunciado por Caruana, prueba de que estaban de nuevo mintiendo. En efecto, el referéndum «que no iban a reconocer» se celebró en noviembre de aquel año, y más del 99% de los gibraltareños expresaron en él su total rechazo a que España accediera, incluso de forma parcial, a la soberanía sobre el Peñón. No obteniendo por parte de Londres otra respuesta que «se trataba de una consulta no vinculante».

Nos quedará siempre la duda de si el gobierno Blair no había sido también víctima, como el de Aznar, de su prepotencia, de haber creído que su resonante victoria electoral le permitía hacer lo que quiera, entre otras cosas ceder, aunque sólo fuera en parte, la soberanía de Gibraltar, sin darse cuenta de lo que la Roca representa para los ingleses, tal vez no tanto como para los españoles, pero sí casi, pues el sentimiento de desgarro y humillación que provoca en nosotros, se convierte en uno de orgullo y altanería para ellos, más cuando es ya la última joya de su imperio. Quiero decir que a esa cesión se oponían no sólo la inmensa mayoría de los conservadores, sino también buena parte de los laboristas, esto es, la clase baja inglesa. Claro que podría también ocurrir que pensaran y sintieran de otra manera si Gibraltar empezara a costarles un buen pico. Pero con las facilidades que ya les habíamos dado, a las que se añadían las últimas de Piqué, para que la Roca siguiera poder viviendo a costa de España, tal posibilidad disminuía sensiblemente. Fuera por una razón u otra, el gobierno británico no estaba dispuesto a reprimir el pronunciamiento de su colonia, lo que invalidaba cualquier proclama, proceso o promesa que pudiera hacer en unas negociaciones. Éste era el sombrío panorama gibraltareño con que se encontró Ana Palacio al llegar al Ministerio de Exteriores.

No sólo era el panorama, eran también las personas: a finales de año, Peter Hain era reemplazado en el ministerio para Europa del Foreign Office por Denis MacShane, casi su cara opuesta como persona y como político, pese a pertenecer ambos al mismo partido. Si Hain era el inglés ciento diez por ciento, por las venas de MacShane no corría ni una gota de sangre inglesa: hijo de un emigrante polaco y de una irlandesa y casado con una francesa de ascendencia vietnamita, era el típico ciudadano británico de segunda generación más nacionalista que nadie. A diferencia de su antecesor, no tuvo la menor prisa en reiniciar la negociación con España y tuvo que ser el propio Aznar, en carta a Blair del 19 de mayo de 2003, quien lo solicitase, acordándose que se reanudarían al mes siguiente. Pero no a nivel de ministro, sino de secretario de Estado. A tal efecto, MacShane se trasladaría a Madrid para entrevistarse con el encargado de Asuntos Europeos en el Ministerio de Asuntos Exteriores español, Ramón de Miguel.

La cordialidad y locuacidad de MacShane al hablar con todos los periodistas españoles que pidieron entrevistarse con él contrastaba con la dureza de pedernal de sus declaraciones. De entrada, «Gibraltar era para Gran Bretaña lo que Ceuta y Melilla eran para España», punto. Sin preocuparle las diferencias históricas ni geográficas, las resoluciones de la ONU sobre la Roca ni que a Ceuta ni a Melilla se les había ocurrido nunca pedir la independencia o la *quasi* independencia. Para añadir: «debemos respetar esas ligazones nacionales. Creo que el mejor modo de tratar con Gibraltar es de una forma amable, persuasiva y amistosa. Cuando Adolfo Suárez se reunió con el primer ministro Callaghan y suscitó el asunto Gibraltar, éste le dijo con tono de reproche que "se cazan más moscas con miel que con vinagre". Creo que si durante los últimos veinticinco años hubiera habido un enfoque de menos confrontación, quizá la historia de Gibraltar sería hoy diferente». O sea, que todas las concesiones españolas desde la apertura de la Verja habían sido calderilla.

—¿Y qué había de la propuesta de Ana Palacio de llegar a un acuerdo de soberanía compartida sobre Gibraltar antes de un año?

«Creo —fue la respuesta— que Madrid y Londres tienen temas más importantes que tratar. La Constitución europea, por ejemplo. O las relaciones con Estados Unidos. Por otra parte, tengo muchas dudas de que los gibraltareños apoyen un cambio importante en su estatuto antes de que pase un largo período de relaciones más calmadas y amistosas con España. No creo que eso ocurra antes de que llegue mi sucesor, o incluso varios sucesores».

—¿Quiere esto decir que no hay posibilidad de reanimar el proceso de Bruselas, hoy paralizado?

«El proceso de Bruselas es un compromiso que Thatcher cerró con los españoles hace veinte años. Tuvimos negociaciones muy intensas, pero no se logró un resultado satisfactorio, y hay que enfrentarse a la realidad política de que la gente de Gibraltar siente su identidad británica con tanta fuerza como la de Ceuta y Melilla siente su identidad española».

—Hace un año, Inglaterra estaba dispuesta a firmar al menos una declaración de intenciones de compartir con España la soberanía sobre Gibraltar aunque se opusieran los gibraltareños, ¿se mantiene esa posición?

«Mi opinión es que, en la Europa democrática, hacer cosas sin el consentimiento democrático de la gente es muy peligroso».

—Todo esto implica que la oferta de acuerdo sobre Gibraltar que Londres planteó hace un año ha sido retirada, ¿no?

«Ocurrió que no pudo llegarse a un acuerdo. Creo que fue un año positivo, ya que permitió a Londres y Madrid examinar sus diferencias. Pero ya no vivimos en el siglo XVIII o XIX, cuando los diplomáticos podían firmar tratados y los pueblos tenían que obedecerlos. Vivimos en un mundo de ciudadanos modernos, donde cualquiera tiene el derecho democrático de expresar su punto de vista y, para los ciudadanos y el Parlamento británico, las posibilidades de lograr un acuerdo que no sea aceptado por los gibraltareños son simplemente cero».

O sea: no, no y no. Ante lo que no extrañará lo más mínimo que su entrevista con Ramón de Miguel no produjera absolutamente nada y que durante los casi dos años de Ana Palacio al frente del Ministerio de Asuntos Exteriores no hubiera negociación alguna sobre Gibraltar. Aparte de que la guerra de Irak se llevó todo el protagonismo de la escena internacional y buena parte de la nacional.

Moratinos en Gibraltar

A estas alturas de nuestra historia, supongo que al lector no le extrañará ningún tipo de calamidades, desgracias, errores e infortunios que puedan venir para España desde esa gigantesca Roca que emerge al sur de su geografía. Es incluso posible que algunos hayan agotado su capacidad de sorprenderse. Pero el fracaso del último empeño diplomático para recuperar su soberanía sobre Gibraltar, aunque fuera compartiéndola, sin embargo, no iba a ser el último, sino que le esperaban golpes aún más duros, al socaire del mayor atentado terrorista sufrido por España en su historia moderna.

El 11 de marzo de 2004, varios trenes de cercanías madrileños eran dinamitados por fundamentalistas islámicos, causando 192 muertos, innumerables heridos y considerables destrozos materiales. La mala gestión del atentado y post atentado, con equivocaciones de bulto y descoordinación manifiesta, trae como consecuencia la derrota del gobierno el domingo siguiente, 14 de marzo, y la victoria socialista, con José Luis Rodríguez Zapatero al frente. Se trata de un desconocido para la mayor parte de los españoles, incluidos muchos de su propio partido, alguien, por tanto, no contaminado por los escándalos, rifirrafes y controversias abundantes en la política española. Su buena planta y que venga a traer «un nuevo talante» hacen que la acogida que se le dispense sea buena, tras el final de una era Aznar marcada por el ensoberbecimiento de éste. Lo que nadie podía sospechar era que el nuevo presidente del gobierno venía a cambiar España como ninguno de sus predecesores democráticos lo había intentado. La política hacia Gibraltar incluida, apoyado por su incondicional ministro de Asuntos Exteriores, Miguel Ángel Moratinos.

Y eso que las cosas no se le pudieron poner peor desde el principio. Coincidía aquel año con el 300 aniversario de la conquista de la Roca por parte de la escuadra anglo-holandesa mandada por el almirante Rooke, y tanto Inglaterra como su colonia se disponían a celebrarlo con los faustos adecuados. La princesa Ana visitó el Peñón con toda la pompa de las visitas oficiales y el submarino nuclear *Tireless* lo hizo con averías que no quisieron detallarse, lo que era un peligro para la zona circundante. Eso no era nada comparado con lo que se preparaba para el 4 de agosto, fecha del aniversario, con un programa de actos oficiales y festejos digno de los grandes acontecimientos. Por la mañana, una cadena humana —se habló de 15.000 personas, lo que supondría la mitad de los habitantes— rodeó el Peñón, entre gritos de *¡Happy birthday!*, que motoristas animaban cuando sobrevenía el silencio. Poco después se reunía la Asamblea de Gibraltar para conceder a la Royal Navy el título «Libertad de la Ciudad», como si la hubiera liberado de alguien en vez de expulsar a sus moradores originales. En el acto estuvieron el ministro de Defensa británico, Geoff Hoon —otra ofensa para España—, y el comandante en jefe de la Armada británica, almirante Alan West, saludados con vítores y aplausos. A continuación mr. Hoon presenció, desde la Torre del Almirantazgo, un simulacro de asalto a la Plaza, rechazado, naturalmente, y un desfile naval, antes de visitar la fragata *Grafton*.

Por la tarde se celebró el acto militar, en el que el alcalde de Gibraltar, John Alcántara, entregó a West el título concedido a su Armada, ante los máximos representantes civiles y militares de la plaza, el ministro de Defensa británico, mr. Hoon, el líder del partido conservador, Richard Howe, y 300 infantes de marina, que desfilaron en la cercana explanada a los acordes de una banda de la Marina británica. Desde allí, los infantes se dirigieron en formación por la calle principal de la ciudad hasta el campo naval, donde se disolvieron, mientras los gibraltareños terminaban por calles y bares la jornada festiva en la que hubo sólo una mácula: la falta de un navío norteamericano. Había anunciado en un principio su participación, pero a última hora el Pentágono decidió que no acudiera. «Un desaire al pueblo gibraltareño, que se siente muy herido», dijo Peter Caruana. Un gesto hacia España.

¿Cómo se había tomado el nuevo gobierno español la festiva celebración? Pues con más tranquilidad de lo que hubiera podido predecirse. Hubo, sí, la protesta oficial, pero sin llamadas a rebato. «A nadie, por supuesto ni al gobierno ni a la inmensa mayoría de la sociedad española, le ha parecido adecuado lo que hemos visto (en Gibraltar)», fue lo que dijo José Luis Rodríguez Zapatero. «Inadecuado» por tanto. Le había preparado el terreno su ministro de Asuntos Exteriores, en un artículo publicado en *El País*, en el que apuntaba por dónde iban a ir los tiros, o las conversaciones mejor, en adelante: dejar a un lado la cuestión de la soberanía y buscar acuerdos con las autoridades de Gibraltar, en un clima «en el que prevalezcan la cordura y las iniciativas positivas». Con decir que tales declaraciones habían gustado a Caruana, está dicho todo.

Como obsequio para presentarse, el nuevo gobierno español renuncia a buena parte de la doctrina de la ONU sobre Gibraltar, tan laboriosamente conseguida. El 13 de octubre la Cuarta Comisión, que venía repitiendo cansinamente año tras año las viejas resoluciones sobre el contencioso, adopta por consenso, es decir, España incluida, que «en la búsqueda de alcanzar la descolonización de Gibraltar a través de negociaciones, los gobiernos de España y el Reino Unido tomarán debidamente en cuenta los intereses y aspiraciones de Gibraltar». Era sólo una palabra la que se introducía en las anteriores resoluciones, pero que lo cambiaba todo o casi todo. Los lectores de este libro, si han tenido la paciencia de soportar la retahíla de argucias británicas, desplantes gibraltareños y concesiones españolas, saben de memoria que el contencioso podría resumirse a una palabra: si en la descolonización de Gibraltar se respetaban los «intereses» o los «deseos» de los gibraltareños. Fue un debate que ocupó decenas de discursos y miles de hojas de papel. Consiguiendo España, el 18 de de diciembre de 1966, en la misma Cuarta Comisión, imponer como doctrina de la ONU que tan sólo deberían respetarse los «intereses» de los habitantes de la Roca, tras haberse rechazado la pretensión británica de que se tuvieran en cuenta «las aspiraciones de los habitantes». Pues bien, el gobierno de José Luis Rodríguez Zapatero cede de buenas a primeras esta baza fundamental, sin pedir nada a cambio. En adelante será ya doctrina de la ONU tener en cuenta las «aspiraciones» de los gibraltareños en la descolonización de la Roca, que es tanto como entregarles la llave de la misma, pues su mayor aspiración es no integrarse en España. Es posible que el presidente del Gobierno, en su poca experiencia internacional, no se diera cuenta de la magnitud del paso. Pero resulta imposible imaginar que no se la diera su ministro de Asuntos Exteriores, Miguel Ángel Moratinos, diplomático de carrera, y conocedor por tanto de lo fino que se hila en su profesión y de la importancia de esa palabra en el contencioso. Nos lo confirma que, más tarde, la Asamblea General ratifica dicho consenso, presentado, para mayor bochorno, por España y el Reino Unido conjuntamente. Fue por tanto un paso consciente, meditado y calculado, que indicaba una política no ya distinta, sino opuesta a toda la seguida por España desde que Gibraltar se convirtió en una colonia en su territorio. Una nueva política que podría resumirse en «la aceptación de Gibraltar como algo ajeno a España, con intereses y aspiraciones distintas». Justo cuando se cumplían trescientos años de la ocupación de Gibraltar por una escuadra anglo-holandesa, en nombre del archiduque Carlos de Austria, pretendiente al trono de España, España se lo cedía a sus nuevos habitantes. Además, sin que se levantara mayor protesta entre los españoles, demostrando que tal vez no nos lo merecemos.

De ahí en adelante todo ha ido montaña abajo, no siendo exagerado suponer que ni ingleses ni gibraltareños imaginasen el regalo de aniversario que les esperaba en su primer encuentro oficial con las nuevas autoridades españolas. El 27 de octubre de 2004 se reúnen en Madrid Jack Straw y Miguel Ángel Moratinos y, en vez de reproches por la solemne conmemoración de la toma de Gibraltar o por la falta de progresos en las negociaciones, lo que se encuentra el ministro británico es un interlocutor decidido a que «el irritante asunto que es Gibraltar deje de serlo, y pase a ser un tema que se trabajará con mecanismo de diálogo». Un poco enrevesada era la frase, pero lo que había tras ella tenía que sonar a música celestial en los oídos de mr. Straw: Moratinos le propone crear un «nuevo foro» sobre Gibraltar, en el que los gibraltareños tengan «voz propia», con una amplia «agenda abierta de cooperación local entre la Roca y su entorno», con la posibilidad, de cuajar en el acuerdo de que los aviones con destino Gibraltar puedan utilizar aeropuertos españoles en ruta y los cruceros que toquen el Peñón puedan hacer escala en un puerto español seguidamente. Mr. Straw no debía de dar crédito a lo que estaba oyendo, pues era exactamente todo lo que él y sus recientes predecesores en el Foreign Office venían pidiendo —inclusión de los gibraltareños en las negociaciones como tercera parte, eliminación de restricciones en puertos y aeropuertos, mayores intercambios entre Gibraltar y su Campo— a un precio ridículo: que Inglaterra pagase las pensiones a los obreros españoles que trabajaban en el arsenal gibraltareño cuando en 1969 perdieron el empleo al cerrarse la Verja, de los que ya debían de quedar muy pocos. Naturalmente, accedió de inmediato. Tanto o más encantado se mostró Caruana, con quien Straw se había mantenido en contacto telefónico durante su entrevista con Moratinos.

En rueda de prensa posterior, Moratinos por último justificó el cambio en la actitud española diciendo que «el gobierno (español) quiere recuperar la confianza de los gibraltareños, o mejor dicho, ganársela, porque no la había, ya que al final no basta recuperar el territorio, sino que hay que recuperar también a los ciudadanos». Incluso expuso su estrategia a seguir: «Esto nos ayudará luego a negociar con el Reino Unido para recuperar la soberanía sobre Gibraltar». Que era exactamente lo que venían recomendándonos los ingleses: que nos ganásemos primero a los gibraltareños. Lo malo era que por más concesiones que les hacíamos, no nos los ganábamos, aparte de haber dicho no una sino cien veces, que rechazaban incluso la sombra española sobre «su» Peñón. Moratinos, sin embargo, creía poder ganárselos. Estaba en la inopia o en la farsa.

Las repercusiones del acuerdo empezaron a notarse inmediatamente. En Bruselas, la Agencia Europea de Control de Fronteras podía empezar a actuar, una vez que España levantara su veto a causa de Gibraltar y, sobre el terreno, los expertos pusieron manos a la obra de estrechar la cooperación entre la Roca y su entorno. No crean, sin embargo, que todos estaban entusiasmados por el nuevo clima y los nuevos acuerdos. Se notaba una clara distinción entre el alcalde de La Línea, Juan Carlos Juárez, del Partido Popular, que seguía defendiendo una política de presión «para solucionar de una vez por todas el asunto Gibraltar», y el de Los Barrios, el socialista Alonso Rojas, que manifestó su esperanza de que la nueva postura del ejecutivo español «contribuyese a resolver el contencioso y a mejorar las condiciones de vida de todos los habitantes de la zona».

De entrada, había que regular el suministro del agua, las rutas de autobús, el uso de escuelas y hospitales españoles por parte de los gibraltareños. Especialmente significativo para los críticos era el acuerdo sobre la recogida de basura, según el cual España se comprometía a ayudar en la recogida de residuos sólidos urbanos de la colonia británica, un problema serio para ella dado su exiguo territorio. Todo ello en el marco de la nueva política del gobierno español que aparcaba de momento la soberanía de Gibraltar, para centrarse en mejorar las relaciones con el Reino Unido en el seno de la Unión Europea y con Gibraltar en la península, promoviendo la cooperación con su entorno.

Con ser mucho —en realidad, un vuelco en la política española hacia Gibraltar— no era nada comparado con lo que vendría. El 16 de diciembre de 2004 se crea un Foro Tripartito de Diálogo sobre Gibraltar, para «una negociación a tres bandas, españoles, ingleses y gibraltareños, a fin de estudiar, discutir y resolver los asuntos relativos a ese territorio».

Durante los próximos dos años, este Foro realizó tres rondas de negociaciones —Caviá (Baleares), Faro (Portugal), Kent (Gran Bretaña)— hasta que el 18 de septiembre de 2006, coincidiendo con la reunión de ministros a celebrar en Córdoba, pudiera anunciar un paquete de medidas «destinadas a favorecer el desarrollo económico de Gibraltar y su zona circundante».

Saltándome las vicisitudes de la negociación, que tampoco fueron tantas pues la «voluntad de diálogo» de los españoles permitió desatrancar los puntos más polémicos, voy a presentar este acuerdo final, siguiendo el análisis que ha hecho de él José María de Areilza Carvajal, tan sintético como penetrante, si bien añadiendo algunos comentarios por mi parte.

El acuerdo contiene cinco puntos, con una introducción donde se dice que «está orientado a la solución de los problemas concretos y que las soluciones adoptadas no tienen ninguna repercusión en lo que atañe a la soberanía y a la jurisdicción ni a ninguna cuestión a las que éstas afecten». Eran ganas de equivocar o de equivocarse, pues hechos y principios están íntimamente ligados en Gibraltar, y las medidas prácticas que se toman repercuten, se quiera o no, en los pilares del contencioso.

El primer punto acordado fue sobre las pensiones debidas a los trabajadores españoles en Gibraltar, que habían cotizado a aquella seguridad social hasta que el cierre de la Verja en 1969 les impidió seguir acudiendo a su puesto de trabajo. Lo acordado fue que el gobierno británico haría una oferta global a cada trabajador afectado (de 6.200 euros de media), a abonarles en dos años, renunciando a toda reclamación ulterior. Con retraso, se saldaba así una vieja deuda.

El segundo punto trataba del aeropuerto de Gibraltar y su uso civil. Recordarán que en la Declaración conjunta de 1987, Londres y Madrid ya habían acordado tal utilización, con una terminal única, situada en el istmo y bajo control español, aunque la rotunda oposición de los gibraltareños imposibilitó su puesta en práctica. Esta vez, sin embargo, salía adelante, pero con importantísimos, diríamos que cruciales, cambios que la convertían en algo completamente distinto. Por lo pronto, los policías españoles no se situarían en la terminal, al sur de la Verja, sino que permanecerían al norte de ella, quedando las aduanas e inmigración a cargo de las autoridades gibraltareñas, excepto para los viajeros procedentes de España o que se dirigiesen a ella, que controlarían nuestros aduaneros y policía, pero ya en nuestra zona. Las concesiones españolas en este punto eran inmensas: por lo pronto, el término usado, «uso conjunto del aeropuerto», es falso, ya que se cede la gestión del mismo a las autoridades gibraltareñas, pudiendo las españolas actuar sólo desde su territorio, como ya venían haciendo. Lo más grave era que al ceder oficialmente la autoridad sobre el aeropuerto se estaba a la vez reconociendo la jurisdicción, no ya británica sino gibraltareña, sobre la parte del istmo en que estaba situado, algo que nunca había reconocido ningún gobierno español ni ninguna instancia internacional. Por otra parte, que España aceptase suspender la «restricciones discriminatorias al tráfico aéreo de y al aeropuerto de Gibraltar», aparte de gratuito era vejatorio, al reconocerse que tales restricciones habían sido injustas y discriminatorias en el pasado, como sostenían ingleses y gibraltareños. Cuando habían sido resultado de otras medidas más insultantes por su parte, como fue la celebración de un referéndum rechazado por la ONU.

El tercer punto acordado recogía el compromiso para «facilitar la circulación de personas, vehículos y mercancías por la verja/frontera», recordándose que España estaba terminando las obras de acceso a Gibraltar por una carretera de doble carril en ambas direcciones, o sea, una autovía. Más facilidades para la Roca y sus moradores. Pero lo verdaderamente preocupante era que se admitía en un documento oficial el término «frontera», junto al de verja, algo que, como recordarán, España no había reconocido nunca, ya que implicaría que al sur de ella había otro Estado.

El cuarto punto versaba sobre la mejora de las telecomunicaciones con Gibraltar. De entrada, España aceptaba que el Peñón tuviese un número propio de marcación telefónica internacional (el 350), como si fuera un Estado como cualquier otro. Ello liberaba a sus llamadas de tener que pasar por el código español (el 34), aunque las líneas llegasen a través de España, aparte de reforzar su estatura estatal. Gibraltar funcionaba entonces con 30.000 líneas telefónicas para sus 28.000 habitantes. Pedía 500.000 más, alegando que las necesitaba, entre otras cosas, para las apuestas deportivas, que habían alcanzado allí gran auge, aunque todo el mundo sabía que las transacciones financieras internacionales ocupaban gran parte de las llamadas. Otra inyección a la economía gibraltareña. El acuerdo autorizaba también el *roaming* o itinerancia entre las redes españolas y gibraltareñas para los teléfonos móviles.

El quinto y último punto versaba sobre la apertura de un Instituto Cervantes en Gibraltar. Advertimos que fue a propuesta de los negociadores españoles. No sé si se daban cuenta de que los Institutos Cervantes se instalan en países extranjeros y en naciones reconocidas, lo que significaba reconocer de hecho a Gibraltar como nación y país extranjero, algo que ningún gobierno español había hecho nunca. La razón que dieron era «difundir el conocimiento de la lengua y la cultura españolas». El pago, exorbitante. Nada de extraño que el gobierno gibraltareño aceptase encantado facilitar un local adecuado para la institución española. Aunque su rehabilitación y acondicionamiento tendríamos que pagarlos, naturalmente, nosotros, por un importe de 250.000 euros.

El balance de este acuerdo hiere la vista por su desequilibrio: a cambio de algunas ventajas para un número cada vez más limitado de pensionistas, que podía perfectamente haber asumido la Seguridad Social española, y de las que pudieran sacar los españoles que hacían negocios con y en Gibraltar, a costa de nuestro fisco, se hacían unas concesiones inmensas: la homologación de Caruana con los titulares de Asuntos Exteriores de España y el Reino Unido; el reconocimiento de Gibraltar como interlocutor de igual nivel, con capacidad de veto para cualquier decisión que tomen sobre él las dos únicas partes admitidas en el conflicto, Inglaterra y España; la equiparación de la Verja con una frontera; la aceptación de la autoridad gibraltareña en el istmo nunca cedido; el total olvido del Tratado de Utrecht y el desprecio evidente de las resoluciones de Naciones

Unidas sobre el caso. Ante lo que la advertencia en el preámbulo del acuerdo de que España «mantenía sus reivindicaciones y derechos» en el contencioso resultaba sencillamente ridícula.

Al adherirse a las tesis británicas de que España debía de «congraciarse» con los gibraltareños para lograr que éstos accedieran finalmente a formar parte de ella, Moratinos cometía tres errores a cual mayor: alejaba a Gibraltar de España al reforzar su potencia económica, diplomática y política; animaba a los gibraltareños a mantenerse en su postura de no querer saber nada de España excepto para sacarla concesiones; y cedía bazas españolas sin vincularlas a progresos en el reconocimiento de nuestros derechos, algo que no es una forma de negociar, sino de rendirse. Si no se daba cuenta de ello, no era competente para llevar el Ministerio de Asuntos Exteriores español. Si se daba y, sin embargo, lo hizo, no era digno de llevarlo.

En cuanto a su jefe, José Luis Rodríguez Zapatero, baste decir que selló el acuerdo con la frase lapidaria «Hemos enterrado el pasado». En efecto, habíamos enterrado las reivindicaciones seculares de España sobre Gibraltar, las esperanzas y las frustraciones, la rabia y el orgullo, la vergüenza y la dignidad, reemplazándolas por un reconocimiento *de facto* de la colonia británica en el extremo sur de la piel de toro ibérica. Inglaterra nos la había quitado por la fuerza. Trescientos años después le regalábamos el último título que teníamos sobre ella.

Durante las negociaciones del Foro Tripartito de Diálogo se sucedieron los ejemplos de cómo las concesiones españolas sólo aumentaban el apetito de ingleses y gibraltareños. Así, en junio de 2005, mientras se negociaba en Faro (Portugal), las autoridades españolas tuvieron que pedir al gobierno británico, a través de su Embajada en Madrid, que paralizasen las obras de relleno con arena en la costa oriental de Gibraltar, donde el gobierno gibraltareño planeaba construir un puerto deportivo, un complejo residencial y varios hoteles. Y pedirlo no sólo para frenar las ansias expansionistas de Gibraltar, que le habían llevado a ensanchar considerablemente su puerto principal, sino también por razones ecológicas, debido al impacto que tales obras estaban causando en el medio ambiente de la zona. Se sospechaba, por ejemplo, que ésa era la causa de la pérdida constante de arena que venía acusando la playa de Levante de La Línea, al haberse roto el perfil del litoral, con el consiguiente cambio en la dinámica de las corrientes. El grupo Verdemar-Ecologistas en Acción compartía esta preocupación, que obligó al gobierno español a pedir la suspensión de tales obras.

Otro de los puntos controvertidos era el de los submarinos nucleares británicos averiados, que España pedía dejaran de repararse en Gibraltar por los peligros contaminantes y de todo tipo que representaban para los habitantes del entorno. Pedía, además, una renuncia por escrito, algo que el negociador británico, Daminir Chilloott, admitía que «era un tema muy complicado, al estar bajo la competencia del Ministerio de Defensa», mientras Caruana, que participaba en las conversaciones, y muy activamente, en este punto se quitaba de en medio, diciendo que ése era un «tema bilateral hispano-británico», al revés que el resto, donde exigía voz, voto y veto gibraltareño.

El punto al rojo, sin embargo, era el paraíso fiscal en que se estaba convirtiendo Gibraltar. Ahí, para su desgracia y nuestra suerte, los gibraltareños tenían que entendérselas con Bruselas, no con España, pues de hacerlo con nosotros, no hubieran tenido dificultades. Como dijimos en su momento, al ingresar en la Comunidad Europea, en 1973, Inglaterra había dejado su colonia fuera de las normas fiscales y aduaneras comunitarias, para que pudiera beneficiarse de su irregular economía y no le representara un mayor lastre. De ahí que Londres tampoco considerase aplicables en ella la directiva europea de 1979 sobre el IVA y los impuestos españoles sobre el alcohol y el tabaco. Cada vez más consciente de los daños que desde allí se causaban a la Comunidad, la Comisión Europea presentó una denuncia ante el Tribunal de Justicia europeo, a la que se unió España en 2003. En su sentencia, este Tribunal condenó al Reino Unido por contravenir la normativa común en su colonia, obligándole a facilitar los datos que le pidiese cualquier miembro de la Comunidad sobre depósitos e inversiones que hubiera hecho en ella uno de sus ciudadanos. En otras palabras: empezaba a cerrarse el paraíso fiscal gibraltareño. También el Ecofin (los ministros de Economía y Finanzas de la Unión Europea) estaba dispuesto a acabar con tales paraísos. En aquellos momentos quedaban todavía miles de compañías en la Roca gozando del privilegio de pagar sólo entre 350 y 500 euros anuales, sin importar sus ganancias. En enero de 2005, Bruselas y el Reino Unido llegaron a un acuerdo por el que su número se limitara a 8.464, y sólo hasta el 2010. Las restantes estaban ya obligadas a pagar una tasa del 35 por ciento de sus beneficios. Se anunció como el principio del fin de Gibraltar como refugio del dinero negro, aunque eso habrá que verlo para creerlo. España había apoyado siempre al Ecofin por razones obvias. Pedro Solbes, ministro de Hacienda español por aquel entonces, saludó el acuerdo, aunque opinó que «debería de ser más restrictivo». Lástima que no fuese ministro de Asuntos Exteriores. ¿O hubiera sido igual?

Ya en 2006, cuando se daban los últimos toques al paquete del acuerdo, los gibraltareños se descolgaron con una iniciativa que en otro lugar, en otro momento y en otro país hubiera traído el fin de las negociaciones: anunciar por su cuenta y riesgo una reforma de su Constitución, para que se proclamase su «derecho de autodeterminación y a decidir su propio estatuto político». Ya el simple anunciar una reforma estatutaria era un acto de autodeterminación, al saltarse todo lo dispuesto hasta la fecha sobre la Roca, desde el Tratado de Utrecht a los acuerdos de Lisboa y Bruselas, pasando por las resoluciones de la ONU. De hecho, era tanto como proclamar que Gibraltar ya se había descolonizado, al margen de Naciones Unidas con la anuencia de Inglaterra. El borrador del preámbulo de la nueva Constitución gibraltareña, negociado entre Londres y Gibraltar, decía: «El pueblo de Gibraltar ha aceptado la Constitución en un acto de autodeterminación y puede considerarse, por tanto, que Gibraltar ha alcanzado, por tanto, el nivel de autogobierno más pleno posible».

Ni siquiera Moratinos podía pasar por ello, ya que, de aceptarlo, resultaba ocioso seguir negociando en el Foro Tripartito o en cualquier otro, al haber conseguido Gibraltar de una tacada cuanto venía buscando: su reconocimiento como sujeto soberano. Así que hizo saber a Londres que las negociaciones en curso podían quedar suspendidas hasta conocer en qué iba a quedar ese nuevo proyecto constitucional de la Roca. Londres se dio cuenta de que era pedir demasiado y aguó ese preámbulo en lo posible, al tiempo que daba seguridades al gobierno español de que, más que de una nueva Constitución, se trataba de una reforma de la anterior, que no cambiaba nada fundamental de la misma. La controversia se solucionó con una alambicada fraseología que trataba de contentar a todas las partes. Por un lado, se mantenía que «el gobierno de Su Majestad nunca llegaría a acuerdos para que el pueblo de Gibraltar quede bajo la soberanía de otro Estado contra sus deseos libremente expresados», para contentar a los gibraltareños. Por el otro, se advertía que «si bien los habitantes de Gibraltar tendrán la última palabra sobre su futuro, no podrán proclamar su independencia, ya que España mantiene sus derechos reconocidos en el Tratado de Utrecht», para calmar las inquietudes españolas. Era lo que decían las cartas enviadas por el secretario del Foreign Office, Jack Straw, al gobierno español, al Parlamento británico y al gobernador de Gibraltar. El gobierno español se dio por satisfecho con ello, e incluso dio las gracias. Los gibraltareños no quedaron tan contentos. «Entendemos que España sea susceptible al tema, pero debe comprender que 30.000 ciudadanos no pueden permanecer atrapados por una Constitución de hace casi cuarenta años», declaró Caruana, que se acercó a la ONU para anunciar ante el Comité de los 24 la celebración de un referéndum sobre su nueva «Carta Magna», aunque lo que de verdad iba buscando era que dicho Comité, encargado de los asuntos de descolonización, borrase a Gibraltar de la lista de colonias una vez que se aprobara la nueva Constitución, «ya que con esa consulta los gibraltareños habremos ejercido nuestro derecho a la autodeterminación», dijo. La respondió el presidente del Comité, mr. Julian Hunte, advirtiéndole que era el Reino Unido, potencia administradora del territorio, quien tenía que comunicar un cambio en el estatuto del mismo. La cosa quedó, de momento, ahí, sin mayores daños. Es triste constatar que la ONU defiende, por principio, los derechos españoles en Gibraltar mejor que nuestros gobiernos.

Por no faltar audacias desde la Roca, ni siquiera faltó la solicitud que, en plenas negociaciones, hizo Gibraltar al Comité Olímpico Internacional de un puesto olímpico propio, a lo que España se oponía por no tener condición de Estado. Al preguntársele sobre ello, Caruana contestó: «Tenemos derecho a ese puesto, como participamos en el nuevo diálogo sabiendo que España no renuncia a la soberanía sobre Gibraltar y Madrid sabe que yo no renuncio a la autodeterminación». Consecuencias de haberle reconocido como interlocutor de pleno derecho.

Como anécdota, aunque significativa, valga la queja formal que Caruana presentó contra un policía español del paso fronterizo de Algeciras que, según él, «se extralimitó en sus funciones y revisó en exceso mi pasaporte». El Ministerio de Asuntos Exteriores español se comprometió a investigar el incidente y presentó disculpas. «La nota del gobierno español —comentó complacido Caruana— confirma que lo ocurrido no refleja la postura actual de los gobernantes de ese país con respecto a Gibraltar». Y tanto que lo confirmaba.

El Foro Tripartito continuó reuniéndose y los problemas de todo tipo en torno a Gibraltar continuaron surgiendo por la misma naturaleza del contencioso. Los intereses eran tan encontrados que por más buena voluntad que pusiera España, resultaba imposible conjugarlos, a menos que la buena voluntad se convirtiese en capitulación. Así que la mayoría de ellos continuaban abiertos y los que se resolvían eran más por decisiones ajenas que por las del Foro.

Tal ocurrió en el campo, nunca mejor dicho, del fútbol, tan baladí como juego, tan importante por las pasiones que genera. En enero de 1997 Gibraltar había solicitado a la FIFA, la Federación internacional de este deporte, ser admitido como miembro. La FIFA pasó el asunto a la UEFA, su rama europea, que inició el estudio de la solicitud, después de que el Tribunal Europeo de Arbitraje hubiera admitido provisionalmente al solicitante. Que éste era un «partido» que se las traía lo demostró que pasaron diez años antes de que terminase, el 26 de enero de 2007, con el rechazo de la solicitud, por 48 de las 52 federaciones europeas votando en contra, y sólo las 4 británicas —Inglaterra, Gales, Escocia e Irlanda del Norte— a favor. El argumento fue que para pertenecer tanto a la FIFA como a la UEFA se necesita pertenecer a la ONU, o sea ser un Estado internacionalmente reconocido.

En la decisión tuvo sin duda que ser determinante la visita que el Comité Ejecutivo de la UEFA hizo a Gibraltar y encontrarse con el panorama de la Roca, de apenas campos de fútbol, equipos de aficionados y una liga inexistente. Era, en cualquier caso, la victoria de España por uno a cero, y dado lo escasos que andábamos de ellas, había que celebrarla, lo que se hizo a golpe de titular de periódico y abriendo telediario. Lo malo fue que, el 1 de octubre de 2012, la UEFA aprobó la admisión de la Federación de Fútbol de Gibraltar (GFA) como miembro provisional, atendiendo la petición del Tribunal de Arbitraje Deportivo. En mayo de 2013, la UEFA decidirá si la GFA pasa a ser miembro permanente. De entrada, le ha marcado un gol a nuestra Federación.

El siguiente conflicto surgió en la mar. En torno a la costa sur de España merodeaban los cazatesoros, barcos provistos de los más sofisticados instrumentos de exploración submarina, que se dedicaban a rastrear aquellos fondos para detectar galeones españoles hundidos en asaltos de piratas o corsarios, en busca del botín que transportaban desde América hasta los puertos españoles. Casi todos esos buques pertenecían a la compañía norteamericana Odyssey Marine Exploration y tenían prácticamente Gibraltar como base. Que uno de ellos, el *Odyssey Explorer*, que había obtenido en mayo de 2007 un botín de 500.000 monedas de oro y plata, fuese a refugiarse en Gibraltar originó el siguiente encontronazo.

Cuando otro barco de la misma compañía, el *Ocean Alert*, abandonó el puerto de Gibraltar el 13 de julio sonaron todas las alarmas de las autoridades españolas. A poco de zarpar era interceptado por una patrullera de la Guardia Civil y por la corbeta *Infanta Elena* de la Armada española. Los guardias civiles subieron a bordo, lo registraron sin encontrar monedas, pero requisaron ordenadores, comunicaciones y libros de navegación, en busca de pruebas de la extracción de tal tesoro, mientras se llevaba la tripulación a un hotel de Algeciras, y su abogado declaraba a la prensa: «Tenemos claro que no van a encontrar lo que buscan porque lo que buscan no existe».

Esta vez el conflicto fue con los ingleses, que protestaron por el «apresamiento ilegal» del *Ocean Alert*, resucitando el secular contencioso de las aguas gibraltareñas. El Reino Unido reclama, como recuerdan, tres millas de aguas para Gibraltar, España no le reconoce más que las del puerto, tal como quedó establecido en el Tratado de Utrecht. El buque cazatesoros fue apresado a 3,5 millas de la costa, territorio nacional para España en este tipo de actividades, mientras el Reino Unido sostiene que son aguas internacionales. De ahí su nota verbal de protesta a las autoridades españolas, donde se las advertía que «no tenían derecho a apresar un buque en aquellas aguas sin el consentimiento del país en que está abanderado, Panamá en este caso». Pero ésa es una «bandera de conveniencia», al ser Panamá un país que ofrece su pabellón a armadores que se dedican a actividades más o menos lícitas, sin ejercer apenas control sobre sus buques y tripulaciones.

El *Odyssey*, a todo ello, seguía en el puerto de Gibraltar —la sospecha española era que la salida del *Ocean* no había sido más que una trampa— y el Juzgado de Primera Instancia e Instrucción número 3 de La Línea de la Concepción, instructor del caso, envió una comisión rogatoria al gobierno de Gibraltar para que colaborase, junto a las autoridades británicas, en la solución del mismo, y evitase «la salida de cualquier material extraído del mar por dicho buque». El gobierno de Peter Caruana aseguró que «si la petición es acorde con los requisitos legales internacionales y con la legislación gibraltareña, por supuesto será tramitada..., aunque es demasiado pronto para hacer una evaluación del documento, que tendrá que ser estudiado por nuestros abogados, que emitirán un dictamen final. A partir de ese documento, el gobierno de Gibraltar tomará una decisión». Más rodeos para decir no, imposible.

El tesoro terminó apareciendo en Tampa, Florida, base de la Odyssey Marine Exploration, transportado en dos aviones desde el aeropuerto de Gibraltar, se supone que con el permiso y connivencia de sus autoridades, pues 500.000 monedas no son un fajo de billetes de 500 euros. Cuando la compañía intentó subastarlo, el gobierno español interpuso querella ante un tribunal de Tampa, que le dio la razón, como luego el Tribunal de Apelaciones de Atlanta, eso sí, tras pleitos tan largos como costosos. A los cazatesoros sólo les quedaba el recurso ante el Tribunal Supremo norteamericano, que lo desestimó, ordenando su entrega a España. Pero no regresaron todas las monedas. Algunas habían quedado en Gibraltar, que se niega a devolverlas invocando una sentencia de su Tribunal Supremo que limita las inmunidades soberanas a los buques de guerra hundidos, como admiten todos los tribunales del mundo. Y es que quienes viven al margen de la ley no respetan ningún tipo de justicia.

El próximo incidente ocurrió en las mismas aguas casi al mismo tiempo y tuvo características mucho más dramáticas: el 12 de agosto de 2007 el carguero de bandera panameña *New Flame,* con chatarra a bordo, que había zarpado del puerto de Gibraltar sin avisar a sus autoridades, colisionó con el petrolero *Torm Gertrud,* que se dirigía a Algeciras. El primero, con una gran vía de agua, quedó encallado en aguas próximas al Peñón, produciéndose un vertido de crudo en la bahía y la consiguiente amenaza para su litoral, con la correspondiente alarma.

Salió entonces a relucir un hecho aún más alarmante: pese al intenso tráfico en aquellas aguas, no existía comunicación entre ambos puertos, debido al litigio hispano-británico sobre su soberanía. Sólo escuchando los mensajes entre los servicios portuarios y los buques que entran o salen del puerto opuesto se enteran de su tráfico. Los gibraltareños conocían que el *Torm Gertrud* se dirigía a Algeciras, pero como el capitán del *New Flame* había zarpado sin avisarles, no pudieron comunicarle que iba derecho hacia el petrolero. Su justicia impuso al capitán del buque chatarrero, Demetrio Konstantino, una fianza de 2.000 libras esterlinas y otra similar en depósito, en espera de juicio, mientras los buzos de la empresa griega Tsavilis, a la que pertenecía, examinaban la grieta que partía el barco y que, de romperse definitivamente, le enviaría al fondo del mar. Mientras, se intentaba extraer las 500 toneladas de fuel que aún quedaban en él, para que no contaminasen aún más el litoral.

Era una situación que exigía regularse, por su potencial de catástrofe, pero nada fácil de normalizar dada la forma irregular con que Gibraltar viene operando desde que fue ocupada por los ingleses. A ese tráfico «por libre» de todo tipo de buques se unía la actividad del *bunkering*, el trasvase de hidrocarburos en la mar de un buque cisterna a otro regular, en auge debido a que los bajos precios convertían Gibraltar en «una auténtica gasolinera entre el Atlántico y el Mediterráneo», según Verdemar, la organización ecologista que ha denunciado el caso ante el Parlamento Europeo. Un negocio que mereció un reportaje amplio y documentado en *El País*, de José Luis Barbería, donde se lee: «Un cálculo de trasvases da un total de 60.000 descargas anuales, maniobras de acoplamiento y desacoplamiento de mangueras con el riesgo de vertidos que conlleva. Decenas de embarcaciones-gasolineras capaces de albergar hasta 300.000 toneladas de combustible fondean a diario ante el Nort Mole y la bocana de Gibraltar. Algunas son gabarras de 200 toneladas. Pero hay también grandes buques de hasta 100.000». Y sigue: «Lejos de pensar en reducir el *bunkering*, las autoridades gibraltareñas proyectan habilitar una nueva área al este del Peñón para incrementar el negocio del fuel. Que esta zona pertenezca al Parque Nacional del Estrecho en el que residen especies protegidas no parece un obstáculo. Como no tiene espacio para más buques, ahora pretende construir un dique nuevo por el sistema holandés de ganar espacio al mar». Las organizaciones ecologistas denuncian: «Es como si el Peñón voceara a los cuatro vientos y mares: "Vengan y comprueben. Vendemos fuel 20% más barato y lo hacemos de barco a barco sin atracar en puerto. Ahórrense las enojosas inspecciones portuarias y los gastos de fondeo. No miramos si son monocascos o si incumplen otras exigencias de la CE. Esto es Gibraltar. La gran gasolinera flotante entre el Atlántico y el Mediterráneo"». Nada tiene de extraño que el volumen de fuel trasvasado en la bahía, que no llegaba al millón dc toneladas en 2009, se haya multiplicado largamente por cinco en la actualidad.

Más sorprendente aún es otro detalle que aparece perdido en el excelente reportaje: «Gibraltar ha pasado a ser el territorio más próspero de Gran Bretaña y uno de los más ricos del mundo». Eso sí, también de los más contaminados. Aunque la contaminación la sufrimos nosotros. «Lo que tenemos —dice Patricia Navarro, fiscal de Medio Ambiente de Cádiz— es una silenciosa marea negra de vertidos continuos y una situación endémica única».

¿Qué hacía Moratinos a todo ello? Pues el ministro español de Asuntos Exteriores, que se hallaba en Santander participando en los cursos de verano de la Universidad Menéndez y Pelayo cuando ocurrió el accidente, anunció que la comunicación entre los puertos de Algeciras y Gibraltar «sería uno de los temas a tratar en la reunión que el Foro de Diálogo Tripartito se disponía a celebrar el próximo otoño». Si bien admitió que su gabinete «no estaba trabajando en ninguna propuesta específica al respecto».

Ya en Madrid, el ministro se entrevistó durante el mes de agosto con su nuevo homólogo británico, David Miliband. Preguntados qué había sobre la soberanía, ambos se mostraron vagos al respecto, dando a entender que las líneas de negociación sobre ese asunto no se abrirían en la presente legislatura, esto es, se dejaba para después de las elecciones españolas de 2008. «Avanzaremos en esa dirección y encontraremos el momento oportuno para negociar,« dijo Moratinos, antes de señalar que en la próxima cita del Foro de Diálogo se trataría de la «cooperación marítima y medioambiental, una necesidad que se ha puesto de manifiesto este verano con los últimos incidentes ocurridos frente al Peñón».

Tanta paciencia del ministro español chocaba con una realidad muy negra. El *New Flame* continuaba encallado ante la costa de Algeciras, soltando cada poco el chapapote que aún almacenaba. Eran ya siete los vertidos que había escupido desde que chocara el pasado agosto con el *Torm Gertrud* hasta que se hundió definitivamente el 9 de febrero de 2008, dejando tras sí otra gran mancha de fuel y 24 toneladas de residuos en las playas cercanas. Tras cada uno de esos vertidos, el gobierno español se había limitado a presentar notas verbales de protesta ante el gobierno británico, y ahí quedaba la cosa. Pero esta vez la cosa variaba. No porque el vertido fuera mayor o por la espectacularidad del hundimiento mostrado en periódicos y televisiones, sino porque el mes siguiente se celebraban elecciones en España y aunque la opinión pública española es olvidadiza, no lo es hasta el punto de haber olvidado por completo el escándalo organizado por los socialistas con motivo del hundimiento del petrolero *Prestige* ante las costas gallegas. Así que la embajadora británica en Madrid, Denise Holt, fue convocada en el Ministerio de Asuntos Exteriores, donde el director general de Política de Europa y América del Norte, José Pons, le «expresó la insatisfacción del gobierno español por la forma que hasta ahora el Reino Unido ha abordado el problema, recordando que las autoridades gibraltareñas pidieron ser ellas mismas quienes se ocuparan de resolverlo. Al no haberlo conseguido, se pedía a Londres, con más medios que Gibraltar, que se implicase en su solución». Al mismo tiempo, se reclamaba información permanente sobre los trabajos que se estaban haciendo para remover los restos de buque hundido y se comunicaba a la embajadora que España se reservaba el derecho de emprender las acciones legales que considerase pertinentes ante los tribunales nacionales e internacionales contra el Reino Unido o contra la empresa de salvamento marítimo que venía gestionando el hundimiento del barco chatarrero.

Denise Holt tomó nota de las quejas españolas y prometió transmitírselas a su gobierno.

Hasta aquí muy bien, aunque un poco tarde y puede que un tanto melifluo dada la gravedad y reiteración del accidente. Lo malo fue que el Ministerio de Medio Ambiente, dirigido por Cristina Narbona, quiso sacudirse responsabilidades, asegurando en nota de prensa que no podía hacer nada por encontrarse el buque hundido «en aguas de Gibraltar». Cuando esas aguas eran españolas no cedidas en Utrecht. Que esto no lo supiera una ministra del gobierno de España explicaba todo lo que nos estaba ocurriendo en aquellos parajes. La consejera andaluza de Gobernación lo hizo un poquito mejor, al decir que el *New Flame* «se encontraba en aguas gestionadas por Gibraltar». Mientras la Junta de Andalucía, que se había mantenido extrañamente silenciosa durante los últimos meses ante el asunto, anunciaba que denunciaría el caso ante la Unión Europea y exigiría compensaciones por los gastos ocasionados en la limpieza de las playas afectadas por los vertidos. Claro que en Andalucía se celebraban también elecciones autonómicas el 9 de marzo. El Ministerio de Asuntos Exteriores trató de arreglar lo arreglable en un comunicado donde se decía: «El *New Flame* está en aguas españolas. El Peñón y su istmo no poseen más aguas que las de su puerto, según el artículo 10 del Tratado de Utrecht y la Convención del Mar. El resto son aguas de soberanía española». Declaración que había perdido toda eficacia ante el avance imparable anglo-gibraltareño en aquellas aguas y las concesiones españolas.

El asunto, en cualquier caso, iba a traer cola, al no tratarse de un caso excepcional, sino formar parte de una red que amenazaba no sólo la navegación, sino también el medio ambiente del estrecho de Gibraltar, una de las rutas marítimas más transitadas del mundo. El *New Flame* no había entrado en Gibraltar para cargar o descargar mercancías. Como dijimos, venía con chatarra de Nueva York con destino a Turquía. A Gibraltar entró sólo a repostar, como hace el 87,2 por ciento de los que se acercan a la Roca, atraídos por el bajo precio del fuel, como quedó explicado, con graves riesgos para el entorno. Debido sobre todo a las «gasolineras flotantes», que vierten siempre más o menos fuel en cada operación según el estado de la mar y lo lejos que estén de la costa. Fue la causa de la denuncia interpuesta por Verdemar, integrada en Ecologistas en Acción, en Bruselas, asegurando que «en Gibraltar nadie está obligado a cumplir la normativa europea sobre medio ambiente, lo que le hace el lugar favorito de los buques monocasco» (los más propensos a los vertidos, al no tener una doble protección al mar). Causa de que, el 11 de marzo del mismo año, la Comisión de Peticiones del Parlamento Europeo admitiese la denuncia y fuese remitida a la Comisión Europea, con el ruego de que «se abriese una investigación preliminar».

Tanto Greenpeace como Ecologistas en Acción denunciaron también la pasividad de la Administración española ante una situación que tan directamente le afectaba. La respuesta dada por nuestro Ministerio de Asuntos Exteriores se limitaba a decir: «España ha pedido al Reino Unido en diversas ocasiones que se organice en este terreno con las máximas garantías».

Lo que estaba organizando el Reino Unido por aquellas fechas era algo bastante distinto: la visita de la princesa Ana a Gibraltar. Ya había estado allí, como recuerdan, en junio de 2004, a celebrar el tercer centenario de la toma del Peñón. Esta vez iba a inaugurar un hospital que llevaba el nombre de Princess Royal. Y lo más grave es que se hallaba no en el Peñón mismo, sino en el istmo, no cedido en Utrecht. Los gibraltareños querían que fuese la reina, pero si no era ella, que al menos fuese la princesa. Las visitas de la familia real británica a Gibraltar siempre habían sido motivo de fricción entre el

Reino Unido y España. Recordarán que al conocerse en 1981 que los príncipes de Gales visitarían la colonia durante su viaje de novios, los reyes de España declinaron la invitación de asistir a su boda.

Nada más circular la noticia de la nueva visita real, a finales de febrero de 2008, el gobierno español mostró de la forma más discreta posible su desagrado al británico. La respuesta de éste fue que tanto el Foreign Office como el Ministerio de Defensa estudiaban seguir adelante con los planes, aunque la visita podría retrasarse hasta después de las elecciones para que no resultase tan inconveniente. Con tan poco nos contentamos.

Mientras tanto, el Foro de Diálogo Tripartito seguía sus reuniones y en la celebrada en Londres en junio de aquel año se establecieron enlaces permanentes entre los puertos de Gibraltar y Algeciras, en contacto permanente, para evitar accidentes como el del *New Flame,* junto a normas de colaboración en medio ambiente, servicios financieros, fiscalidad, justicia, aduanas, policía, educación y visados. También se acordó la apertura, el siguiente año, de un Instituto Cervantes en Gibraltar.

Aunque el mayor acuerdo, no ya de este encuentro, sino me atrevería a decir de cuantos han sostenido en tres siglos representantes españoles y británicos, fue que la próxima reunión del Foro se celebraría el siguiente año en Gibraltar con la asistencia de Moratinos. Ningún ministro español de Exteriores en ejercicio había pisado la Roca, menos, en carácter oficial. De poco servía que se apuntase que «se produciría en el marco estricto del Foro Tripartito y que algunos ministros españoles habían utilizado en los últimos meses el aeropuerto gibraltareño». El encuentro de 2005 se había celebrado en Faro precisamente por haberse negado los españoles a realizarlo en Gibraltar. Ahora parecía que, debido a los muchos «favores» que nos habían hecho en el entretanto, tocaba devolverlos, sin que se hubiera hablado ni una sola vez de la soberanía, tal como Moratinos había prometido al anunciar la creación del Foro. Quejarse de la visita de la princesa Ana a Gibraltar cuando iba a visitarlo nuestro ministro de Asuntos Exteriores resultaba sencillamente ridículo.

La visita de Moratinos a la Roca va a acaparar la política y la polémica en torno al viejo contencioso a lo largo de 2009. La primera andanada la dispara, ya en enero, el diputado del PP por Cádiz, José Ignacio Landaluce, que denuncia el gran complejo urbanístico que se está levantando en la cara este del Peñón, en aguas no cedidas en

Utrecht, con rellenos, para más escarnio, españoles, pues proceden de canteras del municipio malagueño de Casares, aunque se usan también todos los escombros de la colonia, desde viejos electrodomésticos a chatarra. El proyecto Eastside (Lado Este), con un coste de 1.966 millones de euros, diseñado por el prestigioso arquitecto Norman Foster, prevé un puerto para 500 embarcaciones de recreo aunque podrán atracar en él grandes cruceros, 2.200 apartamentos, al menos dos hoteles de lujo, plazas, centros comerciales, piscinas, jardines y todas las comodidades de un *resort high standard*. Situado frente a las mejores urbanizaciones de la Costa del Sol, como Sotogrande, su claro objetivo es competir con ellas. A los tres años de relleno, las consecuencias empezaban a notarse incluso en las playas de La Línea de la Concepción, debido a que la dinámica de las mareas estaba cambiando. Se lo digo con las palabras de Manuel Maestro en el número de febrero de 2011 de *Letras del Mar*: «No sólo sostienen su soberanía sobre aguas que no les corresponden, sino que invaden aguas españolas, llenándolas de escombros y tierras que, para mayor inri, son adquiridas a bajísimo precio por los promotores gibraltareños en tierras de España, convirtiendo tierras españolas en territorio británico, sobre el que pronto se levantarán edificios y zonas de recreo que competirán con nuestra Costa del Sol».

La actitud tanto del gobierno central como de la junta andaluza ante esta expansión de Gibraltar en terrenos y aguas adyacentes que no le pertenecían fue de completa pasividad, que se tornaron excusas —«el gobierno Aznar tenía ya conocimiento de esos planes y las obras fueron objeto de investigación por parte de la Comisión Europea en 1998»— al llegar el caso al Congreso. Para añadirse: «Repetidas veces, el gobierno español ha transmitido al Reino Unido su rechazo a las labores de relleno, manifestando su preocupación por las eventuales consecuencias medioambientales de este proyecto para toda la región».

Pese a que los ecologistas, representados por la asociación Verdemar, se habían unido a la denuncia, ésta no llegó nunca a materializarse en acciones concretas por parte del gobierno, que se salía siempre por la tangente. En los ocho primeros meses de su segunda legislatura, que había empezado en marzo de 2008, la oposición presentó 22 preguntas orales y 78 escritas al gobierno sobre Gibraltar. De las primeras, sólo contestó una. De las segundas, 24, y de esta guisa:

P. Se ha apreciado un incremento de los navíos de guerra en la colonia. ¿Qué tiene que decir ante ello?

R. No se ha apreciado tal aumento que, de producirse, se entiende que obedecería, en tal caso, exclusivamente, a necesidades operativas de la Marina británica.

P. ¿Puede informarnos sobre los atraques de submarinos de propulsión nuclear en Gibraltar en el puerto de Gibraltar?

R. Las visitas de esos submarinos vienen siendo por término medio de tres al año, con una estancia en torno a tres días. Aunque recordamos que España carece de jurisdicción sobre las aguas interiores del puerto, por lo que no puede restringir su uso.

Mientras sobre lo que las autoridades británicas y gibraltareñas estaban haciendo fuera de ese puerto, en aguas que nunca habían sido cedidas por España, donde se estaban levantando complejos turísticos y tenían lugar frecuentes roces de las patrulleras, el gobierno se negó siempre a responder, no sabemos si por no tener respuesta o por tenerla y no atreverse.

Una leve esperanza nos llega a principios de 2011, cuando el Parlamento Europeo acepta investigar ese vertido de tierra que Gibraltar realiza en su vertiente este para expandirse. Va a hacerlo no porque esas aguas nunca fueron cedidas por España, sino también porque tales rellenos están afectando a la ecología de la zona. No hay garantías de que se logre algo, pero al menos se mantiene vivo el asunto, ya que el gobierno Zapatero le había puesto sordina, como cuando la princesa Ana de Inglaterra visitó la Roca para inaugurar un hospital en la zona del istmo, tampoco cedida. Recordarán que al anunciarse, un año antes, el gobierno español se limitó a expresar al inglés la inconveniencia de la misma, y éste le contestó que tal vez podría retrasarla. La visita tuvo lugar a principios de marzo de 2009, y esta vez el secretario de Estado de Asuntos Exteriores, Ángel Losada, se limitó a expresar por teléfono a la embajadora británica en Madrid el «malestar» del gobierno español por la misma, dejando claro «el respeto que le merecen la Casa Real británica y cada uno de sus miembros».

La princesa Ana llegó a Gibraltar a la cuatro y media de la tarde del 4 de marzo de 2009, siendo recibida en el aeropuerto por el gobernador de la colonia. Algo que el senador del PSOE José Carracao valoró positivamente, al no haber sido el ministro principal, Peter Caruana, «contribuyendo —dijo— a dar un perfil bajo a la visita.

Es una postura inteligente, que muestra cierta sensibilidad al malestar que la visita ha causado al gobierno español».

Valoración muy distinta fue la del diputado del PP por Cádiz, José Ignacio Landaluce, para quien la respuesta del gobierno había sido «timorata. Hemos protestado bajito, para no molestar».

Los medios de comunicación españoles no fueron sumisos, dando amplia cuenta de la visita, con comentarios muy poco favorables, que llevaron al secretario del Foreign Office, David Miliband, a acercarse a Moratinos durante la reunión mantenida en Bruselas por los ministros de Exteriores dos días después, para transmitirle su preocupación por tan negativa cobertura informativa en España. Sólo entonces reaccionó Moratinos, lamentando luego ante los periodistas españoles, «que Miliband se me hubiese adelantado, pues ese primer paso pensaba darlo yo, ya que lo expresado por la prensa nacional reflejaba el sentimiento, diría unánime, de la opinión pública española». ¿La del gobierno también? Uno no sabe a veces si nuestros representantes son unos ingenuos o nos toman por tales a los españoles. Por su parte, Miliband se limitó a comentar que «ya habían advertido (a las autoridades españolas) que la visita iba a producirse».

Aunque lo más definitivo sobre la actitud del gobierno español en este lance fue el comentario de Caruana, al definirla como «comedida». Algo que confirmó los peores temores de la oposición, que presentó en la comisión de Asuntos Exteriores del Congreso una Proposición No de Ley en la que se pedía «retomar las negociaciones con el Reino Unido sobre la soberanía de Gibraltar de acuerdo con las resoluciones y decisiones pertinentes de las Naciones Unidas».

El PSOE reaccionó presentando otra, en la que se abogaba por «el impulso a la cooperación en el marco del Foro de Diálogo, en beneficio tanto de los gibraltareños como de los campos gibraltareños».

Visto que no podía pasar su proposición, ya que CiU e IU se unieron a la tesis del PSOE de que «sólo pretendía desgastar al gobierno», el PP tuvo que aguar la suya, adjuntándola a la del PSOE, para que fuera aprobada el 11 de marzo.

Pero ni siquiera eso bastaba ya al gobierno de Gibraltar, que, envalentonado, rechazaba dos días más tarde la aguada proposición de la comisión de Asuntos Exteriores del Congreso español, alegando que «unas negociaciones entre España y el Reino Unido paralelas al Foro Tripartito de Diálogo son políticamente inviables. Independientemente de la posición del Reino Unido y de sus compromisos con Gibraltar, el bilateralismo no ofrece una vía viable ni constructiva para nadie». Para recordar que «Gibraltar, España, el Parlamento británico y Naciones Unidas no participarán en otras conversaciones o negociaciones sobre la soberanía (de Gibraltar) con España, incluida la Declaración de Bruselas, con la única excepción de que Gibraltar quisiera hacerlo».

O sea que el Foro de Diálogo, en vez de conducirnos a la anunciada soberanía española de Gibraltar, a lo que estaba conduciendo era a la soberanía gibraltareña.

Aunque ya acordada la visita de Moratinos a Gibraltar, quedaban sueltos un par de asuntos que podían disturbarla e incluso marrarla. El primero, el estatuto fiscal de la Roca, el no estatuto para ser exactos, al prestarse allí acogida a todo el dinero que se acercara sin preguntar procedencia ni medios como había sido obtenido. El mejor ejemplo lo tuvimos al estallar el «caso Madoff», el «financiero», vamos a llamarle así, norteamericano que estafó 65.000 millones de euros a todo tipo de gentes por el sistema Ponzi o «pirámide». Al analizar sus cuentas, se descubrió que un mes antes del estallido Madoff había transferido 150 millones de dólares a una sucursal de Jacob Safran en Gibraltar en beneficio de Vizcaya Partners Ltd, compañía con sede en las islas Vírgenes, otro paraíso fiscal, cliente de Madoff. La Roca, en fin, era una lavandería de dinero negro, por mucho que lo negaran sus autoridades, y ésta se había convertido en una de sus principales fuentes de ingresos, si no ya en la principal.

Pero el escándalo y perjuicio que tales enclaves estaban produciendo en todo el mundo hizo que se les declarase la guerra. Bruselas y Washington empezaron a tomar medidas serias contra ellos, destinadas a convertirlos en auténticos parias, lo que a la larga significaría su estrangulación. La inmensa mayoría de ellos intentaron hacerse «legales», firmando acuerdos de intercambio de datos fiscales con cuantos más países posibles. Gibraltar, que al amparo del Reino Unido había conseguido disimular su opacidad, se daba cuenta de que a la larga no iba a poder mantenerla. Figuraba en la lista «gris» de la Comisión Europea, es decir, en la de enclaves turbios, y las palabras de Daniel Lebégue, presidente de la sección francesa de Transparencia Internacional, «fuera de Chipre y de Gibraltar, que continúan cerrando los ojos ante cierto número de intercambios, los ligados al blanqueo de dinero sucio producto de la economía criminal, ya es muy difícil colocar dinero en la esfera occidental sin hacerse notar», eran un serio aviso.

El primer país con que Gibraltar firmó un acuerdo de intercambio de datos fiscales o *Tax Information Exchange Agreement* (TIEA) fue Estados Unidos, el 31 de marzo de 2009. No era el acuerdo en sí lo que molestó en Madrid, más interesado que nadie en acabar con tales prácticas en su bajo vientre, sino la forma que se escenificó, con todo boato, con participación del secretario del Tesoro USA, Tim Geithner, y Peter Caruana, entre las banderas norteamericana y gibraltareña, como si se tratase de un tratado entre dos países. La protesta española ante Washington fue inmediata, al ver en ello comprometida su reclamación histórica sobre la soberanía del Peñón, y dio lugar a una ardua negociación, al negarse Madrid a firmar ningún acuerdo de este tipo con Gibraltar, tal como éste le proponía, bloqueando así cualquier otro con la CEE. La negociación dio como resultado un compromiso, en forma de intercambio de notas, en las que se decía que los acuerdos TIEA que Gibraltar firmase serían administrativos, no internacionales, y además que lo haría en delegación del Reino Unido, que era quien tenía competencias en ese campo. Ya de palabra, se comprometió a realizar la firma de esos acuerdos de forma más discreta que lo había hecho con los Estados Unidos. Poco después lo hacía con Irlanda, en efecto, sin bombo ni platillo, y abría la puerta a otros con una serie de países europeos, como Francia, Alemania e Italia, que habían esperado a que se resolviese el contencioso. Era la forma menos bochornosa de finalizarlo por parte española, pues Gibraltar había conseguido hasta cierto punto lavar su cara, si bien no iba a ser fácil lograr su plena transparencia fiscal ya que continuaba lavando dinero negro.

El segundo conflicto surgió, de nuevo, en las aguas en torno a la Roca. El 10 de abril de 2009, una patrullera de la Guardia Civil persiguió hasta la misma bocana del puerto de Gibraltar una lancha de presuntos contrabandistas y permaneció allí en espera de que saliese. Fue cuando una patrullera de la Royal Navy se acercó a la embarcación española instándola a «abandonar aquellas aguas gibraltareñas». Al cabo de algún tiempo, y en vista de que los contrabandistas no salían, la patrullera de la Guardia Civil se marchó.

Hubo la correspondiente nota de protesta española, respondida por otra nota de la Embajada británica en la que se reconocía el incidente, aunque se le restaba importancia, no aludiendo para nada al posible contrabando, que tanto su gobierno como el gibraltareño se habían comprometido combatir. Pero el caso se repitió los siguientes 8 y el 15 de mayo de 2009, cuando navíos de la Armada británica expulsan de aquellas aguas a la patrullera *Tarifa,* que se disponía a inspeccionar pequeñas embarcaciones fondeadas en aguas de la cara este, nunca cedidas por España. Caruana tensa la cuerda en una nota de protesta en la que advierte que «ningún cuerpo policial español tiene autoridad para ejercer ninguna forma de jurisdicción en aguas gibraltareñas», seguido de un llamamiento a los dueños de las embarcaciones que navegan por dichas aguas para que desobedezcan los requerimientos de la Guardia Civil, «debiendo llamar de inmediato a la policía gibraltareña o disparando una bengala de petición de auxilio, de forma que se produzca el inmediato despliegue de ésta o de otros medios marítimos del gobierno gibraltareño», añade.

Es muy posible que la bronca actitud de Caruana, que podía dar lugar a un enfrentamiento de las dos policías, se debiera a la pequeña derrota que su gobierno acababa de recibir en Bruselas. La Comisión Europea, preocupada por los riesgos de todo tipo que se corrían en aquellas aguas, había aconsejado a España y al Reino Unido que, dejando aparte la soberanía, llegasen a un acuerdo para la protección ecológica del paraje, clasificándolo como «Lugar de Interés Comunitario» (LIC), encargando al gobierno español «salvar el ecosistema en caso de catástrofe ecológica y perseguir a los delincuentes en caso de contrabando». Caruana puso el grito en el cielo y emplazó a Londres a que se adhiriera a su demanda contra la Comisión Europea, por ceder a España la protección medioambiental de una zona marítima que englobaba las supuestas aguas territoriales de Gibraltar. «Si no lo hace —declaró Caruana—, Londres estará cediendo la soberanía de esas aguas a España. Ésta es una responsabilidad que el Reino Unido no puede eludir. La Constitución (gibraltareña) impone deberes al Reino Unido, no sólo derechos».

Pero esta vez el ministro principal había ido demasiado lejos, en Bruselas y en Londres. Bruselas no podía considerar que España estaba usurpando la soberanía sobre unas aguas cuya supuesta titularidad no era de Gibraltar, sino en todo caso, del Reino Unido. Y éste no estaba dispuesto a enzarzarse en otra disputa sobre la soberanía de unas aguas sobre las que su único título legal en la zona, el Tratado de Utrecht, no se la concedía. Y, más importante para él: no deseaba que las ansias gibraltareñas echasen a perder la buena marcha de las relaciones con un gobierno español que le estaba concediendo más que todos los anteriores juntos. Así que la disputa se saldó con un compromiso: la decisión europea de responsabilizar a España de las operaciones marítimas y medioambientales en torno a Gibraltar se mantenía, sin que ello afectase a las posiciones de cada parte sobre la soberanía de aquellas aguas. Era, como digo, un empate, pero después de sufrir derrota tras derrota, parecía un triunfo.

Ello despejaba la visita de Miguel Ángel Moratinos a Gibraltar el día 21 de julio de 2009, la primera oficial que un ministro español en ejercicio hacía a la fortaleza que nos había sido arrebatada hacía 305 años, 11 meses y 28 días. No hace falta recalcar su importancia, su riesgo y su trascendencia.

Consciente de ello, Moratinos se acercó dando un rodeo y como de puntillas. En vez de volar directamente al aeropuerto gibraltareño, sobre el que, como recordarán, se había logrado un acuerdo tan jaleado como vergonzante, lo hizo al de Jerez, para trasladarse en coche a Los Barrios, donde, poco antes de la una de la tarde, sostendría una reunión con los siete alcaldes de la Mancomunidad de Municipios del Campo de Gibraltar. Fue una reunión tensa, pues los regidores del PP, siguiendo la línea de su partido, no estaban conformes con la visita. El ministro fue a lo práctico y prometió solucionar el problema de los 4.000 trabajadores españoles no residentes en Gibraltar, que quedarían sin cobertura social alguna cuando alcanzasen la edad de jubilación. «Había muchos que eran escépticos a la hora de conseguir avances en este sentido —fueron sus palabras—. Pero ya se ha resuelto parte del problema», en referencia a la devolución de los atrasos de las pensiones que los extrabajadores en Gibraltar habían percibido meses atrás. Pues pese a haber transcurrido bastantes años desde la promesa británica de liquidar estas deudas y las concesiones hechas por España en el entretanto, quedaban todavía bastantes sin recibir la debida compensación.

Desde allí, el ministro se dirigió en coche a Gibraltar, atravesando la Verja hacia las dos de la tarde por una puerta lateral para evitar la cola de vehículos, pero no pudo evitar los pitidos de una docena de manifestantes, con el secretario general del PP andaluz, Antonio Sánchez, para mostrar su rechazo a la «traición histórica» que representaba la visita. «Un paso atrás definitivo del gobierno español en la renuncia a la lucha por la soberanía de España sobre Gibraltar», proclamó, junto a los alcaldes del PP del Campo, que se le habían unido, en la línea expresada por el portavoz parlamentario de su partido, Esteban González Pons: «el gobierno ha bajado la bandera de la reivindicación de la soberanía sobre Gibraltar», mientras Elena Valenciano, responsable de Política Internacional del PSOE, pedía al PP que «no debilitase la posición del gobierno de España y un esfuerzo para mantener algo de lealtad».

Ya en un Gibraltar engalanado con banderas británicas y gibraltareñas, más alguna pancarta del estilo «Pedro (Caruana), dile a Miguel (Moratinos) que el agua es nuestra», se dirigió al Rock Hotel, para almorzar con Caruana y Miliband, el secretario del Foreign Office. Los tres subieron al mirador más alto de la Roca, por encima del que los turistas se aglomeran para sacar fotos, a fin de contemplar el espléndido panorama que desde aquellos 400 metros se divisa sobre España, Marruecos y el Estrecho. Allí, las fotos se las hicieron a ellos, las manos unidas, muy sonrientes, sobre todo Caruana, gran vencedor de la jornada. Como todas las cuestiones sobre la mesa habían sido acordadas de antemano, este tercer encuentro del Foro Tripartito se limitaba a darles su visto bueno y a venderlas en una conferencia de prensa, celebrada hacia las seis de la tarde. España, el Reino Unido y Gibraltar, decía el largo comunicado final, se comprometían a colaborar en áreas tan dispares como el medio ambiente, la fiscalidad, la cooperación judicial, aduanera y policial, así como en educación y visados. Se establecía una «línea caliente» entre los puertos de Gibraltar y de Algeciras para evitar accidentes marítimos como el del *New Flame*, y se buscaba una torcida fraseología para los puntos controvertidos. Por ejemplo, sobre la asignación a España de las aguas gibraltareñas como Lugar de Interés Comunitario, cuestionada por Gibraltar, se decía que tal designación «no cambiaba la soberanía, jurisdicción y control de las aguas, que por consiguiente permanece como estaba». O sea, que se cedía incluso en lo que Bruselas nos había asignado.

Los tres firmantes, tras mostrar su satisfacción por lo acordado, se cuidaron de subrayar que nada de ello afectaba a las cuestiones de soberanía de la Roca y su entorno, sino que tenía como único objetivo «mejorar la calidad de vida de gibraltareños y españoles». Moratinos se creyó obligado a añadir que «la reivindicación de España sobre Gibraltar es permanente, irrenunciable y conocida por todas las partes».

«¿Cuándo, entonces, se reanudará la negociación (sobre ello)?», se le preguntó.

«Cuando las condiciones sean las adecuadas. En el momento que consideremos más beneficioso para avanzar seriamente en la resolución del problema», fue su respuesta, reconociendo implícitamente que, pese a todas sus concesiones, ese momento no había llegado, por lo que las negociaciones sobre la soberanía iniciadas por Piqué e interrumpidas en 2002 seguían suspendidas indefinidamente.

Fue Miliband, su colega británico, el más silencioso en la conferencia de prensa, quien puso los puntos sobre las íes:

«El tema de la soberanía está en manos del pueblo de Gibraltar», dijo. O sea, Londres no negociará con España ningún acuerdo sobre el futuro del Peñón sin el visto bueno de los gibraltareños. Y éstos estaban menos dispuestos que nunca a que incluso se tocase el tema, visto lo bien que les iban las cosas.

Antes de que abandonase la Roca, Caruana, que había agradecido encarecidamente la visita de Moratinos y caracterizado su apuesta política en Gibraltar de «válida, inteligente y eficaz», le entregó un regalo: una bandeja con una escultura con la forma del Peñón. «Puede aceptarla sin problema —le dijo irónico a Moratinos—. Es tan ortodoxa con el Tratado de Utrecht que no incluye el istmo». No hacía falta. Ya se habían merendado la mitad, y el resto no les hacía falta, con las ampliaciones por mar y aire que estaban haciendo.

Aquella noche, el ministro español de Exteriores cenó con su colega británico en Jerez. Lo único que emergió del encuentro fue: «No han tratado de la soberanía». Tampoco hacía falta, ingleses y gibraltareños la ejercían *de facto*.

La reacción en España a la visita iba del indignado rechazo al tibio asentimiento, con la gran masa más interesada en preparar o disfrutar sus vacaciones veraniegas que otra cosa. Como muestra del primero, les paso el titular y el sumario del editorial de *ABC:* «Gibraltar, un error histórico», «La visita de Moratinos al Peñón mina las posiciones de España en uno de los asuntos clave de su política exterior». Mientras el editorial de *El País* llevaba como titular «Diálogo en Gibraltar» y como sumario «Se equivocan de época quienes quieren reavivar el orgullo patriótico y el irredentismo».

Lo que, al margen de quién tuviera razón, nos muestra algo muy grave: que el consenso que venía existiendo sobre Gibraltar entre los españoles de todas las tendencias políticas desde hacía tres siglos se había roto, como signo de la ruptura creciente en su sociedad. No era la mejor forma de recuperar una colonia ni de emprender cualquier otra empresa de corto o largo vuelo.

De nuevo en Madrid, Moratinos defendió con energía tanto a su persona como a su política. Preguntado por *El País* si «Con la mano en el corazón, ¿no se arrepentía de esa foto en lo más alto de Gibraltar?», su respuesta fue: «En absoluto. Lo importante no son las fotos, son los logros». Y a la pregunta de qué sentía cuando el PP decía que había traicionado la dignidad nacional: «No quiero dar más trascendencia a sus palabras. La dignidad nacional se pierde con una política que no ha dado resultado en 305 años y ha ido de derrota en derrota diplomática. Lo que hemos hecho es abrir una nueva vía para lograr nuestro objetivo».

No exactamente: las derrotas diplomáticas habían sido interrumpidas, cuarenta años atrás, por una victoria en la ONU, y los «logros» moratinianos se reducían a envalentonar a los gibraltareños y a retroceder en nuestras reivindicaciones.

Íbamos a tener prueba de ello bien pronto. Si alguien creía que todos los gestos, concesiones y licencias por parte de España iban a tener correspondencia por parte británica y gibraltareña, estaba muy equivocado. No había transcurrido un mes de las sonrientes fotos en lo alto del Peñón cuando ya estábamos de nuevo en plena ofensiva de las autoridades del mismo, que tras asegurarse la plena potestad en tierra, trataban de asegurársela sobre el mar circundante, nunca cedido por España.

Después de que patrulleras de la policía marítima gibraltareña impidiesen la labor de vigilancia y persecución de posibles contrabandistas en la bahía de Algeciras a embarcaciones de la Guardia Civil del Mar los días 4 y 7 de septiembre de 2009, la Embajada inglesa en Madrid presentó, el 18 de ese mes, una nota de protesta en el Ministerio de Asuntos Exteriores español por considerar «una violación de la soberanía británica tales incursiones», recordando que «el Reino Unido no reconoce en ningún caso el derecho de los navíos españoles a realizar búsqueda u otras actividades ejecutivas en aguas territoriales de Gibraltar».

Lo que no fue obstáculo para que el Foro volviera a reunirse el 17 de octubre en Londres, decidiendo poner en práctica una serie de proyectos que se califican de «prioritarios»: establecimiento de una línea de ferry entre Algeciras y Gibraltar, apertura de una línea directa de emergencia entre ambas ciudades para casos de emergencia en accidentes medioambientales y marítimos, cooperación en tratamiento de residuos y acuerdo sobre intercambio de información fiscal, apertura de un Instituto Cervantes en Gibraltar, así como volver a reunirse en 2010. «¡Pero esto ya había sido acordado en la anterior reunión en la Roca!», dirá algún lector con toda razón. De la inoperancia del Foro Tripartito ilustra que no había resuelto ningún asunto de enjundia, como el de la soberanía de la Roca, ni los incidentes diarios en las aguas en su torno. Uno de ellos es especialmente vejatorio: el 17 de noviembre de 2009 patrulleras de la Guardia Civil descubren a una embarcación de la Royal Navy haciendo prácticas de tiro contra una boya con los colores de la bandera española. Al ser avistados, los británicos recogieron apresuradamente la boya. Las obligadas protestas españolas encuentran las no menos obligadas excusas británicas, con la promesa de que no volverá a repetirse.

Aunque tanto o más vergonzoso para la dignidad nacional que disparar contra nuestra bandera había sido que el comunicado final del encuentro tripartito en la Roca advertía que «nada en los textos convenidos perjudicará ninguna posición en relación con el caso planteado por Gibraltar ante el Tribunal de Primera Instancia de las Comunidades Europeas, ni podrá ser utilizado en este caso». Con lo que se nos birlaba incluso la protección medioambiental de las aguas en torno a la Roca que la CE nos había concedido. Con victorias así, pronto teníamos a Caruana reivindicando Marbella.

El Foro Tripartito de Diálogo, en suma, dio un vuelco a la postura tradicional española de negociar tan sólo con el Reino Unido el futuro de la colonia que tenía en su territorio, al admitir a Gibraltar como tercer interlocutor y aparcar el proceso de Bruselas, que preveía abordar el tema de la soberanía, sin renunciar ninguna de las partes a sus reivindicaciones. Se justificó entonces con la necesidad de crear un clima de confianza mutua y de ganarnos la amistad de los gibraltareños. Pero desde que tal Foro había iniciado sus reuniones, España sólo había obtenido el pago tardío de las pensiones de los extrabajadores en la Roca, ya previstas al abrirse la Verja, décadas antes, mientras Gibraltar había visto ampliar sus prerrogativas en las condiciones que deseaba, multiplicar sus líneas telefónicas, agilizar el cruce por la Verja y recibido la visita oficial de un ministro español de Asuntos Exteriores. A la soberanía ni siquiera se la había citado, convertida en tema tabú, y del proceso de Bruselas, Caruana se había permitido decir que su único valor era «ser consignado en los libros de historia».

Gibraltar marchaba así hacia su «autodeterminación» *de facto*, y lo único que le faltaba para serlo *de jure* era lo que Caruana estaba tratando en aquellos momentos: que Naciones Unidas la tachase de su lista de territorios no autónomos. Si no lo había conseguido era porque la ONU, con todos sus defectos, respeta sus principios y sigue sin reconocer a los actuales gibraltareños el derecho a la autodeterminación. Pero no se puede pedir a la ONU que sea más proespañola que los españoles, y de seguir España manteniendo en la nevera lo decidido por la Asamblea General en la esperanza de que sus gestos de buena voluntad sean algún día correspondidos, llegará el día que las resoluciones sobre Gibraltar sean, como dice Caruana, historia, si no lo son ya. Este libro intenta que, al menos, no se olviden.

Un respiro nos llegó desde Bruselas a finales de diciembre de 2009 (resulta vergonzoso que las instancias internacionales velen por nuestros intereses mejor que nuestro gobierno), con el fallo definitivo de la Comisión Europea de Medio Ambiente sobre las aguas en torno al Peñón, ratificando a España como encargada de cuidar de ellas. Londres no objetó, posiblemente porque le libraba de esa carga e incluir la sentencia que nada tenía que ver con la soberanía de la Roca. Pero quien volvió a protestar airadamente fue Caruana que, el 5 de diciembre, calificó la directriz comunitaria de «inaceptable, inapropiada en la práctica y legalmente imposible», insistiendo en que «las leyes gibraltareñas se apliquen en las aguas británicas de Gibraltar, lo cual excluye a cualquier otro miembro de la Unión Europea». Incluso se permitió la amenaza: «El incumplimiento de nuestras leyes en aguas gibraltareñas conducirá a la persecución y arresto del infractor, según la discreción de la policía de Gibraltar y de otras autoridades». Para acusar seguidamente a España de debilitar la jurisdicción exclusiva de Gibraltar en las mismas. «Quienes rompen el *statu quo* deben soportar las consecuencias de haberlo hecho», apostilló antes de anunciar que había pedido su comparecencia en el Comité de Asuntos Exteriores de la Cámara de los Comunes el siguiente 14 de enero, para exponer y debatir la cuestión de «las aguas territoriales británicas en Gibraltar, su soberanía, jurisdicción y control». Como si fueran ya suyas.

Al día siguiente, las autoridades gibraltareñas retuvieron durante dos horas a cuatro guardias civiles que en la persecución tan en caliente de una lancha de dos narcotraficantes se habían metido en el puerto de Gibraltar, cedido en Utrecht. Una llamada del Ministerio del Interior español consiguió que se les pusiera en libertad. Como recordarán, desde el año 2000 había el acuerdo tácito de que las patrulleras de la Guardia Civil podían entrar en «aguas gibraltareñas» en persecución de un delito, siempre que avisaran a las autoridades del Peñón. Esta vez, con las prisas, no lo habían hecho y en instrucciones posteriores que recibieron de sus mandos se les ordenaba mantenerse a una distancia prudencial del mismo.

El 21 del mismo mes, el gobierno español vetaba como miembro de un acuerdo europeo sobre intercambio de datos personales a un Gibraltar que intentaba colarse en él. Como argumento daba que Gibraltar era «un territorio no autónomo, dependiente del Reino Unido, sometido a un proceso de descolonización». Aparte del riesgo que siempre conlleva el intercambio de datos con un paraíso fiscal, que Gibraltar seguía siendo, era una cuestión de principios. No podía admitirse que la colonia siguiera aumentando su presencia soberana en los foros internacionales, y el comunicado español añadía que «las autoridades de Gibraltar tienen un carácter local y ejercen competencias exclusivamente internas que tienen su origen y fundamento en la distribución y atribución de competencias efectuadas por el Reino Unido». Un poco tarde, pero nunca demasiado para invocar los derechos. Lo que podría preguntarse era qué hacía entonces un ministro de Asuntos Exteriores negociando con tales autoridades locales, con competencias delegadas.

Comienza 2010 como el año anterior. A principios de enero, Madrid y Londres acuerdan realizar juntos un simulacro de lucha contra la contaminación y de salvamento marítimo en la bahía de Algeciras, en el que estaba prevista la participación de patrulleras gibraltareñas junto a las españolas.

Pero lo que de verdad está ocurriendo en aquellas aguas nada tiene que ver con las simulaciones: el 9 de ese mes, una patrullera de la Guardia Civil avista dos embarcaciones de la Royal Navy, una de ellas una lancha semirrígida de las usadas para el transporte de material pesado, procedentes de Gibraltar, pero ya fuera de su límite. La patrullera española se dirige hacia ellas, pero las embarcaciones británicas la conminan por megafonía a abandonar la zona e izan los gallardetes rojo y rojiblanco a cuadros, que en código internacional de mar significan, respectivamente, «estoy manejando materias peligrosas» y «se dirige usted hacia un peligro». Lo más probable era que estuviesen fondeando munición pasada de tiempo de las baterías de Gibraltar. Pero lo estaban haciendo en aguas españolas, que abandonaron para dirigirse a su base. La patrullera de la Guardia Civil las siguió hasta que, ya cerca de la Roca, le salió al paso otra de la policía gibraltareña, instándola a abandonar aquellas aguas y persistiendo en su acoso megafónico hasta que lo hicieron. Otra muestra del «entendimiento» que estaba produciendo el Foro de Diálogo Tripartito.

En el primer trimestre de 2010 hubo hasta veinte incidentes de acoso a las patrulleras de la Guardia Civil por parte de embarcaciones de la Royal Navy y de la policía gibraltareña en aguas que reclaman suyas, sin que ningún Tratado lo corrobore. Con el agravante de que ya no son las autoridades británicas las que las reivindican, sino las de Gibraltar.

Y en el segundo trimestre de ese año no parece que las cosas mejoren, sino todo lo contrario. Les paso un fragmento de la información que Fernando Lázaro publicó en *El Mundo* el 4 de junio de 2010: «En aguas territoriales españolas, las naves de la Guardia Civil se sienten acorraladas día tras día. Y es que, ante la falta de respuesta, las embarcaciones de la Royal Navy británica y de Gibraltar comienzan a campar a sus anchas en aguas nacionales (españolas)». Con detalles del último incidente, ocurrido dos días antes, en el que una patrullera de la Guardia Civil fue empujada por otra de la Royal Navy y dos de la policía gibraltareña, siendo sus tripulantes amenazados e insultados.

La paradoja es que mientras defendemos mundo adelante la libertad de los mares, permitimos que nos echen de nuestras aguas, ya que las únicas aguas cedidas a Gibraltar son las de su puerto.

Nada de ello ha impedido que, desde el verano anterior, exactamente desde el encuentro tripartito en la Roca, España y Gibraltar estén negociando un acuerdo para el intercambio de datos fiscales. Siendo ahora las autoridades gibraltareñas las más interesadas en él. «El acuerdo puede firmarse mañana mismo. No queremos que se nos perciba como una amenaza para el Tesoro Público español», dice con ciertas prisas Caruana, en el preciso reportaje de Javier Martín Arroyo, publicado en *El País* el 3 de mayo de 2010, del que extraemos estos datos.

Las razones que hay tras tan súbito como sorprendente amor a la Hacienda española ya las hemos apuntado: el mundo está harto de esos «lavaderos» de dinero negro que son los paraísos fiscales y se dispone a acabar con ellos en la medida de lo posible. El G-20, constituido por las economías más fuertes, les declaró la guerra en su última reunión y otro tanto había hecho la Comisión Europea. En vez de una acción conjunta, sin embargo, se dejaba a los distintos países firmar acuerdos de transparencia de capitales con dichos paraísos. España, a aquellas alturas, ya había firmado ocho, entre ellos con Andorra y Luxemburgo.

Gibraltar temía quedarse en la «lista negra» y había firmado también acuerdos de este tipo con otros países, empezando con Estados Unidos, como apuntamos en su lugar. Pero lo que le importaba era España, con quien tenía el mayor volumen de negocio. Bastaba cruzar la Verja, abrir una cuenta o incluso fundar una sociedad —algo tan fácil como barato en el Peñón— para empezar a depositar y manejar dinero al margen del fisco español. Y lo peor no era sólo la defraudación fiscal, sino que mucho de ese dinero procedía de operaciones ilícitas, como el narcotráfico, la venta de armas y la corrupción. En aquellos momentos Gibraltar, con un PIB de 1.030 millones de euros, albergaba 25.000 sociedades, de las cuales 2.000 no pagaban ningún tipo de impuestos, si bien a finales de 2010 empezarían a pagar, por imposición de la CE, un 10 por ciento de sus beneficios, muy lejos del hasta el 30 por ciento que cotizan en España. Era el principal negocio del Peñón, con 3.500 españoles trasladándose diariamente a él, la mayoría en trabajos subalternos. No todo ese dinero, sin embargo, era negro. Veinte de las compañías de apuestas por Internet tienen su sede en Gibraltar, un negocio también muy rentable, como todos los relacionados con el juego.

Nada tiene de extraño que sus autoridades estuviesen ansiosas de «legalizar su situación» y que el presidente de su Cámara de Comercio, Edward Macgusten, declarase: «Cualquier acuerdo de intercambio fiscal con España será bienvenido».

Había, sin embargo, dos obstáculos que dificultaban la firma del acuerdo. El primero, la dichosa soberanía. Los gibraltareños se empeñaban en ser ellos quienes firmasen el acuerdo. España insistía en que fueran los ingleses, ya que en otro caso, aparte de obtener un certificado de buena salud fiscal, los gibraltareños obtenían el reconocimiento de su soberanía sobre la colonia, perdiendo España toda reclamación sobre ella. Se barajaban compromisos, de los que hablaremos más tarde.

El segundo obstáculo, casi tan viejo como el primero pero de bastante más peso, era que Gibraltar no ofrecía garantías de cumplir lo que prometía, por más acuerdos que firmase. Ha vivido en buena parte de España desde que empezó a ser una colonia inglesa en su territorio y no era probable que renunciara a seguir viviendo de ella, teniendo en cuenta lo limitado de sus recursos. Como señalamos en su momento, la mayoría de las comisiones rogatorias enviadas por los jueces españoles a la Roca recabando datos de compañías allí establecidas no obtenían respuesta o eran rechazadas por ir dirigidas a las autoridades inglesas y no a las gibraltareñas. E incluso bastantes de las dirigidas a éstas se rechazaban con el argumento de tratarse de *fishing expeditions*, expresión inglesa que significa intento de buscar datos sin especificar los cargos, por si surge alguno que interesa entre los que se proporcionan. Fuentes jurídicas españolas, sin embargo, según el reportaje aludido, aseguran que incluso cuando se proporcionan datos concretos, tampoco hay respuesta.

Algo que vino a confirmar la organización Tax Justice Network, dedicada a denunciar los lavaderos de dinero en todo el mundo, que en su informe de 2009 decía: «Gibraltar sigue acogiendo flujos de evasión de impuestos, corrupción y crimen organizado, como puso de relieve la Operación Ballena Blanca, de 2005. La Roca mantiene la opacidad fiscal en el 92 por ciento de los casos». Toda una advertencia al gobierno español que, sin embargo, no pareció tenerlo en cuenta, pues se daba por satisfecho con las garantías que le ofrecían los gibraltareños.

Lo que era realmente Gibraltar apareció reflejado en la famosísima trilogía del novelista sueco Stieg Larsson *Milenium,* donde el archimillonario Hans-Erick Wennerström usa la Roca para el tráfico de armas, lavado de dinero y otras actividades delictivas. Es más, la protagonista, esa «muchacha con el dragón tatuado», se vale de un apartado de correos gibraltareño —conseguido contra el pago de 25.000 coronas— para extraer electrónicamente 250 millones de coronas a Wennerström, así como para comprar un piso en el mejor barrio de Estocolmo, todo ello sin dejar detrás la menor huella. Se me dirá que no es una evidencia. Responderé que novelistas del calibre de Larsson, que había sido antes periodista de investigación, se informan cuidadamente de todos los detalles, antes de ponerse a escribir.

Y si quieren pruebas fehacientes, ahí tienen el fallo del Tribunal de la Unión Europea de 13 de noviembre de 2011, según el cual «la existencia de un régimen fiscal como el de Gibraltar, con dos únicas bases imponibles (número de empleados y superficie ocupada), excluye totalmente a las sociedades extraterritoriales». Que son la inmensa mayoría de las domiciliadas en Gibraltar, consistentes en un apartado de correos, una línea telefónica y un e-mail. Con lo que queda en evidencia la verdadera actividad de Gibraltar: la de tapadera de todo tipo de negocios, especialmente los sucios.

A todo ello, el Foro Tripartito había vuelto a reunirse en Gibraltar a finales de julio de 2010, pero ya sin la fanfarria y expectativas de un año antes. El único protagonista que compareció de este encuentro fue Peter Caruana, mientras ingleses y españoles se hacían representar por directores generales. Se justificó por el «carácter técnico» de la reunión, preparatoria de la que los ministros de Asuntos Exteriores sostendrían en noviembre. Sobre la mesa tenían el proyecto de incorporación de Gibraltar al Acuerdo de Intercambio de Información Fiscal (TIEA), que debería sacarle definitivamente de la lista de «paraísos fiscales». España, como queda dicho, ya había dado su conformidad, pero exigía que Inglaterra firmase el acuerdo, mientras Gibraltar quería firmar con voz propia, barajándose una fórmula intermedia: que firmasen los gibraltareños con la autorización del Reino Unido. El enjuague de siempre. Y España, como siempre, prestándose a él.

Otro viejo asunto sobre la mesa en este encuentro era el de la seguridad en las aguas en torno a la Roca, directamente relacionado con la titularidad de las mismas, origen a su vez de los incidentes descritos entre las patrulleras españolas, británicas y gibraltareñas, que en vez de decrecer, como había predicho Moratinos al anunciar el nuevo clima de diálogo, aumentaban. Hasta que se cortaron, o por lo menos redujeron, por la orden verbal a los agentes españoles de que evitaran acercarse a menos de media milla (926 metros) del malecón del puerto gibraltareño. Algo así como reducir las violaciones de tráfico dejando los coches patrulla en el garaje.

Esta reunión del Foro Tripartito terminó sin comunicado final. Podía deberse a que no hubo acuerdo sobre los temas tratados o a que lo hubo, pero tan escandaloso que prefirió ocultárselo a la opinión pública hasta un momento más adecuado.

Lo que no cesaron fueron los incidentes. Y no sólo en la mar. El 17 de septiembre de 2010, policías gibraltareños entraron en una vivienda de San Roque en busca de objetos sustraídos en un reciente atraco a una joyería en la Calle Mayor de Gibraltar, perpetrado por dos individuos, gibraltareño el uno, inglés el otro, que habían alquilado el piso en San Roque, donde se encontró buena parte del botín. Lo grave era que los agentes gibraltareños habían actuado sin orden judicial española ni informar siquiera a nuestra Policía Nacional. O sea, como si tuvieran jurisdicción en San Roque. ¿Se imaginan ustedes la que se hubiera armado si policías españoles entran en una vivienda de Gibraltar sin autorización de sus autoridades? Hubo las naturales protestas, seguidas de las obligadas excusas, sin mayor alcance, por lo que el episodio nos revela:

— La prepotencia adquirida por las autoridades altas y bajas de Gibraltar en la Roca y su entorno marítimo, aéreo y terrestre, desde que se las reconoció como tales por el gobierno español, y

— Las facilidades que ofrece a la delincuencia de todo tipo un Gibraltar ya *quasi* soberano, con una frontera cerrada a cal y canto a las autoridades españolas, pero porosa y extensible para los gibraltareños de todo tipo.

Días después, exactamente el 20 del mismo mes, se produjo un incidente semejante, aunque en la mar. Una lancha, pilotada por un supuesto narcotraficante, apareció a todo gas por la punta sur del Peñón, perseguida por patrulleras gibraltareñas metiéndose en aguas definitivamente españolas. La patrullera de servicio de la Guardia Civil detuvo a la lancha y a su ocupante, para verse de inmediato rodeada de las patrulleras gibraltareñas, que exigían llevarse la embarcación y su tripulante. El forcejeo llegó al extremo de chocar borde con borde las patrulleras, resolviéndose salomónicamente: la Guardia Civil retuvo al individuo, mientras los agentes gibraltareños se llevaron la lancha. Pero hubo protestas inmediatas del gobierno de Caruana por el incidente, que «cuestiona la viabilidad de la cooperación entre la policía de Gibraltar y la Guardia Civil, acordada en el Foro Tripartito», sin mencionar para nada que se había producido en aguas españolas. Un mes más tarde anunciaba la suspensión de las reuniones técnicas del Foro Tripartito sobre «cooperación policial, mientras el gobierno español no se haya excusado por el incidente en que una embarcación de la Guardia Civil impidió la detención de un presunto narcotraficante al que perseguía la policía gibraltareña, ya en aguas internacionales. Un comportamiento abusivo de la Guardia Civil y totalmente inaceptable». Aunque el «primer ministro» gibraltareño se mostraba dispuesto a continuar las reuniones previstas sobre asuntos fiscales, aduanas y visados, que España deseaba tratar sólo con los británicos. Lo de siempre. Los gibraltareños han aprendido la lección negociadora de sus maestros ingleses: lo mío es sólo mío, y lo tuyo vamos a discutirlo. Sólo necesitan un interlocutor dispuesto a aceptar esa regla para que la partida les salga redonda. En aquellos españoles parecían haberlo encontrado.

Tampoco el cambio de gobierno en Londres cambió las cosas. Nick Clegg, viceprimer ministro del mismo, que teóricamente debería de ser un buen amigo de España al estar casado con una vallisoletana y pasar las vacaciones en el pueblo de ella, al preguntársele sobre el viejísimo contencioso, respondió: «De forma poco ambigua quiero dejar bien claro que este gobierno (conservador-liberal) nunca va a respaldar o apoyar un cambio en el estatuto de Gibraltar o una negociación si no está respaldado por los gibraltareños». Aunque, bien mirado, ¿por qué van a cambiar, si quienes cambiamos, cada vez más a su favor, somos los españoles?

Los últimos meses de 2010 transcurren sin traernos nada nuevo en Gibraltar, pero una sorpresa en Madrid, cuando, el 20 de octubre, el presidente Zapatero, acosado por la crisis económica, realiza una amplia remodelación ministerial, que incluye la sustitución de Miguel Ángel Moratinos por Trinidad Jiménez en Asuntos Exteriores. En principio, no pareció que fuera a haber grandes cambios en política internacional, pero pudiera haberlo respecto a Gibraltar cuando, el 24 de noviembre, la nueva ministra declara que «la soberanía del Peñón se discutirá en exclusiva entre Londres y Madrid». Algo que hace sonar los timbres de alarma en la Roca, donde Caruana advierte, ya al día siguiente, que «excluir a los gibraltareños sería inviable y un error».

Que no debía de tenerlas todas consigo lo demuestra que veinticuatro horas más tarde nos sale con la más peregrina de las ideas oídas hasta entonces sobre la Roca: proponer para ella un estatuto semejante al de Andorra. Lo hace nada menos que en Sevilla, ya sin su habitual altanería, y lo argumenta del siguiente modo: «Gibraltar no puede ser independiente porque el Reino Unido no se lo permite y porque el mundo global en que vivimos es peligroso para los países pequeños. Pero tampoco quiere ser de España. Y aunque el estatuto actual no me disgusta, sé que no será el definitivo, y hay que buscar otras opciones, siempre que sean aceptables para el pueblo gibraltareño. Una solución podría ser aplicar al Peñón el modelo de Andorra, algo que España no tiene ánimo de hacer en este momento o tal vez nunca. Pero si fuera viable, yo no vería imposible recomendárselo al pueblo de Gibraltar».

¿Qué se escondía tras tan inusitada propuesta? De antemano podíamos descartar cualquier concesión a España, que nunca haría Caruana. Pero que tras las arrogancias anteriores empezaba a no tenerlas todas consigo era evidente. ¿Se había dado cuenta de que con la salida de Moratinos había perdido el mejor amigo que Gibraltar podía tener en un gobierno español? Posiblemente, y las declaraciones de la nueva ministra sobre el contencioso así lo indicaban. Por lo que Caruana le ofrecía un novedoso e interesante cambio de escena: Andorra, que según su Constitución es un «Estado independiente, de derecho y social, cuya soberanía recae en el pueblo andorrano». A su cabeza están dos «copríncipes», el obispo de Urgel y el presidente de la República Francesa, que ejercen una jefatura del Estado de manera conjunta e individualmente, aunque en la inmensa mayoría de los casos requieren el aval del jefe de Gobierno y del síndico general. No una mala situación para un país pequeño, que maneja por su cuenta sus asuntos, viéndose respaldado por dos grandes, que le avalan y defienden. Pero Andorra en un viejísimo país, con leyes y autonomía desde siempre. Mientras Gibraltar es una colonia, arrebatada a España bajo falsos supuestos y retenida contra la voluntad de los españoles, en perjuicio de sus intereses, habiendo ya toda una jurisprudencia internacional sobre él.

Que algo, o puede mucho, había cambiado en el Ministerio de Asuntos Exteriores español aparte del titular lo demostró que no hubo la menor respuesta a la sugerencia de Caruana. Más incluso: no se celebró la reunión semestral del Foto Tripartito de Diálogo prevista para diciembre. Si ello se debía a haberse puesto fin a la era de concesiones presidida por Moratinos o a que el gobierno español, acosado por todas partes, debía de dedicar todos sus esfuerzos a la crisis económica sólo el futuro nos lo dirá, pero todo apuntaba a que Trinidad Jiménez no parecía interesada en continuar el *ménage à trois* de su antecesor en Gibraltar, para reconducirlo al original bilateralismo hispano-británico, sin anunciarlo explícitamente, de ahí que anunciara un próximo encuentro con su colega británico, William Hague, en Londres, sin participación gibraltareña.

Aunque el año 2011 empezó como había acabado el anterior: con el nuevo ministro de Defensa británico, Nick Harvey, paseándose por la bahía de Algeciras (03.02.2011) como si le perteneciese, sin siquiera tener la cortesía de avisar a las autoridades españolas. Para emitir más tarde un comunicado conjunto con el ministro principal de la Roca, Peter Caruana, en el que se decía: «La Royal Navy continuará para garantizar la presencia marítima en Gibraltar y para garantizar la soberanía y el control de las aguas británicas en Gibraltar». Que no eran sólo palabras lo demostró que el 9 de febrero dos paracaidistas saltaron de un avión de transporte británico, cayendo en aguas jurisdiccionales españolas. Una patrullera de la Guardia Civil se dirigió al lugar, pero ya estaban allí tres embarcaciones de la Armada británica para recogerlos, sin dar la menor explicación. Dos días más tarde ocurrió otro incidente, cuando una patrullera de la Guardia Civil, a 1,5 millas de Algeciras, fue conminada por otra de la Royal Navy a abandonar aquellas aguas que ni siquiera les pertenecen en el pacto tácito que existe sobre ellas. Se trataba sin duda de la respuesta británica a la petición de Caruana al ministro Harvey de que reforzasen «el papel de la Royal Navy en las reivindicaciones sobre las aguas territoriales de Gibraltar». «Las fuerzas que tenemos son suficientes», fue al parecer la respuesta del ministro británico, de ahí el redoblar de la actividad de sus patrulleras.

También en el terreno jurídico las cosas volvían a calentarse: la comisión rogatoria enviada por un juez de San Roque para que se identificase a los dos policías gibraltareños que habían allanado en agosto anterior una vivienda en La Línea de la Concepción en busca de los presuntos autores de un robo en la Roca fue contestada por la amenaza de aquella fiscalía de abrir causa a los guardias civiles que había detenido en aguas españolas, como recordarán, a un narcotraficante que escapaba de los agentes gibraltareños. Acusándoles nada menos que de cómplices del mismo.

Nada nuevo, como ven, al tratarse del viejo juego del ratón y el gato —asigne el lector qué papel corresponde a cada parte en el contencioso— en aquellas aguas. Lo nuevo, o seminuevo, pues nada es ya nuevo en Gibraltar, es la actitud de la ministra de Asuntos Exteriores española que, tras cancelar la reunión de Foro Tripartito prevista para diciembre de 2010, no mostró intención de reanudar tales contactos, en el encuentro que sostuvo con su colega británico, William Hague, en Londres, en febrero de 2011, «hasta que no se hagan progresos en materia de cooperación judicial, policial y aduanera», según declaró al ser preguntada al respecto. Pues de los seis «campos de cooperación» a los que dicho Foro se había comprometido, sólo se habían hecho progresos en los tres que interesaban a los gibraltareños e, indirectamente, a los ingleses: el educativo, el cultural y el de visados. Mientras en los otros tres, que interesan a España, no ha habido avances. Por no hablar ya de la soberanía, que se ha perdido de vista en las sucesivas concesiones de Moratinos y sus antecesores, pese a sus engolados pronunciamientos y a los mandatos que les había impuesto el Congreso. Y aquí no puede menos el cronista de esta triste historia de apuntar un hecho cuanto menos que curioso: que desde Castiella, todos los ministros de Asuntos Exteriores españoles, sin faltar uno, han fracasado más o menos estrepitosamente en el tema Gibraltar. Las causas fueron varias —creer saber más que sus antecesores, ingenuidad, falsos cálculos, prejuicios ideológicos y un cierto complejo de inferioridad ante los ingleses (defectos muy comunes entre los españoles)—, sin que ninguno lograra dar un paso adelante y la inmensa mayoría retrocediese en el contencioso, alguno de ellos de forma tan estrepitosa que va a ser difícil reparar los desperfectos. Mientras las dos mujeres que han ocupado la cartera, por lo menos no han retrocedido, lo que ya es mucho si tenemos en cuenta el desastre de sus colegas masculinos. Ana Palacio procuró poner coto a las fantasías de Piqué, y Trinidad Jiménez a los desatinos de Moratinos, valga el ripio. Nos lo confirmó que, en pleno verano de 2011, cursara una discreta invitación a su colega británico, William Hague, para reunirse en Madrid a principios de septiembre sin participación gibraltareña, como habían hecho en febrero. La invitación fue cursada antes de que el presidente del gobierno español anunciara la convocatoria de elecciones anticipadas el 20 de noviembre, que dejaba sin sentido el encuentro de los dos ministros, lo que indicaba que Zapatero no había informado a Jiménez de sus planes. Aunque la puntilla al Foro se la daría la ministra en las declaraciones que hizo a *El País* el 21 de agosto de 2011: «El Foro Tripartito sobre Gibraltar ¿está suspendido o definitivamente difunto?», le pregunta el periodista, Miguel González.

«El Foro es un buen instrumento para lo que se le diseñó —responde la ministra—, para abordar cuestiones prácticas que afectan a la vida cotidiana de los ciudadanos de la zona. Pero el ministro principal quiso llevar cuestiones como la soberanía y la jurisdicción de las aguas que rodean el Peñón, que el gobierno español tiene claro sólo se tratan bilateralmente entre el Reino Unido y España y, por tanto, hemos decidido no convocarlo».

«Entonces, mientras Caruana insista en abordar la soberanía de las aguas...»

«No se reunirá el Foro Tripartito», sentencia la ministra.

Si diplomáticamente Gibraltar está en la nevera, en tierra y mar siguen los roces. Cuando la patrullera española P-47 *Atalaya* se dirigió hacia un buque fondeado a levante del Peñón, para que levase anchas y se marchase, al no tener permiso para estar en aguas españolas. Respuesta de las autoridades de la Roca: pedir a todos los buques fondeados en la zona que permaneciesen en ella «ya que se trata de aguas gibraltareñas, en las que España no tiene jurisdicción alguna». Reforzada por el despacho de un navío mayor, el *HM Scimitar*, y una advertencia a Madrid: «Si persiste en esas incursiones, el Reino Unido debe desplegar embarcaciones apropiadas para reafirmar y defender la soberanía de Su Majestad en las aguas territoriales de Gibraltar». Todo indicaba que habiendo encontrado una nueva fuente de ingresos —el suministro de carburante a los buques que cruzan el Estrecho—, el gobierno de Caruana no quería en modo alguno renunciar a él y pedía a la Royal Navy lo protegiese. Como lo había pedido para el contrabando.

Aunque los riesgos de esta nueva fuente de ingresos no eran sólo para la Hacienda española y el medio ambiente del Estrecho. El 31 de mayo de 2011 tres tanques de hidrocarburos gibraltareños comenzaron a arder durante los trabajos de soldadura que se efectuaban en ellos, lo que provocó un herido grave y quince de menos consideración, entre ellos doce pasajeros de un buque-crucero atracado en las inmediaciones. Lo curioso, aunque no sorprendente, fue que las autoridades gibraltareñas rechazaron la oferta de ayuda de los servicios españoles y sólo cuando se dieron cuenta de que no podían manejar la catástrofe se decidieron a aceptarla. Acabando el incendio de la forma menos mala posible dadas las circunstancias: con un vertido en aguas de la bahía, que obligó al cierre de las playas de El Rinconcillo y Getares, con manchas en toda la costa. Por el camino que van, un día vuela Gibraltar y la entera bahía de Algeciras, sin que haya muestras de que intenten cambiarlo, ya que los trasvases y los incidentes en ella continúan, como el ocurrido el 24 de abril, cuando agentes de la Guardia Civil detuvieron una embarcación procedente de Marruecos que había arrojado por la borda fardos de droga durante la persecución, para verse poco después rodeados de patrulleras gibraltareñas y navíos británicos que intentaban evitar el arresto. Pese a los insultos —«¡Ladrones!», «¡Piratas!», y amenazas «¡Os vais a enterar!», «¡Vamos a por vosotros!»—, consiguieron los guardias civiles llevarse a los detenidos y su lancha. El incidente dio lugar a una serie de acusaciones, con el gobierno español trasladando al británico su preocupación y rechazo por lo ocurrido, mientras la Royal Gibraltar Police subrayando que «había ocurrido en aguas territoriales británicas de Gibraltar» y añadiendo que «si se hubiera advertido previamente de dicha persecución, no hubiera ocurrido». Algo que remacharía el gobierno gibraltareño: «La cooperación con España en cuestiones relacionadas con las aguas en disputa sólo será posible si se respeta nuestra jurisdicción sobre dichas aguas». O sea, que condicionan el derecho de España a perseguir a los narcotraficantes en aquellas aguas a que se reconozcan como suyas. El PP pidió explicaciones al gobierno Zapatero, y la respuesta de éste fue sorprendente: si por una parte se limitaba a reafirmar los viejos argumentos de que España no había cedido más que las aguas del puerto de Gibraltar, por la otra terminaba con un rotundo «¡Gibraltar español!», con aroma de las manifestaciones franquistas. ¿Despiste o mala conciencia?

Una mala conciencia del gobierno que quedó también de manifiesto durante la visita que el príncipe de Gales y su esposa hicieron a Madrid en marzo de 2011. En la cena que les ofreció el príncipe de Asturias, don Felipe aludió a Gibraltar, al hacer votos «para que se avanzase en la solución del contencioso histórico bilateral que aún sigue pendiente». No queriendo quedarse atrás, el portavoz de la Moncloa insinuó que en el encuentro que al día siguiente había tenido el presidente del Gobierno con el heredero de la Corona británica «se había hablado de encontrar soluciones a los asuntos pendientes». Algo que desmintió de manera tajante a las pocas horas la Embajada británica, sin importarle dejar en patético ridículo al entonces inquilino de la Moncloa: «La cuestión de Gibraltar no ha sido tratada directa ni indirectamente en el encuentro».

Que Zapatero debía de sentirse inquieto ante el curso que tomaban los acontecimientos en éste y otros escenarios lo demuestra que despachó poco menos que clandestinamente al secretario general de la Presidencia, Bernardino León, a entrevistarse con Peter Caruana, para «hablar de esos incidentes y otros asuntos de actualidad», según se apresuró a hacer público el propio Caruana, pues la Moncloa había guardado absoluto silencio al respecto. Luis Aylló comentó en *ABC* que si Caruana estaba preocupado por el encallamiento del Foro Tripartito decretado por la nueva ministra de Asuntos Exteriores española, en Moncloa preocupaba la multiplicación de incidentes en aquellas aguas, que se añadían a una crisis económica que, en vez de ceder, como esperaba, crecía. No es por tanto disparatado imaginar que Zapatero despachó a su diplomático favorito para instar al «ministro principal gibraltareño» a que dejase de crear problemas en aquellas aguas, para no complicarle aún más la vida. Caruana tuvo que entenderlo perfectamente, pues en la entrevista que concedió a Arturo Vinuesa para su libro *Gibraltar desde dentro* no dejó dudas sobre «su preferencia a negociar con el Partido Socialista Español del presidente Rodríguez Zapatero, antes que con el Partido Popular, quienquiera que fuese su líder». Algo que no añadía ninguna gloria a dicho presidente, si tenemos en cuenta la rotunda negativa del político gibraltareño a cualquier tipo de incorporación de la colonia británica a España. Tampoco debe de extrañar que en la misma entrevista mostrase su «admiración por la valentía del ministro de Asuntos Exteriores (español), Miguel Ángel Moratinos, no ya en la puesta en marcha del Foro Tripartito de Diálogo, que elogió, sino por visitar Gibraltar y entrevistarse con su ministro principal». Por cierto, que otra de sus frases sobre el Estado Español daba que pensar: «cuanto más descentralizado, mejor», dijo. Pero integrarse en él como una comunidad autónoma, como se les ha ofrecido, ni hablar. Si tenemos en cuenta que para mantener el estatuto que vienen gozando, a los gibraltareños les interesa una España cuanto más débil, mejor, este elogio de Caruana al Estado de las Autonomías tenía el mismo valor que los que dedicó a Zapatero y Moratinos. Y uno recuerda a Quevedo en *Los sueños:* «De los enemigos queremos la victoria, no la alabanza»

En la citada entrevista, Caruana se refirió también a su propuesta de tomar el modelo andorrano —con una jefatura de Estado compartida entre España y Francia— para Gibraltar e incluso mostró su disposición a incluirla como parte de su programa político en la próxima campaña electoral. Pero, un pero tan alto como la Roca, cuando el autor del libro le preguntó sobre la posibilidad de alcanzar una soberanía compartida entre el Reino Unido y España, Caruana «puso especial énfasis en matizar que, para él, dicha opción era inaceptable».

O sea, lo de siempre: tomo —de Utrecht, de las resoluciones de la ONU o de Andorra— lo que me interesa y rechazo lo que no me conviene. Es lo que vienen haciendo ingleses y gibraltareños desde que ocuparon la Plaza, y nosotros venimos aceptándoselo, unas veces por no quedarnos otro remedio, otras por bobaliconería.

Lo que se temía Caruana era que España, tras una etapa de hacer concesiones sin contraprestaciones, hiciese valer sus cartas en Gibraltar, bastante más legítimas que las suyas. Por ejemplo, el citado peaje que intentó introducir el alcalde de La Línea, Alejandro Sánchez, al paso de vehículos —27.000 al día— por las calles principales de la ciudad, camino de Gibraltar, especialmente las caravanas de camiones que transportan materiales de construcción, cemento, piedras y material de derribo, destinado a ganar hasta 90.000 metros cuadrados al mar nunca cedido por España, para edificar viviendas y edificios industriales, no sólo en la ladera este del Peñón, sino también al norte de la pista de aterrizaje, situada en el istmo, ni siquiera citado en el Tratado de Utrecht. Fue el propio «ministro de Empresa, Desarrollo, Tecnología e Industria» de Gibraltar, Joe Holliday, quien lo anunció sin rebozo. Sánchez justificó esa «tasa de congestión para los vehículos camino de Gibraltar porque colapsan una de las principales avenidas de la ciudad, que pierde una de sus mejores playas». Claro que el envite amenaza venirse abajo con la nueva alcaldesa, Gemma Araújo, del PSOE, mucho más propicia a entenderse con el «primer ministro» gibraltareño, con gran satisfacción de éste. Y nos preguntamos: ¿Cómo puede haber una política española de Estado hacia Gibraltar si se deja en manos de los alcaldes? O de la ideología, que es aún peor. Así se explica que los ingleses nos hayan batido siempre.

Regreso al punto de partida: ¡Gibraltar español!

El tema Gibraltar, hundido en la atonía tras la desesperanzadora gestión de Moratinos, entró en una nueva fase con la victoria del PP en las elecciones generales del 20 de noviembre de 2011. Ninguna muestra más clara de ello que el saludo del nuevo titular de Exteriores español, José Manuel García-Margallo, al eurodiputado británico Charles Tannock, en su primera visita como tal a Bruselas:

—¡Gibraltar español!

Era una broma a su viejo colega comunitario, pues García-Margallo había sido también eurodiputado y Tannock incluía en su distrito londinense a los gibraltareños, que vendría a ser algo así como si un congresista español lo fuera todavía del Sahara Occidental.

Pero los ingleses, pese a la fama que tiene su humor, no gastan bromas con las cosas importantes, y poco después su *premier*, David Cameron, defendía ante la Asamblea Parlamentaria del Consejo de Europa «el derecho a la autodeterminación de los gibraltareños». Esto es, lo que vienen sosteniendo desde hace medio siglo, sin variar lo más mínimo. Mientras nosotros hemos dado más vueltas que un trompo.

Parecía que iniciamos otro giro. Nada más enterarse, García-Margallo envió una carta a su colega británico, William Hage, en la que le recordaba que «tal autodeterminación va contra el Tratado de Utrecht y las resoluciones de Naciones Unidas». Aunque no daba el portazo a las negociaciones en curso, si bien en un nuevo marco, o en dos mejor dicho. En declaraciones a Antena 3, el ministro vino a decir que se acabaron las bromas por ambas partes y expuso su plan para el contencioso, que calificó de «cambio fundamental de la política de Rajoy respecto a Gibraltar». Consiste éste en seguir las conversaciones, pero ya a dos niveles, en el superior, España y el Reino Unido hablarán de jurisdicción y soberanía, «cuestiones que corresponden a los mayores», mientras en el inferior gibraltareños y autoridades andaluzas tratarán de los asuntos diarios. «Otra cosa —amplió García-Margallo al diario *ABC*— es que el resultado de nuestras conversaciones se lo consulten (los ingleses) a los gibraltareños. Pero que tenga derecho a veto el Peñón, no. No aceptamos eso ni que Gibraltar tenga el mismo estatuto que España y el Reino Unido en las conversaciones. Son dos temas de principio que han quedado claros. Yo, desde luego, no iré a Gibraltar mientras no haya allí una bandera española». Era convertir el Foro Tripartito en Cuatripartito y, además, en dos niveles muy distintos. O si lo quieren de otra forma: retrotraerse a la situación pre-Moratinos.

Que los gibraltareños no estaban dispuestos a aceptarlo y que se daban cuenta de que las cosas iban a ponérseles más difíciles lo demuestra que en las elecciones celebradas el 8 de diciembre 2011 eligieron como «ministro principal» a Fabián Picardo, de 39 años, licenciado en Leyes por Oxford, nieto de una exiliada española y líder del Partido Socialista de Gibraltar, tras pasar algún tiempo en el Tribunal Europeo de Derechos Humanos, para trabajar luego como abogado en una de las mayores firmas internacionales en la Roca. Después de rendir tributo a «las muchas cosas que Caruana ha hecho bien», declaró que su objetivo era «elevar el estatuto internacional de Gibraltar». Nadie espere, por tanto, una actitud más amistosa hacia las tesis españolas. Más bien lo contrario, que ya es decir. Pero suele ocurrir en estos casos. Al recordar sus años de Oxford y las relaciones con sus condiscípulos, Picardo añade orgulloso: «me sentía tan británico como ellos». En cuanto se enteró de los planes españoles, se fue a Londres para asegurarse de que «no se involucraría en un proceso de negociación sobre la soberanía de Gibraltar». Garantías que le dio no sólo el secretario de Estado para Europa, David Lidington, sino también el propio *premier* en Estrasburgo, como queda dicho. O sea, que dispongámonos a encontrarnos con una postura aún más cerrada que la de Caruana. Con Caruana los gibraltareños habían sacado ya cuanto podían sacar. Por eso le han sustituido. Ahora se disponen a continuar el avance a costa de España con el nieto de una española al frente.

Pronto se notó el cambio, y no sólo en palabras, sino en hechos, que es como gusta hablar a ingleses y gibraltareños. A principios de marzo de 2012 patrulleras de la colonia comenzaron a disturbar las faenas de pesqueros españoles en las cercanías de aquel puerto, como venían haciéndolo según el acuerdo alcanzado en 1999. Alegaban el uso de redes prohibidas por sus autoridades y, naturalmente, que aquellas aguas eran suyas. Cuando los pesqueros llamaron a los guardacostas de la Guardia Civil surgió una unidad de la Royal Navy por la otra parte, y ya la teníamos armada, con incidentes cada vez más peligrosos, que llegaron al de bordas de las embarcaciones.

El asunto se enredó sobremanera cuando la Casa Real británica anunció que en el programa de festejos para conmemorar el 60 aniversario de la subida al trono de Isabel II, su hijo menor, Eduardo, junto a su esposa Sophie, visitarían Gibraltar, según tradición establecida por el príncipe de Gales en 1981, en su viaje de novios con lady Di, que trajo la no asistencia a su boda de los reyes de España. Esta vez fue la reina Sofía la que, aconsejada por el gobierno español, canceló su asistencia a la cena que Isabel II ofrecía a todos los soberanos del mundo para conmemorar sus bodas de diamante con el trono. La reacción inglesa no fue todo lo flemática que podía esperarse de ella. Su prensa al menos lo tomó como un «desaire» a su soberana, al tiempo que advertía que los incidentes en la bahía de Algeciras podían desembocar en «choques graves». Y es que la ausencia de nuestra reina dejaba a la suya sin la otra Casa Real que podía alardear de tantos blasones o más que la de Windsor: la de Borbón. «El gobierno español ha impedido a la reina Sofía visitar a su prima», clamó dolido uno de aquellos periódicos. Para demostrar que no era sólo asunto de gobierno, Madrid anunció la visita del rey a Algeciras. Aunque se nos dijo que estaba planeada desde tiempo atrás, era innegable que el nivel de la crisis había subido un peldaño: ahora eran las Casas Reales las que estaban envueltas. Bueno, los ingleses se han creído siempre autorizados a usar siempre la suya. Pero fieles a su pragmatismo, niegan tal derecho a los demás.

A ninguno de los dos gobiernos, sin embargo, les convenía que la tensión creciese en medio de la grave crisis económica que sacudía Europa y España en particular, por lo que la reunión que sus ministros de Asuntos Exteriores mantuvieron el 29 de mayo terminó con un comunicado donde se «instaba a los pescadores españoles a negociar un acuerdo con las autoridades gibraltareñas para seguir pescando en las aguas donde han pescado siempre». Ambas partes daban un pequeño paso atrás: los ingleses, por una vez, no imponían la ley de la fuerza e incluso aceptaban que eran asuntos que debían solucionarse a nivel local, mientras España dejaba caer su denominación oficial de «aguas españolas» las de la entera bahía de Algeciras, para dejarlas en «aguas donde han pescado siempre». Pero de insistir en ello, seguro que no hubiera habido acuerdo ni comunicado conjunto.

La visita del príncipe Eduardo y su esposa, Sophie Rhys-Jones, a Gibraltar tuvo lugar el 11 de junio e iba a durar tres días, caracterizándose de punta a punta por la reafirmación de la soberanía británica sobre la Roca, por el evidente malestar por parte española y por la abierta confrontación por parte de las autoridades de la colonia, con su ministro principal a la cabeza. Fabián Picardo resaltó el «orgullo» de los gibraltareños por «poder mostrar su respeto, afecto y lealtad» a Isabel II, cuyo retrato en grandes dimensiones se proyectó sobre la cara norte de la Roca. Se había declarado festivo el día, repartiéndose banderas británicas y coloridos bombines para dar color inglés a la Main Street, que normalmente se parece como una gota de agua a otra a la Calle Mayor de una ciudad gaditana, incluso en el ruido, pues el inglés que se habla tiene un marcado acento andaluz. Los condes de Wessex, título oficial de la pareja, comenzaron su visita inaugurando la terminal del aeropuerto gibraltareño, otro gesto inamistoso a España, ya que se halla en terreno no cedido en Utrecht. Desde allí se trasladaron hasta la sede del gobierno para almorzar y plantar un árbol en conmemoración del jubileo de la reina. Por la tarde, siempre en olor de multitudes, visitaron varias asociaciones e infraestructuras de la colonia y pusieron la primera piedra de un monumento a Isabel II. El día siguiente estaba reservado para el cuartel general de las fuerzas británicas y el desfile de las mismas, antes de las entrevistas con los líderes religiosos y acercarse al Museo de los Marinos, junto a la Autoridad Portuaria. Digno de señalar fue el descubrimiento de una placa en honor de los trabajadores marroquíes en el Peñón, su nueva mano de obra barata. Al día siguiente, la pareja regresó con iguales muestras de entusiasmo. No se registraron incidentes durante la visita.

La del rey de España, acompañado del ministro de Interior, Jorge Fernández Díaz, tuvo lugar el 20 de junio. Don Juan Carlos llegó a Algeciras en uniforme de verano de capitán general del Ejército de Tierra y lo primero que hizo fue visitar la patrullera *Río Segura,* buque insignia de la Guardia Civil, donde se hizo explicar la labor de la Benemérita en el Estrecho, centrada principalmente en la lucha contra el narcotráfico y la inmigración ilegal, así como en proteger a los pescadores españoles que faenan en las proximidades del Peñón. Tras abandonar el buque, el rey se trasladó a la comandancia de la Guardia Civil en Algeciras, desde donde se dirigen las operaciones de vigilancia marítima, terrestre y aérea de la costa de Andalucía, Ceuta y Melilla. Don Juan Carlos alabó la labor que están haciendo y les mostró su respaldo, lo que significaba apoyar la política que el nuevo gobierno español está llevando respecto a Gibraltar, si no contraria, totalmente distinta a la del anterior.

Quedaba sólo la última parte de la visita, la más humana: el encuentro con los pescadores de la zona, que tuvo lugar por la tarde. Le entregaron éstos un escrito donde se describían las dificultades que vienen encontrando para faenar en aguas donde lo han hecho siempre, debido al hostigamiento de las patrulleras gibraltareñas, lo que ha obligado a algunos de ellos a pedir ayuda a Cáritas para sobrevivir. La respuesta de don Juan Carlos no pudo ser más clara y rotunda: «Estoy aquí porque he querido escucharos personalmente. Os apoyamos y trabajaremos por vosotros. Seguid pescando, que para eso está la Guardia Civil». Nunca un monarca español se había involucrado de forma tan personal en el viejo contencioso. Puede predecirse que no va a resolverlo. Pero al menos el Reino Unido sabe desde ahora que Gibraltar concierne a la Familia Real española tanto o más que a la inglesa.

Entre ambas visitas habían ocurrido dos lances diplomáticos que elevaban la temperatura del ambiente. Por el primero, España hacia pública su denuncia ante la Unión Europea del nuevo régimen fiscal de Gibraltar, por considerarlo incompatible con la legislación comunitaria, tal como sentenció el 15 de noviembre pasado el Tribunal Superior de Justicia de la UE. En efecto, el nuevo régimen fiscal que Londres y las autoridades de la Roca intentan introducir reduce del 22 al 10 por ciento el impuesto de sociedades —frente al 30 como media exigido en España— y se aplica sólo a los ingresos generados en Gibraltar. Es más, aquellas autoridades vienen negando a la UE datos de las empresas radicadas en la Roca. Con príncipe o sin él, resulta incuestionable su condición de paraíso fiscal. Algo que es su punto fuerte y débil al mismo tiempo.

Justo por aquellas fechas, mediados de junio, el Comité de Descolonización de Naciones Unidos, el famoso Comité de los 24 tantas veces citado en estas páginas, al haber sido donde empezó la batalla diplomática, volvió a ocuparse del viejo contencioso. Acudió el nuevo ministro principal, Fabián Picardo, para exponer los argumentos que todos sus antecesores en el cargo, desde sir Joshua Hassan, habían expuesto en el mismo foro, con mayor contundencia si cabe. «*Wake up and smell the coffee, Spain. Gibraltar Hill never will be Spanish* (Despierta España y entérate de la situación. Gibraltar nunca será español)», dijo antes de invocar el «inalienable derecho a la autodeterminación de los pueblos» para reclamar el del suyo, aunque quedándose, como siempre, «en el máximo nivel posible de autogobierno sin llegar a la independencia». O sea que tanta, tanta autodeterminación no quieren, prefiriendo seguir bajo el mandato..., viviendo a costa de España, a la que invitó, con cierto aroma nostálgico, a «reanudar las conversaciones del Foro Tripartito», antes de aconsejarnos que «entrásemos en el siglo XXI, en vez de practicar políticas del XVIII». Nuevo sólo hubo en su discurso el traer a colación testimonios de dos diplomáticos españoles, lo que indica lo escaso que anda de argumentos. De las Memorias de Inocencio Arias extrae la frase «toda la estrategia de España para recuperar Gibraltar ha fallado». Y de los escritos del también embajador José Antonio de Yturriaga, que «la actitud del gobierno español sobre las aguas en torno a Gibraltar es errónea, absurda e insostenible ante la ley», demostrando que Moratinos no está solo en nuestra carrera diplomática. Esperemos que sean más la excepción que la regla.

Le contestó el representante de España, embajador Juan Pablo de la Iglesia, recordando la doctrina de la ONU sobre Gibraltar, en la que se le reconoce como parte integral del territorio español, y la invitación a Londres y a Madrid de que resuelvan el *status* colonial de la Roca por vía de negociaciones. Algo a lo que los gobiernos españoles siempre han estado dispuestos. Bueno, casi siempre.

El Comité tomó nota de las declaraciones y lo pasó a la siguiente instancia de Naciones Unidas, la Cuarta Comisión, donde se mantiene abierta desde hace casi medio siglo sin haberse movido hacia adelante ni hacia atrás, lo que ya es mucho si pensamos en lo que hemos retrocedido en otros frentes, en especial el doméstico.

Pues lo más grave para nosotros es que mientras los pescadores de Algeciras, ciudad con un alcalde del PP, mantienen su decisión de pescar en aquella zona, los de La Línea, con una alcaldesa del PSOE, prefieren reconocer la autoridad de las autoridades gibraltareñas sobre las aguas próximas a su puerto, pese a no haber sido nunca cedidas. El escollo pareció salvarse cuando, el 3 de agosto, todos ellos llegaron a un acuerdo con dichas autoridades para «poder seguir faenando hasta finales de año, en que se llegaría a un acuerdo definitivo». Lo que no impidió que, a mediados de ese mes, los gibraltareños declararan «zona especial de conservación» las aguas en torno a la Roca, prohibiendo en ellas la pesca e incluso multando a más de un pesquero. Con ello se saltaban no sólo el acuerdo recién alcanzado sino también la disposición de la Comisión Europea de Medio Ambiente de diciembre de 2099, que, como recordará algún lector de buena memoria, encargaba a España el cuidado de aquellas aguas. No debe de extrañarnos lo más mínimo. Ingleses y gibraltareños vienen mintiendo, violando y jugando con nosotros y con todas las instituciones internacionales, intercambiándose los papeles de bueno y malo según la conveniencia de cada momento.

Quiero decir que el contencioso seguirá abierto y los incidentes de todo tipo continuarán por más acuerdos que se alcancen, ya que ingleses y gibraltareños se han habituado a usarlos como *Kleenex* para sus intereses.

Esperemos, pues, tan sólo que García-Margallo no cometa el mismo error que todos sus antecesores: creer que puede resolver el asunto Gibraltar a base de amistad, racionalidad, cooperación, buenas palabras y mejores relaciones con los ingleses. Recibirá de ellos grandes elogios, promesas de colaboración e incluso abrazos, aunque no entran en sus maneras. Pero ceder, ni un milímetro. Al revés, dentro de esa «buena atmósfera», procurarán avanzar varios metros en tierra, mar o aire para hacer algo más respirable su pequeña colonia. Y le dejarán caer a plomo, cuando le hayan sacado todo lo que podían sacarle.

Epílogo provisional

El 5 del pasado abril, un Tribunal Federal de Nueva York condenó a veinticinco años de cárcel a Victor Bout, conocido como «el Mercader de la Muerte», por «conspirar para la venta de misiles antiaéreos», es decir, capaces de derribar aviones civiles y militares en vuelo. El 6 de mayo siguiente, Robert M. Morgenthau, exfiscal general de Manhattan y una de las figuras más relevantes de la justicia norteamericana, publicaba un artículo en el *New York Times* titulado «Esas islas no son sólo paraísos fiscales», señalando que ofrecen la cobertura perfecta para suministrar armas tanto a Estados terroristas como a terroristas en general. Y se preguntaba: «¿No existen sanciones internacionales para prevenir la venta de armas a terroristas?». Para responderse: «Naturalmente que existen,» poniendo como ejemplo la sentencia de Victor Bout, «a quien se ha relacionado con Al Qaeda y los talibanes», «que en este caso encontró un suministrador de armas búlgaro que opera desde Gibraltar».

Un juicio tan reciente y categórico de una personalidad tan prestigiosa como Morgenthau trae a mi memoria los de don Diego Sarmiento de Acuña, conde de Gondomar, posiblemente el mejor embajador que ha tenido España en Inglaterra —iba a decir el único, pero seguro que cometía injusticia— acreditado ante *the Court of St James's* entre 1613 y 1622, donde alcanzó enorme influencia gracias a su amistad personal con Jacobo I. Amistad que no le impedía

These Islands Aren't

OPINION

BY ROBERT M. MORGENTHAU

A lawyer who was the Manhattan district attorney from 1975 to 2009.

FANS of "American Idol" might be surprised to learn that, if sales figures are any indication, the real music capital of the world may not be America, but Luxembourg. Luxembourg is a tax haven, and Apple funnels more than a billion dollars worth of iTunes sales through that tiny country to avoid paying higher taxes.

These tax strategies are nothing new — and, no doubt, Apple has taken advantage of tax rules that allow them. The Senate's Permanent Subcommittee on Investigations in 2008 estimated that at least $5 trillion to $7 trillion was sheltered in offshore jurisdictions like the British Virgin Islands, the Cayman Islands, Gibraltar, Bermuda and the Bahamas — not just by Americans, but by everyone. These jurisdictions have little or no income tax.

The favorable tax rates encourage corporations to avoid paying American taxes by structuring complicated international transactions, like Apple's "Double Irish With a Dutch Sandwich," recently described by The New York Times. But it's not just the low tax rates that make these jurisdictions attractive to those following the rules. The secrecy of offshore jurisdictions allows some individuals and corporations to engage in outright tax fraud, costing America at least $40 billion each year.

And that secrecy makes offshore tax fraud almost impossible for law enforcement to detect. When I was the Manhattan district attorney, we learned of offshore accounts only through whistleblowers, cooperators and serendipity.

Legislation shaped by Senators Carl Levin, Kent Conrad and Sheldon Whitehouse that would curb some of these tax abuses by giving the Treasury Department the muscle to respond when foreign governments hampered our tax enforcement was recently passed by the Senate, but awaits House action. Those

MARC A

reforms are long overdue b fully address the larger proble cial secrecy laws in offshore tions.

The secrecy laws in these t are at the root of serious crim money laundering and inte terrorism.

Follow the trail of nearly an nancial scandal and you will or more of these notorious juri

Everyone knows that Be Madoff worked in New York funds that secretly fed his Pon favored more exotic offshor These funds looked like inc hedge funds, but were in fa conduits that funneled invest to Mr. Madoff and furnish formation to the United States or regulatory authorities.

Because the ownership of th was such a tightly guarded se not even the Madoff trustee out who should be sued to re gal profits — and who are vic

Artículo de Robert M. Morgenthau en el «New York Times» del 6 de mayo de 2012, en el que denuncia los paraísos fiscales como tapaderas de «criminales y terroristas», com

ist a Shelter From Taxes

tled to restitution.

Robert Allen Stanford, another Ponzi schemer, inherited a legitimate insurance company in Houston — but when he branched out into banking fraud, he moved to Antigua. Taking advantage of secrecy laws and outright bribery, he cheated investors out of $7 billion by selling phony certificates of deposit.

Not only did the nation of Antigua fail to stop him, but it decorated him with a knighthood.

How much havoc can these offshore schemes wreak? Where there is no transparency, there can be no oversight. Abuses grow literally without limit. Huge bankruptcies like Enron and Parmalat have resulted when corporations faked their balance sheets using offshore secrecy jurisdictions.

Nothing in offshore havens happens on a small scale. Almost any statistic flunks the red-face test. Consider the British Virgin Islands, home to about 30,000 people and 457,000 companies.

In China, it's said you haven't made it until you have your own subsidiary in the British Virgin Islands, which holds more assets belonging to Chinese nationals than any foreign location except Hong Kong.

Then there's Ugland House, a building in the tax haven of the Cayman Islands. At last count more than 19,000 companies were listed there. There's more money on deposit in the Caymans than in all the banks in New York City combined.

Offshore secrecy jurisdictions provide the perfect cover to funnel money and arms to rogue states and nonstate actors. On April 5, the arms dealer Viktor Bout, the so-called Merchant of Death, was sentenced to 25 years by a federal judge for conspiring to sell antiaircraft missiles to agents posing as foreign revolutionaries. Published reports have linked him to arms sales to Al Qaeda and the Taliban.

Aren't there international sanctions to prevent the sale of arms to terrorists? Of course there are. That's why the Merchant of Death found a Bulgarian weapons supplier — based on the offshore haven of Gibraltar.

But it's not just shadowy fellows like Viktor Bout who evade sanctions to do business with rogue states or terrorists. Many American corporations, including Halliburton, have done business with Iran through their offshore tax haven subsidiaries.

When companies use secrecy jurisdictions to commit fraud or to evade sanctions, legal remedies may come as cold comfort. Once world financial institutions begin to fail, or a rogue regime acquires unconventional weapons, it will be too late for law enforcement to prevent disaster.

Offshore banks do more than help companies pay less in taxes. They enable criminals and terrorists.

What, then, can be done about all this? Plenty — if we act now. Nobody leaves their money offshore forever. The United States can direct its banks and their foreign subsidiaries not to engage in financial transactions in havens that have no transparency and no disclosure of the true parties of interest in financial transactions.

A bill has been proposed in the United States to prevent the use of shell corporations to hide the true ownership of assets owned here. This legislation would provide a model of openness for other nations to follow. Unfortunately, the legislation is bottled up in our own Congress. This should not be. America needs to set an example of financial accountability and insist that the world follow.

mostró la condena de Victor Bout, un traficante de armas que intentó vender misiles tiaéreos suministrados por un operador búlgaro desde Gibraltar.

aconsejar a su rey, Felipe III, «a los ingleses, metralla, y donde más les duela», señal de que los conocía bien. Es lo único que respetan, como habrá podido apreciar el lector a lo largo del relato que aquí concluye. La metralla ya no es hora de usarla, aparte de que podría salirnos por la culata. Pero para «donde más les duela» estamos todavía a tiempo, pues donde más les duele a los ingleses es en el bolsillo y, en Gibraltar, podemos aligerárselo. Lo que ha ocurrido es que se lo hemos llenado, excepto en los pocos años en que la Verja estuvo cerrada. El resto todo fueron ventajas para que pudieran mantener esa colonia en nuestro territorio a nuestra costa. Y cuando, llegada la hora de la descolonización, se dieron cuenta de lo difícil que iba a serles retenerla, urdieron un plan para conservarla valiéndose de una falsa descolonización, pues en Gibraltar quien sigue mandando es el gobernador. Lo comprendió perfectamente la ONU, no reconociendo el referendo ni la Constitución gibraltareña, y dictaminando que el contencioso sobre la Roca debía de resolverse en negociaciones hispano-británicas, según el principio de la integridad territorial de los países, que era tanto como señalar su reincorporación a España. Teniendo en cuenta los intereses de sus habitantes, faltaría más, pero no sus deseos, esto es, la autodeterminación sin nuestra aquiescencia. La maldita política interna nos hizo perder aquella oportunidad, que es difícil se repita, pues la historia fluye como la vida, al ser la vida de los pueblos. Nos queda, sin embargo, una baza, que los españoles, en nuestra obsesión por la historia, solemos olvidar: la geografía. La geografía juega a nuestro favor en Gibraltar, y la geografía es eterna. Así que mientras Gibraltar siga formando parte de la geografía española, hay esperanza de que vuelva a formar parte de nuestra historia. Este libro, al contar los hechos tal como ocurrieron, tiene ese propósito.

Y ya poco le queda por decir al autor, testigo y cronista de nuestra última derrota en Gibraltar. Pero no quisiera despedirme sin un par de advertencias para que nos cause el menor daño posible mientras no lo recobremos.

La primera, que dadas sus características —una roca pelada—, su tamaño —minúsculo—, y su capacidad —limitada—, Gibraltar no tiene otras alternativas que vivir de su metrópoli, para la que tiene ya sólo un valor sentimental, o de España, como ha venido haciendo, casi siempre con actividades delictivas. De ahí que tan importante como evitar el expansionismo gibraltareño terrestre, marítimo y aéreo a costa de España, sea evitar que siga viviendo de ella. Para lograrlo, lo primero es no darle ningún tipo de facilidades. Considerarlo uno de esos quistes incrustados en nuestro organismo, que no pueden extirparse, pero que pueden mantenerse en su tamaño original, sin que contaminen los tejidos adjuntos. Ya sé que es difícil tras las muchas concesiones que hemos hecho. Pero lo que nadie puede objetarnos es que tratemos de limitar en lo posible los daños que ese cuerpo extraño produce en la economía, finanzas, medio ambiente y, en general, desarrollo español, que es desarrollo europeo, a diferencia del gibraltareño, un desarrollo al margen de la CE, parasitario por tanto y, en ese sentido, antieuropeo por mucho que intente camuflarse. Es más, ese tipo de enclaves, sin otra ley que violar la de los demás, están condenados a desaparecer en el mundo global que se avecina, como apuntaba Robert M. Morgenthau. Se trata de los modernos piratas en el concierto internacional, a combatir tanto o más que los antiguos. De ahí que el principal objetivo hoy tanto de los ingleses como de los gibraltareños sea «legalizar» la situación en la plaza, convertirla en un miembro más de la comunidad internacional. Para ello necesitan sacarla de la jurisdicción de la ONU y buscarle cobijo en cualquier otro colectivo más o menos honorable, la CE por ejemplo. Algo que España debe combatir con todas sus fuerzas por más señuelos que nos hagan desde la relación bilateral o trilateral. Tiene a su favor dos factores: que la ONU no se dejará arrebatar tal contencioso fácilmente —a fin de cuentas la descolonización es uno de sus temas favoritos— y que Gibraltar tiene muy difícil llevar adelante su plan. Si se legaliza de verdad, deja de percibir todos sus ingresos actuales. Y si quiere seguir percibiéndolos, no se legaliza, al ser ilegales o paralegales. Un callejón aparentemente sin salida, aunque seguirán buscándola por todos los medios posibles e imposibles.

Pero nadie debe equivocarse en la dificultad de incluso reactivar la reivindicación. Gibraltar no va a caernos regalado «como una fruta madura», como dijo Franco, ni negociando con los ingleses, como creyeron tantos ministros de Asuntos Exteriores españoles, ni atrayéndonos a los gibraltareños con concesiones, que sólo les atrincherarán en los privilegios que gozan, viviendo como ingleses, a costa de los españoles y muchos de ellos en España. Si vuelve un día a España será, primero, porque los ingleses hayan llegado a la conclusión de que retenerlo les causa más perjuicios que mantenerlo y, segundo, porque los españoles, a base de visión, perseverancia y sacrificios, hayamos dado la vuelta a esa situación. Mientras no lo hagamos, me daría por contento con que no se convierta en un lastre cada vez más pesado para nosotros. Siendo fundamental para ello que no olvidemos que Gibraltar necesita más a España que España a Gibraltar. Es más, España necesita defenderse de Gibraltar más que Gibraltar de España, gran paradoja de este contencioso.

Aunque tampoco conviene olvidar algo vergonzoso: cuando hablamos de defender España, no nos referimos a defenderla sólo de ingleses y gibraltareños, sino también de cuantos españoles se han venido beneficiando de la colonia británica. Alguien dijo que si cada español que haya visitado Gibraltar se hubiera traído una piedra, a estas alturas, la Roca ya no existiría. Sin embargo, lo que estamos haciendo es venderle nuestras piedras para que se amplíe, abrir sucursales de nuestros bancos para refugio del dinero que huye del fisco español y comprar artículos más baratos, en perjuicio de los españoles. Así, desde luego, nunca lo recuperaremos, sino lo mantendremos.

Podría argüirse que, a estas alturas, ocuparse de Gibraltar es un anacronismo. Algo que no comparto por dos razones. La primera, que lo verdaderamente anacrónico en el siglo XXI son las colonias. Y cuando han desaparecido de Asia, África, América, Oceanía, resulta que queda una en Europa, en España. Porque Gibraltar es una colonia y continuará siéndolo mientras ondee allí el pabellón británico. Pero eso no es lo más importante, siéndolo mucho. Lo más importante es que la perpetuación de tal anacronismo revela que España no ha alcanzado el pleno estatuto de nación moderna y Estado democrático, basados en la voluntad común de sus ciudadanos y la armonía de sus intereses. Las dificultades que está teniendo nuestro Estado de las Autonomías lo demuestra. Pudiendo decirse que mientras los españoles sigamos dedicando nuestras energías a la «guerra incivil» que de forma abierta o encubierta venimos librando, no lograremos recuperar el Peñón. Gibraltar se convierte así en piedra de toque de España y de los españoles.

Pero ésa es otra historia, de bastante más calado e infinitamente más triste que la batalla de Gibraltar, así que me despido, en vísperas de cumplirse el tercer centenario del Tratado de Utrecht, que Dios guarde, al ser demasiado arriesgado dejarlo en manos de nuestros gobernantes.

Bibliografía

La mayor parte del material que aparece en este libro sobre la «batalla diplomática» librada en la ONU sobre Gibraltar está sacado de mis crónicas publicadas en los diarios *Pueblo* y *ABC* durante los años sesenta, setenta y ochenta del pasado siglo. Como testigo presencial de los debates en el Comité de los 24, la Cuarta Comisión y la Asamblea General, fui dando cuenta detallada en mis crónicas, de las que sólo he tenido que extraer los puntos clave. El lector interesado en entrar más a fondo en el tema puede consultar los dos Libros Rojos editados por el Ministerio de Asuntos Exteriores español (1965 y 1968), en los que se detalla tanto la historia de la colonia como las vicisitudes del contencioso a lo largo de los siglos, con abundante material sobre los debates en la ONU y los comunicados entre los gobiernos español y británico.

De su peripecia posterior, una vez que la ONU había emitido su dictamen sobre cómo había que descolonizar Gibraltar en 1967 —no llevado a la práctica por la decidida negativa inglesa a aceptarlo y la equívoca actitud de los sucesivos gobiernos españoles— me he valido de los esporádicos rebrotes del mismo en Naciones Unidas, así como las noticias que de forma regular han aparecido en la prensa hasta nuestros días. *ABC*, *El País* y *El Mundo* vienen dedicando al tema un interés especial, menos, en cambio, en la prensa catalana, y apenas, en la de provincias.

El más completo análisis del problema lo publicó en 1966 la Fundación INCIPE, dependiente del Ministerio de Defensa, bajo el nombre genérico de «Estudios sobre Gibraltar». En él, los más cualificados especialistas abordan el contencioso desde su ramo: don José Uxó Palasí, la evolución de Gibraltar desde 1704 a 1965, con especial atención a sus moradores; don Fernando Olivié, la política gibraltareña de Gran Bretaña, su intento de descolonización y la batalla a que dio lugar en Naciones Unidas. El mismo autor estudia a continuación lo ocurrido tras esa batalla, su derivada en Bruselas y la OTAN, antes de hacer unas *«reflexiones que pueden servir de recomendaciones».* Don Andrés Fernández Díaz y don Jorge Uxó González analizan los «aspectos económicos del problema de Gibraltar», y el almirante Liberal Lucini, experto en aquel Estrecho, el «aspecto militar del contencioso». «Gibraltar y su campo en la actualidad» es la contribución de don Salustiano del Campo, antes de que don Jesús Salgado Alba aporte «ideas sobre la solución del problema de Gibraltar».

El volumen se cierra con una serie de documentos claves en el contencioso, desde el artículo X del Tratado de Utrecht a las declaraciones hispano-británicas sobre el aeropuerto de Gibraltar.

Y ya que he citado al general don José Uxó Palasí sería imperdonable no incluir el magnífico y detallado recuento que publicó en la revista *Razón Española* bajo el título «El éxodo gibraltareño», antes, durante y después de la toma de la fortaleza.

El libro de Arturo Vinuesa, militar español nacido en la Roca, *Gibraltar desde dentro,* Sial/Fugger Libros, 2011, de una considerable aportación de datos sobre la historia de la colonia, nos ofrece un interesante punto de vista sobre el contencioso, visto desde ambas caras.

Ya en un tono más general, pero elocuente, sobre el período más encarnizado de esa batalla se encuentran los trabajos de Gabriel Cañadas («Castiella y la política de descolonización»), Rosa Pardo («El proceso de descolonización»), Rafael Sánchez Montero («Castiella y Gibraltar»), Fernando Olivié y Juán Durán-Lóriga («Fernando María Castiella y la política con los países europeos»), que figuran en el libro editado por la Real Academia de Ciencias Morales y Políticas en 2007, del que fueron coordinadores Marcelino Oreja y Rafael Sánchez Montero, bajo el título *Entre la historia y la memoria. Fernando María Castiella y la Política Exterior española 1957-1969.*

Mención aparte merecen las Memorias de los diplomáticos que tuvieron un papel activo en el contencioso, comenzando por las de Jaime de Piniés, *Episodios de un diplomático* (Editorial Dossoles, Madrid, 2000). Más de una vez, en su despacho frente al edificio de la ONU, el representante de España que libró las principales batallas sobre Gibraltar tiró de los cajones laterales de su mesa, llenos de documentos, para decirme: «José María, todo, sobre Gibraltar. Lo reservo para mis Memorias». Conservo incluso una carta de él, ya desde Londres, en la que, por esa misma razón, no me facilita el dato que le pedía sobre el hecho extraño de que hubieran sido Bulgaria y Cambodia quienes incluyeran Gibraltar en el debate del Comité de Descolonización. Sin embargo, en sus Memorias, que tuve el honor y gusto de presentar en el Casino de Madrid junto a Sabino Fernández Campo y José Pedro Pérez Llorca, apenas nos descubre cosas nuevas sobre Gibraltar. Son sin duda interesantes por confirmarnos lo que ya sabíamos, pero Piniés sigue siendo en ellas un diplomático, cuando, ya jubilado, no tenía necesidad de serlo. Así se lo dije como amigo en la presentación y así lo tomó él. Si sus hijos conservan aquellos papeles de su mesa de despacho, nos harían un gran favor publicándolos.

Marcelino Oreja nos ofrece en *Memoria y esperanza. Relato de una vida,* La Esfera de los Libros, 2011, su versión de los hechos como director del gabinete de Castiella primero y ministro de Asuntos Exteriores después, como hemos citado abundantemente en este libro. Las *Memorias diplomáticas,* de Juan Durán-Loriga, fueron publicadas en 1999 por Siddharth Mehta Ediciones. Fernando Morán, en *Palimpsesto. A modo de Memorias,* Espasa Hoy, 2002, apenas habla de Gibraltar, pese a haber dado uno de los pasos más importantes en el contencioso —la reapertura de la Verja—, limitándose a defender su política en el contencioso, seguro de que llevaba a la recuperación de la colonia, y a reprochar a sus sucesores de no haber seguido sus pasos. Carlos Robles Piquer, en su *Memoria de cuatro Españas,* Editorial Planeta, 2011, amplía sobre la fallida propuesta de creación de una provincia de Gibraltar con municipios pertenecientes a Málaga y Cádiz. Otro diplomático que se ha ocupado del tema es Ángel Ballesteros, más joven, por lo que su relato es posterior. En *La batalla de los tres contenciosos, Gibraltar, Ceuta y Melilla y Sahara Occidental* (Editorial Dosseles, 2010), expone la tesis de que «ante la cerrazón británica conviene buscar el apoyo europeo, ya que Gibraltar no es sólo un problema español, es también un problema europeo» debido a su irregularidad fiscal y emigratoria. En una publicación anterior, *España y el interés nacional* (2002), el mismo diplomático muestra un pesimismo muy realista sobre las posibilidades de que Gibraltar sea un día español ya que «España, aunque tuvo sus oportunidades, dejó pasar el momento».

De interés son también las Memorias del que fuera ministro de Asuntos Exteriores español post Castiella, Laureano López Rodó (López Bravo, el inmediato sucesor, no llegó a escribirlas, al fallecer en accidente aéreo). En los tomos II y III de las suyas, Plaza y Janés-Cambio, López Rodó nos da cuenta, con prosa detallada y fría, de su gestión en éste y otros asuntos internacionales, al tiempo que deja caer algún comentario poco favorable a Castiella. La historia antigua y medieval de Gibraltar se describe exhaustivamente en el libro de Ramiro Ledesma Miranda *Gibraltar - La Roca de Calpe,* Ediciones del Movimiento, 1957, para detenerse en la toma de la fortaleza y episodios siguientes, sin entrar en los avatares modernos.

Completa la documentación «El contencioso gibraltareño 1936-1991», de Florentino Portero, en *Historia 16,* número 186, noviembre de 1991, y «Gibraltar y Política Exterior: un principio de solución», en *Revista de Estudios Internacionales,* volumen 6, número 4, oct-nov-dic 1985.

Para los interesados en conocer la versión inglesa del contencioso es fundamental el Libro Blanco presentando conjuntamente por el Foreign Office y el Ministerio de Colonias a su Parlamento el 5 de abril de 1965 y poco más tarde en Naciones Unidas. Es también interesante, por la documentación que aporta, el libro *Gibraltar and its sieges,* publicado en Londres por Thomas Nelson and Sons, mientras *Gibraltar,* del viajero Henry M. Field, publicado por Charles Scriber's Sons, New York, 1888, aporta datos curiosos, como que durante los casi ininterrumpidos conflictos políticos durante el siglo XIX fueron muchos los españoles que eligieron Gibraltar como lugar de exilio temporal. Aunque el cronista norteamericano muestra sus preferencias al narrar la adquisición de la Roca al añadir por su cuenta: *los ingleses tuvieron la buena idea de quedársela, cuando su candidato al trono de España perdió.*

Índice onomástico